羅光全書

冊卅

牧廬文集（一）

臺灣學生書局印行

八十述往序

民國六十一年，幾位青年組織了先知出版社，要求我參加，以示鼓勵。我答應了，拿了錢出書，出版了《牧盧文集》。

那年，我滿了六十歲。六十為一甲子，為紀念一甲子的生命，把當時散佚的文章，收集起來，編輯了這部文集。文集分六冊；第一冊為羅瑪四記，早已出版；第二冊為台南五年，也已出版五年；下面四冊為台北七年，又分為述往，哲學，宗教，生活。文集出版不久，先知出版社因經營不良，即形倒閉。牧盧文集由我收藏，轉交學生書局，每冊改名出售，售書不多。

今年我滿了八十歲，在台北已住二十五年。二十五年內所寫的文章很多，或者是專書，或者編輯成集，都已陸續出版，祇有一些學術論文和演講稿，還存在莢子裡。到了八十，可以作一總結了；我把《牧盧文集》的原書重新編輯；前兩部仍舊，所改和所加不多；後面四冊完全改編，編為兩冊，一冊為牧靈編，追述在台北總教區的牧靈工作，一冊為文化編，追述在輔仁大學的文化工作。前兩部記事，紀述羅瑪和台南的生活，文筆生動簡樸，頗能引人興趣，後兩部說理，則嫌枯燥。原本想摘錄台北二十五年的日記，然和全書體裁不合。每段又過短，故放棄不抄。但就幾項具有歷史價值的事，摘錄有關日記，不爲稱功，而是爲歷史保留資料。現在錄出有關日記，還有有關人士在世，可以作證，日記不能有僞。

我的八十年生活，分成三大段：衡陽十九年，羅瑪三十一年，台灣三十年。衡陽十九年，十二年在南鄉老家，七年在黃沙灣修院。羅瑪的三十一年，九年求學，廿五年教書，十八年在駐教廷使館任教務顧問。台灣的三十年，五年在台南任主教，十二年在台北任主教，十三年在輔仁大學任校長。八十以後的歲月，全在天主之中。

我在七十自述，獻身五十年，八十向天父自責自慶的三篇文章裡，通盤說出了我對生命的感想。在這篇序文，我不再重覆，因爲這三篇文章都收在本書的附錄裡，我現在要說的，是我的思想已經有定型，不會改變，在哲學裡，我的思想定型在生命哲學，宇宙爲天主所造，乃是一創生力，繼續進化，化生萬物，形成一生命洪流。在生活上，我的思想定型在基督結合一體，同基督負羞辱痛苦的十字架，補贖自身和人類罪惡，以崇拜天父的偉大，稱謝天父的慈愛，在這個思想的定型裡，我希望安渡餘年。

民國八十年三月十二日　　羅光序於天母牧盧

牧廬文集（一）

目錄

二、遊興……

三、生活……四七五

衡陽十九年（一九一一—一九三〇）

故鄉衡陽

一、衡陽

衡陽在古代的文學裡，以鴻雁而受詩人歌詠。舊傳鴻雁南飛，到了衡陽，便回旋北返。衡陽北門外，在湘江濱有來雁塔，在南門外有回雁峰，峰頂有雁峰寺。北塔迎街來雁，南寺送雁北歸；爲衡陽兩景。來雁塔爲明朝尙書曾朝節所建。回雁峰爲南嶽七十二峰的首峰，雁峰寺供無量壽佛。

湘江通過衡陽城，水廣且深，輪船由洞庭湖直抵衡陽。城中另有兩河流入湘江，一爲耒水，帆船可通耒陽；一爲蒸水，又名草河，河上一橋，名青草橋，青草爲宋朝舊名，橋兩側舊多商店，且多酒家，「青草橋頭酒百家」乃衡陽一景。

蒸水流入湘江的河口，有一小山，山有石洞，洞上有著名的石鼓書院。唐貞觀初，刺史宇文炫開石鼓山的東巖西谿，爲眺覽江水的勝地，元和中，李寬爲石鼓山主，改道院爲學舍。李寬的族裔李士真，當宋至道中，講學石鼓，朝廷嘉許，賜額稱書院。歷代文人騷客，遊石鼓洞，留詩頗多。

另一書院在湘江中游的東洲上，名船山書院。東洲乃一小島，居江中心，島上竹樹青綠。書院爲紀念明末清初王船山先生。

城內有西湖蓮湖，湖中遍種荷花，白傾田葉，葉上千萬花朵，清風徐來，幽香入鼻。荷葉綠色配青天，不愧稱爲衡陽美景。宋朝理學大師周敦頤曾作論荷花一文，頌爲「出污泥而不染」。

湘江沿岸稱爲河街，有瀟湘門。門側漁舟橫陳，舟上排排鸕鶿，漁夫用鸕鶿捕魚，在鳥頸上套一鐵圈，得魚不能吞嚥，嘴含魚飛上船，漁夫從鳥嘴取魚。

衡陽城廂多佛寺，雁峰寺和羅漢寺乃寺中最大者，故佛寺也爲衡陽美景。雁峰寺據回雁峰頂，寺有壽佛殿，每年佛誕，香火很盛。峰下爲門坊，坊上題有「莫作等閒觀」，門下有廣場，場中建戲臺，節期演戲。

我於光緒三年正月一日（一九一一年），生於衡陽市郊的南鄉㪷陂町。㪷陂町在衡陽市南門外，一稱歐家町，一稱黃茶嶺。從衡陽城走出南門，過戲臺廣場，由廣場登回雁峰，由「莫作等閒觀」牌坊右轉，進一小村，路側有魯班殿。殿前池塘中多種荷花，果園裡滿種柑橘。出村，路上荒山，山多墳，過墳山，沿山麓行，約三里許，抵㪷陂町，迎面一座天主堂鐘樓；教堂附近，農舍相接，我的家就在教堂右側的農舍裡。

㪷陂町為一長形的農鄉，周圍小山相連，山麓農家聚族而居，一方為羅氏，有羅氏宗祠；一方為歐氏，有歐氏宗祠。農舍外為池塘，池塘外為稻田，鄉中央有一小溪。

二、鄉間

童年時，我的天地就在㪷陂町鄉裡，我所接觸的是農家的生活。

每年冬季，稻田的附作物黃豆和荸薺收了以後，牛犁把田犁翻，池塘的水和泥灌入田町，充作肥料。池塘乾了，等待春雨來時，漸漸水滿，家家養魚。由魚苗商購來魚苗，放入塘中，用豬糞和青草飼養。一個月後，魚長可寸許，分辨草魚、鰱魚、鯉魚、鱅魚、鯽魚。還常有體長嘴利的黃魚夾在魚中，黃魚吃魚，等稍長大，便用網捕除。到了端午，魚重已一斤許，可以上市。清晨，男工下塘網魚，網寬六尺許，長與塘相等，兩端以四人挽住，由塘一方走到另一方，網近塘邊時，一人浴水到網中央，以手抬網。兩端挽網的人漸把網縮短，中央抬網的人用腳壓網到地，大家抬網出水，網中白鱗潑潑，挑選可賣者放入籃裡，其餘者仍放入水中。一次捕魚不足斤數，再下網一次。童時，我常跟父親和伯父叔父看清晨捕魚。

夏天，太陽剛出時，魚常浮出水面，小魚和小蝦則擠在塘邊，我們用箕形小網捕魚蝦，有時可捕數斤。夏天學校放假，我和弟弟羅耀往田畔港畔割草餵魚。草中有種三葉草，俗稱斷腸草，草魚吃了要斷腸，便加小心莫夾抛入塘町。

稻田和水港也多小魚，星期天，我和弟弟到田裡、港町，以捉魚爲戲。家裡有時忽然來了客人，便到自家水塘捕魚饗客。把水糞抛入水淺處，鯉魚擁來，迅速用一竹籠罩上，籠町常可罩住幾尾鯉魚。春天插秧後，田裡產鰍魚。薄暮時，將一竹町散放田裡，町上用泥夾有蚯蚓，夜間，鰍魚近筌，進則不能出，早晨，拾町得魚。

農忙季節是春天，先要犁田，又要耙田，再要下肥料。肥料有由東北運來的豆餅，餅圓，大可直徑兩尺，色烏黑。又有自製土肥，由皮匠店購來殘餘皮片，用稻桿灰混成皮堆，灌以糞水。兩星期後，皮片發爛，即成肥料。

下肥後，插秧。插秧爲一年中的大節，一定要吃夫子肉和蒜桿。插秧工人吃了還要帶一包回家。插秧後，秧長五寸許，開始拔草。秧長一尺時，農事稍閒，只等天下雨。堂兄羅榮和我在田裡種豆，堂哥用鐵鍬插土作小洞，我把兩顆豆放入洞中，用稻桿灰蓋上。到了秋天可以收豆。

夏天的農忙是車水。稻田不可一天乾，天若不下雨，便用人工灌水。灌水用水車，由水塘或小港車水灌田。水車有一長方木板水槽，水槽和一木輪相接，輪上架有木葉，木葉片片相連，通入水槽中，車水時，四人或兩人坐在一木架上，用腳踏木輪，輪轉木葉，木葉由水槽帶水上田。夏天夜間，家家車水，高歌應和，鄉中一遍歌聲，半夜纔息靜。

夏天稻田不缺水時，父親與三叔公出去釣蛙。青蛙不足貴，釣蛙釣泥蛙。泥蛙俗稱蝦蟆，色暗黃，頗像癩蝦蟆，但不同類，常棲池塘水草中或洞町，也居稻田中。釣蛙用一長竹桿，桿端繫一蔴繩，繩端繫一青蛙皮，皮束成小蛙形，沉蛙入水，繼續跳動，釣者口吹竹哨，作蛙鳴，蝦蟆跳出吞蛙，釣者急舉桿，蝦蟆下墜，釣者舉布袋接收，布袋通一竹籃，蝦蟆便墜入籃中。父親乃釣蛙能手。

秋天割稻，農事最忙。家中人手不足，鄉中長工短工找不到，便上街請工人。街市廣場上這時坐著西鄉和鄰縣來的工人，等待被僱下鄉割稻。我家每年常僱十幾人，十天內可以割完。工人一邊割禾一邊打，穀粒打在禾桶裡，挑去晒在稻場。稻場先用牛糞混水潑灑，水乾不生泥沙。穀晒三天纔乾，乾了，用風車吹淨。風車形似一櫃，上開口，穀由口入，左側下端有一小槽，町由小槽出。出右側有一木輪，當穀入口時，以手轉木輪，木輪起風，風吹零碎禾葉町子由左側車窗飛出，淨穀墜入槽中，由槽流入籮筐。我家爲佃農，地主這時便來收租，在每籮穀面蓋上石灰印。租穀滿了，餘下的町乃爲全家一年生活。

晒穀的稻場，日夜須人看守，白天到晚由堂姊們和我守町，黑夜由叔父值夜。守穀時，我聽堂姊講故事，也席地看星辰。

家中畜一頭大水牛，牛身雄偉，爲全村冠，學校下了課和假日，我常放牛，坐在牛背上看書，牛成了我的好朋友。

冬天，收了荸薺，農事告畢，叔父換蓋茅屋的稻草，又在家町打草蓆，作床墊。下雪，全鄉一片白，小港中有野鴨（鳧）成群，伯父明山公持槍出獵，持鴨回家。野鴨顏色鮮美，背綠，胸紅，肚黃，身體較家鴨小一半。

農曆新年，全鄉只聽見爆竹響。元旦日，一隊一隊拜年客，從一家走到另一家。初六以後，一條一條的長龍，在鄉村町滚來滚去。我們天主教人家也燃鞭炮接龍臨門，鄉中一時滿是和平氣象。

三、城市

十歲以後，我的見聞出了鄉村，有時跟著伯父上街，有時往孳薺行看父親。

伯父明山公幾乎每天都到衡陽城，在南門正街有幾家商店朋友，一家是油鹽店，一家是理髮店，一家是茶館。他先到理髮店看一看是否有鄉下朋友在剃頭，遇到有朋友就坐下聊天，若沒有朋友，和店裡老闆打個招呼，便往油鹽店，油鹽店是新聞接收站，街坊和縣裡的新聞都可以聽到。聽了新聞，伯父再往茶館，茶館有他每天見面的朋友，大家坐下來，要一壺茶，兩盤瓜子，開口縱談鄉村和縣府大小事。伯父雖不是富家，又不是讀書的士紳；但是鄉村的大小事必要經過他。鄉中人有糾紛時，常找伯父調解；茶館就是調解糾紛的地點。他們的花費，只在給茶桌上添幾盤點心。我在茶館盯就陪著伯父吃了許多次包子捲子。但是普通我上街，是替伯父把街上所買的家中要用的雜碎東西先拿回家。

有時父親上街，或是堂兄或堂姊上街，我便跟著逛街。父親上街有時爲了看戲。壽佛殿的戲臺每年許多天演大戲，我跟父親擠在戲臺下，喜歡看大花面殺來殺去，對於花旦的聲音則很討厭。其實我最愛看的鄉裡夜盯的燈影戲。

堂兄堂姊上街，則爲看花轎。壽佛的大壽似乎在春天，每逢壽佛誕辰，壽佛的信眾抬著花轎遊街。衡陽市裡沒有車，遊行只用轎。轎的裝飾和花車一樣，轎上男男女女表演各種故事：仙女散花，王母壽桃，八仙渡海，觀音大士等等，樣樣都有，中間夾著踩高腳，高腳最高可高到一丈。我睜著羨慕的眼睛，只細看著它們一步一步的走；因爲我在家最高可踩到四尺！壽佛殿的廣場町，又排滿了各種攤子，各色各樣的水果蔬菜，大塊小塊的臘肉臘鴨，花花綠綠的布疋。堂姊們和我只走看看，連零吃的糖果也不買；出門時，母親曾囑咐不許亂買東西。

在壽佛殿裡我還看見過另一樣的美景，那是人家做水陸道場，陳列一排一排的紙製樓閣。樓殿亭臺，顏色鮮豔，手工精細。我很婉惜人家要把那些美麗樓閣燒掉。

上街觀賞的勝景，還有端午節的龍舟競渡。龍舟追弔屈原，屈原是湘人，在湘江町競賽龍舟，乃是每年必有的盛舉。龍舟長可坐二十人，十人一邊，操槳，船尾一人執舵，船首一人直立，擊鼓，鼓聲和槳聲相應，作爲號令。競渡者常有五六十舟，開賽前，鳴炮致祭。

高小第三年時，我到城裡上學，寄宿姑母家，每週星期六下午回鄉，星期日午後回城。姑母家在北門外，我家在南門外。由姑母家過草橋，穿過衡陽城，出南門到家，須走兩小時，我常步行。下雨天，擎著油紙雨傘，穿著木屐，在花崗石町的街道走，很吃力，卻不覺累。

寒假時，父親在荸薺行，荸薺行設在渣江，離家數十里，我和二弟耀每年一次去看父親。荸薺行辦理荸薺交易，鄉下人把荸薺送到行裡，商人到行町購貨，裝上船運往漢口賣。父親做行裡主持人，用現代話稱爲經理，行町有三、四個伙計。行屋簡樸，上下兩大間，下間辦公，上間睡覺，大家一起。白天辦交易，夜晚空暇，伙計們圍爐玩紙牌，打東道，方桌坐四人，一人作東家，發牌收牌，三人玩，贏的錢交與東家請客，買雞買酒，第二日大家吃喝一頓。父親酒量大，喜歡喝，夜間玩牌睡眠不足，身體健康不佳，老祖母常以爲憂，囑咐我勸阻父親，我有時竟敢代替父親玩牌。

童年時，覺著鄉裡城裡都平安，看不到痛苦的事。有些年頭湘江大水，南鄉也被淹，但是水總淹不到家門。有些年頭天旱，伯叔父車水忙，收成很少；但是也沒鬧饑荒。有一年，衡陽城發生戰事，說是趕吳佩孚的北軍。似乎是五月的天氣，一天晚晌，槍聲剝剝，伯叔父、父親和堂哥都扒在屋後小山上窺看，我也夾在他們中間 聽見一陣一陣衝鋒的喊聲，看見一團紅紅的火光。頭頂上飛著呼呼的槍彈，有幾顆射在後屋土牆上。

第二天，傳說北軍退走了。晚間，家裡也走來幾個身著軍衣的大漢，就是北軍的湖北佬。他們在稻田間躲了一天，夜間逃到我們家町，肚子餓了找東西吃。他們把槍和子彈都摔了，赤手進來，看來怪可憐。我們拿東西給他們吃了，又拿一套衣服給他們換了，叫他們再一路想法逃回家去。

四、教堂

衡陽的天主教會在中國算是一處老的教會，有三百年的歷史，因爲在明末清初的傳教士由廣州往北方時，有兩條路可走：或者由廣東往江西，由江西往南京，然後由運河北上；或者由廣東到湖南，由湖南往湖北，然後轉赴四川和陝西。因此在清初時便有傳教士路過衡陽，暫時住下，傳道授徒；而且有遭清廷和拳匪殺害而殉道，藍若望神父在長沙被絞刑，范主教、安神父和董神父在衡陽遭拳匪殺害。

中國天主教會分區域時，湖北湖南在一六九六年合爲湖廣代牧區，主教住在湖北；一八五六年，兩湖分爲兩區，湖南代牧區和湖北代牧區。一八七九年，湖南又分爲南境代牧區和北境代牧區，南境代牧的主教住在衡陽，范主教被害後，繼任主教爲翁德明主教，翁主教以後爲柏長青主教，當時湖南已分成十個教區，衡陽和長沙也分開，柏主教專管衡陽教區，共黨佔據湖南後，柏主教回意大利，中國神父萬次章繼任衡陽主教，爲共黨所捕，禁死獄中。

在衡陽的傳教士，素爲意大利方濟會士，中國神父約十餘人。衡陽的教友分佈在城內北門外，和城外東南北三鄉，西鄉則很少，北門外和北鄉的教友爲郭姓，東鄉的教友爲張姓，南鄉的教友爲羅姓。南鄉的教友住在𣂏陂町的北面，𣂏陂町的南面則爲歐姓。東鄉也有羅姓教友，但和南鄉羅姓不同宗。南鄉羅姓有宗祠，宗祠燈籠題為清源堂，可見南鄉羅姓來自山西清源。南鄉羅姓的三分之二信奉天主教，信教歷史起自清朝中葉，到今已兩百年。

在羅姓住家的一面，建有天主教堂，舊堂在小山下，和我的家為鄰舍。新堂建在小山上，山下舊堂改為學校，後又改為安老院，再又改為修女院。

斗陂町以外的鄉村，住有幾十家教友。本堂神父每年往他們家裡訪問。訪問遠處教友稱為上會，神父坐轎，轎後有一挑夫，擔著行李。在教友稍多之村，設有會所。神父到了會所，住二、三天，訪問各家教友，在會所講道、行祭、施行聖事。由一會所到另一會所，南鄉會所不多，神父一個月內可以訪問完畢。他縣本堂，常須二、三個月。

本堂宗教典禮，星期日稱為主日，典禮很多。早上七點，聖堂鐘樓響鐘，提醒教友預備進堂。七點半再次鐘響，教友由家動身。八點，第三次鐘響，典禮開始，先念早課經，繼念主日經，後念要理問答，念經後一小時，然後彌撒開始，但若遇教友辦告解者多，經文念完，神父還要聽告解，便再念玫瑰經，唱聖歌，一直等到告解聽完，神父穿好祭服，登壇行祭。彌撒聖祭後一小時，禮畢出堂，時間已是十點半或十一點了。我童年時，常在堂町領經輔祭。

主日下午，三點時，鐘樓招呼教友來堂，拜苦路。堂中懸有十四處苦路像，紀念耶穌受難時的十四椿事蹟，每到一處像前，宣讀所紀念的史事，自作反省，再行祈禱。

每天早晨，堂中有彌撒，我常去輔祭。來參與彌撒的教友十餘人，我的祖母每早必到。

復活節前三天，本有隆重大典，但衡陽三鄉本堂的神父都要在北門外主教座堂行禮，南鄉便三天悄寂無事。但在星期五耶穌受難日，教友都來到聖堂，司儀將祭壇上的十字架捧下，放在祭壇前，教友雙雙跪拜，口吻耶穌聖足，獻錢在十字架下。這是唯一機會教友獻錢。主教座堂的三日大典則非常隆重，我從在城市讀書的一年起，後來在黃沙灣修院，每年都去參加。星期三傍晚，主教神父和修生，在聖堂唱大日課經，意大利神父中有好幾位長於音樂，聲音嘹亮。中國神父中有一位彭神父，能唱高音。日課經唱完時，要表示耶穌受難當日的地震山崩，在堂的教友拍著跪凳作響。我在高小念書時，和同學拿著靴鞋，大敲跪凳。星期四晚守聖墓，紀念耶穌受難後葬在墓中，堂中乃有教友守夜。教友輪班來堂，一夜不息，在耶穌聖體前跪拜祈禱。

復活節前一日，本堂神父回南鄉，遠近教友都到堂前與禮。遠路不能一日往返的教友，則先一天來到，宿在小學裡。

復活節後，神父到教友家町祝福家庭，和家中人閒談，問問家中情況。臨別時，每家送與神父雞蛋幾只，神父收的雞蛋多，便遣人送去黃沙灣修院。

聖誕節更形熱鬧，先一天，遠處教友來堂，在院中烤火。午夜，全鄉教友參與子時彌撒。鐘樓的鐘聲、堂前的炮竹、堂中的歌詠，使我們童年的心靈飄飄若飛。

南鄉教友中有會長數人，由本堂神父選任，我的伯父和父親都任過會長，協助神父傳教。

在我離開衡陽以前的最後幾年，很不平靜。共產黨在鄉裡組織農會，鄉町平日游手好閒的流氓地痞，帶頭大喊打倒土豪劣紳，把鄉裡幾個地主和有聲望的人，綁架起來，頭上戴著土豪劣紳的紙帽，在鄉裡遊行，每天成群挨次到有錢的人家坐著吃，迫著這些人家宰豬殺雞，真鬧得天翻地覆。後來雖然清黨，共產黨斂跡，但是匪軍竄來竄去，故鄉再不安寧了。我於二十九年初離開了故鄉，以後再沒有機會回去。

童年的故鄉非常可愛，山青水綠，田野稻香，教堂鐘聲悠揚，鄉村生活簡單，從小我就喜歡自然景物，愛花愛鳥，愛貓愛狗，沒有染到城市習氣。離開衡陽已經四十年了，赤禍蔓延，何日可歸！

農家

一、農耕生活

杜甫曾有一首風捲茅屋詩，大風捲走了屋頂的茅草，他望著破屋浩嘆，「安得廣廈千萬間」，使天下寒士有屋住而歡顏。

我的家是一座土牆茅屋，座落南鄉天主堂右側。堂在山坡上，山坡下右側的茅屋住有五家人，我的家是最大的一家。

茅屋牆壁用黃土造成。造屋時，用模板夾在兩面，將黃土填入，拿木棒抖樁，把土壓硬。日久天長，土硬可比石頭。牆上架樑，樑上鋪木條，條上蓋稻草作屋頂。蓋頂時，先將稻草尖端作束結，尾端散開，從下向上鋪，上層覆蓋下層稻草之半，疊次蓋上，屋頂平滑，雨水下流，屋中不漏。稻草可經三年，久則爛，。未爛以前須逐年換新草。

我家進門一廳爲堂屋，中壁懸聖像，像下設中堂長案，案上置十字架、置蠟台。堂屋中央放一方桌，桌同四條長案，爲八人或十二人飯桌，堂屋兩壁排茶椅，右方一門，通伯父住房，左方一門，通祖母住房，後方一門通廚房。伯父房後爲堂姊堂兄兩室。廚房後爲婦女飯屋。屋後一過道，過道右側通第二廚房，廚房後門通四叔住房，廚房右方通家父住房，家父住房後有我的住屋。三叔住在後面另一屋裡，由第二廚房過道向左走，則有同族親戚四家的房屋。

祖父在我出生前已經去世，家務由祖母和伯父主管。祖父遺有四男四女，我四歲時，最小姑母也出了嫁。伯父母生有兒子一個女兒六個，兒子爲我堂兄，女兒中有三個爲我堂姊。家父母生有男兒兩個，女兒一個，我爲長子。三叔英仕公生女兒一，四叔英伯公生男女各一。堂兄後來娶了妻。那時家中大小人口二十三，還有長工短工，普通常有三十人吃飯。

農家的生活和農田相聯，照著農田的需要調節家務，春耕夏耘秋收冬藏，我們家裡的生活，便是跟著這種年曆進行。

家中養著一頭大水牛，牛欄在第二廚房旁邊，除我們家中人外，村中誰也不敢近牠，家人裡伯父和我是牠的好朋友。犁田耙田時，伯父架著犁耙工作；草地放牛時，我騎在牛背看書。村中有放牛的牧童，專放全村的牛；牛不耕田時，由牧童早晨牽出去，晚晌送回來。但是伯父願意我們自家照顧家中水牛。

家中常有長工一人，一年在家裡幫忙田裡工作，農忙時，另加短工，短工工作幾天或一個月。

農家的工具，犁、耙、鋤頭、肩擔、鐮刀、竹籮、水車、風車算是最重要的家具，家中樣樣都有，不必向人家租借。水塘水井也不可缺，我們門前有井一口，田畔有水塘三處，積水養魚。

我家是佃戶，自有田僅數畝，佃田五十畝餘，每年收穀除租穀外，可足一家的糧食。家中零用錢和衣服費用，則靠農家副產荸薺和魚。一天兩頓飯，每飯有蔬菜和魚蝦，肉則節日有。臘肉、臘魚、臘鴨、臘蝦蟆，冬天和春天常有一盤，還有罈菜。臘葷是湘省特產；家中殺了豬，網了魚，釣了蝦蟆，加上鹽，放在太陽下曬乾，乾後放在柴火上薰，薰好了，掛在通風的地方吹風，然後收藏起來，可以一年不壞。罈菜有似醬菜；青菜、蘿蔔、辣椒，黃瓜先曬去水分，放在罈裡。罈口蓋好，罈口周圍有槽，槽中放水，阻止空氣進出，過了一個月便可用。湘人喜歡吃辣椒，每餐不缺，新鮮辣椒作菜一盤，乾辣椒和辣椒粉則充烹料，每菜加放。辣椒粉由家中自製，把曬乾的辣椒，放在碾槽碾碎，碾成粉。碾槽爲長形鐵槽，陷置地上，槽上以木椿繫一鐵輪。辣椒放置槽中，一人手推木椿，使鐵輪在辣椒上滾來滾去，辣椒碾成粉末。

農家多養豬，我家常畜三、四頭，農曆新正前豬重可八、九十斤，便殺豬過年。殺豬常在半夜，先燒滾一鍋水，四人提豬出欄，豬大叫，宰豬者用長刀從喉管直刺豬心，血流如注，豬微哼幾聲即斷氣，抬豬置澡盆裡，用滾水澆身，以刀刮毛，毛脫，豬身潔白。把豬抬置長桌上，四腳朝天，宰豬者用刀斧把豬分成兩半，取出五臟，送豬上市場，家中留幾十斤豬肉，做臘肉臘腸。

殺豬，我常看；殺雞我不敢下手；殺蝦蟆則歸我辦。殺蝦蟆也要內行，否則弄得很狼狽，蝦蟆斬了頭以後，要用小針在背頸小孔裡刺一下，口足直伸，纔算死了；若不用針刺孔，斷了頭，剝了皮蝦蟆還可以在地上跳，不剝皮的蝦蟆更可以活十幾分鐘。

農曆新正時，新釀的糯米酒上桌饗客。十一月，家裡煮糯米，煮後再蒸，蒸熟，合以麴櫱放在瓦缸裡。瓦缸爲圓形，底狹口寬，直徑可四尺，深約一尺。糯米放在瓦缸，中央留一空洞，缸上覆一蓋，蓋上覆稻草。發熱發酵，糯米釀成酒，酒流中央空洞裡，糯米變成糟。半月後，取酒置罈中，一年可以供飲。

冬天，家裡製豆腐，用做豆腐乳。田中黃豆收成後，用石磨成漿，放在鍋裡煮，煮滾了，倒在木箱裡，參以石膠粉，掏出灌入方塊木盒內，過一夜，木盒內便成豆腐。豆腐經風吹乾，切成小塊，放入竹簍中，一層豆腐一層稻草，加鹽加辣椒粉，使豆腐發霉，然後撿出放入罈裡，罈加蓋，蓋沿著槽內放水，一個月後便有豆腐乳，爲下飯佳菜。

夏天，家裡製涼粉。園中種有涼粉瓜，大如芒果，色青，熟時色稍黃，瓜心沒有肉瓤，結有層層涼粉子。取子曬乾裝入布袋，布袋纏緊放在水桶裡，用手搓布袋，流出白色黏液，到黏液和滿水桶時，提出布袋，用布蓋桶，靜放不動。數小時後，全桶結成像冰箱裡魚肉湯凍，便成涼粉。把涼粉切成小塊，放入冷水桶裡，一天不化。吃時，拿塊涼粉裝入碗中，加糖加薄荷水，吃時清涼可口。(參考中央日報 民國六十年七月十八日副刊 張哲著 涼粉又一章)

二、家庭樂趣

每晚，家中人都聚在堂屋裡，伯父把從城裡聽到的新聞，講給家人聽，講完新聞，再談田裡的工作。祖母也吩咐廚房事務。冬天夜長無事，父親若在家，就說書講故事。父親一輩只有父親念過書，喜歡看小說，粉裝樓寫羅家英雄：羅坤、羅燦、羅小雲。五虎平南也寫羅家英雄的武功；這些故事由父親口裡說出來，像是眼前的活事，大家聽得入神，聽到深夜也不想睡，講完，大家一起祈禱。

我家世代信天主教，每晚祈禱爲家庭大事。星期日晚，全家誦苦路經，紀念耶穌受難；平日晚間，闔家共念聖母玫瑰經和晚課。三月爲敬禮聖若瑟月，五月爲敬禮聖母月，六月爲敬禮耶穌聖心月，每晚家中必誦敬禮經。若是農忙或伯叔父晚晌不在家，大家不在堂屋共行祈禱，我便和父母在房裡誦經，父親在葶齊行時，我和母親在房裡行晚禱。星期日上午，全家往聖堂參與彌撒，午後，年輕人再往聖堂聽要理，拜苦路。

家裡廚房由祖母指揮，但祖母只在請客時下廚做菜，平日由四個媳婦輪流下廚，每人輪流一週。灶內燒柴，燒稻草，燒豆稈；秋冬春三季柴薪不缺。到了夏天，稻草豆稈都燒光了，田間禾還沒有熟，便該到外面砍柴。砍柴大半是我和耀弟的工作。鄉間山上都是童山濯濯，沒有樹木，只能到港畔田埂，斬伐蘆葦，荊刺和叢生灌木。黃茶嶺有佛寺名十方堂，寺前樟樹數株，樹大數人圍，枝葉參天，高不可攀；寺後種有松樹數千，山僧不許斬樹伐枝，只許鉤拆枯枝，摘撿松子；這處松林也是我們取柴之地。冬天家中燒火取暖，燒火用炭。往學校時，我們常帶煖爐，爐爲圓銅爐，爐蓋多小孔，煤球置爐中，可燃數小時，放在椅下，腳踏爐蓋，一身不覺冷。

家中最忙的季節，是插秧、割稻和新年。插秧大約四、五天，每天二十人；割稻則須十天或半月，每天十五、六人。插秧的工人要吃得好，割稻的工人則要送飯到田間，酒也不能少。新年乃一年大節，家裡要忙十幾天。我家即信天主教，新年後不祭神迎鬼，但是年節團聚，親戚作樂，則不弱於信佛人家。年根飯吃得很熱鬧，全家大小都在，父親必定由葶齊行趕回。家屋打掃乾淨，門檻貼上紅色對聯，小孩都做有新衣服，我還帶瓜皮紅頂小帽。大年初一，天尚未亮，我就起床放鞭炮，全家起床，漱洗已畢，我向父親母親拜年，再到祖母房裡向祖母跪叩。然後全家集合堂屋裡，燃蠟燭、誦經，向天主致敬禮，小孩向大人拜賀，大家坐下喝杯煖酒，吃紅棗雞蛋。婦女收拾了碗盞，男女大小成隊往聖堂參與彌撒，沿途放爆竹。禮畢回家，吃了飯，男子們結隊往鄉向同族親戚人家賀年，我留在家裡放鞭炮接客，一隊客人臨門，向祖母、伯叔母和母親恭賀新禧，大家作揖，彼此說：「天主保佑，恭賀恭賀。」偶而有人說：「恭賀發財，早生貴子。」作過揖，客人在堂屋坐席，喝一杯酒，吃花生糖果。糖果盒俗稱「換雜盒」，六角形，盒中有小盤七個，每盤放一種糖果，故稱「換雜」。一隊一隊客人繼續來，彼此遇著互相作揖恭賀，前一隊離席，後一隊入席，元旦拜年不能辭酒不喝，大家回家時都酩酊有些酒意。

初二，女婿和女兒回娘家拜年，父親和母親從來不去。初六以後，家中設宴分批請村中親戚，繼續四、五天，所請女客較多。請帖先期發出，帖上雖寫有「恕不催」，到飯前一小時，仍舊要打發人去催客，催客多是我的差使。這幾天，祖母下廚烹調，碗碗菜都使客人叫好。

家中有喜慶大事，如祖母七十壽，堂兄結婚，在家內設酒席，便邀請村中烹調好手的男子，在屋外設灶。酒席應是九個碗，即是九個菜。碗大，菜量多，客人吃飽還要帶菜回家。

席上放有乾荷葉，專爲客人包菜回家之用。

端午吃粽子，常是家裡自己做；中秋吃月餅，則上街買。村中有喪事，也設酒席。我們天主教人中一家有喪，棺材停在家裡時，晚晌附近的信友，到喪事人的棺前祈禱誦經，一連三夜，五夜。出殯時，村中信友男女，集來送殯，沿途誦經唱哀歌。我小時最怕看死人，可是爲喪事人家誦經時，我應去領經，回來後，一夜睡不穩，常要叫媽媽。

三、童年遊戲

農家童年的遊戲，很簡樸，趣味則很濃。我們家裡男孩不和女孩一齊玩，男孩則只有我和二弟耀，歲數差不多；堂兄太大，堂弟太小，不能玩在一起。鄰居則有年歲稍輕的兒童四人，我們六人常一同遊戲。每人兩手持竹桿，一桿當馬，一桿當刀，舉刀跨馬分成兩陣，作張敬堯和吳佩孚的兩軍，從山上打到水塘邊，又衝進屋內，但從沒有一人受傷。

假日，撈魚，夏天，釣蝦蟆，也是我的遊戲。水田中，小港裡產有一寸或兩寸長小魚，我和耀弟赤腳下水，把田中水深處築泥圍住，再把水撥乾，就可把魚捉住，用野花桿穿住魚嘴，一桿可穿魚十幾尾。在港裡則只能摸水捉魚，捉到的魚較大。還有遊戲則是採野菜，春天野菜多，桃樹流出的漿，調和辣椒，煮熟，味脆而美。馬鈴薯的嫩芽，可作菜煮；草地長的地皮耳，有如木耳，可食，菜油樹白片嫩葉，脆而甘，可生食。公共池塘的藕也可採。

學校下課，回家放下書本，沒有時間排陣打仗，我們便敲紙牌。那時紙煙包內，夾有一張紙牌，上面印有三國志的英雄像。我們每個人把一張紙牌放在牆根，在距離兩丈遠的地方，拋擲石子敲打紙牌，打中者，勝一牌。誰手中紙牌多，很有驕氣。

再不然，便玩「跳房」，畫地成長方形，分爲四格，每格爲一房，玩者以一石拋入第一格，提一足，以另一足跳入第一格內，用腳將石從正面踢出，然後再跳到格外，再把石子拋入第二格，再提足跳入，再把石子踢出，繼續跳第三格、跳第四格，從第四格把石子踢出就算贏了。贏者贏紙牌，我們很少玩錢。

冬天，我們踢毽子，或是兩人比賽，或是三、四人同踢，毽子冬天可以身體暖，夏天則天熱。毽子用銅錢，以皮條或布條貫在錢孔中，把雞毛三支或四支夾在皮條或布條裡，再用線綁緊。踢毽子花樣很多，右腳單踢，左右腳雙攻，踢毽子上頭、上鼻、上耳、轉身、過跨。身體要靈活，眼色要好。

夏天，太陽凶，不宜於在太陽下跑，便坐在樹蔭下或屋簷下設宴請客。從各處摘來瓦片，排在地上充盤子，採取野菜、野花、素菜，捉到蚱蜢、螳螂充葷菜，邀請堂姊妹作客人。一席酒可以費半天時光。

我家田中割稻時，我和耀弟摘稻穗。工人割稻時，免不了把稻穗折斷，散在田中，我們兄弟兩人便把稻穗摘起放在籃裡。工人打穀，把稻稈打在大木箱上，箱後一竹織高扁，擋住穀不亂飛，穀落在箱裡，午飯、晚飯前，長工常和我要好，偷偷從箱裡拿一、二升穀放在我的竹籃裡，用稻穗蓋上。我和弟弟拿穗和穀回家，交給母親，母親把穀曬乾，賣錢作爲私蓄，少則爲我們買糖果，多則爲我們做新衣。水塘乾水時，家人用網捉魚，塘中常有漏網的魚，混在泥水裡，我和弟弟也可捉取漏網的魚。交給母親曬乾，作爲我們的私菜。另一種私菜則在自家的菜園裡，家人不種的屑地上，我和弟弟種辣椒、黃瓜、豆掛、蘿蔔，兄弟倆每天抬水桶澆水，菜長大了，拿回家給母親做罈菜。

家中種的菜，傍晚我也常去澆水，但只在水塘邊，給冬瓜、絲瓜、南瓜、豆掛用長柄水瓢澆水，種在園裡的菜，須用水桶挑水，則由叔父或長工挑水去澆。

我也養過鳥，鄉裡人叫爲小鴉，實乃八哥，週身青黑，翅爲白色。家中沒有鳥籠，只養在捕魚的竹筌裡，沒有飼料，只捕昆蟲飼養，但有幾次，八哥長大成鳥，跟著我在田裡飛，我騎牛背，八哥飛在牛角上，自己在田中尋食，又飛到我手上。我牽牛回家，八哥跟在路上一步一步跳。但是到了冬天，野蟲沒有了，八哥常常受餓，生病，終而死去。每次我都傷心流淚。

我們一家不是富戶，不是窮家，每天家中人都胼手胝足，但也豐衣足食。我算家中驕子，從小進學堂讀書，不下田作工。農家生活使我知道人生真面目，養成勤勞習慣，喜歡清靜的生活。

家親

一、祖母郭太夫人

祖母郭太夫人，家出衡陽北門外郭家。天主教習俗同教通婚，衡陽市與東、南、北三鄉的天主教友多出於郭姓、張姓、羅姓三家，三家互相通婚者很多。

炙嬪圻喪偶，有子女八人，獨力支撐家室。子女後來都成了家，她把家事交給長子，四子同居。長子去世後，子媳纔分爨，祖母由第三媳服侍。

祖母性情溫良，從來不和兒媳爭鬧，也總不離開家，每晚經心廚房熄火，關閉門窗。信教最誠心，早晚祈禱，每晨往聖堂參與彌撒。年老眼睛壞，不便走路，由兒孫背著往聖堂。白天在家不能工作，便每自一人念經。我到羅瑪後，父親給我寫信說：「祖母近年越加老邁，但全心爲兒祈禱天主，使兒勿生病痛，早日升鐸回國，使祖母放心，歡心。」（民國二十二年五月卅一日）

「祖母近來越加老邁，時常有病；但日夜爲兒念經，祈求天主，無生病痛，早領司鐸回

國，以滿祖母之意。」（民國二十三年一月九日）

祖母有一封由父親代筆寫給我的信，信上說：

「爾出國以至今日，約三年矣，余日夜想念不已，於是日夜祈禱上主，使你平安。」（民國二十二年五月廿六日）

祖母在孫兒中最喜歡我，我從小跟著祖母，滿姑（第四姑）出嫁後，我就伴祖母睡覺。祖母房中家具很簡單，清潔有次序，夏天床上掛帳子，冬天用煖爐。兒子分家後，老人家高興時，自己在房裡煮飯、煮菜，平日同三叔吃，別的兒媳有新鮮葷素，也送去孝敬。三叔只有一個女兒，滿姑的丈夫又是三嬸的弟弟，祖母愛滿姑也就愛三嬸，事事由她照顧，別的兒媳也高興有人盡孝。

我第一次離家往城裡念書，每星期午後回家，先到祖母房裡請安，祖母要看我臉色好不好，衣服髒不髒，然後打發我到母親房裡去。第二天離家返校，祖母千囑萬囑莫受寒，叫我告訴姑母留心照顧我，又給我一點零錢。後來我進了修院，每年只在暑假時回家住兩星期，那時伯叔父等已分家，祖母每晚叫我同她老人家吃飯，她希望我常留在衡陽修院讀書，一直到升司鐸，一次聽說衡陽柏長青主教有意派我到羅瑪留學，老人家心慌了，在七月十六日柏主教來南鄉慶祝本堂主保節時，連忙拜見主教，要求莫送我出國，怕自己看不到我回來。

民國十九年九月底，我和同班修生動身往漢口總修院，攻讀神、哲學；祖母無可奈何，因爲衡陽小修院沒有神、哲學班，她也想漢口並不太遠。不料我走到長沙，被副主教以主教之命，派我由漢口往羅瑪，我由上海寫信回家報告實情，祖母疑惑我瞞了她，離家時不敢說。但她老人家心裡也高興孫兒出國，唯一的希望是在我升了司鐸就回去，叫她老人家見我一面。父親每次來信，常常重覆這句話。

好不容易等了六年，我升了神父，父親來信說：

「前三月間接你一信，知陞司鐸，祖母及家歡喜至極。余又告訴戚族，人人無不歡喜，無不讚美。族戚人說，若你回國，安排大大歡迎，並安排很多禮物。族人並追考上數代，沒有特別的能人，迄今尚無司鐸，你爲第一人。今祖母年老高巍，時常多疾，那時你陞司鐸的信到家，你榮兄（堂兄）在老人家房內念讀，聽你陞了司鐸，她老人家心疾全癒，歡喜至極，全滿她老人家希望。她老人家又說：你自往外洋，迄今六年，朝夕爲誦經，賞賜平安，順達到司鐸之職。今你已陞司鐸，她老家人仍爲你祈主賞賜，平平安安，趕早回國，滿足她老人家的意願。她老人家又說夢中常常見你回家，和你談話。」（民國二十五年五月廿四日）

升司鐸後，我留在羅瑪攻讀法律，又在母校傳信大學任教，國內發生了七七事變，家鄉也不安寧。後兩年，父親來信說：

「前國曆五月底，祖母加得重病，數日不食，藥亦無效，終傅聖事已做好，預備見主。」但她老人家有一件不滿意事，日夜呼說：我孫兒爲何不回！我孫兒爲何不回！全家聽她老人家時時呼喊你回家，于是全家念經，祈禱上主，使她老人家病癒，得你回國以滿她老人家之願望。主允祈求，病漸稍癒。」（民國二十七年七月三日）

我在民國廿八年考了法律博士，束裝回國，船票購妥，書箱已寄到意大利碼頭，不幸意大利墨索里尼宣佈參戰，一切船隻禁止航行。我請示教廷傳信部長可否繞道美國回衡陽，部長不許。第二次世界大戰期間，我困居羅瑪城中，和家中音信少通，最後的兩封家信，是民國卅年父親和堂兄所寫，寥寥數語，以後音信斷絕。民國三十四年纔由柏主教來信知道祖母和雙親都在戰亂中去世。我乃寫給家中兩個小弟，探問情形。祖母去世是在日本人進攻衡陽時，全家離鄉逃難，祖母又病又不能走，便在路上倒斃，草草安葬，埋在荒地。我寫信請求柏主教代覓祖母墳墓。

中共佔據了大陸，柏長青主教來羅瑪，我去飛機場接他，柏主教對我說：「你寫信要我替你找尋你祖母葬身的地方，沒有法子可以辦。你的祖母在生時，信教極誠心。我每次往南鄉去，她常由家裡人背著來見我，問你怎麼不回來，要我叫你早些回去。你的祖母是一位很好的老太太，有病有苦，總不抱怨。她唯一的安慰，就是祈禱念經。但她也有了另一安慰，看見了外孫郭祝融晉了司鐸。她所痛惜的，則是沒有看見你回家。」

這也是我自己一生所痛惜的事！

二、伯父明山公

伯父明山公，諱英魁，身體魁梧，臂力過人，爲祖父母的長子。少壯時，祖父去世，伯父協助祖母管理家事。年三十餘，祖母把家事都交給他，伯父獨力支撐一家。三叔、四叔下田工作後，伯父主理家務，工作稍輕。

伯父兄弟四人，家父行二，三叔諱英仕，四叔諱英伯。家父讀書，業商；三叔耕田，最勤苦；四叔助耕，身體常多小病。田中主要工作，如犁田、鈀田、插秧、割稻，伯父親自下手。

伯父沒有讀過書，只略識幾個字，然聰明過人，見識很高。年四十餘，在鄉中被認爲鄉紳。鄉人有買賣或爭執事件，常請伯父作主。伯父命長子代寫買賣契約或和解書，字字口說，長子筆錄。他人寫有契約或和解書時，長子口念，伯父常可指出不妥的字句。

伯父口才很好，長於說理，好和朋友聊天。每天上街在茶館久坐排難解紛，不收錢，不受禮。鄉村的爭執大都和農田有關，尤其是爭水。夏天天旱時，池塘灌水，有契約爲據，小港的水，則兩岸相爭，伯父少壯時，曾爲爭水率羅姓族人和對岸歐姓族人械鬥，頭受傷，臥床十幾天。後做鄉紳，力勸大家息爭。

南鄉天主教信友，幾乎都是羅姓。我童年時南鄉本堂的主作司鐸爲一位郭神父，衡陽市北門外人，身高體胖，性情暴躁；但和伯父交情很好，選伯父任會長，遇事和他商量。每晚，伯父也到堂內和神父聊天。郭神父聘一傳道員蔣先生，兼任初級小學老師。蔣先生與郭神父曾爲同窗，又是朋友；然蔣先生生性嗜酒，每每酩酊大醉，醉則和神父大吵。伯父便充和事老，勸神父息怒，蔣先生一氣便捲起衣服回自己東鄉老家。酒醒了，過了二、三天，蔣先生又回南鄉，找我伯父陪他往見神父，彼此和好如初。這種戲不知演過多少次。

神父出門常坐轎，不敢騎馬。他家本是富戶，姪兒們來看他時，都騎著龍頭大馬。神父體胖，身量重，兩個人抬不動，又不能坐三人轎或四人轎，因爲身份不夠。每次出門，常託伯父雇轎夫，村中大漢都不願意去，礙不過伯父的面子，勉強應允，神父也得加高薪金。有一次，神父由北門主教公署回南鄉時，天雨，路滑，轎子走過南門外壽佛殿和魯班殿，走上荒山墳地山路時，前面轎夫一腳沒有放穩，身體一側，轎子向右邊一傾，連人帶轎摔在墳堆上，幸而轎子沒有摔壞，神父只吃了一大驚。三個人一聲不發，又把轎子抬起，進了天主堂圍牆大門，神父下了轎，怒氣衝天，指著兩個轎夫說：「不中用的傢伙，險些把神父摔死了，快點跑，我要宰了你們。」，兩個轎夫飛跑出門，來找伯父，訴說情由。伯父往見神父，看見神色不佳，怒氣未消。伯父笑說：「奈何怪轎夫，只怪自己身體太胖。下次找轎夫，沒有人負責了。」，神父擠一擠眼，哼了幾聲，也就笑了，拿了雙倍的工資，託伯父送轎夫。

伯父性嗜田獵，是全鄉射槍的能手，無論鳥飛獸跑怎樣快，他放槍必中，老鷹盤旋天空，看見家屋門前有小雞，一翻身撲下來，抓住小雞，一翻身又飛上天空，速如閃電，群雞嚇得亂跑，母雞拍著翅膀大叫。若是伯父在家，一見老鷹在屋頂盤旋，把槍預備好，躲在門旁邊，當老鷹翻身下飛快近屋頂時，槍聲一響，老鷹墜地。那時，歐洲女人的帽頂上用羽毛裝飾，需要白鷺身上的灰黑柔毛，我們鄉間白鷺成群，伯父有時一天槍擊十幾隻，有時鄉間飛來特種的鳥，大家走告伯父。伯父攜槍追蹤，射擊了提回來，有一次是隻大雁，有幾次是白灰色的鸛鳥，他們的腳和頸伸起來高可六尺。冬天小港中常多鳧，稱為野鴨，顏色鮮艷，也是伯父的獵物。但正式田獵，則在初冬，手中有種野狗，似狐而稍大，色淡褐，皮毛稱狐皮，價貴。初冬狗毛長滿，皮最佳。初冬又是農耕清閒，伯父組織獵隊上山，槍手二、三人，幫手四、五人，獵犬五、六隻。獵隊走到深山，先察地勢，研究野獸出沒的途徑，槍手躲在野獸必經的路口，伯父常守主要孔道。幫手攜犬入山，成排向前走，大聲吆喝，稱為抄山或趕山，把野獸趕出。一聽獵犬狂吠，附近必有野獸，縱犬往追，野獸奔出，槍手自見即放槍，野獸另奔一路，到被迫奔向伯父看守的路口時，伯父瞄準射擊，野獸倒地。有野狗，有野貓，有野兔，有黃鼠狼，有狐狸，一次有野豬。山雉、鷓鴣、野鴿也在山中獵得。一山抄一山，抄了四、五座山，結隊歸家。家中人忙了，剝獸皮，用竹桿張開；洗刷獸肉，分配獵隊各家。家中好幾天啖野味。獸皮出賣，大家分錢。有些年頭，田獵不豐，後來野獸越來越少，伯父便不再上山獵獸了。

伯父管理家務，非常用心，每晚吩咐次日應做的事，子女和侄兒輩的衣服學費都按時發給；妯娌們的雜事則由祖母處理。我是家中最得伯父寵愛的人，伯母有時罵他愛侄兒勝於愛自己的兒子。他一心要培植我讀書，不許下田做工，堂兄和我弟弟，讀了小學就被派去耕作。伯父每天出門以前，要看我上學，從街上回來常給我買點心，也喜歡帶我上街。晚上到本堂和神父閒談，總免不了提到我，我每早必到聖堂領經輔祭，夏天中午還要到神父飯廳扯風扇。飯桌上空懸一長方布巾，巾上一橫木，橫木巾尖繫一繩，拉扇者手牽繩一拉一鬆，桌上便生風。

一次，神父的一位郭姓親戚舉人先生，駕臨南鄉，神父把我從學校叫去。進了客廳，我對著舉人先生一鞠躬，舉人翻開桌上一冊國文，指定一篇文章，神父便吩咐我背誦，背了，又吩咐我講，講完，舉人先生再指定一篇，神父叫我再背再講，背第一篇時我膽怯，背第二篇時我已經不怕，到神父叫我背第三篇時，我膽壯了，大聲背大聲講，舉人先生頻頻點頭，神父肥胖臉上，擠著笑眼，然後叫我退出。當天晚上伯父和神父聊天後回家，向全家的人大大稱讚我，因為神父翹著拇指對舉人先生說道：「你看我們鄉下學堂的學生也不錯吧！」。伯父後來逢人就述說這樁得意的事。

當我十三歲要進初中時，伯父忽然問我，願不願進修院，預備將來升神父？我小時害病，家人也曾經許過願，送我進修院。我聽了伯父的話，我立刻答應願意。當時郭神父即將退休，南鄉來了一位年輕的意大利神父，中文姓華，郭神父把我介紹給他，要他給我寫證件，半個月後，伯父替我提了包袱，步行半天，送我進衡陽北門外黃沙灣聖心修院，院長是將來陞主教的柏長青神父。

次年暑假回家，伯父看見我更規矩了，心中很高興，農曆年時，我回家三天，伯父病在床上，多次叫我到病榻前問修院的許多事。我知道伯父因大兒媳病故。受了打擊，但不知道他的病很重。回修院後幾個月，一天，院長對我說：「你伯父的病不好，應該為他念經。」，我立時心慌，一夜不能睡，第二天我要請假回家，院長乃說：「不必回去，祈禱就夠了。」，我堅持要去，院長纔說：「你伯父已經去世，這幾年，他生活很難，去世了免得受苦。他一生做的好事很多，替本堂幫了不少的忙，天主一定好好報答他。」

過了些時，院長又對我說：「你常想你的伯父！你看鄉裡面開始鬧打倒土豪劣紳，若是你伯父沒有去世，現在必定要遭殃，這也是天主的照顧。」

暑假時，回家，堂兄陪我往墳山掃墓。

三、雙親

家父友三公，諱英仲，家母王太夫人，聖名雅娜，父親在兄弟姐妹中排行第四，上有長兄兩姐，下有兩弟兩妹。少時從塾師讀書，聰明過同輩。祖父去世，父親遂輟學，自己購書閱讀，喜看小說，能書寫信札契約。從小身體瘦弱，不適於農耕，乃習商，經營荸薺行。

荸薺產於稻田，爲農業副產。秋季割了稻，在水量較多的田中，種植荸薺，荸薺橢圓，似小雞蛋，生長水泥中，葉如長針，長出水面，色綠。農曆前後挖出，雪白色，味甘且脆，可生吃可煮熟，運往漢口，價值倍增，父親設荸薺行於渣泛，冬季常住行中，每兩週回家一次。春季如漢口市價高，父親租船載荸薺往賣，往返三個月，夏天六月纔回家。稻田車水和割稻時，父親和伯叔等一同做工。

父親性情溫和，在家不多說話，冬天晚晌全家聽他說書，他則侃侃而談，娓娓動聽。我和耀弟晚飯後常牽著父親的手，跟著他走或坐，秋天，鄉間唱燈影戲，耀弟太小，在家睡覺，父親帶我去看，燈影戲有如布袋戲，設一小台，台上張一白布，台後燃一燈，玩戲的人坐在白布下面，用手舉起插在竹枝上的紙做人像，在燈前動作，人像的影子照在布上，看戲的人在臺前看布上影子，影子有大花面，有小旦，有小生，玩戲的一面舉手動人像，一面唱，旁邊有兩三人打鼓打鑼，一起唱到深夜。

我和耀弟有時吵架，母親一聽到必嚴厲責罵，父親在家則不說話，把我兩人叫來輕聲說一句：「不要吵」。雙手牽著我們，我倆也就和好了。

我讀書的功課，父親常看，看後摸摸我的頭。年考發榜，報喜訊的學校員工來家，父親賞他紅包，祖母、伯父稱讚我，父親只牽著我，拍拍肩；但我知道他心裡很滿意。我進修院母親不願意，父親隨便我去。

伯父去世後，父親繼他做鄉紳，給同鄉排難解紛，也繼任南鄉天主教教友會長。伯叔父分家，父親繼續經商，耀弟耕田，我到羅瑪後，父親每年來幾封信。

「余前聞本國數修生，在羅瑪求學，功課很有不及余。獨望兒於功課上多加努力。羅瑪乃世界主教之中心，亦是教宗之聖城，各國教會來讀書者甚多，恐有強者弱者。兒乃本國教會之一份子，切莫落於他國修生之後，亦莫落於本國修生之後。」（民二十年十月二十七日）

「余近年生意，稍得順意。惟近全家，此三年內，多有不順心之事；一、年歲不順，二、豬牛不順等，但不知天主如何之意，余勸全家均聽主命，無有所怨，而兒大嫂堂兄羅榮的繼室去年天主收他靈魂。近時全家及親戚均得平安，切勿念念。」（民二十二年五月三十一日）

同月祖母給我一信，由堂兄羅榮代筆，信上說：「你父生意，此一、二年，稍爲順意，二弟已去世，三弟、四弟少；無人理家事，他在外經商，心念在家。從此看來，擔子甚重。望你多加熱心，爲父祈禱，勿生病痛。」（民二十二年五月二十八日）

耀弟去世，父親不敢來信告訴，我由祖母信和柏長青主教來信，得到耗音，痛不可言，寫信回家安慰父親，父親回信，述說耀弟去世情形。

「昨接你來寫信，心甚歡悅，開閱之，二弟去世之事，你已知道。但此事不必傷痛，何也？凡人處世，年齡多少，憑天主所定，早則早歸，遲則遲歸，非人可斷，所傷者乃關於靈魂之事是也。你二弟的靈魂，去世甚妥當，終傅聖事均好。平常也很熱心，病時與死時，越加熱心。你二弟的病，緣舊曆六月十二日（民二十一年），頭痛發熱，醫方種種不癒，七月九日，更加腹痛，漸漸腹腫，越腫越大，藥方糊盡，未得有效，二十五日，送往仁濟醫院，西法醫治，在此四日，亦未得效，二十九夜，加之手足不安，說話如誑，方伯（英伯堂叔，英伯四叔）扶助，見他心懼，至次日，乃歸家，他歸家時，心很清明，說我會好，我會好，勸大家放心，家人勸他領終傳，終傳後，見他心爲難，請人念經（善終經），念經三四回，靈魂去矣。」（民二十三年二月十六日）

三弟羅蘇、四弟羅濟，那時年歲很輕，一個四歲，一個兩歲半。父親乃將田轉佃他人，民二十四年來信說：

「本年收穫，反不及去年天旱之收穫，時常下雨不息，禾苗不得結實，又加有蟲傷，每畝穀子只有兩石餘，下年生芽，亦因雨多之故，也不好。家中所耕之田，去年下年已佃於他人耕作，每年可收水穀貳拾餘石，家中食糧可足矣，望兒放心。」（民二十四年十一月十六日）

我升司鐸後，留在羅瑪，父親來信雖不責備，心中很有隱痛；

「你已別家七載，雖心不忘家鄉，其意實不想回國，你今在大學教書，亦是特等榮耀，余亦歡甚。」（民二十六年四月二十八日）

母親教兒很嚴，口罵並加鞭責，事情過後則更痛愛。我是長子，母親叫我掃地收拾房間，假期，早晨，從經堂參加彌撒歸家，我就洒水掃地，清理住室，母親生二弟、大妹後，續生弟妹三人，三人都夭折，弟、妹在襁褓時，我在家便由我抱。稍大，站在圍檻裡，由我照顧，逗著玩，我喜愛小孩，也常抱堂弟妹，小弟妹夭折時，我一天哭著不吃飯。母親也叫我在廚房燒灶火，把柴拆成小束，放進灶裡不要冒煙，又教我蒸飯，米煮好了，放在筲間蒸熟，筲置在大鍋裡，筲下按飯多少放水深淺，水乾飯就熟。水若過深，飯久不熟，水若過淺，飯被燒乾。母親膽頗小，黑夜不敢出門，出門必叫我陪伴，家中種秧或割稻時，逢著母親下廚，清晨四更天就起床，到廚房煮飯，母親也把我喚醒，陪她坐在廚房，我睡意未醒，就靠著她睡。伯叔母都羨慕母親的福氣，抱怨她們的女兒不如男兒。母親信教虔誠，父親出外時每晚叫我和弟、妹同她一齊念經，星期天在經堂，看見我領經輔祭，她心中非常喜歡，復活節四十天齋期，母親必守齋，每天只吃一頓飯。

我到城裡讀書時，每週末回家，母親常到屋後山上等候，星期日下午返校，母親也送到山上，等我走到山路轉角，我回頭打手勢，她纔下山回屋。我進修院母親不贊成，但仍讓我去，我離家前兩週，每晚母子兩人絮絮的交談，母親一而再，再而三，囑我冬天穿衣服，夜晚小心蓋被，過了幾個月，她又到修院看我。母親小腳，來去又走一天，真夠辛苦，來時，她帶給我臘肉、臘魚、雞蛋，怕修院蔬菜不夠。我到羅瑪以後，母親因不識字不能寫信，父親來信很少提到母親，我就沒有母親的消息。只有在我升司鐸時，母親寄給我繡花手巾一條，爲母親親手所繡，作爲升司鐸典禮時束手之用。我現在把這條手巾和父的親筆信很寶貴的保存。

中日戰爭爆發，全國抗戰，衡陽也受波連，民國二十八年二月五號父親來信說：「衡陽在十天以前，城裡到處被炸，平民的房屋損毀在數百棟以上，縣政府、教育局、公安局也被炸毀，人民死傷在六百以上，真是目不忍睹。」

以後消息絕了，到民國三十四年柏主教來信報告耗音，我寫信回家詢問大妹，大妹詩順復信述說父親在日本人攻衡陽時，爲日人所擄，失去消息，再不返家，不知死在何處，母親則在衡陽被毀後回家，染上流行瘟疫，去世前，囑咐詩順妹在消息通後，寫信告訴我，照顧兩個弟弟，堂兄羅榮也去世，家裡只有三叔、四叔，三叔沒有兒子，便撫養我的兩弟，以至成人。

學　校

一、毓德小學

衡陽南鄉天主堂設有毓德小學，分初級和高級，每級三年。毓德小學是教會為教會子弟設立，一班男生，一班女生，共約七十人。南鄉信教的家庭，多是羅姓，也是同宗。毓德小學便成了羅氏的小學。

小學的課程，以國文為主科，算學為次，歷史、地理、修身、音樂、圖畫、體操都是必修課目。高級小學加有英文。每天六堂課，上午三課，下午三課，中午回家吃飯，午後四點放學，自修課程都在學校做。我很少在家裡的油燈下作功課。

學校校舍兩層，成品字形，兩廂為教室，中間為辦公廳，磚牆瓦頂，雖不大，在鄉間已算雄壯大樓。品字中央為空庭，及體操場；體操時，全校學生分為男女兩隊，個別上課。學校設有果園，種有桃樹；桃子熟時，學生多起貪心，下課後，越牆爬上樹，但小心老師記過。

陽曆九月初，田間稻禾割完，穀已入倉，學校開學。農曆年前，上學期考試，新正十五以後，下學期開始，陽曆六月，學年結束。考試時，成績放榜，榜用紅紙，按年級、總成績分數排列學生姓名，上排寫名字，下排寫總分數。前三名稱爲榜首，仿考舉制度濫稱狀元、及第、探花。學校員工以紅紙書寫榜首名字和稱呼，送到學生家中，燃炮作賀，領取紅包和獎錢。

毓德小學的校長由本堂神父兼任，神父姓郭，爲衡陽北門望族，身高體胖，脾氣很大，學生非常怕他，但他不常來學校。學校的管理員爲神父的同窗蔣老師。蔣老師很嚴厲，常用體罰，對他自己的兒子也不例外。有一次體操，男生排隊在操場繞圈子，蔣老師叫我和同排的學生領歌。我本來常領同學唱歌，但不知爲何那天我和同排的同學硬不肯唱，一次、兩次蔣老師催喚，我倆閉口不作聲，同學們一面繞圈子一面看我倆，蔣老師一氣，拿根竹板使勁在我倆背上打，罰我倆站在圈子中央，氣憤憤問願不願唱，不唱便再挨打。我倆痛的眼淚直流，那還知道唱歌。蔣老師氣得沒有辦法，喊一聲散隊，同學一哄而散；那是我唯一一次挨蔣老師的體罰。伯父很抱不平，晚晌見到郭神父，責怪蔣老師的粗暴，神父問蔣老師，蔣老師一聲不響。

郭神父很有雄心，要把學校辦好。衡陽市北門天主堂設有仁愛小學，本堂神父是意大利的寶仁神父，年壯氣盛，事事認真，仁愛小學便很有聲譽。郭神父誓不在人下，要把毓德小學和仁愛小學並駕齊驅，甚而要走在仁愛以上。他聘請好老師，訓練軍樂隊，又縫學生制服，由意大利購來金線條，縫在學生的帽邊緣和制服的領緣袖邊，看來鮮艷奪目。預備了半年，便號令遠征仁愛小學。毓德學生全校出動，國旗校旗前導，軍樂隊開路，學生肩著木槍浩浩蕩蕩，穿過衡陽市，走到仁愛小學。仁愛師生列隊在操場歡迎。毓德學生入場，先奏軍樂，後即表演體操，徒手操，打啞鈴，木槍操，全場動作整齊。郭神父看得滿意地微笑，手摸嘴上的八字鬍，寶仁神父也羨慕地點頭。操畢，寶仁神父分發包子，郭神父加發糖果。午後，整隊返校，郭神父坐轎壓陣，大家都非常地興奮。

郭神父爲表示毓德的課程好，把他在仁愛成績最優的姪兒，報名毓德，和我同班讀書。校長的姪兒，城裡的望族，來到鄉下學校讀書，全校都以爲榮，可是大家絕對不願意仁愛的學生來毓德考第一。我們一班同學十幾人，每榜的狀元常年由我考中。這次期考時，全校的師生都替我擔心，蔣老師也爲我著急。神父則宣佈絕對公正。絕不容許舞弊，由我們兩人硬碰。放榜時，神父的姪兒得第二名，狀元仍舊是我。學校放爆竹，家裡燃鞭炮，伯父和神父喝酒；但是下學期，神父的姪兒不再來毓德報名了。

到我讀高級小學第三年時，神父住在南鄉不管事了，一位新到的意大利神父繼任本堂，學校馬上一落千丈，蔣老師也走了，次年學校停辦。羅氏宗族的人商議在祠堂裡復校，使子弟有地方讀書。郭神父叫我往仁愛小學再讀三年級，和他的另一個姪兒同班。

三姑嫁在郭家，表兄妹成婚，家住仁愛小學附近，我便寄住姑母家中，每星期六下午回鄉。

仁愛小學老師的陣容還很好，教國文的彭老師特別喜歡我。他年已六十，真是君子人，第一次上國文課，他開場白就說盤古開天地，天主教學生當然笑他老朽，便給他起別號叫做「盤古」；因爲他喜歡我，他就贈給我一個別號，叫做「小盤古」。寶仁神父收我入歌詠團，在聖堂唱聖詠。

姑父爲木材商，兼理主教公署總務，家中頗多小說。我的功課既已讀過，很覺輕鬆，便把小說一冊一冊的讀。《三國志》、《蕩寇志》、《封神榜》、《包公案》、《施公案》、《儒林外史》、《水滸傳》、《聊齋誌異》、《西遊記》都用心讀過。我在家裡曾經讀過父親所有的小說書：有《粉裝樓》、《五虎平南》、《薛仁貴東征》、《七俠五義》，只有《紅樓夢》、《金瓶梅》沒有看。我覺得看小說對我寫文章很有益。

在仁愛讀完三年級後，高小畢業，預備考中學。向西湖中學報名，西湖中學爲衡陽第一流學校，我因英文不好，沒有考上；乃投考新民中學，得被錄取。新民中學爲一私立中學，校舍設於回雁峰側一寺內，伯父嫌學校不好，提議我進修院，獻身教會；我便在民國十二年秋，進黃沙灣聖心修院。

二、聖心修院

黃沙灣位衡陽市北門外，離城約三里，附近有羅漢寺和香水尼庵。蒸水在此繞一大灣，灣中一平原，有農田、菜園，故名黃沙灣。聖心修院居小山頂，山麓有蒸水，由河畔拾級上山，約一百餘級，抵修院門，門上一匾額。宋・朱熹字，題曰聖心修院。

入院門，迎面一聖堂，爲修生與教友參與宗教禮儀之地。聖堂左側爲神父住宅，右側爲修院。院屋兩層，上層有院長室和修生寢室，下層有教室，客廳和餐廳，廚房則在聖堂後，爲神父和修生所共用。衛生間和洗澡間在教室之側，也爲兩層。教室前有運動場，場外爲山坡，坡上多樹叢。教室後有花園，園中有桂花、梅花、茶花。花園外有竹林，竹數百枝，莖大可比菜碗；竹林連接樹林，樹爲樟樹，共五株，大可兩人合抱。樹林側建一聖母洞，洞由石筍疊成，中供聖母像。春季茶花紅艷，夏季竹林清風，秋季桂花濃香，冬季梅花幽雅。白天、黑夜院外均無人聲，院內也無雜塵。春日湘江漲水，倒灌蒸水中，灣中平地淹水，一望茫茫百頃大澤。

修院學制為中學制，分高中、初中，課目與普通中學無異，教員也係衡陽中學有名的老師，只加授拉丁文。代數、幾何和化學、物理由一位賀老師授課，賀老師乃一位留學生，常從別的學校借來儀器，替我們做化學實驗。一位體育老師，專教籃球，和學生們一起競賽。拉丁文為修院主課，每天兩小時，由院長柏長青神父親自教授。柏神父為意大利人，少年來中國，通中國文，專長拉丁文，自編拉丁文規，常和高中修生用拉丁文交談。

修院修士約四十餘人，來自衡陽、耒陽、零陵、衡山、湘潭、長沙各縣；畢業後，升入漢口總修院，攻讀哲學、神學六年，學成升神父，為教會服務終身。修院規矩很嚴，培植修士適於日後的神父生活，不適合者或中途而退，或由院方開除。普通十人中有兩人能達目的；只有我的一班同學共十人，升司鐸者七人，乃為例外。

修院的生活很愉快，每星期授課五天，星期四和星期日放假。假日除上午自習外，常有運動和郊遊。運動為籃球和排球，還有意大利式木球。籃球場有瓦頂，雨天晴天都可比賽。郊遊常在星期四午後，全院修士往附近山上和村中遠足，屢次往參觀佛寺和尼庵。佛寺有羅漢寺，廟寺廣大，寺中有荷花池和放生池，池中多魚、鱉，寺僧又買蛙放生。寺造於順治十年，舊無堂室，結茅為廠。尼庵為香水庵。

夏季假期，修生留居院中（輪流回家兩星期），每天有功課兩小時，其餘時間都為散心、運動、遠足。晚飯後大家到院外山下，席地閒談；白天或坐在竹林或樹蔭下看書下棋。

一天，兩三同學在園中玩木棒，以一棒置石塊上，以另一棒擊棒端使起，再揮棒擊之遠飛，飛之遠近，決定勝負。一個同學見一棒插在地上，往取，棒縮而不見，乃一蛇，已竄進陰溝，溝通牆外。同學拔門奔守溝口，蛇見人，返進溝內。園內同學用水桶灌水，蛇不出；燒火薰溝，蛇也不見，於是燒滾水傾入水溝，我和另一同學持竹桿守在溝口。蛇出溝，溜行很快，舉桿趕打，蛇已溜跑；一位張姓同學，飛步跑蛇後，抓住蛇尾，倒拖十幾步，我們趕上，把蛇打死。蛇長一丈餘，身有碗粗，爲我們所見蛇中最大者。

院長柏長青神父，半生在修院培植修生，一心愛我們青年，衣食住行都和修生在一起。清晨四點半起床，晚晌十點就寢，白天上課教書，遠足時和修生出遊，晚飯後給修生講故事。他身體不高，上唇一撇八字鬍。夜間手上提著油燈，在自修室和寢室裡走，只見燈不見人。我那時爲他整理房子，屢次見到水桶有血，一次夜間替他換水四五次。到革命軍北伐的一年，他回到意大利休息，進醫院動手術，身體便好了。過了一年，他回衡陽，在民國十七年晉升衡陽教區主教。

當北伐軍過了衡陽、直下長沙。一天上午，我們正在上課，忽然聽到一種從來沒有聽見的奇怪聲音，大家不免抬頭往窗外看，看見一個奇形大鳥由遠而近，莫非那是鄉間謠傳的九頭怪鳥？我在南鄉時也聽人說：夜間聽到九頭鳥叫，九頭鳥是種最不吉祥的凶鳥。大鳥飛近後，由修院山側飛向蒸水大灣的平原，我們都看得清楚，纔知道是一架單螺旋的飛機，這是我們第一次看見這新種東西，老師領我們走出教室，院長也來了，從山坡上看到飛機降落在平原上。

第二天有人報告飛機降落在臨時機場，衝到田埂，一邊翅膀受了傷，不能起飛，城裡人和鄉下人已經開始到機場去看新奇。院長給我們放假一天，全院修生進城，過了草橋，出城，走進機場，看見一架兩人乘坐的小飛機，三天後，飛機不見了。

北伐軍隊過後，衡陽事情多了。

民國十六年春，我們修生出去遠足時，時常遇到一隊一隊的鄉下人，滿嘴油膩，手裡拿著荷葉包。這些人都是因著農民協會的命令到地主家裡吃酒席。復活節後，一次我們出遊，風和日麗，茶花遍山，白色嫩葉上留有蜜蜂的糖汁，我們摘食嫩葉，彼此相呼，仿效農民坐吃土豪以爲戲。突然，山口的同學們靜寂了，且聽見腳步奔跑聲，不一時全山笑聲已斷，同學都聚成一團，院長神父不知從何處跑來了。院長巴神父爲意大利人，兼副主教，他神色張皇，小聲告訴我們，他是從總堂逃出，黨徒在堂裡捉神父，吩咐我們靜靜等著，他到附近一教友家暫避。我們大家商議，派人往修院探視，山口忽又有跑步聲，林葉間看見有人跑來，大家喊一聲「來了」都飛腿跑入林中，山口的人高聲莫跑，他是一個同學的父親。大家停下步，來人聽說風聲緊急，特來接兒子歸家。探信的同學轉來，說修院平靜，我們通知院長，一齊走回修院。近處的同學陸續回家去了，我家裡也遣人來接，但我留在院裡不走。

翁主教下令衡陽外籍神父馬上動身赴漢口，留著中國人彭神父駐守主教公署，聖心修院臨時解散。兩星期內，同學都走了，只留有家住修院附近的幾個人，我也還沒有決定走。

一天晚飯後，修院工友來報共產黨人來抄院，前門已有人喊叫，我們情急，從後面圍牆跳出，逃往山間，一位萬同學在黑暗裡跳進牆外深坑，傷一腿，負痛爬出，跟我們急逃；他就是後來接柏長青主教位的萬主教，死於共匪獄中。在山上過了兩更天，悄悄回到牆邊探望，院內沒有動靜，乃叫開院門，回院，抄院的人並沒有進門。次日，我們都離院歸家。

我在家裡住了五個月，南鄉天主堂被封閉，聖堂頂上十字架被拆毀。但是我們家中每天誦經不輟，星期日全家祈禱一小時。

五個月後情形變了，農民協會不開會了，不喊打倒土豪劣紳了，因爲清了黨。外國神父又回到衡陽，修院重新開學，我就返回修院。

民國十七年秋十月，柏長青神父升衡陽主教，曾邀請湖北蒲圻教區成和德主教到衡陽襄禮祝聖。成主教乘船來衡陽，在船上受寒，抵衡陽後臥病不起，既不能參禮，竟在祝聖主教典禮後的第三晚，逝世歸天，當天晚晌，我們修院正演戲慶祝新主教。成主教乃民國十五年在羅瑪受教宗庇護第十一世祝聖的中國第一任六位主教之一。

民國十八年，我在聖心修院高中畢業，同班七人因湘漢鐵路不通，不能往漢口總修院，乃留在黃沙灣，柏主教親自教我們哲學課。意大利人閔神父任院長。

暑假時閔神父破以往的禁例，准許修生下到蒸水河中洗澡。前在南鄉教書的蔣老師的兒子也在修院，下水時，被河水衝走，修生都不習水性，不敢游水，蔣修士竟被淹死。柏主教立刻更換院長，以中國人章神父繼任。

暑假後，湘漢鐵路可以通行了，柏主教決定我們一班赴漢口，並派郭藩同學赴羅瑪傳信大學讀書，與我們同行，由漢轉滬。

我們由衡陽乘長途汽車往長沙，早晨出發，晚晌到達，由前院長閔神父陪行。到了長沙，當晚巴副主教接到教廷駐華代表剛恆毅總主教電報，請柏主教再派一個修生往羅瑪傳信大學。柏主教在衡陽，巴副主教與閔神父就決定派我去羅瑪。次日，閔神父把消息告訴我，我們一班人立即起身乘船赴漢口，船過洞庭湖，水闊不見湖岸，也未能登岳陽樓。在漢口住了三天，動身往上海。在上海纔寫信回來，報告出洋留學給家裡。十月十五日，由上海動身。

羅瑪三十一年（一九三〇——一九六一）

一、人物

往羅瑪留學

民國十九年，衡陽往漢口的路通了。柏長青主教決定派我們一班修生，往漢口兩湖總修院，攻讀哲學、神學。

九月中旬，我回家告別親人，老祖母很捨不得我往漢口，但知道衡陽的修生必定要進兩湖總修院，也就安心讓我去。父親經營荸薺生意，曾多次隨船運荸薺到漢口，不以去漢口爲遠，母親聽說在漢口我須住五年，五年不能回家，心中非常痛苦，日間和晚晌母子兩人相對，她常雙眼帶淚細囑冬天多加衣服。伯父明山公已經去世，叔父等也分了家。我在家住了五天，就回聖心修院。

柏長青主教升主教後，就有意派修生前往羅瑪傳信大學留學。我祖母怕看不到我升神父，曾懇求柏主教不要派我去。我雖在修院成績好，作班長，但是領頭反抗外籍神父，同班郭藩則生性平靜，天資也好，他向柏主教表示願意往羅瑪。柏主教便選了他往傳信大學。但和我們一同往漢口，由漢口他轉往上海。大約在九月廿日，我們一班九人，由閔神父率領搭乘長途汽車，清早從衡陽出發往長沙，傍晚抵城。

晚飯後，閔神父忽然叫我去看駐在長沙的巴副主教，彼曾作過聖心修院院長。巴副主教告訴我，接到此北平教宗代表剛恆毅總主教電報，著另加派一位修生去羅瑪傳信大學，他和閔神父商量派我去，明天就一齊動身往漢口。

由長沙往漢口，我們坐輪船，一天就到。船過洞庭湖，四面是水，看不見邊。到了漢口，住在總堂裡，見到希主教和蒲教區的張監牧。我沒有到總修院去，只出去買了幾件衣服，幾本中國書。第三天，就和郭藩乘船往上海。輪船走了三天，沿途的鄱陽、南京都沒有留下什麼印象，上有大孤山和小孤山在黃昏和夜間，卻有幽靜孤僻的風味。唐張繼曾有詠寒山寺詩：「姑蘇城外寒山寺，夜半鐘聲到客船。」還有所有白蛇傳，水淹金山寺，我想似乎都和孤山有關。

到了上海，我和郭藩雇兩輛三輪車，向法租界方濟會賬房。車子走到租界，車夫說要換車，拿走了全程車費，另找兩輛車替他們拉，到了方濟賬房，車夫索錢，我說已付，他們說沒有，爭論不息，管理賬房的神父，比國人，他聽說車夫要錢，問明了原委，他說他們串通欺騙外省人，便把車夫罵走。

在上海住了兩星期，因爲語言不通，我倆不敢多出門，只到附近不遠的震旦大學訪觀了一下，連徐家匯都沒有敢去，但，出國手續走時沒有辦，管賬房的神父便領我們到上海聞人陸伯鴻先生辦公處，央請陸先生設法幫理，陸先生是一位誠心的教友，便用他的轎車帶我們到上海市政府，那時市長似乎是鈕永建，陸先生又領我們到外交部辦事處和醫務處。一個星期後，一切手續連意大利簽證都辦妥了，船票也定了，是意大利的郵船Teuere，將於十月十五日動身。

在陸先生的辦事處，遇到了同船往羅瑪的另三位同學；一位是河南衛輝教區的汪同德修生，兩位是河北永年教區的張吟秋和李少慮修生，而且還見到河南鄭州教區的意大利籍巴爾馬傳教會的賈主教，他回國省親，也受剛恆毅總主教之託，在船上照顧我們五個修生。賈主教搭乘二等艙，然意大利船公司讓他一人一房艙，我們五人住三等艙，同住一房。

民國十九年十月十五日，上船起碇，船行頗穩，第二日，船過台灣海峽，風浪起伏，我們第一次乘船，胃口不安，都躺在床上，但沒有嘔吐。船在香港停留一天，繼續航行，雖有風，浪不大，我們可以在甲板上坐。到了新加坡，上岸參觀，現在腦中沒有一絲印象。出了新加坡，船入印度洋，風平浪靜，離船不遠處，看見鯨魚噴水，船邊有一群一群小魚飛躍，俗稱飛魚。入夜，船尾一道水渦，銀光燦爛。皓月當空，長空萬里，迎空而立，有舉世超然之概。經過哥倫坡，繞往孟買，看席地長坐街頭的印度人，雙手搶食，投以銀幣，合掌點頭而笑。船入紅海，水清而深黑，過蘇彝士運河，暫覺熱不可當。入地中海，氣候突轉涼。船靠希臘，風浪洶湧，船頭船尾，在浪中出入，船身又左右側。我和郭藩不進船艙，坐在甲板高處，看看船在浪中浮沉翻騰，心不怕懼，反覺心神飛揚。

十一月十五日，海中航行三十日，船抵意大利布利得西海口（Brindesi），我們五個修士棄船登陸，搭火車往羅瑪，賈主教則隨船往威尼斯。火車行了一天，半夜抵羅瑪車站。下了車，等人來接，杳無一人，幸而在船上，我們已學了幾句意大利語，我們雇了兩輛計程車，說明往傳信大學。羅瑪那時半夜街道寂靜，路燈微明，計程車把我們載到一座古老大樓側面，一扇兩人高的鐵門，拉著鈴響，沒有答應，車夫用力敲鐵門，十分鐘後，鐵門裂開一縫，伸出一個頭顱，問有什麼事。車夫答說送學生來，門縫的頭顱說學校好些年前，已搬到奇雅儀歌樂山上了（Giaricols），這裡是傳信部的辦公大樓。我們又坐上車，直奔山上，校門已開，門房在等候。我們剛下車，後面一輛車到，原來學校副校長已到車站接我們，只是晚到幾分鐘，我們先離開車站了。

副校長引我們五人進宿舍大樓，分別住在三間宿舍裡，我同郭藩住第三班宿舍，這大樓爲舊宿舍，新大樓則在山巔。已是半夜一點，馬上就寢。第二天清晨五點半，鈴聲大作，趕緊起床，進聖堂行默想，參與彌撒，早餐，大家守默靜，八點，往大學教室上課。大學照例已開課十天，教授用拉丁文授課，聽課並不困難。

我在傳信大學住了十三年，攻讀哲學、神學六年，教書七年，教書時攻讀神學、哲學、法律三科博士學位。

教宗主禮傳信學院落成典禮

（一九三一年四月二十四日）

羅瑪的冬天，很快就過了；並沒有看見白雪遍地。這時蔚藍的天空，飄著稀薄的白雲。春陽自亞爾甯山脊轉過來，溫抱著白灰滿城的羅瑪。校園內纔披上嫩芽的樹中，幽幽地蕩出宛轉的鳥聲。黃白色的教宗旗，高高矗立校舍的屋頂，校舍正面的窗口，垂著一幅一幅紅黃綠各色的國旗。

今天舉行傳信大學新宿舍（或稱傳信學院，或稱傳信公學）落成開幕禮。

昨天午後，已開過慶祝大會，寬敞的禮堂中，坐有五、六百位來賓。我第一次得見九位樞機，好比從前鄉下人進北京，得見王爺們列隊進宮，驚訝地張口睜眼，呆呆木立了。可是完全呆呆木立，我卻也不會做到，因爲我要彈風琴，參加奏樂呢！

正式開幕禮的今天，上午有傳大舊生美國支加哥樞機主教孟得冷（Card. Mundelein ）的大禮彌撒。彌撒後，教廷國務卿巴車里樞機（Card. Pacelli）代表教宗行祝聖校舍禮。

午前，十點二十分，孟樞機的大禮彌撒已完畢了，我們學生們都被列在大門到聖堂正門的走廊裡，一齊列入聖堂內。學生們背後擁擠著外來的主教司鐸和修生們，彼此交頭接耳地議論著：「這副儀仗是迎迓教宗代表嗎?」「這倒像是迎迓教宗聖駕的!」「兩個月前，曾傳說教宗要來，但是後來誰也不說了。連那夜都沒有人提這事!」

這時，門外的汽車，連鎖般馳到，車上下來的盡是樞機主教。一連已來了十六位，樞機們都身披大氅，鶴髮銀眉，由正門轉入客廳。

快十點半時，樞機們與梵蒂岡城總督步出客廳，都到大門前，站成一半圓形鵠候著，十點半，國務卿巴車里樞機車到，下車，纔一駐足，門外又一車響。我們各人都把頭伸向外看，猛地裡門前一陣鼓掌聲起，大呼「教宗萬歲!」望著車門開處，教宗果真駕臨了。庇護第十一，頭戴紅絨禮帽，身穿白綢御服，外罩繡花小白衣，肩披紫紅羢短氅，頸掛紅緞鏤金領帶，胸佩純金崁寶十字架，滿面笑容。慢步走進聖堂，沿路舉手祝福，兩旁的歡呼萬歲聲和鼓掌聲，震動了整個校舍，唱經臺上，高唱：「汝乃伯鐸祿盤石，我將於此盤石上，建立我的教會。」

人層猶以山峰壘起，自祭臺前向後往上升。教宗登寶座，眼睛向堂中一掃，全堂鴉雀無聲。傳信部長王老松樞機（Card. Van Rossum）向教宗致歡迎詞，聲音微弱顫動，他說：自己找不出適當的話爲表示這刻的情緒，他只知道傳信大學從此將傳揚於人口了。教宗含笑作答，說：「情感既沒有語言可形容，就說沒有語言可以形容時，已經是一句很雅致的形容語了。」

庇護第十一演說時，呼吸略形急促，每句都有逗停，似乎在推敲一辭一句，話聲卻極明亮清晰，演說畢，教宗離開寶座，緩步出堂。我趕急由右旁側門，先走到大門口，等著聖父，雙膝跪地領受祝福，真奇了！教宗走到大門，停步不走了，轉身向經堂，起始行祝聖校舍禮，我輕輕拿著教宗的領帶，誠心親吻一下。站起來，端端立在聖父的背後。

庇護第十一的頭髮，已多半銀白了。眼架金絲眼鏡，面頰圓滿，額寬，鼻雄。身高體胖，精神健旺，我袋中掏出念珠，悄悄地貼附在聖父的小白衣上。日後每次摸著這副念珠，每次常可想起今天的幸福。

教宗念完了祝聖經文，手拿聖水灑遍禮堂、食堂，轉身再進經堂，唱謝主聖歌。我自唱經臺跑到正門上的陽臺，等著看教宗上車。車被圍在人群的中央；可是總不見教宗出門登車。我趕急跑下樓，看著人們往禮堂裡擠，知道教宗是在大禮堂了。

傳信大學的學生，兩兩成排，從左方往教宗寶座前走。寶座兩側立有傳信部長和大學校長，每一個學生上去，校長報明國籍。我上去先跪親聖父御鞋上的十字，再親手上的權。教宗側首向校長說：「中國學生是二十五個吧！」

禮堂裡的人，都擠在樞機主教們的背後，層層人頭，有如一架屏風，把禮堂隔成了兩段。教宗見完了學生，坐著靜聽奏樂，後來拿音樂作象徵，勉勵傳信大學生，到世界各國宣傳福音，也如歌唱一種極美的歌曲。

庇護第十一身體健旺極了。從禮堂出來後，自己就步行登樓，一齊到樓頂陽臺，樞機主教們都步履不健，沒有一位敢步登四層樓者，於是青年學子，一湧上前，簇擁教宗。

傳信學校新校舍，建築在奇雅儀歌樂最右的峰頭，面對聖伯鐸祿大殿，羅瑪全城的景色，都席布校前，教宗在陽臺上，週繞了四次。一次繞到了屋頂東北角，適對梵蒂岡教宗辦公廳，笑道：「從這面通一電話線往那面去！」

從屋頂步行下樓，又步行走過校園，往看傳大的教室，學生和來賓，在校園石路上，鼓掌歡呼，越呼越高，喊的山鳴谷應，山下的行人，都停步停車，抬頭往山上看。

教宗走進大學的第一教室。室爲橢圓形，容學生五百，坐位成層向上，形如一戲院，教宗登講壇，樞機們陪坐，學生等立時擁滿全室，都鴉雀無聲。教宗訓話道：「看到學校建築這般堂皇，相信大學教授們的學識必定與之相稱，米朗總主教聖加祿修蓋修院，有人說修蓋的過於堂皇了，聖加祿說，建築的堂皇，即是爲提醒在裡面受教育的青年，常常想著自己聖召的尊高。」

時間已是正午十二點半了，從教室出來，教宗傳令回宮，在鼓掌聲中登車，很親熱地向學生們微笑。汽車慢慢下山，一連十二輛車隨行。

羅瑪正午的鐘聲，尙飄浮在稀薄的霧上，淡黃的春陽，給古舊的樓房，披上了青年的紅顏。奇雅儀歌樂山頭的叢林綠草，都欣欣帶著微笑。我望著聖伯鐸祿大殿，心裡第一次感受到，在羅瑪所見的，只有在羅瑪可見到，世界任何一座大城，都不能使我們的心這樣活躍。

追悼傳信部部長王老松樞機

昨天十月二十四號，羅瑪教廷正式追悼已故的傳信部部長王老松樞機，假聖安德肋堂行追思大彌撒，參禮者：樞機十八位，總主教、主教等三十餘，意政府代表，荷蘭代表，各國駐教廷公使，梵蒂岡城總督參議長，傳信部全體人員，傳大師生，羅瑪各聖部亦一切隸屬傳信部或與傳信部有關係的各修會，均派代表到堂參禮，彌撒後樞機院院長（Pignatelli di Belmonte），畢蒞得里樞機以教宗名義，行安所禮，十二點鐘禮畢禮儀極爲隆重莊嚴。

這種正式追悼禮儀舉行了以後，教廷就快發表繼任的新部長了，王老松樞機今後似將爲人類所遺忘，似將不更在人類中活動，就是要成生命的道途上已經過去的人物了。但，若是一位偉大的人物在他所經過的道途上，既遺留了洪壯的精神，光輝的肖像，則這偉大的人物仍然繼續在生命在道上活著，仍然繼續他生命的活動，他的肉軀雖是經過生命的道途了，可是他的人格和精神並未曾過去，並未曾衰老，王老松樞機的肉軀在荷蘭八月三十號已泰然吐了生命的末一口氣，他的肉軀九月三號已遭全盛的殯禮送至委登（Witein）母修院的地下了。可是王老松真正的自己，他長在聖教會活著，他長在傳教區內活動。

兩月內各國公教報紙，都寫他的功績，寫他人格，寫他的生活各方面：這是應該有的，而且這還不夠，未來的年月裡，還該有對他的功績，人格和生活各方面的更多更詳細的敘述。

王老松樞機的真正偉大處，真正的不死處，用一句話可以包括，就是生活的「圓滿和諧」，他的一生找不出缺陷，找不出錯亂，他的生活似一顆美滿的圓月，怡然地度過蔚藍的天空，遺留下淡幽的光輝，遺留下清靜的妙景。

亞當原罪的遺毒，混亂了人類生活的「圓滿和諧」，下部機能反抗上部機能，肉性不服靈性，理智說隨從真理，偏情說隨從肉樂；意志說保存身份，私欲說附和勢利，兩種勢力不能兼存，人類的生活常是在戰場渡過，肉性和下部機能得了勝利，人的生活，便滿了缺陷和錯亂；靈性和上部機能得為人主，生活便得是「圓滿和諧」的。但為求靈性和上部機能的管理權，即非帶一顆宏大與敢犧牲的心不可。

王老松樞機一生愛真理，一生正直，每樁事作的判決，都印出他心靈的純淨，他的理智力完全擺脫肉性的羈絆，完全以真理為歸宿，平日也常帶有一種尊嚴的可敬性，這種尊嚴可敬性並不是喬裝的，在尊嚴性下並容有溫柔善良，他意志力最剛毅，雖一微末些事，不容有失落自己身分或傷損聖教的光彩，這種「圓滿和諧」的生活，在他青年喪失父母的時代，勤工修鍊，入救世主會復得以完全，他後來作傳信部長，落在任何棘手的案件中，心神常是平靜而和諧。

傳信部是羅瑪教廷的一個縮影，傳教區全部案件總屬該部轄辦，部長一身幾擔教廷的各項任務，王老松樞機在這種繁劇的生活中，雖以七十餘歲的衰老精力，還從容地應接一切工作；但是王老松也是一位救世主會的修士，修士所專務的是清靜內修，他便用他的「圓滿和諧」特點，結合這兩類不同性的生活，他在一切工作的時日從未拋棄救世主會的會規，早晨四點鐘起來，一小時久的默想後舉行彌撒，行彌撒的姿勢沈默莊重，日間的省察，看聖書，大日課，玫瑰經等神功，俱有規定的時間，每月一次小避靜，每年一次整十天的大避靜，在尊尙榮輝的樞機紅氅下，蓋藏了一位真正聖亞爾豐索的孝子，在傳信部偉麗的公署內度他的嚴密的內修生活。

傳教事業是一種多方面工作的集合物，指揮者需得知調度各方面工作撿取一定的和諧步驟，王老松樞機用他律身的「圓滿和諧」本色，擴大爲傳教事業的指揮，歐洲大戰以後，聖教會戰前在歐洲的工作，幾全部遭摧殘，戰後的歐洲忙於教務之復興，已無暇顧及他洲的傳教事業，加之近年的世界經濟恐慌，傳教助金遭動搖，當這種嚴厲的環境中，誰知王老松部長竟在傳教史上寫下了空前的驚人篇幅，傳信部三百餘年工作的成績，他以十四年工作竟至佔去總成績四分之一，他的工作的標準，就是「圓滿和諧」，一方面充實前方傳教的工作，他方面充實後方援助的工作，在前一方面，極力培植本籍神職班，加增並刷新外籍傳教士，增派傳教修女，在後一方面，極力在公教國作傳教運動，以求信友們對傳教事業的精神上，物質上的援助，據傳信部秘書長十月二十一號在梵蒂岡無線電台的報告，眼前隸屬傳信部的教區已四百八十，外籍傳教士兩萬，本籍司鐸五千；修女三萬，修院三七七座，修生一萬六千，十月二十三號是世界傳教運動日，據意國的調查表，前十年所收的傳教捐款總數爲七千五百四十五萬七千四百三十九里耳，今年的捐款總數已達六億八千九百七十八萬八千四百零一里耳，這一張銳速的增進數目表，他具有一種不可抗抵的口才，向全世界向將來演說王老松部長的「圓滿和諧」的奇偉功勳。這位偉大樞機的「圓滿和諧」生活，天主也另外用事跡表彰出來，他的生命的最後活動，回應著他的生命的最初活動，生於荷蘭，最後以人們不可意想的奇遇也得死在荷蘭；出身於委登教世主院，於今該院竟超乎希望以外得復藏他的肉軀於院地：一九一二年陞樞機後的數月，以宗座欽使銜主禮維也納萬國聖體大會，一九三二年生命的末一月以傳信部長銜主禮哥盤罕金的丹麥全國聖體大會；晉陞樞機後第一次覲謁教宗，教宗庇護第十忻然問他日後生活的目標，他謹對答以「爲聖教會爲教宗工作至死」，今年他死的前一日，還帶病覲聖一位中國的荷籍代牧，竟得完滿他的目標。他的生活，處處圓滿，處處和諧，就是他的臨終也是一無缺陷錯亂的，當今教宗得知他的臨終狀況後，歎口氣說：「義人就這般死！……義人就這般死！……」

王老松樞機的肉軀已走過生命的道途了，於今我們追悼他；可是他的真我，是常活在人類中間的啊！教宗庇護第十在接見荷蘭朝覲團，答覆他們感謝撿選王老松樞機說中有道：「你們不要感謝我們，你們該感謝樞機自己；因爲他以聖德以功績很公義地該膺受樞機的尊銜，所以而今並不是王老松司鐸以進了樞機院受了顯揚，反倒是樞機院因有了他受顯揚。王老松司鐸是一位博學的會士，是一位聖德的神父，他後日要似一顆明星在樞機院發光！」

一九三二年十月廿五號，羅瑪

羅瑪通訊

一、

讀者諸君：

十二月十九號，晚餐席上，閱當天羅瑪觀察報，得悉陸伯鴻先生被教廷任爲下屆全球聖體大會教宗欽使團團員，席上我們即互相談論，教廷這種任命必含著深遠的意義，觀察報的評論上，也明言任命確有重要的價值。

陸伯鴻先生的事業，早已蒙了教廷的嘉許；教宗特重其爲人信教虔誠，努力於慈善等事，故迭錫賜榮爵，前些年加他以西爾勿斯得肋教宗都御銜，最近又封他爲御前袍劍侍衛，袍劍侍衛係教廷宮內人員，所以當陸先生領到這等封爵時，羅瑪觀察報特加評語說，一位遠東教民，第一次進入梵蒂岡宮禁，成爲宮內人了。這次陸先生得被任爲欽使團員，自然又稱爲遠東教民的第一人，得受了這種榮譽，觀察報標明這係教廷看重陸先生的功績，有意酬報他的事業。關於這點，我們承認該報說的很確實，昔年當陸先生六十壽辰，教宗曾電賀，稱揚了他平生的事蹟，我在羅瑪常理會著，中國人以事業聞名於國外的，現今有兩位：蔣委員長以政治，陸伯鴻先生以慈善，我們傳大數十國際的學生，幾無人不知陸先生的名字，逢到要舉中國偉人的例時，定必叫陸先生的大號。陸先生自己從沒有替自己宣傳過，可是我常見到各國的報紙，登載陸先生的某樁事，不少次還登陸先生的照片，以致許多外國人都知道陸先生常戴墨水眼鏡了，孔祥熙部長當年路過羅瑪，往謁教宗，談話時就提到了陸先生的慈善義舉，教宗答以已早聞到了陸先生的特行，可見這次陸先生被任為欽使團員，誠以本人功高而得了選。

教宗日來因足風病，臥床不起，各方公教信友均虔情祈禱，祝教宗早日恢復健康。中國公教信友，定必加倍為教宗祈禱；因庇護第十一素號中國教宗，歷年庇護第十一替中國作的事業，件件都昭著於國人的眼目，不必我給大家再述說。我只提出一點來說，這一點與陸先生被任為欽使團員也有關係。在政治舞台上，國家的地位和資格，都決於武備，中國向來是被人瞧不起的國家，一個龐然的大國，竟不能和一些小海島國平列，彼此互派使節，直等到最近纔肯升大使格，這就是可謂不平等的待遇。庇護第十一卻適與各列強的態度相反，不特以平等待遇中國，且常以優等待遇加諸中國，在意、俄尚未有心跟中國換大使前數年，羅瑪教宗已表示願與中國互派大使，東亞各國的傳教事業，素委他國傳教士，庇護第十一最先在中國創立本籍教區，升派中國主教管理，且親身兩次祝聖中國主教。去年首都教區，也正式由中國人治理了。這表示在羅瑪公教裡各民族完全平等，公教裡的各等神職，凡是有資格者都可膺選，無所謂黃白黑的種別。不但神職，即一切榮銜也公諸各國信友。袍劍侍衛，歐洲各國的負重望信友，受賜的也不多有，陸先生在東亞則算獨步，黃種中國人也膺了教廷內宮的顯職，這次出席聖體大會的欽使團，欽使係美國的一位樞機，團員五人多屬美國人，陸先生唯一中國人，與各國團員並肩受榮，這也不能說不是提高中國人在世界上所受的待遇。

羅瑪觀察報還提到派遣陸先生的另一動機，即因陸先生爲中華公教進行會總會長，庇護第十一最器重公教進行會，在各方面予以提倡和鼓勵。中華公教進行會是由教宗的「八一通電」促成的，年來常不斷地親加訓勉，這次教宗派陸總會長爲欽使團員，固爲獎賞陸先生的功業，然也願以這種榮譽賜給總會長，爲表示若何看重中華的公教進行會，我想全國進行會員得了這種消息以後，都覺總會長所受的榮譽，就是公教進行會全體所受的，大家都覺到一種興奮；這即是教宗所願加諸中華公進會的鼓勵。

欽使樞機昨晚已抵羅瑪，俟覲見教宗後，即起程往馬尼拉。陸先生也必將動身了。

讀者諸君你們對於陸先生此行，都覺快意罷！我真有喜而起舞的心態。那麼我們大家便謹祝陸先生一途順適！

羅光寄自羅瑪

一九三七年正月三日羅光寄自羅瑪

二、

讀者諸君：

羅瑪教宗庇護第十一病了，已臥床一月，足癱不能起，且感劇痛，近日病勢雖稍轉佳，然在短時期裡決難恢復健康，自然，全球的羅瑪公教教民都憂急不安，白日黑夜裡，不斷地祈禱，他們都求造物主保存庇護第十一的生命，賜他還能繼續未竟的事業，中國教民，更感覺這種憂急，陸徵祥司鐸曾給我寫信說：「教宗危病，世界祈求康復，猥以衰病，未克親赴梵蒂岡問病，並親赴Lisieux聖嬰德肋撒墓前虔誠祈求，曷勝憂心惶悚，尚祈代禱，至懇至懇！」

現今已不僅教民，擔憂教宗的健康，全世界的人士都注意梵蒂岡的消息。不少的非羅瑪公教的民眾，也舉行了祈禱儀式，求賜庇護第十一能享安全。我們在報紙上見到北美許多誓反教信徒，他們竟為羅瑪教宗行禱告，加拿大有幾位牧師，勸告信徒們，以當前有兩件大事當激起大家的禱告誠心，一為英國王位問題的平安解決，一為教宗庇護第十一的重病得痊，羅瑪教宗已被認為全人類的恩人，替全人類謀幸福；況庇護第十一的學識廣博，平日最注意社會問題，竭力求勞工問題之解決以救濟工人，因是歐洲民眾，對他最表愛戴。

庇護第十一自己，則不注意身體的健康，自己雖對旁人說：癱腿之痛楚，深入骨髓；然卻總不願放棄工作，一刻也不忘記身負的最高職責，既不能起床，便臥在床上辦公，清晨，靜心行畢宗教儀禮和祈禱，就專心料理公務，接見教務卿樞機，有時也接見各部部長樞機，接談時間都不較平日短促；病榻前，特備一桌教宗檢閱各種文件，即依桌作批示，忙碌著一直到正午纔停工，午後除處理他種信件外，即聽讀報章，又特選出幾位大教宗的傳記，命侍者誦讀，這樣教宗病猶不病；只少了接見朝覲的人們。

去年聖誕節前日，教廷缺少賀節賀年的覲見禮，因教宗偃臥在床；然而教宗雖不願全球教民，因這次免禮而疑慮病勢很重，心起憂惑恐惶，乃以無線電向全球訓話，全世界公教教民歡欣地恭聽這種聲音，全世界非公教人也熱誠地聽這次演講，教宗已一月未發言論了，於今日病榻上與全球人民相會，實因眼前的世界大局，逼著教宗不能不向世界作警告，當日十二點半鐘，我適在飯廳，收音機發出梵蒂岡電台台長報告教宗將說話時，飯廳裡兩百多人，全體起立肅靜，我們要以極端嚴肅的態度，恭聽我們最高領袖的訓言，教宗的聲音在收音機裡響亮了，我聽出真是他老人家的聲調，只不過說話間的逗息較長，呼吸很起勁，還加了昔日從未有的幾聲咳嗽。這時纔覺到教宗已老邁，已是年有八十的老翁；從前見教宗足履雄健，似疑教宗尚在壯年呢！

善牧不忘記羊群，就是捨棄性命也不辭，庇護第十一在聖誕節訓話裡，將自己的性命獻給造物主，全聽造物主的旨意，自己則以能因病而受苦爲愉樂，因他可以將痛苦作人類幸福的代價。他是普世的牧童，他愛護自己的羊，他從不忘記照顧羊群的安全；所以他很擔心防禦一切殺戮羊兒的野獸，現在人類有一最大兇敵，這凶敵就似狼蒙羊皮，雜在羊群中，人類多看不出它的狠毒，然它已在一些地方殘殺人民了。這兇敵就是共產黨。庇護第十一的銳利眼光常射在共黨的身上，纔登教宗尊位，即將這種兇敵公示於全球，警告各國加以防禦。歷年來常重複這種警告，另外最近因西班牙的不幸慘狀，教宗更苦口勸諭各方嚴密防範共黨搗亂工作。許多報紙已標明說，世界反共的勢力將聯合起來，庇護第十一要成這種聯軍的領袖，教宗沒有軍隊，沒有武力干涉；但他是共產黨的勁敵，共產黨雖橫蠻，然勝不過這八十白頭翁的幾句話。

我仍很慶幸，教宗的病勢已日漸痊癒，各地的教友得著這種消息時，要是怎樣的歡欣呢？意國有一小村，本堂司鐸同教民們，聽說教宗病重，他們就在經堂中許願，願將自己的生命減短十五日，爲求天主延長教宗的壽數，意國又有一教區，該區的年老司鐸們，大家聚齊爲教宗的病勢祈禱，大家許下誠願把各自所剩的歲月，都減除了，只求天主保全教宗的壽命。這般人具有何等誠心？而教宗在教民的心中，又佔何等的地位？

今天庇護第十一被選的十五週年，梵蒂岡的城屋上都飄著教宗的黃白旗。全球的善心人今天都行一種祝禱，祝庇護第十一能再繼續爲人類謀幸福。中華人民在這天對民族的大恩人，更不能不切望他早日恢復健康！

羅光　一九三七年二月六日

教宗庇護第十一世駕崩

（一九三九年日記幾則）

二月十日

昨晚，本校（傳信大學）爲教宗行特別祈禱，求教宗的康復，今晨五點五十分鐘，我特爲教宗獻祭。

早晨時，副校長與經濟主任在桌上交頭私語。我心疑有事，通常大家都守靜默。訓育神師轉首附耳答我說：「教宗已去世！」心中一涼，眼淚欲奪眶而出。早晨畢，全校入經堂，神師向大家公佈了耗音，我忍不住流淚了。氣魄蓋世的庇護第十一，遽成了歷史的人物。

午後四點，我往梵蒂岡宮西斯篤殿。教宗遺體已顯陳殿內，殿前人相擁擠，汗流浹背。在石階上鵠候了一小時許，纔得進殿。紅絨靈床居殿中，床週燭光高照。遺體平臥靈床上，白袍紅靴，肩披紅絨短氅，頭戴紅絨緩帽。閉目合嘴，狀如深思。我近床致敬禮畢，退至殿隅，恭立誦經，全殿陰森，只聞步履聲。

二月十一日

羅瑪全城懸半旗。聖伯鐸祿殿前人車擁擠，往拜教宗遺體者摩肩接踵，報紙上滿載各國的弔電。

今天爲教廷與意大利政府簽訂拉德朗和約的第十週年，庇護第十一召集了意大利全國主教，願在聖伯鐸祿殿內今天舉行紀念禮。發表一重要演說，指斥法西斯政府歷年的強暴，不守約章。

二月十二日

教宗遺體，昨天午後已遷往聖伯鐸祿殿內。

午前九點半，我往聖伯鐸祿圓場，場中成百成千的信眾，等候入殿。我登殿前石階時，腳已離地，被人擠入殿門。人雖擁擠，全體肅靜。

遺體顯陳在側殿聖體殿內。側殿鐵欄緊閉。遺體已改著主教祭服，身穿紅緞祭披，頭戴金色高帽，手著紅絲手套，足繫紅皮金線靴，雙手握念珠和一木十字，面色較前日更瘦。我想跪地祈禱，但前後人都不容留步。

午後，幾萬人在聖伯鐸祿圓場，等候入殿，瞻拜遺體。巡警怕不能維持秩序，以致擠傷人，乃提前緊閉殿門，我立在本校陽臺上，俯瞰一群一群的人頭，在圓場裡蠕蠕而動。我更理會了教宗的偉大。

二月十三日

本校，今早行追思大禮彌撒，弔念教宗。早餐後，全校往聖伯鐸祿殿，因十一點時，輪到傳大學生立侍遺體。

天雨霏霏，愁雲滿空，喪鐘聲聲振耳。人群似流水般從殿門湧入湧出，自正門至聖體側殿一步一停，費時一刻鐘。擠在人隊裡，首先看到側殿的燭光，後來看到貴族侍衛，隨即看到紅絨靈床，最後看到紅緞祭披。遺體斜臥靈床，頭高足低。我目不轉睛地注視遺體的安詳面孔。

午前十一點，我伴著傳大的學生代表，跪在遺體旁，祈禱一小時，眼與心都繫在閉眼閉嘴的遺體上。教宗昨天清晨駕崩時，據說演講稿已放在寢殿書案上。教宗突然逝去了，聚集羅瑪的意大利主教，今天仍在西斯篤殿內，舉行追思大禮。因是教宗的遺體，昨天午後遷到西斯篤殿，沒有照例顯陳在寶座殿內。

報紙登載，教宗於昨晨五點五十一分逝世。本月五號，午前，教宗於私人圖書室接見來客時，忽感不適，接見第二位來客後，即令近侍告退來客，然仍勉強出見一隊小孩，隨即登樓入寢殿，臥床不起。九號，教廷羅瑪觀察報謂教宗病況無變動，因願參加和約十週年典禮，故靜加休息。九號晚，十一點，教宗忽發肺炎，熱度驟增，然仍不驚慌，自以為如去年可以勝過病症。次晨，四點，感到實不可支，乃告近侍，傳令召集宮廷要人。國務卿巴車里樞機，國務院兩次長，梵蒂岡城代理主教，華城市長等，都於半小時內趕入寢殿。教宗立令梵城代理主教執行終傅禮。五點時，教宗呼吸已告困難，御醫進以氧氣。來者俱跪地祈禱，梵城代理主教誦臨終經文，教宗點首作答。五點二十分，御醫告以事變已迫。五點半，梵城代理主教附耳告教宗曰：請唸「耶穌、瑪麗亞、若瑟，於爾等中我靈平安去世。」

一分鐘後，教宗頭向右偏，斷氣。

明天，為庇護第十一加冕第十七週年。

二月十四日

下午三點半，我進聖伯鐸祿殿，參與教宗安葬典禮。殿外綿綿雨絲，殿內燈光陰沈，我心似鐵笳鎖著，呼吸不舒暢。

四點時，葬禮開始，樞機主教等整齊行列，導遷教宗遺體至殿中寶座祭壇前，舉行入殮。棺為三層，木棺、鋅棺、木槨。遺體置木棺中，蓋棺加印。木棺置鋅棺中，再閉棺加印。鋅棺置木槨中，又閉槨加印。移槨至殿中正祭壇中，由一石孔，垂至地下室。

歌聲幽婉，燈光稀明，我只見一口方形物，由起重機垂入地正室，又見國務卿巴車里樞機（那時任教廷臨時主管人。）由人叢中很靈便地走向往地下室的石梯。

全殿數萬人的呼吸，似乎都收集在那一口方形的木槨裡，都被沉入地下室。

地下室設備了壙坑，木槨入坑，封了坑，巴車里樞機上至祭壇前，葬禮已告終了。

出殿門時，微雨昏暗的薄暮裡，我們感到是無牧之羊！

庇護第十二世當選教宗

（一九三九年日記兩則）

三月一日

午後三點，許多人集會在聖伯鐸祿圓場裡，鼓掌歡送樞機主教們進梵蒂岡宮。樞機們的汽車，連續地進去，每過一車，群眾鼓掌祝汽車的主人，當選爲教宗。但是誰也是知道，在進宮的樞機中只有一位不再出來，當選爲基督的代牧。

誰將是被選人呢?大家近日都紛紛議論，許多人說是巴車里樞機（Card. Pacelli）㈠，有的說是馬里阿能樞機（Card. Maglione），有的說是德拉哥史大樞機（Card. De la Costa），有的說是馬西爾（Card. Massimi）。我自己推測爲巴車里樞機。

梵蒂岡今夜清靜無聲，窗戶玻璃都已臨時塗黑，燈光不透於外。在這座與人世隔斷的禁城中，醞釀著全球人心所關注的大事。

三月二日

清晨彌撒裡，特別想到今天一天的重要，求天主降福教宗選舉會。

上午十點三刻，下樓，到運動場側，靜候西斯篤殿的煙訊(二)。聖伯鐸祿圓場裡鵠立著許多人，無線電臺正廣播著選舉教宗的手續，十一點已過，煙囪尚無煙色。大家知道第一次投票，沒有結果，已進行著第二次投票，待到十二點，午砲已響，煙囪仍舊杳無形色，我疑心第二次投票已有結果，不然怎等的這般久？十二點一刻，煙囪冒煙了，大家佇立，屏氣凝視，煙色是似乎淡白，大家有些心跳；但接著有濃煙上升，烏黑團團，新教宗尚沒有選出，大家回家午餐。

午後，五點一刻，我起身離書案，披氅下樓，下瞰聖伯鐸祿圓場，人眾較午前更多，我剛與同學交談數語，西斯篤殿煙囪已冒煙，大家都怨夕陽返照，煙色不可分辨，可是煙團很稀薄，片刻即止，我們都懷疑煙是白色，正議論間，一位英國同學墨斯東君氣喘喘地跑來，說教宗已選出，無線電已報告了。誰也不能作主了，學生們拔腿向樓上跑，穿衣取帽，又拔腿向樓下跑，一口氣向聖伯鐸祿圓場飛奔，大家都去受領受新教宗的第一次祝福。

聖伯鐸祿圓場人如潮湧，四週街頭巷口，人群都如水流，傾注於圓場中。全羅瑪都動了。汽車、電車都轉向梵蒂岡。無線電臺用各種語言報告教宗已選出，再待一會，首席六品樞機，即將公佈被選者姓名。

約六點鐘許，播音機喊說，首席六品樞機嘉喜雅多米尼阿義（Card. CacciaDominioni）已到聖伯鐸祿殿正門陽臺了。我立見陽臺門開，嘉樞機由禮官陪至陽臺，場中一絲聲息都沒有了。嘉樞機洪聲響於播音機說：Annuntio vobisgaudium magnum：Habemus Papam Eminentissimum ac Reverentissimum，Dominum Eugenium（我給你們報告喜信，我們已有教宗了，即至尊至敬歐前義！）場中鼓掌歡呼聲打斷了樞機的話語，一分鐘後，嘉樞機纔能繼續報告新教宗的姓名：Sanctae Romanae Ecclesiae Cardinalem Pacelli（羅瑪教會樞機巴車里），鼓掌聲又打斷了他的話，等待一會，再聽見嘉樞機呼：qui sibi nomenimp osuit pium（教宗已定國號庇護），場中掌聲再也不斷了，播音機又報告今天乃教宗六十三歲壽，場中掌聲更轟烈。爲靜止這種歡呼，播音機廣播「謝主聖歌」，全場數十萬人，乃同聲合唱，歌聲由無線電播放到全球。

六點二十分，無線電報告新教宗就要到聖伯鐸祿殿正門陽臺，頒賜第一次祝福，歌聲忽然斷了，大家舉眼看陽臺，儀仗隊已過陽臺大門，新教宗出現於陽臺上，圓場數十萬人，人人歡呼鼓掌，新教宗朗聲誦祝福經文，廣伸兩臂，舉手祝福。

我回校時，各處都見笑容和笑語。

註：

㈠巴車里樞機當時任國務卿，馬里阿能樞機任會議部部長，馬西彌樞機任教廷最高法院院長，德拉哥史大樞機任意大利翡冷翠城總主教。

㈡教宗選舉會，近世常在梵蒂岡宮內西斯篤小殿舉行，午前午後，樞機們投票四次，獲票數三分之二者當選，午前午後投票後，選舉票投火爐中焚化，爐煙上冒。如投票無結果，煙爲濃重；如教宗已選出，則煙色淡白。

教宗庇護第十二世加冕大典

（一九三九年日記一則）

三月十二日

清晨四點，窗外一車馳過，把我驚醒，靜臥一小時，起床，彌撒後，等約定的汽車，竟不見到，我知交通路線必已由巡警把守，不能隨便通行，乃急步行出校，想沿途找汽車，趕到顧維鈞專使旅館，以便於七點時出發往聖伯鐸祿殿，不料走過了九個停車場，汽車的影子都沒有，幸而於無奈何時，找到了一輛馬車，許下馬車夫雙倍錢，催他打馬飛奔，七點時，奔到顧專使旅館附近，迎面一輛汽車走來，車頭一面中國旗。我跳下馬車，把錢擲在車內，總算趕上了專使團參禮的汽車。

專使團進梵蒂岡城，在聖伯鐸祿殿側下車，入更衣所，少待，他國專使團到者已多，禮官引導使團進聖伯鐸祿殿，又出殿至正門前遊廊，登遊廊右端的參禮臺，中國使團排列第二十四。意大利皇太子、太妃坐第一行特位，太妃服白緞大氅，尾長丈餘，英國親王，盧森堡太子，比國大公爵，都陸續入座，特使團共四十一。

八點三刻，教宗儀仗隊由左端入遊廊，教宗高坐肩輿，金帽白氅，當教宗入遊廊時，殿前銀號齊鳴，圓場中民眾高呼萬歲，遊廊左端搭有臨時寶座，教宗下肩輿，登寶座，接受聖伯鐸祿殿司禮聖職員的朝賀，朝者伏地親足。

朝畢，儀仗隊入殿，當教宗過專使團參禮臺前時，意太子太妃都屈膝致敬，教宗既進殿門，專使團尾隨而入，全殿鼓掌歡呼，一尺以內兩人說話都聽不清。儀仗隊抵聖體側殿前，聖宗下輿，步行往拜聖體，專使團陸續前行，進聖額我略側殿，各就位次。側殿祭壇旁設有教宗寶座。教宗登寶座，樞機院行朝賀禮，樞機等按次跪親教宗足，然後起立，親手吻面，朝賀禮將畢時，專使團出側殿，往登正中大祭壇左側參禮臺，教宗在聖額我略側殿更著祭服，樞機等也加穿祭披。更衣畢，教宗出側殿往正中祭壇，行近祭壇時，禮官一人手執掃把，三次以帚著火，白煙突冒，禮官向教宗下跪高呼曰：「聖父，世上榮華，如此煙消！」若以教宗尊位爲榮華，也有煙消的一天，不可久戀！登教宗位者，宜視尊位爲教會服務，繼續耶穌的救贖大功，教宗既抵大祭壇前，即開始行大禮彌撒聖祭。

教宗寶座，屹立於大殿正中後壁，白緞紅綖夾金帶，在電燈照射下，煊赫奪目。教宗端坐寶座，兩側各有一樞機陪侍，右側有「寶座侍郎」哥羅納王爵，筆立如筍。兩側再有貴族侍衛四人，持劍侍立，紅絨制服，金色高盔。

彌撒祭禮至念「書信」時，樞機院首席六品樞機，在聖伯鐸祿墓前，高聲唱誦爲新教宗祈福經文，全殿肅立。教宗寶座右側有教宗家族與羅瑪貴族，寶座左側有專使團，與駐教廷使團，大殿遍處擠滿了參禮信眾，人數約七萬，殿外參禮者數十萬。大家都同一心情，爲新教宗祈求天恩。

彌撒中，教宗舉揚聖體，全殿無聲欬聲，銀聲數響，餘音繞殿柱。領聖體時，教宗登寶座，一位樞機恭奉聖體，由祭壇向寶臺，教宗跪迎，恭領聖體，以金管吸聖血。彌撒畢，教宗出殿，專使團登聖伯鐸祿圓場左側陽臺，等待加冕典禮。

聖伯鐸祿殿正門陽臺，滿掛彩緞，臺上紮一寶臺。圓場中與「和約路」人潮洶湧，萬頭攢動，無一絲隙地，大殿附近房頂與小山，都擠滿了觀眾。午後一點許，教宗出現於陽臺，登寶臺，樞機院院長誦加冕經文，首席六品樞機捧三級皇冕加於新教宗頭上，加冕禮成。梵蒂岡城雖沒有放喜炮，數十萬觀禮者的掌聲，歡呼聲，便代替了連珠炮響。教宗起立，誦讀祝福經文，舉手降福全球信眾。

聖伯鐸祿殿雖爲全球最大教堂，近年行大禮時已不能容納參禮的全體信友。加冕禮便在殿前廣場中舉行。

教宗退出殿前正門陽臺時，大殿鐘聲已報午後兩點。

欽定聖母升天信條大典

（一九五〇年十一月一日）

十一月一日，成了這次聖年的頂點，看慣羅瑪各種大典的人，也都以今天的典禮，真是空前。

昨天午後，聖母聖像出巡，由市府山崗遊行到聖伯鐸祿殿，紫衣成隊的主教們，已是羅瑪不常見的奇景，羅瑪城民張燈掛彩，夾道歡呼，也不是慣常所見的。

今天，天剛亮，羅瑪街上已經就汽車如流水，初冬的太陽出來時，聖伯鐸祿殿前圓場已不見隙地。圓場的階臺上尚有數處空位，那是等教宗儀仗隊來充滿的，階臺靠大殿正門處，紅絨寶座一所，座旁，列著鮮紅制服的貴族侍衛隊。朝陽射照，紅光奪目，魚貫走過階臺的外交官員，金線禮服，黃光閃閃。

八點半，場中遠聞歌聲，教宗儀仗隊入場了。各修會各學院和四大殿的代表，雙行地由梵蒂岡宮步出，各人指定地區，白冠白氅的主教們也雙雙地持燭登階臺，場中忽起了鼓掌歡呼聲，教宗已駕到了，圓場正中一條路上，盡是白冠白氅，盡頭處可見教宗的御轎。主教們慢慢就位，階臺已是一遍白，樞機等繞上階臺，樞機每人金線高冠，金線祭披，隨著樞機們，便是教宗的御轎，肩輿十二人，紅綢短袂，御轎覆以金花羅蓋，護以兩支白羽盾牌，教宗頂戴三層金線高冕，身披金花大氅，舉右手祝福歡呼民眾。御轎抵階臺寶座前，肩輿者落轎，教宗登寶臺，樞機等趨前致敬，中國田樞機，步履很精神。

全場五十萬人民，都望看階臺寶座，鮮明的朝陽下，寶座的紅絨更加鮮紅如火。大家的心紘都緊張了，都知道歷史上千載的大事，就要開始了。

樞機院副院長提瑟朗樞機（Card. Tisserant），率領禮部要員，步至寶座前叩見教宗，操拉丁語，以全教會的名義，請求教宗欽定聖母升天爲教義的信條。

無線電播音機，有人解釋樞機院副院長的拉丁語，在場的五十萬教民，和散在全球的教友，在這一刻，大家的心，都和提瑟朗樞機同一心情

教宗操拉丁語作答，以能接受全教會的請求，衷心喜悅，然命大家再共同祈禱，求天主聖神多加光照。

數十萬人的歌聲，悠然滿場。各國來的教民，同口歌唱伏求聖神降臨曲。初冬的朝陽，漸升漸暖。紅光自天而下，拂照全場，有似聖神聞歌而降，光滿人心。

曲畢，全場肅靜，樞機和主教等都脫帽鵠立。全場只教宗一人，高冠白氅，獨坐寶座。

教宗發音了，宣讀欽定聖母升天爲教義信條的詔文，這種詔文的語聲，由播音機由天空傳下人寰。我們與教宗似乎是天地懸隔了。紅絨的寶臺已是懸在半空，讀詔文的人並不是塵世人，乃是由天上降下來的天使，然而我們的眼睛，是看著教宗坐在階臺之上；可是我們的心，知道紅絨座位坐讀詔書者，這刻不是人，而是神的替身。

轟然如雷的歡呼鼓掌，答謝教宗的詔文，圓場內是一片歡呼，圓場石柱上的陽臺也多掌聲，圓場附近的門窗，附近的街道，附近的山崗，鼓掌聲連綿數里，奇雅儀歌樂山頭大砲，放鳴喜砲二十響，聲振全城。

幾百隻白鴿，忽從聖伯鐸祿圓場起飛，素日巢居圓場石柱頂縫的鴿兒，此刻早已飛離殿頂。從場心起飛的白鴿，乃是報送喜信的郵鴿，鴿兒們帶著喜信飛散天空，我們馬上想到，聖母當年升天，必較白鴿還輕，又輕又潔，直衝雲霄無人見。

提瑟朗樞機率領禮部要員，重至寶座前，致謝教宗。又請求頒發詔書，布告天下，教宗答以准行，乃起立，領唱謝恩曲。

在場信眾，誰不由心坎裡唱歌感謝天主呢？各人似乎看見天門洞開，聖母端立耶穌右旁，笑視人寰，喜悅人們的孝情。

教宗卸下金花圓冕，正立，向全場訓話，教宗以今天圓場裡的人聲，乃往古今來，千萬年的人聲。教會元首的詔聲，是千萬年不變的天主，假託人口而說的話；場內民眾的呼聲，乃以往和未來的教友們，超過時間，共同一呼。

欽定教義大典已到終點，教宗步下寶臺，登御轎，入聖伯鐸祿殿，舉行大禮彌撒，殿裡七萬信眾早已鵠立相候。圓場的人，只有樞機們，主教們，外交團，政府代表，可以進殿。

今天聖殿內，又另是一番景色！往常教宗寶座兩側，有金線禮服的外交團，有黑紗青綢的貴婦，有燕尾服的要員。今天則寶座兩旁，層疊著主教。正中兩行三十六位樞機，樞機坐位以後，層疊坐著五百八十三位主教，白冠相疊，似成兩道白牆，拱衛著教宗寶座，白冠下有各色的面孔，表出教會全球爲一。

當殿內銀號長鳴，教宗行完彌撒，坐御轎出殿時，我們每個人都覺得今天參與了歷史上千年難有的大典，吃晚飯後，我還到聖伯鐸祿殿，瞻看燈光輝煌的殿壁，聽信眾在圓場高呼教宗萬歲。

庇護第十二世駕崩

今大午後六點一刻，聖伯鐸祿殿出來，蒼茫夜色裡，看見隊隊的汽車，看見叢叢的人士，天空守著靜穆的神色。大殿裡的悲哀氣氛，夾在蒼茫夜色中瀰漫了梵蒂岡全城。

今天午後四點到六點一刻，在聖伯鐸祿殿裡，舉行教宗庇護第十二世大殮和安葬典禮。我們看著聖父的遺體，安置在棺槨裡；看著內棺外槨，一層一層地封閉，看著棺槨從大殿正中祭壇旁，慢慢下到地下隧道裡去；我們每個人的眼睛裡，都含著淚滴，每個人的心靈內，都充滿悲情。當聖父的棺槨已經看不見了，我們的雙膝從地下站起來，我們再屈一次膝，向聖父庇護第十二世致最後一次的敬禮。我們走出聖殿，覺著心中空虛極了，夜的黑暗，使我們感到茫然無主。

從十月六號，教宗第一次得腦充血症，到安葬的今天，剛剛一個星期；但是在這八天以內，一切的遭遇，使我們似乎感覺一個時代或一個世紀忽然結束了！然而又並不像中國古人所說「換了朝代」。聖教會的組織完全沒有變，羅瑪聖座的人員也全部照舊；所變的是一種不可捉摸的精神態度，是一種神秘的心理觸感，即是我們再不能看見庇護第十二世的音容了。庇護第十二世的音容，在我們心目中，代表一個時代。於今庇護第十二世的音容消逝了，我們便感到一個時代忽然結束了。

十九年來，我們習慣看見庇護第十二世昂然的身軀，靄然的笑容。我們習慣在他高伸雙臂時，跪下接受他的祝福。我們習慣在收音機旁聽見他的響亮清晰的語言。十九年來，我們心中已經養成了安定的心理，我們知道無論在那樣的國際緊急情況或教會急難時，聖父庇護第十二世，必定說一句公平的話，必定指出正當的途徑。十九年來我們又看慣了，各國政府要人，各國文人學者，各國平民婦孺，每天往梵蒂岡晉謁教宗。我們也聽慣了大家驚訝教宗熟識多種語言，大家佩服教宗瞭解各類學術專門問題。十九年來，我們常常稱呼「天牧」（Pastor Angelicus），常常稱呼「和平的教宗」。這十九年的時間，在我們心理上造成了一個時代；這個時代是庇護第十二世的時代；於今這個時代忽然消逝了，我們的心就因此感到空虛，感到茫然無主。

當十月六號，教宗忽然腦中血脈不通的消息，傳出來以後，全羅瑪的人立時緊張萬分，大家趕急買報，趕急聽無線電。午後消息傳來，教宗已恢復知覺，已領終傅，已領臨終聖體，但已經講幾句話，病勢轉佳；羅瑪人的心情稍稍放鬆。第二天，報紙和無線電，又說教宗，已稍進食品，已經向服侍者微笑。我們心緒也隨著發了微笑，充滿教宗可以恢復健康的希望。第三天，早晨，教宗第二次腦充血的消息傳出來以後，羅瑪人的心情不但是緊張，而且紊亂萬分，有的報紙已出號外，登載教宗駕崩了，有的報紙登載教宗病勢稍減。中午以後無線電臺報告：教宗病勢有增無減，大家便守著收音機，等候每時每刻的消息。五點、七點、九點、十一點、教宗的熱度，逐漸加高，呼吸愈加急促，脈胳則越加稀微。半夜後，教宗已入臨危狀態了。

十月九日清晨六點我出門行彌撒，報攤的早報都沒有到，賣報的說教宗已在三點五十二分駕崩了，各報都趕不及排印。旁邊等候電車的一個工人，忽然手揉眼睛，兩眼已滿淚珠。

十點鐘，駐教廷外交團，全體赴剛多爾福行宮。從羅瑪到行宮的道中，沿路已站著警察，路警忙著指揮他處來車，向旁的路上走，剛多爾福行宮周圍，擁擠著民眾和車輛。我們進入行宮，登教宗御前大會廳，大家靜立，讓意大利總統偕國務總理進入教宗寢殿，向聖父遺體致敬，意大利總統出宮後我們進入寢殿，眼見聖父安臥床上，身穿白袍，肩披紅絨短氅，頭戴紅絨風帽，腳履金花紅靴。床頭牆上垂一紅緞，緞上懸一聖母像，床角四支蠟燭高燃。我們跪地祈禱良久。

羅瑪遍城是報紙，報上頁頁是教宗。意大利電臺停止了一切節目，電臺所廣播的，都是關係教宗駕崩的消息。我們從電臺消息知道全球的人都在舉哀，全世界的國家除共產黨政權以外，都向聖座致弔，都稱譽教宗的偉大，紀念他爲人類抗衛真理的大業。

十月十日午後，聖父遺體由剛多爾福行宮遷回聖伯鐸祿殿。羅瑪全城的人，從來沒有看見過一次大典，像似這次遷運靈柩儀式的隆重、莊嚴和真誠。從行宮到聖伯鐸祿殿，路程計二十五公里，兩旁民眾夾道，連絡不斷，城中更是填街塞巷。但是沒有喧嘩，人人肅靜。護送靈柩的儀仗隊；延綿數里，四人一排的聖職人員四千餘人，誦經唱經，一路不輟。

十月十一日、十二日和十三日上午，一共兩天半，聖父的遺體陳在聖伯鐸祿殿中。頭戴主教白高帽，身著紅緞祭披，臥於大殿正中祭壇前一高臺上，臺週蠟燭圍繞，貴族侍衛和瑞士衛隊立正站崗。羅瑪全城和近處城鎮的居民，魚貫入殿，瞻拜遺體。整整兩天半摩肩接踵，進殿的人數約共兩百萬，夜間則由羅瑪各國學院的修生輪流守夜。

今天正午，聖伯鐸祿殿的殿門關閉，爲預備午後大殮典禮。那時門外廣場裡還排著幾千人，等候進殿。殿門既關閉了，他們只好在殿外念了經，遙向教宗遺體致敬，心中悵悵地回家。

下午彌撒時，五十四國特使參加。在聖座歷史上，這是第一次有這樣多的國家正式派代表參加教宗喪禮。美、法、意、德、比，且都派現任外交部長爲參禮特使，可見各國對於庇護第十二世的尊重。

聖父庇護第十二世，於今安臥在聖伯鐸祿陵墓下隧道中，他的陵墓正在聖伯鐸祿陵墓的上層，聖父留下的遺囑，囑咐不要爲他裝飾陵墓，建修紀念坊。

但是庇護第十二世的豐功偉業，不能爲人們所忘記。本月十九日，九天喪禮彌撒最後一靈柩車前，步行兩小時從拉德朗殿走到聖伯鐸祿殿，口中喃喃唸經，忘記了腳腿的疲乏。走近聖伯鐸祿殿時，路旁舉鎗立正的軍士和巡警，一層又一層，一隊又一隊。聖伯鐸祿圓場擠滿了數十萬民眾，向最後一次走過圓場的聖父庇護第十二世致敬。羅瑪人今天都記得大戰的四年中，教宗怎樣保護了他們，怎樣養育了他們。羅瑪人今天都口口稱呼庇護第十二世爲：「救城英雄」（Defensor Civitatis）。

我們雖不以教宗的喪禮隆重，去炫耀誇大聖教會，因爲這些儀禮排場，只是外表的虛榮。然而這種隆重的喪禮，和全球各國的追悼，不能不表示全球自由人士對於庇護第十二世的愛敬。庇護第十二世所以能博得全球自由人士的愛敬，完全憑他的道德學識。全球人士愛敬他抗衡真理的勇氣，救護難民的慈愛，解釋學理問題的真理。凡對於國際正義和教會權利應該抵抗暴力的侵害時，庇護第十二世的言詞，常是義正詞嚴，從來不含混，絕不模稜兩可。但是在見面談話時，庇護第十二世是一位最良善最和藹的長者，見過庇護第十二世一次面的人，沒有不心中感動，終生不忘的。我則一生中有幸運，不單是一次或兩次瞻謁了庇護第十二世的儀容，除卻在公開儀禮很多次瞻仰了聖父的儀容外，入宮拜見的次數也總在四十次左右，許多次還能夠和聖父接談。最後一次，我同世界哲學會代表在今年九月二十一日覲見教宗，向教宗介紹方豪神父，教宗聽到方神父是從臺灣來的，很沈重地說：「那邊正是多難之秋，你們的困難很多！」

庇護第十二世向全球所發的最後通諭，是在今年八月初，訓令全球教友，在聖母升天節前，行九日敬禮，為遭難的教會和岌岌可危的和平行祈禱。在這封通諭以前的一封通諭，是今年六月二十九日向中國全教會所發的通諭，指責愛國教會違情背理，擅自祝聖主教，我們可以說庇護第十二世最後關心的事，是中國大陸遭難的教會，而他心中最後的希望，是世界能夠享受正義的和平，各國民族都能夠自由。

於今聖父已歸天了，懷著自己的憂慮和希望升到天鄉。他向天主所求的，必定是求賜全球教會得享自由，全球人民能享和平。我們希望聖父在天堂的祈禱，早日蒙天主的垂允。

一九五八年十月十三日於羅瑪（新鐸聲）

剛恆毅樞機逝世

在教宗駕崩的悲哀中，我們中國人又加上了剛樞機逝世的痛苦。天主的聖旨真是難測的！誰也沒有料到庇護第十二世急病駕崩，誰也更沒有料到剛樞機逝世的那般迅速！

今年九月二十四日，剛公在醫院行手術。我在院內等候消息，手術完結後，醫生說：手術經過良好，但是流血很多，兩次須把血堵住。八天後，我再到醫院探視，醫生已把傷口縫好。十月十日，我見到剛公。剛公笑說：「我和教宗同年，病症也有些相同，教宗以先還打聽過我治病的經過和醫生。我們一齊賽跑。得獎的只有一個，教宗跑的快，他得了獎。」最後幾句話，是引葆樂宗徒的話，剛公並引葆樂書信的拉丁文。十月十四日上午，我同王尙德神父陪于斌總主教往醫院看剛公，剛公一見于總主教，高伸兩臂說：「看到你，我心中高興極了。我老了，但是你和這些親愛的中國朋友們，一定要看到中國的復興─看到中國教會的復興。看到中國政治的復興。以前羅瑪古帝國瓦解了，後來羅瑪文化重新復興了，中國文化也要復興，我希望將來的新教宗。是一位傳教的教宗。全球人類還有一半不認識天主。」

我那時忽然流淚了，看見剛公說話時吃力，看見他老人家面色的蒼白，我感到他老人家是在訣別贈言了，我的淚滂然下墜，急忙走到床旁几前，俯身觀看最近出版的剛公一冊新書。辭出時，我也故意問什麼時候出版了那冊書，剛公回說：「這幾天剛出版的」。

這是最後一次見剛樞機了，爲時不過三分鐘！

大家都忙著推測這次教宗選擧會的情形，報紙上也天天載著某某樞機已到羅瑪。剛樞機可以參加選擧會，大家都相信是一定的；醫生也保證他可以去。

七月十七日傍晚八點，我一面吃晚飯，一面聽無線電報告消息。在當天政治新聞後，電臺忽然廣播剛總三刻鐘前，臥病醫院的剛樞機逝世了。我突然從椅子上跳起來，一時全身的感觸都痲木了。稍等了一下，跑到電話機，打電話找于總主教和杜蒙席，又找謝公使，當晚我們赴醫院，剛公已裝束停當，安臥在靈床上了。我們在遺體前跪禱良久，周圍又觀看良久，實在不相信他老人家真的死了；他的神氣完全像是熟睡覺了；一點死屍的氣色都沒有！

剛公是急病死的！逝世前半小時尙很好。這天午後五點鐘時，華肋里樞機來探病，兩人坐談半小時，剛公親自送華樞機進電梯，然後在房外通道中散步片刻。進房後，醫生們來看，他和醫生談笑良久，醫生走後，他和車夫談話，問所吩咐的事已經辦好否。這時大約是六點半，剛公坐在沙發上，忽覺氣喘，呼吸困難，便遣車夫往喚修女。修女進房，急扶剛公上床，急往召醫生，醫生趕來，診治爲肺部血管閉塞，打針、貫輸氧氣，一切都沒有效驗。

打電話急請本堂神父，幾分鐘後，本堂神父跑到，剛公對他說自己已到終期，當天早晨領了聖體，自己心中很快活。轉首向醫生們致謝，吩咐本堂神父開始行終傅。終傅畢，本堂神父握住剛公的手，共念熱心短誦，七點十一分，剛公氣絕，結束了一生的勞苦。

剛公本人，預先覺到自己將不久於人世。七月初，他開始害病，要進行手術。醫生以剛公年歲太高，恐怕不能承當刀傷，遲遲不決，一直拖延到九月。剛公自己卻很爽快，多次對來訪的客人說：活到八十二歲，已經可以了。如果開刀後可以好，自己再繼續寫書；如果不好，也甘心聽天主命。九月二十二日進醫院，進醫院前幾天，剛公點清了家中物件，整頓了一切文件，自己對僕人說：「我似乎猜到天主的聖意，我怕不能再回來了！」

在醫院時，屢次勸修女們不要奢望，他不久就要跟教宗去。當十九號傍晚，發覺呼吸困難，修女們扶他上床時，剛公說：「我知道天主在叫我了。」

天主叫自己的忠僕，忠僕馬上答應去。剛樞機向天主可以奉獻他一生的勞累和困苦，可以呈奉他生平的建設事業。

剛公生於寒家，青年力學，縮衣節食，陞司鐸後，遭逢第一次大戰，身當意、奧作戰的前線區域，在鎗彈砲火之下，搶救名蹟古物。大戰後陞駐華第一任宗座代表，正值北伐戰事之秋，不辭勞困，巡視中國各區，釐定傳教的新方策，改革以往的古習。終因不服水土，得了足氣病，腳痛不能行，乃辭職回羅瑪。休息兩年，調任傳信部次長，在職十八年，日夕親理萬機，最後幾年，以七十多歲的高齡，天天辦公。僅僅在陞了樞機以後，生活乃得清閒，然而他老人家勤事著作，不願片刻休息。於今他登升天鄉，可以安享妙觀天主的真福了。

剛公一生勤勞，常有一定的目標，因此能夠創建一些事業。在學術方面，他專門對公教藝術，極力主張公教藝術應該宗教化，同時又該民族化，每一民族的公教藝術，既應是本國藝術，又應是宗教藝術。在傳教方面他畢生提倡培植國籍聖職員，任命本籍主教，增高本國神父的學識。就是在目前這種傳教方策已成傳信部的傳教大綱時，剛公仍舊不斷提倡。於今他離開人世了，他的這兩種事業將使他常留在人間。

剛公留在我們心中的，是他愛中國人的愛，愛情永遠不滅，剛公將長活在我們心中。

一九五八年十月十九日（新鐸聲）

羅瑪新教宗若望第二十三世

一、

「冒煙了！煙是灰白色的；但不敢說一定是白的，出了一下，不再出了！」無線電的廣播者，這一天說話很謹慎。前兩天因爲煙是灰白色的便說冒了白煙，說新教宗選舉出來了，後來煙越冒越黑，新教宗並沒有選出來。

「煙冒了一次，再不冒了！」——無線電繼續廣播。

這時是午後五點一刻左右，我聽到這裡，便信選舉一定成功了，新教宗已經選出，吩咐佣人雇汽車，趕往聖伯鐸祿殿廣場恭候新教宗的祝福。前兩天午後，我每天都到廣場裡，看西斯篤殿頂冒煙，這一天因爲電車罷工，我便沒有去。於今只好雇汽車趕去。

這一天是十月二十八日，是教宗選舉會的第三天。五十一位樞機住在梵蒂岡教宗選舉的禁宮裡，每天上午、下午在西斯篤殿投票，投票畢，將一切選票和記錄紙投入殿內一火爐裡焚燒，火爐的煙囪透出殿頂。煙囪若冒黑煙，表示樞機中沒有一人得到三分之二強選票，當選為教宗，若冒白煙，則表示新教宗已選出來！無線電的廣播者，廣播這種消息到全世界。

十月二十六日和二十七日上午、下午繼續冒煙，煙色黑白不大清楚，大家一時的感覺也很搖擺不定。但是老於羅瑪的人，卻明白選教宗的煙訊，並不在於黑白，乃是在於冒煙的久暫，冒煙多而次數久，則是黑煙；冒煙少，暫時就滅了，便是白煙。

新教宗果然是選舉出來了，四面多方的街頭巷口，有無數的人跑進聖伯鐸祿（聖彼得）廣場，五點三刻，聖伯鐸祿殿正門陽臺，懸掛一幅鮮紅綵緞。首席六品樞機高聲報告新教宗為龍加里樞機，取名若望第二十三世。

剛過了十分鐘，新教宗若望第二十三世已到了陽臺上，第一次向羅瑪和全球的教民祝福。

祝福禮畢，從聖伯鐸祿圓場出來時，街上已經喊賣號外的報紙，登載新教宗的履歷。

二、

在意大利北部白爾加莫省索多蒙特鎮（譯義為山下除），有一家農人，一共四口，三個老兄弟，一個中年姪女。十月二十八日傍晚，這個四口的農家正坐在廚房的桌子上開始用晚飯。桌子放著四碗稀粥湯，一大盤奶餅，一大盤蔬菜，三塊大饅頭。

正在舉碗喝稀粥湯時，櫃檯上的舊收音機，廣播羅瑪選舉教宗的消息。中年的婦人，忽然放下了碗，面色變白喊一聲說：

「伯伯！」

又轉首向坐在旁邊年歲最長的伯父說：

「你的哥哥！」

三個老農夫，本來都沒有聽清楚收音機廣播什麼，看見姪女這樣一喊，頓時懂得是自己的大哥，被選爲教宗了。姪女趕快跑出去鎖上籬笆門，吩咐三個老人趕緊換身衣衫，她自己又忙著梳洗了一下。這時籬笆外已經有許多同鎮的人在敲門了，姪女又出去開了門，讓大家進來道喜。

這個農家姓龍加里。三個老農夫，最長的名沙勿略，年七十五；第二個名若瑟，年七十；第三個名亞福肋多，年六十五；姪女，名恩利伽；他們的大哥，名安琪洛，於今當選爲教宗，號稱若望第二十三世。

龍加里家的弟弟：沙勿略、若瑟、若望、亞福肋多。若望在前兩年故去了。安琪洛的五個姊妹，有兩個故去了，活著的三個，有兩個是出家修道的修女，有一個住在米蘭省的一座小鎮裡。

這個住在米蘭小鎮的龍加里家的婦人，名亞松大。在十月二十八日傍晚，出門，攜著一個外孫，到牛奶店買牛奶。買了一瓶牛奶回來，一個神父在門口等她，連忙向她說：「你老人家的哥哥當了教宗！」

龍加里家世代業農，子孫繁衍，山下鎮的大半居民，都姓龍加里。安琪洛龍加里生在一八八一年十一月二十五日。雖是在十一歲的時候，他就離開了山下鎮往省城修院讀書，後來又往羅瑪入大學，升神父後，常在外面各處服務，但是，差不多每年都回到山下鎮家裡休息。鄉下人知道他升了神父，升了主教，升了大使，升了樞機；然而彼此見面時，常是如同同鄉人一樣，一點也看不到他有高官貴爵的架子。今年八月裡，山下鎮的人還看見龍加里樞機回鄉，還同他彼此談笑自若。

十月二十八日的晚上，山下鎮通宵是燈光燎亮，鎮後的山坡上，燒著幾堆大火。鎮上居民大家都在集場上談著、笑著。報館記者和攝影者，電影和電視拍照者，駕著汽車，跑來跑去。鎮上的人似乎感覺每個人忽然都成了重要人物。

三、

威尼斯海城在秋天晚晌，大街小巷都很清靜，乘著小龍舟在運河和小港裡遊行的遊客，已經很稀少了，海濱堤畔，也少見紅紅綠綠的外國客人，只有聖馬爾谷廣場，三面走廊陪著正面聖馬爾谷大殿，仍舊有外來的遊客們，在明燈燦爛之下，欣賞建築的美麗。

十月二十八日的晚晌，威尼斯海城忽然特別熱鬧，街上和運河邊的行人，較比夏天遊客最盛的晚晌還要多。全城教堂的大鐘，鬧鬧共鳴。運河的汽船，汽笛叫得特別亮，小港的小龍舟，都唱著歌。咖啡店和酒館以及大小廣場的中央，都安置了電視。聖馬爾谷圓場，更是擁擠著無數的人，對著聖馬爾谷殿和總主教府，聽無線電廣播。整個威尼斯城的人在這一個傍晚，都願意看到、聽到自己的總主教升了教宗後的第一次祝福。

「新教宗是我們的總主教！」

威尼斯人在這一晚晌大家都樣說，說的聲調，又興奮又高傲。在半個世紀裡，威尼斯已經有兩位總主教升教宗，第一是撒爾多樞機，在一九〇三年，當選爲教宗，號稱庇護第十世，於今龍加里樞機又當選爲教宗，號稱若望第二十三世。

在一九五三年三月五號，龍加里樞機來到威尼斯上任，他向威尼斯人演講，說自己一生，常是東西奔走，於今到了垂暮之年，天主打發他到威尼斯來，了結殘生。

他來到威尼斯接任爲總主教時，年已七十一歲。他在那年正月十三日，陞爲樞機，後兩日，受任爲威尼斯總主教。威尼斯人雖不敢說總主教的年歲太老，但是總主教本人相信，自己一生將終於威尼斯了。樞機以上只有教宗，到了七十一歲他絕對不想自己再升教宗。

在威尼斯住了五年，威尼斯人都說他很像撒爾多樞機。撒爾多樞機是位聖人，於今已諡封爲聖庇護第十世。威尼斯人說龍加里樞機有像撒爾多樞機的樸素親熱和勇氣。龍加里樞機常青衣黑袍，徒步在街上行走，常常向人打招呼。他並沒有自備的小汽船或小龍舟（威尼斯人以汽船或龍舟代替汽車），要出門時，便雇船渡河渡海，上岸時常同龍舟水手閒談幾句。他本是七十歲以上的人，但是每天自四點起床一直工作至夜間十時，僅只在午飯，休息一點鐘。威尼斯各教堂有隆重的典禮，必親自主禮；而且還建了三十幾座新教堂。

威尼斯人因此說他像撒爾多樞機，在這一句稱呼裡，表示威尼斯人怎樣尊敬龍加里樞機的道德，也表示威尼斯人怎樣愛龍加里樞機，意大利人以及歐洲人沒有人不知道威尼斯人都是五體投地敬愛撒爾多樞機。

四、

十月二十八日傍晚，在羅瑪聖伯鐸祿（聖彼得）廣場右邊走廊的陽臺上，駐教廷外交團佇立著看新教宗祝福民眾，法國駐教廷大使熱烈鼓掌的情形，絕像是一位法國樞機當選爲新教宗。在聖保鐸祿圓場裡領受新教宗祝福的法國人，也都笑嘻嘻地說：「這是我們的教宗！」意思說：「這是我們法國人的教宗」。

當一九四四年冬，法國戴高樂將軍已經在巴黎就任爲臨時總統，教廷立時調駐土耳其宗座代表龍加里主教任駐巴黎大使。龍大使在十二月下旬趕到巴黎，呈遞國書，年終除夕，以外交團首席大使名義向戴高樂將軍賀年。

龍加里大使，在土耳其住了十年，同時又兼教廷駐希臘宗座代表。在到土耳其以前，在保加利亞已經任教廷代表九年。他到巴黎任大使時，已經是作了十九年的外交使節，是一位饒有經驗的老外交家。

那時法國還沒有全部從德國人手裡救出來，法國政府卻已經開始打擊和白膽政府合作的人，全國則是戰爭後留的瓦礫和饑荒。龍加里大使和氣迎人，笑語週旋，破除了許多誤會，解散了一些疑團，法國教會的人心，團結一致。後來當他陞了樞機，法國總統何里阿恢復舊日慣例，親自在總統府給龍加里大使戴樞機紅帽，並邀請山下鎮長到巴黎參加這種典禮。

何里阿退職後，到威尼斯訪問龍加里樞機，他向報界聲明自己雖是不信教的社會黨徒，但是和前駐巴黎的教廷大使龍加里樞機是好朋友，很佩服這位老外交家，天真坦白，同時又靈敏細緻。他喜歡這位樞機，有如一位平常的神父，很樸素而又很虔誠。

法國人另外愛「若望第二十三世」的名號，「若望第二十二世」是最後一位法國籍的教皇，是在一千三百三十四年去世的。以後五百年裡沒有法國人當選爲教皇了。龍加里樞機當選後，擇定國號爲「若望第二十三世」，雖聲明因自己父親曾名叫若望，自己受洗的教堂也叫若望；然而法國人相信若望第二十三世的名號，是爲紀念若望第二十二世，即是紀念一位法國教宗。法國人非常高興。

五、

羅瑪人當新教宗選出以後，沒有特別的興奮和喜氣。他們不大認識龍加里樞機；而且多數羅瑪人都預料亞爾美尼亞的樞機雅靜安要當選教宗。新教宗加冕大典的那一天早晨下了點雨，羅瑪人便坐在家裡看電視播演加冕節目，不踴躍地往聖伯鐸祿廣場親自參加盛典。

但是剛過了一個月，羅瑪人於今大家都愛這位新教宗了，羅瑪報紙都寫著「使人同情的教宗」。

在一個月以內，新教宗已經出梵蒂岡城四次了，這是近百年以來破天荒的事。羅瑪人每次夾道歡呼，看見教宗很慈祥，很和藹。十一月二十七日，新教宗往自己的母校拉德朗大學主持開學禮，親自登樓看望老校長的病。羅瑪人在報上看到這段消息，都很感動。十一月三十日新教宗往傳信大學，接見四十幾國的青年，和非洲的黑種青年講話，羅瑪人看見這種照片，都說「教宗很可愛」。

還有一張照片，羅瑪各報都登了。這種照片，是新教宗接見中國田耕莘樞機的照片。田樞機因著車禍受傷，身體還沒有復原，不便行走。這次參加教宗選舉會，往來都是坐著醫院救護車，由人抬上抬下，教宗選定後，樞機們行朝賀跪叩禮，田樞機乘小車由禮官推至寶臺前，教宗親自步下寶臺，到車前俯身與田樞機接談，全堂人爲之感動。田樞機離羅瑪回德國醫院時，教宗召見他，怕他不能上樓，教宗破例下樓在電梯旁一小廳中接見，合攝一影。攝影時，教宗稍張兩手，像想撫摸田樞機受傷的右手而又怕觸動他的傷口，神情非常慈藹，又非常天真自然。羅瑪的報紙，連共產黨的報紙都登載了這張照片，大家都認爲「教宗很可愛」。

前任教宗御極了十九年半，只有兩次任命新樞機。這位教宗登基不滿一月，已經公佈十二月十五日將任命新樞機二十三人。樞機院的名額，從三百多年以來，常是不能超過七十人。前任教宗也聲明不願超過七十的數字，這位教宗卻把樞機增到七十五位，後來是不是還要增加，誰也不能預測。而且又有人傳說，新教宗將往別的國家主持宗教大典，那更是自庇護第七世往巴黎給拿破崙行加冕禮後，再沒有的破例了。因此羅瑪人很喜歡新教宗有活潑、動人的朝氣，絕對不像一位七十七歲高齡的老年人。

羅瑪人若聽見有人說：「教宗七十七了，可以活幾年呢？」他們便會答覆說：「這位教宗的壽命長呢，他的父母都活了九十餘歲，看他於今處世態度，好像一位年富力強的人，九十歲一定到得了。他做的事業一定很多，不要看他年老吧！」

一九五八年十二月三日（海風）

露德聖母顯靈百週年

一、

「好像是滿湖荷花！」我獨自一人，自言自語。我的周圍有成千成萬的人，排著隊走，我的耳鼓裡，充滿了宏壯的歌聲。遍地佈著朵朵燭火，滿天響著：「萬福，瑪利亞！」

站在露德巖上大堂的堦欄邊，俯看聖母洞前等候出發遊行的信眾，不見人，只見點點的燭火，照著白色的小紙盤，絕像朵朵的荷花。

遊行隊從巖上大堂右面的石梯，走到左面的石梯。然後下到大堂前的圓場裡，四人一排，魚貫步行。

一百年前，聖母在山洞前向伯爾納德說明，將來有人在洞前成隊而來。一百年裡，果然每天都有信眾成隊在洞前遊行。今天在洞前持燭遊行的，有好幾萬男女，每個人左手持著白燭，右手執著念珠，口中唱著：「萬福，瑪利亞！」

誰說二十世紀的人民，都是物質文明的崇拜者，不敬天不信神呢？魚貫遊行的隊伍裡，大半是青年男女，面色紅潤，聲調高亢，當遊行隊都進到圓場中以後，一片的燭光裡，衝起了「信德經」的歌聲，各國的男女信眾，異口同聲地唱著：「我信萬能者天主聖父，造成天地。我信其惟一聖子耶穌，基利斯督我等主。……」

當夕陽尚未落時，圓場裡不是舉行了聖體巡行禮嗎？那時成千成萬的信眾，靜立在圓場的周圍，信眾的前列，排著幾百病人的臥椅。巡行隊由聖母洞前慢慢步入圓場，黑衣修士，白衣神父，紫袍神長，金十字主教，紅衣樞機，陪著天篷下的聖體，走近病人的臥椅前，祝福臥椅上的病人。圓場中這時只有一種呼聲：「因主名而來者受讚揚！」「耶穌，我信您。」「耶穌，叫我能夠看見！」「耶穌，叫我能夠聽見。」「耶穌，您若願意，您能治好我！」

巴肋斯坦當年耶穌講道顯靈時，民眾向祂這樣呼求。今天民眾向祂是同樣的呼喊，同樣的懇求。民眾同樣地信祂在聖體內，同樣地信祂可以顯靈。

圓場周圍的樹枝尚是冬天的枯枝，夕陽下沉了，天空罩上薄雲，微微下了幾點雨。聖體祝福了周圍的病人，登在大堂平臺上祝福全場的信眾。信眾們唱著：「主，求寬恕你的人民！……」「主，求賞賜我們現在能有和平！」

午後和晚晌的遊行，一為光榮聖體，一為讚揚聖母。兩次遊行的信眾，都是一種信德，一種虔情。

二、

聖母洞前只有稀微的光明，一層黑黑的人影，蠕蠕在山洞前行動，看不清誰是跪著，誰是站著，誰是坐著，只有走在聖母像下，口吻巖石的一行信眾在熊熊的燭光下，一個一個都看得很清，我跪在地下，祈禱良久，然後坐在板凳上，雙眼長望聖母，心中靜靜地想。

一百年前的今天，石像所站的地方，是慈顏笑容的活活聖母。伯爾納德三次請問姓名，聖母笑而不答。最後展開合在胸前的兩手，下垂至膝，再伸舉向天，同時雙眼向上，口中答說：「我是無染原罪者！」隨即隱身不見。

「我是無染原罪者！」當日伯爾納德不懂這句話的意思。聖母雖是用露德的土語說的，伯爾納德懂得話，不懂話的意思。

「我是無染原罪者！」較比「我是天主聖母」意義更深！聖母只用這一句話，不單是完全說出了她自己的身份，而且證實了全部的教義。聖母親口說是無染原罪者，於是人類有原罪，便是真的了！救世主降生救人，也是真的了！身後的天堂地獄也都是真的了！而且四年前，羅瑪教宗欽定聖母無染原罪爲當地的信條，於今聖母親口承認是無染原罪，教宗欽定教義便是不錯了！

歸林的暮鳥，吱吱在巖上歌唱，粗大的白燭，插在洞前鐵架熊熊地燃燒。我眼望微白的聖母像，自己問自己，人世的生活，爲什麼那樣煩雜紛亂呢？一百年前聖母親口所說無染原罪，把人生不簡單化到極點了嗎？人生所求的，在於「無罪」，人生所得的乃是「永生」。

聖母又特別囑咐伯爾納德說：「我許下你的，不是叫你在現世有福，是叫你在來生有福」。人生簡單化，只有「來生有福」一句話；人世的一切困難，不都是可以冰消了嗎？聖母洞前成千成萬的黑影，每人都想起了聖母的話，他們來時，帶有百種的愁慮，千種的要求，於今每個人心中所求的，只是「來生有福」。

從露德回去的人，卸去了心中千種愁慮。於是來露德的人，日增月盛。一百年前，聖母吩咐伯爾納德告訴神父們，在山洞旁建造小堂。一百年內，大小聖堂一連建造了四座。一八六六年，修了第一座巖中小堂。一八七六年蓋了巖上大堂，一八八九年落成了巖下大堂，今天又祝聖了一座地下大殿，地下大殿號稱庇護第十堂，今天午前，三萬人在大殿內望彌撒。

燭光照著雪白的聖母像，向著我微笑。人生不能有太多的愁慮，也不可以有許多奢望！

「來生有福」是聖母許下的恩惠：也是聖母親自證明的。一百年前聖母在洞前顯聖，不是證明有來生，不是證明來生有福嗎？

口吻像下巖石的信眾，還是魚貫不斷，我也夾在隊中，走到巖下，口親聖母踐過的巖石，巖石冰涼，涼徹胸腑，使我心中萬慮全消，在向旅館的歸途中我口中默默念著：「我信罪之赦，我信肉身之復活，我信常生。」

一九五八年三月二十五日於露德。（新鐸聲）

教宗庇護第十誕辰百週年

對於教宗庇護第十所寫的文字，現今已超過對於任何一位教宗，庇護第十行傳出版的已有多種，歐洲各國文字都有。庇護第十不是哲學或神學家，也不是藝術或文學家，他出身貧賤，無聲地踏過羅瑪公教的各種聖職；但是他所住過的地方都留下於民眾可愛的印象，我們在庇護第十身上，找到一個完全人格，理智銳利而清晰，意志剛強而不亂，他的行動都表示一顆純潔心靈。他只知道自己的責任，不知道勞苦。只同情他人的患難，甘願自己窮寒。一生躲避光榮與高位；可是光榮與高位似乎故意去迎接他，直至登到世界最高的權位上。

每一位教宗都有令人敬服之偉大處，不過對於有的教宗，我們只遠遠地以敬禮元首和偉人的畏懼心理，敬服他們；對於有的教宗，我們則以對於父親的親熱去愛敬他們。庇護第十是教宗中間最受民眾愛戴的，曾見過他一面的人，必不能忘記他的和藹可親。

今年是庇護第十的誕辰百週年紀念，意大利全國各處舉行紀念會，報章也出有紀念特刊；全世界公教報紙幾乎沒有不登載紀念文字的。作者也願將教宗的行傳，簡要地介紹給讀者。

一、里厄瑟的貧童

現今誰到里厄瑟（Riese）小鎮去，在向亞索羅（Asolo）的路上，可以看到一座古舊的民房，牆上寫著：「這是庇護第十的住屋」。雖已過了百年，房子被保留得一點沒有頹壞，幾件貧寒的家具，放在原處未動。住屋只有兩層，上下俱有房子三間，樓上中間爲客廳，廳內幾張沙發椅，廳旁兩間寢室。自客廳的窗口外望房後小園地一塊，周圍帶著土牆；這便是庇護第十的父親的家產。

一百年以前（一八三五年）六月二號教宗庇護第十在這個貧寒的家庭中出了母胎。父親叫若翰撒爾多（Giovan Barttista Sarto），母親叫瑪爾加利大撒遜（Margherita Sason）。夫婦兩口雖不是一貧如洗，也是流著汗每天求生活費。若翰撒爾多除耕自己的園地外，在里厄瑟市府裡服役。夫人撒遜知道縫紉，替鄰家縫衣。庇護第十是長子，名叫若瑟撒爾多（Giuseppe Melchiore Sar to），兄妹一共八人，一弟六妹。

里厄瑟雖是小市鎮，並不染城市氣，居民都帶鄉間的純樸性。周圍青山坡地，山麓片疇一遍，小溪在田疇間潺潺流行，樹蔭旁著流水。這是一個北部意大利的山水明秀之鄉。若瑟撒爾多在這種天然的美環境中慢慢長大，眉宇清秀，性活潑，善談笑。母親撒遜具有母教的天才：素性也端慎。若瑟撒爾多童年所受的家教因而很純正。常隨著父母行宗教儀禮，每晚，祈禱後，向母親述說一天的過失，合著小手許下明天遷改。鄉間人都好勞動，若翰撒爾多夫妻更沒有閒暇，若瑟稟受父母的遺傳，加著母親的催促，從少就習於勞苦：這是他後日成功立業的基礎。

若瑟撒爾多在里厄瑟小學表現了智力最銳利，考試常居前列。十一歲時私下告訴母親願意日後成爲羅瑪公教司鐸。這事要求很大的犧牲，他是家庭的長子，父親的精力已不強，設是他出家了，家庭的負擔誰來負責？父親猶豫了一時，究以深於宗教虔情，決然接受了這種犧牲。里厄瑟的管理司鐸福撒里尼（Tito Fusarini）很高興地讚助若瑟成司鐸，許下自己教他拉丁語，同時派他入鄰鎮福蘭各古堡（Castelfranco）高級小學繼續念書。

福蘭各古堡距里厄瑟約兩里半，若瑟撒爾多每天上學，一去一回，要走五里路，朔風與炎日裡從不間斷。他似乎不感著天寒天熱，常笑顏地在這條路上走；但他感覺別一件事，深恐每天多走路多費靴鞋，加重了父母的經濟負擔，所以每當出了里厄瑟鎮，即將靴鞋脫下以細繩掛在肩上，赤著腳走到近古堡處，再穿靴進學校。青年的若瑟就知道犧牲自己以免他人的困苦，這種精神隨著年歲發育，成了他一生吸引人心的神秘力，每天，母親給他一塊麵包，間而遇著有糖果時就多給一些糖果，這是他的中飯。傍晚，散學後，徒步回家，再找福撒里尼司鐸讀拉丁語。在福蘭各上了四年學，考試常取第一名，最後一年（一八五〇）不是單獨一人上學了，大約家中積蓄了些許，父親也遣次子安琳羅（Angelo Sarto）跟他去學校，並且還買了一頭小驢，爲馱著兩個兒子去學校和回家。

若瑟要陞司鐸在高小畢業後，則該入修院，修院的費用很大，父親沒有力量擔負，福撒里尼也無餘款可以幫助，他陷入了危途。但有一個辦法可試驗，一三六三年時一位波羅讓的司鐸創設了獎學金，專助貧童升學，威尼斯宗主教是有指定童數的權力，現在只有請求威尼斯宗主教指定若瑟可以領獎金，當時威尼斯主教莫尼各樞機（Cardinale Jacobo Monico），莫氏係里厄瑟人，福撒里尼乃托本區副主教上書威尼斯宗主教。請求書在七月二十七號發出，各人很焦急地等著回書，庇護第十後日曾對人說：「要緊身當我昔日那樣的急需和環境中，纔能體會到一個青年內心的全部憂急，一個青年知道自己被召喚了，該去求學，該去修院，可是手中沒有絲毫辦法，眼睛望著，望著遠遠的一個地方，希望能夠從那裡來點幫助。」八月底，回信到了，管理司鐸通知若瑟道：「孩子，你跪下感謝天主罷！他一定預定了你日後作些事。不久你可以進巴杜奎（Padova）大修院了，日後可以同我一樣成司鐸。」撒爾多一家如同逢了大喜事，鄰近人也都慶祝若瑟撒爾多所受的優待。一八五〇年十一月間，他帶著本教區（即肋尾索區「Treviso）主教的介紹信，進了巴杜奎大修院。

在巴杜奎的第二年，若瑟遭了父喪。一八五二年四月底若翰撒爾多染傷寒症，臥床數日，在五月四日便與妻兒永訣了。撒遜爲一意志剛強的婦人，命長子繼續初志，自己帶著一子六女，苦力求活。當若瑟到家過暑假時，有時半聲地對他說：「孩兒，生活是怎樣艱難呵！」

若瑟撒爾多住巴杜奎修院八年，該院檔案處理今還存有他的成績紀錄，第一年考試後教授們對他的評語：「品行無可疵議，——理智力很高，——記憶力很強，——對他有大希望。」這類的評語八年內常重複著。

一八五八年九月十八號，若瑟撒爾多在福蘭各古堡的大堂裡領了司鐸聖職，瑪爾加力大撒遜帶著一子六女來堂參禮，次晨在里厄瑟的聖堂內若瑟司鐸舉行首祭，撒遜歷年對長子所有的擔憂在這刻都消失了，她無聲地流著喜淚，沉默中感謝天主。

二、歷作羅瑪公教各等神職

1. 東波羅鎮的管理司鐸

肋尾索教區主教在一八五八年十月間，委任若瑟撒爾多作東波羅（Tombolo ）的管理司鐸。若瑟這時纔二十三歲，身體很瘦，精神卻強健，在現今保留著當時的兩張照像上看來，前額寬而高，頭髮柔長，上下唇輕薄，兩眼閃亮，姿態雄健。這位青年司鐸性情靈快，本容怒，然以修鍊工夫，面容乃常顯微笑，溫和近人，言語爽利。東波羅是個小農村，以販賣牲畜著名於意大利北部，居民當時約一千四百人，瑪爾車散（Marchesan）述說：「東波羅人民身體最結實，慣習於風雨雪日。他們額上多皺紋，因喚賣與喝酒過多，聲音帶啞澀。」

東波羅村中的一些青年，一次向新管理司鐸抱怨他們不識字，不能弄清販賣牲畜的賬目。

「你們願意有個夜校麼？」管理司鐸問。

「怎麼不！」青年一齊答應著。

「你們就報名！」

報名的村人很多，資格也很複雜，別人問若瑟司鐸怎樣分配，他答說：「朋友們，我早已看到了。還是分作兩班。市立小學的教員們，請來教那些已稍識字又稍懂賬目的，我自己教那些完全不識字的。」好事者又問他：「爲甚麼你教不懂數字的？」若瑟笑答道：「因爲要多費氣力。」青年們再去找他：「神父，爲感謝你，我們該給你什麼？」「一個錢不要；可是我要求另一種更有價值的報酬，就是你們再不要說褻瀆神的話。」東波羅居民跟普通鄉村人一樣，生了氣脫口就是褻瀆天主的咒語。

夜深了，東波羅的牲畜販子亮著燈籠回家，路過管理司鐸住宅時，抬頭看房中還燃著燭，彼此相問著管理司鐸是沒有去睡或是已經起床了。知己的朋友後來問若瑟撒爾多：「說句實話，你一夜究竟睡幾點鐘？」若瑟笑道：「四點鐘！」一天裡職務很忙，夜深人靜，自己乃獨坐對書。孩提時已習於勞碌，工作成了他的生活。

庇護第十留給人們最深的印象是他的憐貧濟困，自己所有的一切，完全施捨給窮人。住東波羅時，他的三個妹妹替他照理衣食，常將要緊物件隱藏，以免長兄無度的施捨。一天，本鎮的一個村民來見管理司鐸，要求一點路費，因爲他願去Verona城找工作。若瑟撒爾多當時房中分文也沒有，村民便問道：

「神父有麥子麼？」

「麥子卻有。你回去拿個口袋再來。」

若瑟司鐸有一百里克(litre)麥,平半分了。

「一半爲你,一半爲我,好麼?」他笑問村民。

「很好!」

村民把口袋背到肩上,願意說幾句感謝話,語意被情緒所塞,待了片時,纔能說句:

「神父,天主報答你!」

住在東波羅快近八年,鎮人沒有一個不認識若瑟撒爾多,都好同他談話,喜聽他講道。若瑟撒爾多有一顆純潔的心靈,有一顆同情人世苦痛的心靈。一八六七年的初夏,肋尾索主教舉行五總鐸候補人試驗,若瑟撒爾多被召赴試,考取了撒爾匝諾(Salzano)總鐸候補缺。

2. 撒爾匝諾新總鐸

一八六七年六月間的一個星期天,撒爾匝諾新總鐸若瑟撒爾多乘著小車到任,三個妹妹已先將住室預備好了。撒爾匝諾城周圍被農田環繞,居民約二千餘,俱業農。現今誰若是到撒爾匝諾，居民定必驕傲地告訴你庇護第十在那裡住了八年，設若是年輕一點的居民，還要領你到聖堂。去看，堂中間壁柱上有一座石刻的半身像，即若瑟撒爾多總鐸。

若瑟撒爾多陞了總鐸，只是職務加忙了，生活仍如前的淡泊。農民們都不懂教義，若瑟總鐸給小孩們講了教義，每星期晚上也給成年人講，夜間燈下讀書，編教義撮要。

總鐸有馬車一套，村人都看作公共的，若瑟撒爾多常笑顏地向來借的人說：「馬車麼？等某人送來後你就來拿」。一次，鄰近的一位總鐸要求了他的馬，撒爾多以後便只能將車子借給有馬的人了。撒爾匝諾總鐸較東波羅管理司鐸的收入稍富，撒爾多卻常是貧窮，他的妹子們常被逼該去警告，再施捨則廚房中沒有東西了。

他在任時，撒爾匝諾遭了一次大瘟疫，家家躺著病人與死屍，若瑟撒爾多廢寢忘食，日夜到各家去看護和舉行宗教聖事，他慰藉病人，想法救助他們的經濟，且每次送死者到墳地。瘟疫盛行時，民眾心亂，每未染疫而自以爲染了疫，一次若瑟被召去看一病人，病人慌張地說：「神父，過一刻我就要死了！」

「不會！不會！」若瑟撒爾多安慰他。

「一定要死！一定要死！快些聽我的告解。」

「我就聽！」然後轉身向病者的家人說：「快去酒鋪要一壺好酒，寫我的賬。」

他倒了一大杯酒，勸病人喝，病人卻不願張口，總鐸知道病人的疑心，因當時病者多疑人在酒與咖啡中投毒藥，爲使他們少受些痛苦，早日去世，他立時飲盡了那一杯，然後病人也飲了一杯，總鐸再勸他第二杯、第三杯，病人精神一振，次日便好了。染疫死的人，送葬俱在夜間，以避免可能的傳染，即親人們都不送殯。一夜，若瑟撒爾多照常去送一位死者，僅只他同四個抬棺材的，半路，一個抬棺材的因怕染疫竟跑了，前面又有一座危橋，若瑟撒爾多安然接了跑走者的槓子，一邊誦經，一邊抬著棺材走路。

妹妹羅撒勸他稍加謹愼，以免染疫，若瑟撒爾多仍是中席放卻刀叉食盤去看病人。瘟疫過去後，他確實沒有染病，然而身瘦如柴，休息了數月，纔使精神復原。

施捨似乎過度，他接了許多人的警戒；但一見窮人總不忍叫他空手回去，他繼續在東波羅所用的辦法，拿唯有的兩件貴重品：鐘錶與銀盤，借給窮人去上當鋪。撒爾匝諾沒有醫院，若瑟撒爾多修蓋了一所爲窮人用；可是負了二萬五千佛蘭的債。肋尾索教區慈能里主教（Zinelli）巡視教務，到了撒爾匝諾，遂對若瑟撒爾多說：「爲阻止你再作這等的不明智事，我陞你當教區參議司鐸。」若瑟撒爾多抗議著，以自己只能與鄉村人居住。但他終該離別撒爾匝諾到肋尾索主教府去住。

3. 主教府秘書長

一八七五年十二月二十八號，若瑟撒爾多在肋尾索主教府署中出現了，參議司鐸兼主教府秘書長，還兼本區大修院訓育主任。這幾種職務爲他是新鮮事，他常住在鄉間，現今則該與上流社會人士接觸。主教府秘書長幾乎要擔任府署中的一切事務，副主教年老已不能勞動，主教因患了中風病，也不能再視事，秘書長自早餐直至薄暮，在府署中處置一切，接見各等人物，面上常保持著微笑。薄暮夾著未完的文件回修院，繼續接見修生，給他們修德立身的提示。夜間獨自整理文件與信札，次早清晨即起，給修生們講道。當庇護第十被選爲教宗後，法國十字報記者曾訪肋尾索大修院的老教授們，詢問庇護第十當日在院的生活，教授們答道：「他一個人常作了四個人的事，每早他是第一個先起床，夜間則是最後一個滅燈。清晨四點已經起來了，夜間十一點或至十一點半還在工作。他在下午回修院坐在書案前，臉上常露著笑容；在許多繁亂中，總不見他思想紊亂，或作事忙迫，或遇事動怒。嘴上常有一些逗趣的談笑和一些犀利的意見。他常帶著青年人的勇氣，對周圍的人謙和可親……。」

若瑟撒爾多司鐸沒有忘記濟人之困，自己雖無一文餘錢，遇人求助時總不減素日的大量。一晚，一位修生流淚向他述說家庭的苦境，求他借五百里耳，爲避免家人的一種可能的羞辱，若瑟撒爾多說：「爲甚麼哭呢？你想我是甚麼大人？真像一個借錢的。你知道我沒有錢。」立時開了書案的小箱，交給他五百里耳，再繼續說：「不久你就成司鐸，那時經濟沒有大困難，再還給我，因爲實話告訴你這錢並不是我自己的，我仍該還給他人。」

職務雖繁，他仍抽出時間研究神學哲學，十九世紀末葉現代主義（Modernismus）已在各處萌芽了，若瑟撒爾多看到這種主義對公教所能給與的危險，特別預防修生們，使不染這種主義的色彩。

一八九九年十一月間慈能里主教病故，若瑟撒爾多被選爲臨時代理人，七個月後，新主教亞波羅尼阿（Apollonio）繼任，他再退爲主教府秘書。

4. 芒都亞主教

四年後，（一八八四年）九月裡的一個早晨，主教府秘書正在室內工作，忽然一人敲門請秘書去見主教。主教本已出外巡閱教區，前晚突然回署，誰也不知回署的原因。秘書進了主教書房，亞波羅尼阿主教說：「親愛的，請跟我來。」出了房，主教直入私自的經堂裡，輕輕地道：「我們跪下作片刻的祈禱，因有一樁事，關係我們倆。」若瑟撒爾多心神不安地跪下祈禱了，片刻後亞波羅尼阿主教起立授與若瑟一封教廷委任書，教宗良第十三委任若瑟撒爾多任芒都亞（Mantova）教區主教。

若瑟撒爾多上書教宗請辭，自認職務過重，無才能可以承當，教宗良第十三素日行事堅決，從不容更改，若瑟乃終於接受了主教位。十一月八號入梵蒂岡宮覲見教宗，十六號在羅瑪自巴羅基樞機（Cardinale Parocchi）手領了主教神品，當天午後再入宮覲見良第十三，蒙賜胸佩十字，主教儀禮大全。退出時，良第十三說：「設使芒都亞民眾不知道敬愛新主教，則可見芒都亞人不會愛敬任何一人。撒爾多主教是主教中最可敬愛的。」

未去芒都亞上任以前，撒爾多主教回家看老母。撒遜仍住在里厄瑟的舊屋裡，仍過著貧淡的生活。撒爾多主教回到里厄瑟，不必說全鎮民眾行了盛大的歡迎，見到老母時，撒爾多主教笑說：「媽媽，看看我的好戒指（通稱主教的權，為主教必有的服飾）。」老母挨近了一看，然後以滿了皺紋的手指摸自己所戴的結婚戒指，對長子說：「若瑟！你的戒指真好；但我若沒有了我這一個，你今日也不能有你的那個。」母子都保留著天真的誠樸，家庭的情緒仍似昔日。

接受了委任以後，撒爾多主教致函與芒都亞地方政府，表白日後工作的態度：「可以請貴縣長安心，我明白所受於天主的使命，然也明瞭我的該忠於政府的義務。我既是教會的服務者，教會的旗幟是和平、守法、博愛。我常信幾時政教相融，教會司鐸纔能支配社會。我私人可以與貴縣長相許，在日後行政上常求兩方的和平；設爲避免衝突，要求合理的犧牲，我也預備承受。」意大利當時社會黨人執政，實行反神職主義（Anticlerialicsmus），侵奪教權。撒爾多主教工作的原則是政教互助，各守各的主權；但他爲保持教會的權利，從不示退步。

芒都亞教區正在衰敗時期，撒爾多主教到任，須整頓一切，工作艱難而暗淡；但他已習於勞苦，並且從不困難而灰心。第一次給本區教民的牧函說：「爲著你們靈魂的利益，我不吝惜任何的操心，照顧和勞悴，我沒有一件比較你們的幸福更掛心的事。恐怕有人要問我仗恃著誰能使我的志向得實現，我答應著：仗恃著希望……；希望是我一生唯一的伴侶，是懷疑中的強大助力，是無能者的堅定氣魄；但我不是恃以世人作我的希望的根據，我只希望於基督……。」到芒都亞不久，即出巡閱本區各城鄉教務，召集司鐸開本區教務會議。一八八八年的第一次總巡閱既畢，繼續預備第二次巡閱，有人向他說：「這不太過了嗎？」答道：「司鐸是一個該受辛苦的人。司鐸與辛苦是兩個異名而同義的詞。至於我，設使一天因遭病致不能再滿全職務，則求仁慈天主早日召我去世。」他已認定工作即是生活，不能工作則寧願死。

撒爾多主教自稱爲芒都亞民眾的朋友，民眾們在最短時期裡，也就認識了撒爾多主教真是他們的朋友，主教府裡每天滿著求見的人，民眾們常說：「撒爾多主教好好接待富人；接待窮人更特別的好。」不是他存著厚此薄彼的心理，他以爲富人們朋友多，窮人們則找不到朋友，最少該使他們有自己的主教作朋友。芒都亞教區當時有許多失業者，他們都謀到美洲去找生活，撒爾多主教感覺十分的痛苦，向離鄉的人們說：「可親愛的：不歸於我的事去判斷我們的本國是否一個人口較出產品更多的地域，是否一個手足多於工作的地域；但是無論他對這一點的意見若何，我一個作民眾靈魂的父親的，眼見許多神子離鄉去國，心中不能不悲痛。另外是因他們要到一個地方，在那邊很難找到宗教方面的需要的滿足；在我們這裡感謝天主，至少還不至缺乏。離別自己的聖堂，在那裡面我們成了教民，我們學會了祈禱，在那裡面我們第一次領聖體，我們多少次參加了宗教典禮，爲到一個地方去，在那邊沒法再能滿足靈魂上的一切需要，一年一次可以遇著司鐸……啊！怎麼可能叫我的心不爲這種痛苦所打擊？我怎樣能不與你們以哀憐和同情呢？……」所以也設法使離鄉的人減少，訓令各司鐸協助窮人謀得工作。

芒都亞的主教只是改了職務，他的生活常如前日的樸素簡單，衣食仍歸三個妹妹照管，主教府的聽差很少，有時來了客人主教須親去開門。當今教宗庇護第十一曾對庇護第十的姪子述說一樁趣事：一個清晨，芒都亞的主教正在屋內工作，聽見外面有人敲門說：「可以進來麼？」主教主刻起身去開門，來者是一位青年名譽主教，名叫拉蒂亞基婁（Achille

Ratti）（即今當教宗）。他到芒都亞圖書館來找書籍。芒都亞的主教答道：「恐怕還沒有行彌撒罷！」「多謝，彌撒已在總堂裡行過了。」「那麼就請喝一杯咖啡。」主教就喚妹妹瑪利亞，不見答應，再喚亞納，羅撒。還是寂然無聲，因爲她們三人尚在堂中祈禱，主教說：「不打緊，我們自己去。」兩人一齊進廚房，庇護第十親手泡咖啡。兩偉人相逢，情景卻如此地簡樸。

若瑟撒爾多繼續愛窮人，一八八五年四月十九日芒都亞縣長以全縣民眾名義向他致歡迎詞，他答說：「我是一個窮人，可是我的心很富裕，我分給我所有的一切，我盡力工作一切爲本區的窮人，爲本區的司鐸；因爲我常願司鐸是我的兄弟，窮人是我的朋友。」一九二三年畢拉彌（Benedetto Pierami）在Ferrara城找到了一種對芒都亞主教的軼事。當時在芒都亞城有一個商人，假名出版了一本攻擊撒爾多主教的小冊子，撒爾多主教不多時後查出了著者的真名，有人勸他請縣政府對作者加以處罰，笑答道：「那個可憐人，很要緊有人替他祈禱，何必懲罰。」商人在一年後折了本，家產蕩盡，債主逼他到法廳宣佈自己行了欺騙。撒爾多主教便叫了專司救濟事業的女士，交給她一大宗現款，吩咐她轉交給商人的妻子：「真可憐！家業都壞了！你去找他的妻子，把錢交給她。可是小心別說這錢是我打發你去送的。若是她緊問施者是誰，你只可以答說，施者是一位虔心恭敬聖母的。」若瑟撒爾多帶著一顆仁者之心，忘記仇恨，忘記名譽，只記著別人的急難。

5. 威尼斯宗主教并羅瑪教廷樞機大臣

一八九一年十二月三十一日威尼斯宗主教奧斯定樞機（Cardinale Agostini）逝世，教宗良第十三計劃著一位相當的繼任人，過了一年，仍沒有決定繼任者，一八九三年五月二十三日意國真理之聲報（Voce della verita），忽登載在下次羅瑪教廷教務會議，撒爾多主教將被調陞威尼斯宗主教。數日後，各報紛載下次六月十二日的教務會議，撒爾多主教且將陞爲羅瑪教廷的樞機（教廷內閣閣員）。事情屬實，撒爾多主教已得有教廷教務卿的通知，同時即上書請辭，但因教務卿回信以若再堅言辭，則教宗將大有不快意，及決然毅然接受了任命。六月七日入羅瑪，教宗優禮接見，歷史上僅保留了他們的片段談話。良第十三說：「我們願意將芒都亞的主教陞爲樞機，并且若宮中的法律家們不設難，我們願意你來到威尼斯接任以前，仍保留芒都亞主教銜。這樣使外人知道清楚樞機銜不僅是威尼斯主教的常職，卻是我們個人給與你的工作的報酬。」芒都亞的主教在六月間的教廷教務會議被陞爲樞機，三天後，正式調任威尼斯宗主教職。

撒爾多樞機於六月二十三日，回芒都亞，忙著參與全教區民眾的慶祝，於十月十四日纔能抽身回家看母。撒遜因老年臥病，未能親身參加長子的榮典。火車過喜打得那站時，東波羅鎮的居民都候在站外，舉手歡呼，老者們還能認識昔日的若瑟撒爾多管理司鐸。到福蘭各古堡下火車，無數民眾簇擁著他，那時他憶起昔日肩負靴鞋赤足上學的情形，今日重走這條舊路，卻已高車四馬，前後是喝彩的民眾了。路旁人家的涼臺和門頂上，不時常有這種呼聲：「我是巴爾多祿茂的女兒，我的父親是樞機的朋友，求你降福我！」「我是樞機一個同窗安德肋的兒子，我祝你受光榮！」撒爾多樞機回了故鄉，眼中卻是一隊不相識的青年和壯年人。馬車在里厄瑟聖堂前停住了，撒爾多樞機下車降福全鎮民眾。然後重又登車，直向母親所住的老屋。瑪爾加利大撒遜年已八十，臥床不能起，但她還能分辨長子下車的步履聲，談話聲。撒爾多樞機進房後，俯身床前與母親相抱。在這貧窮的古屋裡，撒遜見了若瑟撒爾多嬰孩時，見了他的貧寒童年，今日見著若瑟撒爾多樞機，羅瑪教廷的內閣大臣。第三天撒爾多樞機聽說老母願見他穿戴樞機大禮服，乃穿上樞機紅袍，肩披紅綢長尾衣，胸佩純金十字，端立母親床前，老母兩眼流喜淚，一時口中無語，只說：「孩兒，你滿身都是紅的！」長子悽然答道：「媽媽，你滿頭都白了。」神聖的家庭真誠！母子都有可驚嘆的誠樸。撒遜滿頭已是白髮，自知不能再見光榮的兒子；但是她已滿足，覺得平生的辛苦今日都有了代價，心愛的長子能穿戴羅瑪教廷最高榮職的禮服立在床前，現今她可以安然離世；她默然感謝天主。數月後，撒遜去世了，里厄瑟的墓地現有她的白石墳，墳上石刻文：

「瑪爾加利大撒遜—模範的婦女—明智的妻子—不可比擬的母親—一八五二年五月四日喪愛夫若翰撒爾多—在痛苦與歡樂中生活著—忍耐心寬—有男子的勇毅—按公教訓育了兒女—一八九四年二月二日她已八十歲，—享受了意人的善終，—得了工作和勞苦的花冠—。（紀念親愛的母親—若瑟撒爾多樞機偕弟妹等常祈禱她得永福。）」

意大利政府反抗教宗良第十三的任命，不讓威尼斯宗主教上任，良第十三堅持不移，威尼斯宗主教職又空了十六個月，一八九四年九月五日，意大利政府纔自行取消反抗，正式承認撒爾多樞機爲威尼斯宗主教，撒爾多樞機當天發表致威尼斯全省教民的牧函：「……天主已被現代人驅逐出去了：政教分離說把天主從政治上逐出，懷疑派把天主從學術界逐出，只顧血肉倫理的學說把天主自法律上逐出，禁止宗教教育論把天主自學校裡逐出，最後現代人也把天主自家庭逐出，因爲他們圖謀推翻家庭。……怎樣來反抗這一切呢？要緊攻擊現代思潮爲首罪惡，即以人代天主。根據聖經的命令與勸諭，根據聖教會的學理去解決一切問題，聖經和聖教會本已與了一切問題一種很光明的答案：如家庭教育，私產權，權利和義務等。重建社會各階級的基督和平，引人們向最後目標，這一切是我在你們中間所該滿全的使命。我的一切行動都奉著天主，—神聖救世主的命令，直接即奉他在世代權—羅瑪教宗的命令。」

十天後，撒爾多樞機進威尼斯城，在盛大的典禮中接任，以後留居九年，工作的目標就遵照第一次牧函的宣言。撒爾多樞機這時已影響全意大利，一八九七年主席全國聖體大會，籌備全國宗教藝術展覽會，都留給了意大利民眾深刻的好感。一九〇二年威尼斯聖瑪爾谷大堂的鐘樓忽地坍塌了，藝術界都痛惜一件藝術品被毀，無希望能再見聖瑪爾谷堂昔日的壯麗。撒爾多樞機於一九〇三年四月二十九日聖瑪爾谷瞻禮日竟行重建鐘樓的奠基禮，全意大利對他歡呼，意王派杜林侯爵代表王室參禮。一九〇三年撒爾多樞機很莊嚴反抗意大利國會的離婚法草案，卒能取消提議的離婚法。威尼斯宗主教已得全國民眾的同情。

撒爾多樞機常過昔日的樸素生活，衣食仍由妹妹們處理。他早晨五點起床，夜間十二點就寢。日間午前十點至十二點半接見拜會的人。間而還是自己去開門，笑說：「你們來見宗主教嗎？不敢當，我就是。」威尼斯人喜歡聽撒爾多樞機談話，更喜歡看他常保留的溫笑。每天多少人在第一層樓的大候見室等待，依次進隔壁的接見廳，樞機在裡面細聽各人述說自己的心事。午後常去醫院孤兒院養老院等處，高興步行，渡港時很自然地與划渡人談笑著。威尼斯民眾幾時遇到撒爾多樞機路過，都有一種誠摯的問安。從路旁的窗戶或門限多次聽見婦女們喊說：「他是天主所祝福的！他的母親也該受讚揚。」在渡船上時，鄰旁渡船上的水手們彼此指著他談說：「那個麼？（樞機）幾時我們進天堂時，一定見他來替我們開門。」

威尼斯民眾如同芒都亞民眾認識撒爾多樞機是他們的朋友，是自己的父親。撒爾多樞機所有的一切都給了威尼斯的窮人，還常向自己的隨身秘書里桑（Mons. Bressan）抱怨可以施捨的錢過少。每次行大禮時民眾常稀奇樞機的紅綢長尾衣顏色鮮暗不一，他們不知道撒爾多樞機節省用費，僅將前任宗主教的長尾衣修改了爲自己用呢！身旁無一貴重物，就是不能缺的胸佩十字和戒指，許多人還說在質當處曾見過。他只有一件貴重品，乃威尼斯民眾所獻的一隻雕刻精美的小艇，備宗主教出外時渡港之用（威尼斯城小港很多）。

一九〇三年七月十九日晚，教宗良第十三駕崩，全球的樞機主教入羅瑪，舉行新教宗選舉大會。撒爾多樞機七月二十六日離威尼斯。將動身前，里桑忙著收拾行李，樞機對姪女亞瑪利亞（Amalia）說：「里桑在那裡？你去告訴他，我們上羅瑪並不是去美國？」姪女回道：「你老人家快點開了選舉會就回來呀！」威尼斯人似有一種靈覺，宗主教一去將不復回了。樞機乘渡船去火車站時，小港兩岸滿了民眾，高聲呼喊：「還降福我們一次罷！」上岸時，碼頭上擁滿了人，樞機剛上石級，民眾已不讓他前進，都呼喊說：「你該回來！你該再回來！」樞機高伸兩手，大聲呼道：「O Vivo O morto, ritorno！或生或死，我都回來！」然後民眾纔讓開了路。可是他們不知道，這次火車載他出威尼斯已不重載他回威尼斯了。

三、羅瑪教宗

七月三十一日薄暮，教宗選舉會開幕，六十四位樞機只兩位因病不到會。（只樞機們有選舉權）。報紙上登載一些預測的消息：但沒有預測到撒爾多樞機要繼偉大的良第十三，有一家法國報紙曾登了撒爾多樞機的名字，卻只說：「他從不來羅瑪……撒爾多受威尼斯民眾如神的敬愛。」選舉會在四天內投票七次，八月三日第五次開票，撒爾多樞機已得二十七票，下午第六次開票增至三十五票。次早最後的三分之二的票數勢必落在他的頭上，里厄瑟昔日的貧童，一定要登教宗位了。

撒爾多樞機見自己的票數增加，心中焦急，宣言將不接受教宗位。三日午前，選舉會會長阿肋里亞樞機（Oreglia）派秘書墨利得瓦總主教（Mons, Merry delval）往見威尼斯的宗主教，詢問他最後的意見。墨總主教進了撒爾多樞機的寓房（選舉時，樞機們都寓居在華棣崗宮內，）房中寂然無人，乃轉往宮中聖保祿聖堂內尋找。堂中窗簾緊閉，暗黑幾不辨人影，墨總主教進堂後少待，始見堂側門旁跪著里桑，側門對面地下跪著一位樞機，墨總主教輕輕走到樞機身旁，默然跪下。撒爾多樞機正俯首祈禱，忽覺身旁有人，頭自兩手掌中起，雙眼垂淚，問墨秘書道：「有甚麼事？」秘書答：「樞機仍堅持言辭嗎？選舉會長問是否該向樞機院正式宣佈這種辭意。」「該宣佈。請你轉告選舉會長。」撒爾多樞機繼續俯首靜禱，眼淚雙流，他感覺教宗高位對他似乎是一種威迫，他無力可以承擔，苦求天主免去這種危機。但是當天傍晚因樞機們敦勸他不必正式宣佈辭卻，爲公共福利應接受被選，他纔取消辭退的本意。次日，一九〇三年八月四日撒爾多樞機以五十票被選爲教宗，開票後，衆樞機立時圍繞著被選者，被選者則「立著如石人，眼中含淚。」選舉會長照例以拉丁語問道：「你願接受正式被選爲教宗麼？」過了片刻的沉默，被選者答道：「實願這種苦爵遠離我，但還是滿全你（天主）的聖意。（聖經上的成語）。」這種答辭不很明顯，在法律上欠效力，選舉會長乃再問第二次，撒爾多樞機答道：「我接受被選如同接受一架十字架。」會長重問：「願取什麼名號？」「既然以後我該受艱難，我以前代受艱難最多的教宗的名號爲名號，我號叫庇護。」教宗正式選定了，若瑟撒爾多繼了良第十三的宗座，他已是羅瑪教宗庇護第十。

加冕禮於八月九日在聖伯鐸祿大堂舉行，庇護第十正式視事，十月四日頒佈告全球公教的主教，司鐸和教民的第一次通諭，仍未忘自己對教宗重任的恐懼，通諭牒裡說：

「……除自認我們因微賤不足當教宗的尊榮外，誰不覺得膽寒見自己該去接繼一位偉人的工作？良第十三幾二十六年之久以至高的明智治理了聖教會，並因自己理智力之高超，自己各種品德之煊耀，能使攻擊教會的人也傾心向服。同時在各種大事業上保留了自己的名字。」

「放下別的一切可以使我們恐懼的原因，我們還因現在人類所處的最不幸的境遇而恐懼。誰不看到現在的社會是在一種較以前任何一時代更痛苦的狀態下？這種狀態日漸變惡，真有引全人類於喪亡的危險！可敬的神昆們（主教），你們懂得這種病源，即是反背了天主。……」

「既然天主的聖意歡喜把我們的微賤提到神權的最高點，我們因著扶助我們的天主就加增勇氣，我們倚恃天主的德能就動手工作。我們宣佈在教宗任內的工作標準，即是『因基督改造一切（Restaurare omnia in Christo）。』」

庇護第十一生的工作標準即是「因基督改造一切」，以基督的教義與學理重建社會，以前在自己所轄的有限的區域這種標準的實現，今日既管轄全地球，乃擴充這種工作標準於全人類社會。里厄瑟家庭中童年時的辛苦，已使他習成了愛辛苦的本性，他平日不知道空閒的滋味，華棣崗宮內更消耗了他老年的精力。庇護第十是一位不知疲乏的實行家，昔日常生活在民間，親身接觸了現代社會生活，知道各方面的紊亂原因，對於民眾的宗教生活的弱點，也有了深刻的認識。前任教宗良第十三是一位大學術家，在學術界佔有相當的地位，對於哲學、社會、勞工各種問題所頒佈的通諭，都是極光明的大原則：但沒有注意實際工作。庇護第十繼續良第十三在原則上指導社會，同時更從實行方面徹底求社會的改造。十九世紀末公教陷入困頓的境遇裡，自由主義幾欲消除公教在社會各方面的影響力，公教行動大受束縛，且意大利因「羅瑪問題」未解決，與教廷立於反敵地位，反神職主義盛行於社會。前兩任教宗庇護第九與良第十三雖係歷史上最偉大的教宗，能挽回紊亂局面的大部份；然當庇護第十繼任時，社會紊亂的狀態仍令人心寒。庇護第十抱著堅強的意志力，徹底謀改造社會，現代社會的宗教生活在他的任內得了新興。

庇護第十性情溫良和藹，然意志力極強，計劃經熟思後而決定，則必求實現。平居多深思，面色常帶憂鬱，——（這是環境所造成，素性本喜談笑。）生活簡樸，接見一切朝見的人，常以溫言慰問。法國音樂家白肋克（Belleigue ）曾述說覲見教宗第十的經過：「……教宗溫和，慈藹，面色憂鬱，一雙深藍的美眼，鼻峰健強，手純白雅緻，且結實，捲髮後面稍起。沒有一張相片真表現了他的精神……。」

「因基督改造一切」，這是他的工作標準，基督已被現代社會逐出，他要引基督重入社會。他的工作基礎，在提高民眾的宗教生活，復興社會昔日的宗教情感。羅瑪公教以庇護第十而得了新的力量，卒能造成今日的勝利。我們簡略地述說庇護第十的幾件重要的建設事業：

（甲）改革音樂——歐洲音樂，也如他種藝術，以羅瑪公教為源泉。文藝復興以後，藝術乃分宗教的非宗教的兩種，十八、十九兩世紀非宗教藝術淹沒了宗教藝術。宗教音樂至十九世紀末已失原有精神，已不含宗教情愫，與宗教儀禮多不相合。現代宗教音樂家多謀一種改革，以恢復昔日的光榮，庇護第十在威尼斯時已令意大利現代音樂名家白羅斯（Perosi）試驗新音樂。登教宗位後，各報紛傳改革音樂的聲浪。一九〇三年十一月二十二日庇護第十果然頒佈了改革音樂的諭令。諭令中詳論音樂的性質，目標和宗教音樂的原則，並禁止經堂中奏唱違背宗教精神的音樂：「我們（教宗）相信是我們的首要義務，該下諭禁絕一切在宗教儀典和教會慶期所用不合上述正確原則的音樂。」次年四月二十五日重頒第二次改革音樂諭令，審定羅瑪公教的公共音樂本。

（乙）編纂教會新法典——羅瑪公教有了二十世紀的歷史，爲適應各時代的需要，教律常有增添或刪改，積至二十世紀，若沒有一種系統的法典，實行者將理不清頭緒。教會法典雖歷次經改編纂；但最近的幾世紀中沒有一種完全包括通行教律的法典，主教們都感覺依據法典的困難，多次提議編纂新法典，但工程浩大，須人才與時間，前任教宗沒有一位敢實行編纂。庇護第十登位後的數月，接見教廷特務部秘書長加斯巴里總主教（Pietro Gasparri），加氏係當代最有聲譽的法律家，接見時，乃談到編纂法典事。一九〇四年三月十四日，教宗突頒艱難的工作通諭，諭令組織編纂新法典委員會，輿論界對於此事多抱悲觀，以爲不能有完成的一日。庇護第十屹然不爲所動，委加氏任編纂委員長，組織三級編纂策員會，集合全球公教法律家去工作，可惜庇護第十先期逝世了，不曾享受了成功的愉快。編纂工作繼續了十四年，一九一七年教宗本篤第十五頒佈了新法典。去年加氏在羅瑪的全球法律學會演講新法典編纂史曾說非有庇護第十的勇毅不能有新法典的完成。新法典的編者該是庇護第十，他的名字列於公教編纂法典的數位大教宗內，與因諾增爵第三，阿奥略第三，額我略第九等齊名。但他的工作還超過了他們。

（丙）復興宗教生活——十九世紀末公教教民多淡於宗教生活，半由於握教權者未加鼓勵。宗教教育既遭各國政府所禁止，不能通行於學校中，各管理司鐸又不知於學校以外予以補救，教徒乃多陷入盲目於公教教義的狀況中，庇護第十登基的第二年，一九〇五年四月十五日頒最可痛心通諭，論宗教教育，以教民不明教義，乃「現代社會的放蕩，人們心靈的無宗教感情，和一切社會的重大不幸的根由。」諭令一切管理教務的司鐸認明宗教教育是「職責中最重要的，義務中最嚴格的。」另外是訓誨青年與兒童。通諭中除述宗教教育的方法與原則，以教育心理學爲根據，切合現代社會的環境。一九〇九年至一九一二年組織了一編定公教教義要理讀本委員會，出版現今意大利通行的要理讀本。這次復興宗教教育奠定了公教生活的新根基。

他種對復興宗教生活最有效的建業，是放寬了聖體聖事的限制。聖體聖事爲羅瑪公教生活的中心，教民領聖體乃宗教生活的糧食。以前對於領聖體，限制甚嚴，教民便不接近這種聖事，失卻聖事的原有宗向。庇護第十在一九〇五年十一月二十日以聖事部頒佈每日領聖體的訓令，減少對領聖體聖事所要求的條件，勉勵教民在可能範圍內每天領聖體。這樣使教民的宗教熱情加高，努力保持生活的純潔。一九〇六年聖事部以教宗名義頒佈第二次訓令，解釋上次訓令所引起的懷疑點，更釐定病人領聖體的原則和條件，一九一〇年八月八日聖事部以教宗名義再頒第三次訓令，決定兒童初領聖體時該有的年齡，以開始運用理智的年齡為標準，通常約在七歲左右。庇護第十以寬大的原則，解決了聖體聖事的一切問題，現今羅瑪公教都奉他以「聖體聖事的教宗」的徽號。這種建業是要使他的名字成為永久的。

（丁）禁絕現代主義（Modernismus）——一九〇七年九月八日牧主之羊（Pascendi Domini gregis）通諭出現。該通諭無疑地是庇護第十的一切通諭中最長的一個，共九十三頁印刷極密的字。當這通諭頒出後，全球學術界大譁，議論紛紜。現代主義者詆庇護第十為鄉村司鐸，不明瞭現代主義的真相，或毀庇護第十乃實行家，一意死守舊規，為新思想之反抗者。可是最後仍不能不承認真理，意國當代現代主義者錢的肋（Gentile）佩服牧主之羊通諭為現代主義的最忠實、最完整的說明，所加的批評完全中核。庇護第十用意不在守舊，在保持公教的教義與學理，現代主義融合非認識論（Agnosticismus）、內在論

（Immanentismus）和進化論（Evolutionismus）等學說，圖謀造成一種解釋公教教義的新神學，結果產出教義真理相對說，唯心宗教論，……現代主義推翻公教的超性根基，毀壞信條的絕對真理，公教全部教義受了被攻擊的危險。庇護第十在肋尾索主教宮署任秘書時，已注意現代主義在社會間所引起的紊亂，任芒都亞與威尼斯的主教時，明切地訓令所屬司鐸逃避現代主義。一九〇五年庇護第十開始預備牧主之羊通諭，召集當時公教神哲學家充顧問，經過兩年的時間，纔頒佈了該通諭，實行禁絕現代主義，公教教徒以後若有信現代主義的則視爲叛教者；並諭定將司鐸品的修士們，大學教授，大學生得有學位者俱應宣誓不信從現代主義。這種嚴厲的辦法可說是現代主義的死刑，現代主義今日所以能絕跡於公教內，所以在社會裡失了信仰，都是牧主之羊的通諭的影響。

上述四種是庇護第十的建設事業的影響最大而含有永久性的，其他性質較輕的工作，不能詳加記述。十一年的教宗任期內，所頒通諭、諭令以及訓話等，今日能收集的共三百五十件，再加教務院與各部所發的訓令，總共三、三二二件。這些諭令等均是關於興革各種事件，庇護第十在不久的任期裡，能造成了最高的事業成績。

若瑟撒爾多樞機被選爲教宗時，定取庇護第十爲名號，已預見後日當受的痛苦，在教宗任時面容常帶憂色，表示因時局的不安而感到的痛苦。寫庇護第十的歷史者，必不能捨下法國政教分離的一章。這一章是庇護第十的痛苦史；然也是他的光榮史，他在艱苦中表現了非常的剛勇。一九〇五年法國政府在十二月十一日聲明廢棄法國與教廷所訂的協定，宣言政教分離，即行摧殘法國公教的權利。庇護第十於次年二月十一日頒佈嚴厲地（Vehementer）通諭，訴法政府違背協定的罪過，並摒棄政教分離說，通諭的結論：「所以，我們（教宗）記著我們宗座的職守，我們明白我們嚴重的責任，因爲我們該抗拒一切的攻擊，我們該保守聖教會的神聖不可侵犯的權利，我們以天主所賜與的最高神權，我們判決並聲斥法國政府議定政教分離法律的罪惡，認爲對天主之重大褻瀆。一個國家不承認宗教儀禮，即明明否認天主。我們判決並聲斥那種法律爲不合理性，因爲違背性律，相反國際公法，不守協定的條款；也認爲該法律相反聖教會的神聖組織，危害聖教會本有的自由，蹂躪聖教會在協定以外因他頂名義所得有的各種權利。我們再判決並聲斥該法律的罪惡，因爲是對羅瑪宗座，對我們本人對全法國的主教，神職班並教徒們的深重侮辱……」法政府乃思讓步；但不願拋棄政教分離說，想用折衷辦法，「求與教廷言合，庇護第十在同年八月十號再頒嚴重（Gravissimo）通諭」，拒絕一切折衷辦法，甘願法國教會忍受摧殘，不能接受任何傷損教會權利的協定。教廷既與法國絕交，庇護第十第一次召十四位法國新主教入羅瑪，親自在聖伯鐸祿大堂給他們行祝聖主教禮，十四位主教在教宗前宣誓盡忠。這種禮儀象徵全法國教會仍完全與羅瑪相連，仍完全臣服羅瑪教宗。一九〇八年正月二日法政府決議沒收教產，五日庇護第十頒第三次抗議通牒，法國全境主教乃召開全體會議，一致擁護教宗。決議案由巴黎總主教賫往羅瑪，正月十八日庇護第十接見巴黎總主教，心悅法國主教們的愛戴心。庇護第十把案件遂作了懸案；但常說法國有一日會醒悟自己錯誤。這一日在不久的將來即實現了；然而庇護第十沒有幸福見到這得勝的一日。

在第一次通諭內，庇護第十悲痛現代社會的不景氣象，提到了各民族間的互相傾軋，民眾呼求和平，國際大勢則離和平日日加速?庇護第十預見將有大戰爆發，一九一一年意國在Tripolitania增築軍港，他第一次預說了這是大戰的先兆。一九一四年春間巴西國駐教廷代辦覲見辭行，教宗道：「你算幸運，可以不見已臨頭的大戰。」公使很驚異，因那時尚未有戰爭的局勢。初夏時每晨教務卿麥里得瓦樞機報告前一日的外交與國際大事，教宗常嘆說：「將到了，大戰將到了，不過一九一四年戰事必爆發。」

果然，在一九一四年的夏天，歐洲五國已捲入戰場。歷史上傳說，當時奧國駐教廷大使兩次請求教宗降福德奧聯軍事，庇護第十拒斷道：「我們只降福和平！」暑期中，接見各國留學羅瑪的修生，他們依本國法律該回鄉從軍，庇護第十長嘆道：「我誠願以我的生命爲免除這種大殃。」八月二日頒佈諭令，全球教民，同心祈禱和平。

庇護第十已是八十歲的老翁，戰爭的殘酷消息頓使他的精神更衰墮，他生性仁慈，不忍自己的多少神子，喪身於戰場，更不容聽無辜民眾，因戰爭而至喪失身家性命。八月初旬，頒佈了諭令的後數日，羅瑪城即傳說教宗憂傷甚深，臥病已不能起。八月中旬，病更加劇。戰爭的火焰已日甚一日，消息俱令人痛憤。十九日聖伯鐸祿大堂鐘鳴，遂報告教宗已入臨危狀態。二十日早晨，庇護第十駕崩。全球痛惜這位偉大心靈的人物，已不留於人世了。各國報紙無分公教的和非公教的都對庇護第十致追悼，致讚譽。

庇護第十的一生用不著我們加一句讚詞，他的生活已經完滿無缺了。他臨終時止遺囑著說：「我生於貧窮，活於貧窮，也願死於貧窮。」他遺囑在他的墓上不要裝飾和雕刻。他的墓現今在聖伯鐸祿大堂的地窖中，純白素淨的石版上，僅刻著「庇護第十」四個字。這座墳墓就可代表他的一生，平靜簡樸，無有雕刻與裝飾，但純潔無瑕，庇護第十在生時民眾即多稱他爲聖人，現今在他的墓前，不斷地有成群的民眾跪下敬禮。羅瑪教廷已開始察核他的行實，籌備正式勅封以聖人的尊號。

我們再述一軼事，作這文的結束。一次，庇護第十將接見一隊朝覲人，宮長呈說朝覲人中有一位威尼斯城長官。這人平生明明相反教宗，當庇護第十在威尼斯時，無論託他何事，一概棄置不顧。庇護第十聽了後，笑道：「很好！」遂命宮長入秘件檔案處取出金徽章一個。教宗入接見廳，面上微笑，對每人說一兩句慰藉語，到了自己的仇人前遂停步，藹然問道：「你今日來朝見，真使我們十分愉快。你家中的老母身體何如？威尼斯城事件都好麼？

你知道我們常紀念你的老母嗎？你看這個金冠徽章，（遂賜給了他）回去告訴你的母親說我們降福她。因爲教宗常願你們家庭順適。」將出接見廳時，威尼斯長官雙眼流淚，口連吻教宗的手。出廳後，旁人以流淚的緣因相問，長官只重複地說：「真的！真的！庇護第十真是一位聖人！」

本文的材料取自：

Rene Bazie的庇護第十傳。

Vita e Pensiero月刊，本年第六期庇護第十誕辰百週年專號。

八月十三號，一九三五年，亞爾巴諾湖畔。（新北辰）

聖女郭萊蒂

一、

前四天的下午，我到離能杜諾（Nettuno）十二公里的鄉下，去參觀聖郭萊蒂（S. Maria Goretti）的舊屋。沿路有青翠的葡萄園和菜圃，麥田也很多，於今都犁翻了。柏油路修的很平坦，路上往來的汽車也不少；可見這鄉村是個富饒的村莊。

汽車停在兩座舊屋前面，舊屋的牆壁紅而灰黑，窗戶破落。左邊的一座，屋內有許多工人，修理門窗，改換地板，聽說要改成修女院，正中的一座，牆上鑲著一塊白大理石，石上刻著十二歲幼女郭萊蒂曾在此守節殉身，這便是聖郭萊蒂的舊屋。

屋爲上下兩層，下層爲堆房和牛欄，下層靠外牆一磚梯，由門外通至上層，梯端爲正門，開門即見地下一小白大理石板，石上刻字云：瑪麗郭萊蒂在此殉身。這塊石板指明烈女倒地身死的地點。

五十年前，即一九〇二年七月五日，在這層樓上，曾發生一人命慘劇。

當時住在這屋裡的有兩家人，一家是郭萊蒂亞松大（Goretti Assunta）寡婦，帶著十二歲的幼女瑪麗和三個更小的小孩，一家是十八歲少年瑟肋能里亞立山（Serenelli Alexander）和他的老父，兩家都是馬作肋義男爵（AttilioMazzoleni）的佃農，少年亞立山愛上了瑪麗少女，誘姦不成，刀殺了十二歲少女。

上層樓的房間，還是跟五十年前一樣，廚房，和亞立山的臥房，一點也沒有變。郭萊蒂一家的寢室被後來的住戶改換位置。兩個月以前，聖郭萊蒂敬禮委員會曾叫現已老年的兇手亞立山回來一次，講明當時住屋的情形，因爲敬禮委員會決定把這座屋恢復昔日的原樣，作爲古物去保存。

二、

五十年前，這座鄉村並不是這般富饒，那時這一片都是窪地，淺水夾著汙泥，泥中生些蘆草，窪地裡溝渠縱橫，溝旁長些白楊。只有打獵的人一年來打幾次水禽，四處不見有農家的煙火。

馬作肋義男爵和二三富家，有意開墾這片窪地；但是窪地的瘴氣很重，住農容易中毒身死，因此只有貧無立錐的人，纔肯來耕種。

郭萊蒂一家是從意大利中部近亞得里亞海的哥里納爾多小村（Corinaldo）搬來的。家長名叫類思郭萊蒂（Goretti Luigi）。搬來後不久，他就中瘴氣毒死了，寡婦亞松大受夫囑，想搬家回故里，田主卻勸她不要搬家，找亞立瑟肋能里父子幫忙，繼續耕田。

瑪麗那時剛十歲，像貌長的秀雅，不似一農家之女；而且性情和順。她知道在家看守弟妹，知道縫針線，並且知道趕馬車上能杜諾街上賣雞蛋菜蔬，她單身上街，常到一定的地點賣東西，賣完了，就趕緊回家，已經有少年老成氣態。

一次，她到泉邊取水，回來時，臉色異外的紅。媽媽問有甚事，瑪麗搖頭說：

「媽，若你聽見某某（鄰舍一女孩）在泉邊同男孩子說些甚麼！」

「你爲甚麼去聽？」

「水桶沒有灌滿，我怎麼走！」

「那你就這個耳朵進，那個耳朵出，假裝沒有聽見。瑪麗，你看你今天稀奇某某這樣做，明天你若這樣做，別人也會稀奇你！」

「媽，我寧願死也不去作這種事！」

可是同居一層樓的亞立山已經蓄意勾引她了，一天，瑪麗獨自留在屋裡，亞立山進來跟她閒談，慢慢逗引她親熱。瑪麗見來勢可疑，馬上叫他出去。後不久，亞立山第二次又來逗引她，欲動手腳，瑪麗逼他快走，不然就喊媽媽，亞立山怒沖衝地走出屋，還威嚇她不許告訴人，不然就要殺她。

瑪麗當然告訴了媽媽，並且叫媽媽不要留她單獨一人在屋裡。亞立山決意第三次又來試試，這次他蓄意很兇；或是成姦，或是殺她，因而造成七月五日的人命案。

七月五日是一個更熱的夏天，亞松大寡婦跟亞立山父子都在田間打蠶豆，亞松大駕一牛車，亞立山父子駕一牛車、兩架牛車，在豆上輾來輾去。輾了一半小時，亞立山的老父身覺發燒，支持不住，便回家倒在門外樹蔭下休息。過了些時，亞立山說也回家拿點東西，把牛車交給亞松大管著。早起出門時，亞立山曾叫瑪麗給他補縫一件汗衫。亞立山回家，先到下層堆房的破鐵裡找出一把尖刀，插在身上，由磚梯登樓。瑪麗正坐在梯端補汗衫，腳邊臥著一個小妹子，亞立山從她身邊走過，推門進屋，喚瑪麗進來。瑪麗不動，亞立山伸手抓她進門，一手掩住她的口，按她在地，瑪麗拚命欲逃，口中說：

「亞立山，你要幹甚麼？你要下地獄！……千萬作不得，天主不許做！」

亞立山見瑪麗死勁抵抗，心頭一橫，拔出尖刀，向她亂刺，一連刺了七刀，瑪麗倒地不動，血流滿身。亞立山以爲她死了，遂奔入房中。幾分鐘後，聽見瑪麗微聲喊媽媽，亞立山急出房，又在她身上亂刺七刀，再返回房，鎖住房門。

瑪麗身邊的小妹妹被驚醒，哭個不休，亞松大在田間聽見女孩兒哭，高聲喚瑪麗，不見人應，乃打發第二個孩子安琪羅去看看。同時，亞立山的老父聽到小孩哭，乃登樓，上到梯端，看見瑪麗躺臥地上，轉身招呼亞松大，亞松大立覺有異，因見亞立山久去不返，立時驅著牛車回家。她到家門時，鄰舍的人早到了，瑪麗已被鄰居一婦人抱在膝上，還沒有斷氣。

三、

警察也來了，醫生也來了。

鄰居一婦人，打破亞立山的房門，大家要把他用亂棒打死。警察抓住他，帶上馬車，在大家的怒視下，跑向城裡。

醫生用紅十會的汽車，把瑪麗送到能杜諾的醫院，洗清創口，縫鎖傷處，但有幾處傷深入心部肺部，醫生都認為沒有生望。

瑪麗被放在床上，微睜兩眼，忽低聲向服侍的人說：

「把我換到另一張床上，那張床正在壁上聖母像的下面。」

醫院的神父（P.Guijarro）便問她：願否加入「聖母孝女善會？」瑪麗答以「好極了。」於是神父在她頸上給帶著藍色的綢條，條端繫一聖母聖牌。

亞松大立在床邊，瑪麗細聲喚媽媽，媽低頭去聽：

「媽，饒了他罷！」

又說：

「我愛耶穌，我也饒恕他。……」

「我既饒恕他，希望天主也饒了他。」

但立時變色曰：

「千萬別帶他進來！」

媽問她被殺的情形，瑪麗慢慢地答覆著。

城裡的人，許多都上醫院來看烈女，有的在床前喊她曰：

「瑪麗你升了天，請莫忘了我！」

「誰知道誰先升天？」瑪麗微笑著說。

「當然是你！」

「那麼我就常記著你。」

瑪麗常要水喝，傷口發燒。過了一夜，熱度越高，她已昏沉不省人事，有時嘴裡忽然喊「你要幹甚麼？不要動我！你要下地獄！」

等了一會嘴裡又是這樣喊。

次日，午後，三點四十五分，瑪麗嚥了氣。

亞立山被判處囚禁三十年。

四、

一九五〇年六月二十四日，羅瑪正滿著聖年朝聖團，但這一天更滿著意大利各省來的公教女青年，她們是特別來參加郭萊蒂瑪麗謚封「聖人」大典的。

破兩千年的先例，謚封大典竟在午後，於聖伯鐸祿殿前圓場中舉行，因參禮人數過多，聖伯鐸祿殿不能容納。

亞松大和她的兩個兒子，一個女兒，都在場參禮。

意大利總統和夫人也親自到場與禮，場內和附近街道參禮的人，大約有三十萬。

當教宗庇護第十二世，從聖伯鐸祿殿門前的臨時寶座上，朗聲諭定郭萊蒂瑪麗列於聖人之中時，三十萬人鼓掌歡呼，聖伯鐸祿殿正門陽臺上有人拉起一幅白布，布下現出一幅大畫，畫上一少女，白袍輕紗，頭頂玫瑰花冠，右手抱玉甐數支，左手執一棕葉（教會殉道者的象徵），足駕祥雲，自天而下，前面兩位天使，散花開路。這位少女大家都知道是郭萊蒂瑪麗。

次日，上午，教宗在聖伯鐸祿殿舉行大禮彌撒，亞松大寡婦和兒媳孫子等坐在祭壇左面，與外交團參禮，坐位正相對，我望見亞松大整個參禮時間，只是垂頭流淚，她是又悲又喜。

第二日，她率領家人覲見教宗，教宗待以皇后禮，親自迎送。

我這三星期在海濱休息，所住的寓所，就是能杜諾醫院改建的。瑪麗昔日嚥氣的房間，於今已改成小經堂，堂中祭壇上，供著瑪麗的畫像。

我也幾次去過能杜諾的聖母寵佑堂，參拜瑪麗的遺體。存放遺體的小堂，是今年她殉身五十週年纔開放的，小堂成圓形，中間一祭壇，壇下一玻璃棺，瑪麗遺體陳棺中。

暑期中，能杜諾和安茲阿（Anzio）的海濱常滿浴客，午後，浴客們常成隊來瞻看瑪麗的遺體。女人們來的更多。眼望著玻璃棺中的一個十二歲殉節的女孩，追求肉樂的她們有甚麼感想？

亞立山也來拜過遺體。他坐了二十六年的牢獄，他早已經回心向善了，於是他已是一個安詳的老者，住在很遠的一個修院裡。他只一次夢見瑪麗。夢中瑪麗在園裡採玉藍花，遞給他一支，他接過來，頓時變成珍珠星子，他於今常是歌頌瑪麗的貞操。

一九五二年八月八日

庇護第十一世

吳宗文譯庇護第十一世傳序文

近年我進聖伯鐸祿大殿，常到庇護第十一世紀念坊前，駐足小立，紀念坊不像別位教宗的紀念坊，刻有生平大事，僅只有庇護第十一世的立像，舉手作祝福姿勢。然而立像的面孔，威儀棣棣，似乎在宣佈命令。簡單的紀念坊，象徵出庇護第十一世的個別性格：祝福而發命。庇護第十一世的近侍人，常說：「他從沒有下過御座！」庇護第十一世自登極以後，無論在公開儀式中，或私人生活上，沒有半刻不顯出自己是教宗。他的話語，常是斬釘斷鐵的命令。

因為他有斬釘斷鐵的語氣，所以有大刀闊斧的氣魄，能夠做別人所不敢做的事。

從一八七〇年意大利王佔據羅瑪以後，教宗自願囚居梵岡城內，視意大利政府為吞併國土的敵國。新教宗被選後，不向羅瑪城行祝福。庇護第十一世在被選的當天，第一次行祝福時，就出現於聖伯鐸祿大殿正門陽臺上，面向羅瑪以祝福民眾，後七年，他竟與意大利政府締結拉得朗和約，解決羅瑪問題。

當庇護第十一世於一九二二年被選時，墨索里尼率法黨進羅瑪，實行獨裁，志欲摧毀一切的反對勢力，願挾宗教爲己用，庇護第十一世便以斬釘斷鐵的氣態以迎戰，有時在論戰上幾乎有短兵相接之勢。我尚記得當墨氏效法德國希特勒極力提倡種族主義，排斥猶太人時，庇護第十一世於一九三八年夏，於行宮特別召見傳信大學學生，藉傳大三十幾國學生同學同校之題，嚴詞指斥意大利的種族主義，謂意大利人，先祖爲拉丁人，拉丁人從不稱種族爲Razza, Raz jmo乃野蠻人的用語。庇護第十一那時已害腳氣病多時，半身不遂，面色瘦黃，但演講時語氣沉重，精神剛壯，有時隻眼閃鑠有光。第二天，墨索里尼發表演說，大喊法黨在種族政策上，一氣直前，決不因人在最高講壇上講道而退縮。他不退縮，庇護第十一世，更不是退縮的人，拉得朗和約，是庇護第十一世願意跟墨氏締結的，但因墨氏常背約章，兩方時起衝突。庇護第十一世於逝世前數日召集意大利全境主教，擬於和約十週年日，發表演說。不意他於十週年前一日逝世，演說稿已放在辦公桌上。

繼意大利法黨而起的，有德國納粹黨，而且後來者居上，希特勒比墨索里尼氣燄更凶。庇護第十一世對付希特勒，也比對付墨索里尼更剛毅。不但頒下通諭，禁絕納粹主義，如同禁下共產主義，當希氏於一九三八年正式訪義，墨索里尼在羅瑪新築車站以表歡迎時，庇護第十一世於希氏抵羅瑪的前數日，出羅瑪城往行宮，下令關閉梵蒂岡博物館，禁止羅瑪教士往觀歡迎儀節。在希特勒到羅瑪的當天，教宗在行宮發表演說，以羅瑪當天滿街掛著倒書的十字旗，表示翻倒基督的十字，心以爲痛，倒書的十字旗，乃爲納粹黨的黨旗。

在墨西哥政府摧殘教會時，在西班牙紅軍殘殺教士時，庇護第十一世仗義執言，氣正詞嚴。

中國的教務，歷年由於列強的保教權，教廷無法清理，中國與教廷通使，也常遭法國的破壞，庇護第十一世登極的初年，馬上遣派首任宗座代表剛恆毅總主教來華，實行取消保教權。一九二六年，又毅然斬斷外籍教士的一切異議，親自在聖伯鐸祿殿祝聖第一任六位華籍主教。後兩年，國民政府建都南京，歐美列強尚在觀望時，庇護第十一世通電祝賀中國之統一，並望列強承認中國的合法權利。

其餘在教務內政上，庇護第十一世也是這種大刀闊斧的手段。一令既下，雷厲風行，不容遲延。

因此，庇護第十一世的剛毅，在教內已成了成語。一九四九年，他在聖伯鐸祿殿紀念像揭幕時，當今教宗的演詞和樞機院代表們發表的致詞，都是盛讚他的剛毅不屈。但是庇護第十一世的一顆心，非常慈祥，一九三一年親自來傳大主禮新校舍落成大典，每年接見傳大學生時，坐聽我們各國學生唱本國歌，念本國文頌詞，常是笑容可掬，手撫我們學生的頭頂，並且記得中國學生的人數。

所以紀念坊的石像，象徵庇護第十一世祝福而發命，很可代表教宗的個性。可是石像究竟不過是一個簡單的象徵，不能述說教宗的事蹟，述說事蹟。須有一冊傳記。

吳述之神父今夏暑期譯有一冊《庇護第十一世傳》。作者爲一法國文人。久居梵蒂岡，且爲法國十字報特約通訊員，對於傳中所說，多爲親見親聞，故能有憑有據。述之神父的譯筆流利，引人生閱讀的興味。

在中國大陸變色的大難中，須要一輩剛毅不屈的志士，讀庇護第十一世傳記，可以激發我們的剛毅精神。

一九五二年十一月一日，羅瑪。

庇護第十一世誕辰百週年

一、

一九二二年二月六日，午前十一點四十五分，首席六品樞機畢思肋提樞機（Card. Bisletti），從聖伯鐸祿大殿正門陽臺上，向全球報告拉提樞機（Card. Patti）當選爲教宗，取號「庇護」。

拉提樞機當時不大出名，除學術界有人知道他的名字外，國際上很少有人認識他，四年以前，他還是梵蒂岡圖書館館長，埋頭在故紙堆裡。一九一八年，教宗本篤第十五世派他充波蘭教務巡閱使，次年，任他爲駐波蘭大使，一九二一年六月十三日陞他爲樞機，調任意大利米蘭總主教。

在米蘭總主教任內纔七個月，一躍而爲教宗。當選爲教宗，年六十五歲。

庇護第十一世誕生於一八五七年五月三十一日，一八七九年晉鐸，一九〇七年任米蘭盎博羅削圖書館館長，一九一一年任梵蒂岡圖書館助理，次年任副館長，一九一四年正式任梵蒂岡圖書館館長。

當本篤第十五世駕崩，新教宗選舉會開幕時，參加選舉會的五十三位樞機，馳名天下的樞機，有比國的墨爾西，有聖庇護第十世的國務卿墨西德瓦，有本篤第十五世的國務卿嘉斯巴里；著名意大利全國的有威尼斯宗主教拉芬登，有曾任傳信次長勞冷提。拉提樞機不能算在知名的樞機以內，也不算在當時人所推測的新教宗候選人的名單中。但是經過十四次的投票，拉提樞機被選爲教宗。

當時全球人驟然聽到拉提樞機登基爲教宗庇護第十一世，大家的驚奇有似當年撒爾多樞機一躍而爲教宗庇護第十世時一樣，那時大家都驚訝，一位慣在圖書館研究古籍學者，怎樣可以應付國際的大事。

然而聖庇護第十世第一次接見教廷外交團時，態度從容大雅，使全場的外交團領首欽佩。庇護第十一世被選的當天晚晌，宮中常侍蒙席墨拉（Monr. A. Mella），陪他登樓巡視前教宗的寢殿，看見新教宗舉止莊嚴，威儀棣棣，兩人雖是舊友，也覺生畏，墨拉蒙席後來向人說，庇護第十一世，似乎是天生爲作教宗的人，從當選到駕崩，沒有一刻不是坐在寶座上，見者無不起敬畏。

一生任圖書館長，應當是埋首故紙堆中，和現實生活缺少接觸；但是庇護第十一世在實際上所表現的本領，是在西斯篤第五世以後（逝世於一五九〇年），再沒有別的一位教宗可以趕得上的。簽訂拉得朗條約以後，庇護第十一世大興土木，建造梵蒂岡城的一切公共建築：如市政府、法院、電臺、郵政局、火車站、市場、儲蓄銀行、新油畫館、博物館大門、花園，又改修教宗避暑行宮，和行宮天文臺，新建羅瑪城內的教廷各部院大樓和意大利全國的總修院，梵蒂岡城內搬磚運石的聲音，從早到晚，幾年不絕於耳，庇護第十一世常親自巡視監督，每種建築限期必須竣工。

庇護第十一世對於實際事情的觀察力，固可驚人，但是最可驚人的，還是他的毅力和魄力。一九二九年二月十一日教廷和意大利政府簽訂拉德朗條約，解決五十年來的最大懸案。後兩日，庇護第十一世接見米蘭聖心大學師生，在訓話裡提到拉德朗條約，笑對師生們說，爲解決聖座和意大利政府的懸案，或許真的要緊有一位慣於爬亞爾俾山的教宗，無論到甚麼地方，不會頭昏目眩，或許也要緊有一位管理圖書館的教宗，習慣有耐心去整理亂書。

少壯時，拉提神父喜歡爬亞爾俾雪峰。爬到三、四千公尺的山峰，上面是青天，下面是雪雲，峰巒起伏，千里相接。中國古人常以太史公司馬遷，曾經遊歷各省的名山大川，文氣因此雄壯。庇護第十一世流連於峻拔的雪峰山頭，養成了浩然的氣概，他後來對於事業常求大的和高的；在外交上，簽訂拉德朗和約；在傳教上，建立國籍教區；在培植聖職員上，創設總修院，改訂大學學位章程；在社會事業上，提倡公教進行會；在學術研究上，創立教廷科學院。對於中國，遣派宗座代表，親自祝聖中國主教，發出八一通電，這些犖犖大端，表示他觀點之高。

但是習慣爬雪山的人，最要緊的訓練，是有耐心，有毅力。從絕壁的巖石，一步一步地向上爬，下不著地，上不接天，只有進，不能退。冰滑，風又狂，一手一腳稍不經心，立刻可以掉在百尺的巖下，斷肢解體。拉提神父爬山時，先一天細心研究地圖，熟識山巖的形勢。登山上路以後，穩重地沿巖爬進，從不慌張，從不亂放腳。當了教宗，庇護第十一世事事必先加慎重考慮，考慮成熟了纔決定。決定了，則一直向前，事在必成。他曾說爲訂拉德朗條約，要緊有一位爬亞爾俾山的教宗，形容拉德朗和約之難，要有爬雪山的毅力，纔能克服困難，達到簽約的一日。但是簽約以後爲實行條約的條文，困難更是層出不窮，墨索里尼有心訂約，並不是有心完全守約。他既懷著野心，要把意大利民族的生命掌握在他一個人的手裡，不能不想消滅教會對於他的野心所生的阻礙，於是違反和約，打擊公教進行會。庇護第十一世一躍而起，挺身抗拒，義正詞嚴，卒使墨索里尼折服。

希特勒在一九三三年夏和教廷也簽訂政教協約，字跡未乾，希氏已經開始違約，攻擊德國教會。庇護第十一世沉著應戰，鼓勵德國主教輩寧死不屈，希特勒無法奈何。一九三八年三月德國吞併奧國，奧國主教輩向希特勒表示欽佩。四月五日奧京維也納總主教英義則樞機抵羅瑪，請求覲見教宗，庇護第十一世拒絕接見，命他立即宣言決不放棄奧國教會的權利。英義則樞機俯首順命，公佈宣言，然後纔能入宮面見聖父。五月初，希特勒訪意，墨索里尼在羅瑪觀察報對希氏訪意的消息，一字不提。希特勒雖有併吞天下的雄威，也祇能面對梵蒂岡敢怒而不敢言。

慣爬亞爾俾雪峰的拉提神父，在數千公尺的危巖上，不畏巨風，不怕亂雪。面臨千丈的深壑，從沒有頭暈目眩。登極爲教宗以後，政治上的風暴，獨裁者的淫威，絕對不能使他心怯。他常有安靜如泰山的精神。

二、

教宗私人書室的中央，放著一張長方形的桌子，桌子上常是堆滿了書籍。各方向教宗獻書的人，幾乎每天都有，庇護第十一世把收到的新書，都堆在桌子上，每天下午，站在長桌旁邊，拿起每冊書，細細省查，用圖書館館長的眼光，省查每冊書的裝訂和印刷，然後再翻看每書的目錄，按照目錄找尋他所關心的材料，批閱幾段、幾頁。書籍來的多了，長桌上再沒有可放的地方，於是吩咐兩個秘書，遷書入華棣崗圖書館。遷書時，用一大籃，教宗親自選擇該搬的書，一本一本遞給秘書裝入籃中。裝書入籃，不能亂摔，也不能斜放，每本都應放得其所。庇護第十一世愛惜書籍的心，養成了第二天性。秘書裁報或裁書時，教宗親自教導裁書之道。閱書時，遇書頁有捲角，必輕輕把頁角理正，案頭日用的書，放置常有一定位置。

當他任梵蒂岡圖書館長時，中常侍墨拉蒙席，每天傍晚必去找他閒談，無論提到那一個問題，拉提館長總是引經據典，應對如流。一次中常侍嘆服說：「館長的腦袋像聖伯鐸祿殿大鐘，一敲必響。」十幾年後，墨拉蒙席一次午後陪著庇護第十一世在梵蒂岡花園散步，談到一些人們的腦筋，教宗笑說：「例如有種人的腦袋，像聖伯鐸祿殿的大鐘。」中常侍聽後，立刻面紅耳赤驚訝教宗的記憶力很強，又不知道這句話當年說得對不對。

閱書多，記憶力又強，庇護第十一世真有學富五車之概。他接見朝聖團時，開演說致訓詞的先例。演說時，從來沒有寫定的演講稿，只先想定演說大綱，然後隨時發揮。講話很慢，句句加以斟酌，似乎有語言不足以完全發表思想的情況。說話的層次很顯明，由淺入深，先開後合。有時愈說離題愈遠，必然一收，把前面的話都歸在題中。

一九三八年十二月十八日，教廷科學院第三年開幕禮，庇護第十一世親自主持。教宗那時已是久病之軀，每天掙扎著照常工作，在開幕典禮當天早晨，以不能預備演講大綱為憂。

獨坐深思，翻閱日課經本，找尋一章聖詠，不合用，再找另一聖詠，然後合書沉思。最後把日課交給宮長墨拉蒙席，吩咐「到了那邊再給我。」開幕時教宗由聖詠說到若望福音，再說到意大利許多作家，層層頌揚天主聖言的上智，全場聽衆都驚爲庇護第十一世一生最高深最美麗的演講。

在同年七月二十八日，我在教宗行宮最後一次聽到庇護第十一世的演講。當時墨索里尼仿效希特勒大倡種族主義，一連套的強種論、優生論，排斥猶太種等等謬說甚囂塵上。教宗運用外交途徑勸告墨氏，不見成效，於是決意公開發言，明加指斥。便於七月二十八日召見傳信學校學生。傳信學校當時有三十七種民族的學生，相親相愛，平等互助。庇護第十一世借題發揮，闡發真正的民族主義，指責過激的種族偏見。教宗病中憔悴的面容，幾乎沒有久坐的氣力。但是教宗沉重的語聲，層層的上轉，連種族一詞的拉丁語源都加以說明。世界上沒有一個唯我獨優的民族，在天主前，大家平等。

教宗良第十三世曾稱爲「天降之光」，用他驚人的學識，繼續頒發通諭，對當時的一切重大問題，都予以解決的原理。庇護第十一世步良第十三世的後塵，前後頒發三十封通諭，其中最重要的有指導傳教事業的「聖教事業」通諭，有討論青年教育的「神聖教師」通諭，有闡明公教婚姻的，「貞潔婚姻」通諭，解決勞工問題的「四十年」通諭，有講論聖品的「公教司鐸」通諭。還有責斥共產主義，納粹主義和法西斯主義的三封通諭，都是學理充實、段落明瞭的公文，把每項問題原則，闡發無遺。

以往的傳教士，常把傳教看到最勞精力的實際工作，用不著多費腦筋。庇護第十一世告誡傳教士應該在學術方面，研究傳教的方法。一九二五年，傳教展覽會在華棣崗開幕時，教宗致詞說：「事業的偉大計劃，常發自思想，於今我們就是生活在一種世界中，傳教生活的犧牲和慷慨精神，已經不足以保障傳教事業的成效。若想收穫，一切犧牲和全部工作的效果，要緊向學術界去追求光明，使能知道傳教最好、最直、最有效的途徑。」一九三二年，教宗在羅瑪傳信大學設立傳教學院。

一九三七年八月底，教廷教育部（修院和大學教育）部長畢思肋提樞機病逝，一時沒有適當的繼任人選，庇護第十一世在九月三日，公佈自己兼任部長。雖然身體已經重病未癒，教宗並不是名義上兼任部長，實際上親自主管部務，為表示特別注意學術教育。

三、

庇護第十一世生性嚴肅，寡言深思，律己尤其謹嚴，登基為教宗後，宮中貼己侍候人，改用方濟會第三會修士。私人寢殿，雖家中親人，也不容出入，重病臨危時，仍不許家人入寢殿探病。

平居一言一行，常自加檢點。宮內中常侍蒙席等雖日居左右，見教宗面時，肅然起畏，幾至戰慄。宮長墨拉蒙席自言一生從沒有像見庇護第十一世時，那樣發抖發戰，謹慎恐懼。

聖座各部院首長，按期入見教宗，報告部務，請示裁奪。沒有一位部長樞機往見庇護第十一世時，不存戒心。有位部長樞機，每次入覲以前，必先到宮中小聖堂祈禱。傳信部長王老松樞機按期當入宮面聖時，常囑咐傳信學生唸經求主。庇護第十一世向來見的各部院首長，詢問每樁事情的詳細情形，尤其追問前次每項指示究竟實行到如何程度。對每項事件，常要追問到根底，不容絲毫敷衍。他堪稱英明之王。

但是庇護第十一世完全沒有凶暴的氣態，他責備人時從不提高喉嚨。一天上午，教宗吩咐宮長墨拉蒙席暫時停止引進覲見的人，因爲有個問題該當加以研究。墨拉蒙乘機往別一廳會見客人，囑咐值班的侍御，一聽見教宗按鈴，立刻去叫他。他沒有看見值班侍御來叫，會見客人畢，安然步回。纔到教宗書室前，就聽見鈴聲，便開門進去候令。教宗問他剛纔在那裡，按鈴數次，不見人來。宮長只好低頭，認罪而退，剛退出教宗書室，馬上大罵值班侍御，故意疏忽，忽然又鈴聲，宮長慌忙收住話頭，轉入書室。庇護第十一世一字一字地向他說：「我在修院時，我的院長爲責備學生，說話的聲音很低，可是令人戰慄恐懼。」

庇護第十一世也不是專橫，他號令嚴明，是因爲內心常常面對天主，造成很高的責任心。庇護第十一世一生以聖本篤的標語，「祈禱工作。Ora et labora」爲標語。每天早晨行默想和彌撒時，秘書蒙席常驚訝教宗的熱誠，十幾年常如一日。每日午前開始見客以前和接見一來客以後，必定進堂拜聖體。午後，往花園散步時，第一是朝拜園內聖母洞。日間誦日課，費時兩小時，誦唸聖詠，字字清晰。庇護第十一世最崇敬的聖人，爲聖女嬰仿德肋撒。當里修大堂落成時，教宗重病初癒，委派國務卿巴車里樞機爲欽使，主持大堂開大典。欽使臨行時，教宗囑咐從里修帶三朵玫瑰回來，第一朵紅玫瑰，爲使教宗全心翕合天主聖意，第二朵淡紅玫瑰，爲使教宗康復，第三朵白玫瑰，爲使全球聖職員有德有心火。

聖女德肋撒爲內心生活最強的聖女，庇護第十一世爲外面工作最盛的教宗；庇護第十一世卻誠心敬愛聖女德肋撒，表示愛好內心生活的志趣。而且聖女德肋撒不是像一般人所想像的兒女情深的溫柔女孩，她是志氣剛強，克己最嚴的女英雄。庇護第十一世的內心生活完全脫去婦孺態的柔情，他的熱心神功都有嚴肅氣，因此他對於死的觀念，也是豪爽瀟灑，願意猝死，不高興臥床久病。

一天，墨拉蒙席陪教宗在園中散步，談話時談到了死，庇護第十一世說寧願直接掉在天主的手裡，不樂意掉在醫生的手裡，每天念三遍天主經、聖母經、聖三光榮誦，爲恭敬聖安德烈亞味里諾，能像聖人猝死祭臺前。墨拉蒙席嚇得驚心動魄，連忙以列品禱文求免猝死的經文告教宗。庇護第十一世沉重地說：「你說甚麼？難道不知道爲我們身爲司鐸的人沒有所謂死？死雖來得猝突，我們則是常預備好了，隨時可以死的人。」

庇護第十一世床前，常懸有三張聖像，左爲聖安德烈亞味里諾像，右爲耶穌平風浪援救聖伯鐸祿像，中爲耶穌臨死口呼「一切都完結了」像。猝死的願望常存在他中，因爲他一生體壯從未害過病，年近八十，尚不知頭痛爲何物。又因爲怕久病床上，教會大事都將停滯。教宗良第十三世暮年的情景，即可爲前車之鑑。

但是天主沒有滿全庇護第十一世猝然而逝的願望，一九三六年十二月初，教宗病了，而且後來重病兩年。庇護第十一世從天主手中接來病苦，越久越心悅誠服，慶幸自己能領略痛苦的滋味，更能體貼世上受苦的人的心境。但是他同時竭力抵抗病痛的壓迫，不作臥床的病人。病重時，臥床辦公，病稍輕時，靠坐躺椅上見客。病一稍癒，立時下樓，講演、行儀禮。一如平日。況且最後兩年的工作，有加無已，較前更多。

一九三八年九月二十九日慕尼克四巨頭會議爲避免歐洲大戰。庇護第十一世當天晚晌向全球廣播，以自己的性命作犧牲，奉獻天主，爲換取人類的和平。

天主像是接受了教宗的奉獻，教宗的病勢加重，慕尼克四巨頭宣佈簽訂條約，庇護第十一世於十月四日向人說：「在那邊似乎一切的事都弄好了，但是這不過是暫時的休息。我很悲觀。我和我的繼位人，要有許多的重大痛苦。」

一九三九年二月十一日，爲拉德朗條約十週年，墨索里尼不願意有紀念慶祝的表示，庇護第十一世則決定舉行隆重的紀念，召集全意大利的主教，擬發表重要的演說。

二月一日，教宗寫定了十週年紀念演說大綱，但當天早晨，像是預知自己不久於人世了，簽定所寫各項遺囑。次日，照例接見羅瑪各堂獻燭人員。三日。接見加拿大學院師生，四日舉行最後一次彌撒，午後，最後一次朝拜花園聖母洞。當天夜間，病勢忽然加重，五日不能起床。七日午前，掙扎起身，繞床走了幾步，心臟病增劇。八日，醫生們會診。大家都認爲十一日的典禮，無法可以舉行。國務卿巴車里樞機入寢殿請見，婉勸改期慶祝。教宗吩咐按照預定日期舉行，不必更改。（庇護第十一世素性既定必行，而且這次如宣佈改期，外間必定疑惑是教廷受意大利和法西斯的逼迫）日間教宗對服侍的秘書公法洛尼里蒙席（Confalomeri）閒談，謂十一日可以扶病在御前大會廳接見意大利全國主教，發表演說，或由秘書代念，假使不能下樓，則在寢殿大廳接見，若真不能起床，則在床上伸手，主教們依次吻手而過。九日，清晨，命秘書提前在室中行彌撒，恭領聖體，喘息不止。午後，三點，招呼服侍人等共念玫瑰經。十七年來，每天晚晌教宗同近侍人念玫瑰經，今天恐不能延到晚晌，提早誦念。午後四點三刻，病勢轉劇。國務卿、副國務卿、宮中人員均齊聚寢室中，教宗眼睛時閉時開，口中不斷誦念「我主我之萬有」短經。前一日，教宗吩咐秘書公法洛尼里蒙席，當臨危時，提醒他念「耶穌、瑪利亞、若瑟，俾我在爾等中，得安死之恩！」這時秘書在旁，遵守教宗的訓令誦念短經，但念至「得安死之恩」時，不敢繼續下去，悲哭不成聲，教宗睜眼看他，提示不要有兒女態，自己安然念「俾我在爾等中，得安死之恩。」庇護第十一世從此再不開口了，永遠守著靜默，陷入了昏沉狀態。

十日清晨，三點，教宗氣息微弱，昏沉不醒，宮中更衣所管理主教，爲教宗行終傅，國務卿樞機率領眾人跪地誦臨終經，五點三十一分，庇護第十一世駕崩。

「一切都完結了！」床前的耶穌臨終像，於今就代表床上的教宗。庇護第十一世完結了一生的使命，耗盡自己的精力。

召集到羅瑪的意大利全國主教，既不能朝謁教宗，十一日，會集西斯篤堂，在庇護第十一世靈柩前，共誦亡者日課，庇護第十一世雖死，仍舊同意國主教共渡拉得朗條約十週年，他是雖死猶生。

三月四日，新教宗庇護第十二世當選。大家都說庇護第十一世死後仍舊發號施令，因爲他在世時，一心培植巴車里樞機爲繼位人，而且屢次向人表示這種心願。巴車里樞機在第三次投選時，即當繼任教宗。庇護第十一世真是雖死猶生。

參考書：

庇護十一世傳，吳宗文譯，華明，民國四十三年。

Pio Visto Da Vicino-C. Confalonieri. Torino 1957.

Istatanee inedite degli ultimi quattro papi. A. Mela. Roma. 1956

（新鐸聲）

王老松樞機逝世二十五週年

一、

一九三一年四月十九日，羅瑪傳信學院舉行祝聖新校舍聖堂典禮，主持典禮者爲傳信部長王老松樞機。我那時是傳大的新生，是第一次看見祝聖聖堂大典；爲我一切事都是新的，都足以激起好奇心，提高我的精神；但是我那一天覺得累了，腿都站酸了。雖然我當年正是二十歲的青年，氣力正壯！

祝聖聖典典禮，從清晨七點一直到十二點，一刻也沒停止。十二點正午又是大禮彌撒，午後一點半鐘，纔禮畢出堂。

主禮的王老松樞機，又唱經，又屈身在地板上畫十字，又上小梯在十二支小十字上傅聖油。這位七十七歲的老翁，精神端詳，舉動嚴肅，不著忙，不露倦容。我是第二次看見他老人家舉行大典，前一次曾看見他祝聖一位主教。祝聖主教的典禮雖長，但遠不及祝聖聖堂的典禮。在這一天正午祝聖聖堂典禮完畢後，王老松樞機還要正式在堂中參與大禮彌撒。傳信學院院長就勸樞機登樓，在聖堂樓上座廂裡參與聖祭，因在座廂裡可以隨便坐立，不受儀式的拘束。

這次祝聖傳信學院聖堂的典禮，一生長留在我的記憶裡，而使我印象最深的，又是王老松樞機舉行典禮，認真不苟的精神。

那一年的暑假中，王老松樞機按照往年習慣來到傳信學院的別墅山莊，同學生們前後住了一個多月，樞機每晨四點起床，長跪行默想一小時，再念日課，然後行彌撒。看見王樞機行彌撒時的嚴肅莊重，我自慶以爲能夠親眼看見聖人們行祭時的熱誠。銀白絲髮圈在小紅帽外，似乎一團祥光，包著頭頂，兩道深長的濃眉，遮掩著半開半合的兩眼，藏蓄種種的深思。日間，我們學生們在聖堂裡行省察，看聖書，念玫瑰經，舉行聖體降福，部長樞機準時必到，只有暑假，我們行五天退省時，王樞機則回羅瑪，因爲他每年獨自舉行十天的退省。

每天早點後，我們常常看見部長樞機在別墅樹林中的步道踱來踱去，通常是獨自一個人，間而有秘書或學院院長陪著，樞機說話不多，喜歡聽人家談笑。遇到我們學生時總要停步詢問幾句。

暑假結束時，全校舉行運動日，整天有各種運動競賽。王樞機從開始一直到閉幕，親自在場，觀看各種運動，還傳叫學校當局全體到場陪觀。次日，學校舉行部長樞機節，部長親自頒發競賽獎賞。

這些事都是在我們學校範圍以內的小事；但是在小事上不苟且的人，在大事上也必定更加認真。一九三二年八月十九日，丹麥舉行全國聖體大會，王老松樞機被請主禮。他那時身體已很衰弱，在聖體大會的正日，早晨親自爲一千餘小孩送聖體，聖體出巡時，又親手捧聖體，精力幾乎不能支持。八月二十八日，又往荷蘭爲中國山西大同宗座代牧行祝聖主教禮，旁人敦勸勿唱祝聖經文，只要低聲誦唸。王樞機以儀禮爲重，身體爲輕，一切遵照儀節，該唱者唱，該念者念，絲毫不苟且，卒至因過度倦勞，抱病入醫院，於八月三十日逝世。

二、

王老松樞機的這種認真，不苟且的精神，有人說這是出於荷蘭人和德國人的天性。當然每個人都有著自己的民族性格，但僅有性格而不加以個人的修養，民族天性也會變成童山濯濯的荒山。

沒有修養的認真不苟的天性，常是冷酷無情，王老松樞機在端重少言的面孔下，具有一顆很溫熱的同情心。

「你們幾點鐘開會？我不懂你們的一句話，可是我高興來與會。」王老松樞機當年在別墅山莊一次笑向我們中國學生說。

那一次是一九三一年十月八日，王老松樞機親自來參與傳信學院的中國同學演講會。那是他第一次也是他最後一次來聽中國學生演講。一九三一年，傳信大學中國學生開始增多，暑期演講會是練習中文和中國國語的實習會，王老松樞機在那次聽了中國學生演講後，曾向我們訓話說：

「你們今天的演講，誰都知道我們不能懂到一個字，但是照演講員面貌的表現，與手勢的暗示，我們體會到一種喜悅感恩的心情在他們心中活動。另外多次用意語提起當今聖父的名號，越見你們對於聖父的愛戴。最可愛的中華青年，我們於今再給你幾句快心的話。我們愛你們及你們的祖國，有什麼理由呢？原因是追從當今至尊聖父的厚意。教宗對於遠東華美博大的中國懷著怎樣大的情誼，怎樣大的希望，欲中華庇護在基督的真理中，你們只憑心一察，看他對於中華的幾種偉大計劃，便認得清清楚楚了。」㈠

追隨教宗的旨意，眷愛中華和傳教區各國人民，叫他們都得基督的真光；這是王老松樞機任部長時的工作方針，他輔佐本篤第十五世頒佈了「夫至大」通諭，作改革近代傳教事業之先聲，又協助庇護第十一世頒佈了「聖教事業」通諭，充作當代傳教事業之大憲章，然後他善用北歐人認真不苟且的精神，執行兩次通諭的傳教原則，使傳教區的面目，煥然一新。而且又調整傳信部內的組織，把爲傳教募捐款的各種善會，（傳信善會，培植國籍聖職員善會，聖職員協助傳教善會。）都收歸傳信部直轄，各善會的總部，設在傳信部內。傳教區以往的經費，來自各國善士所贈的遺產，但是經過拿破崙軍隊竊奪，和意大利皇室的沒收，聖部所存產業，寥寥無幾，目前傳教區的津貼費，全數都由這種善會的勸募。

善會的勸募，不僅在金錢，最重要的在於提高各國公教人士對於傳教業的注意力，因此乃能增加傳教聖召，各國男女青年踴躍入各種傳教修會，奔赴亞洲、非洲傳教區內工作。於是傳教區奉教者的數目激增，學校醫院和出版刊物，紛紛興起。一九二五年王樞機給教宗庇護第十一世建議，在華隸崗宮內舉行傳教展覽會，展覽會閉幕後，襄助教宗保留陳列的物品，成立拉德朗傳教博物館。

一九三二年九月一日，王老松樞機逝世後，聖座機關報「羅瑪觀察報」評論說：「王老松樞機掌理傳信部時期，可謂傳教事業進行的黃金時期。」又說：「王老松樞機的遺容，即係二十世紀傳教事業發展的最大縮影。」

三、

「你是雷鳴遠神父？我得看到你，多麼幸福！……我從心底裡感謝你所作的一切，感謝你所遭受的一切痛苦，感謝你的徹底的服從。實在是你這種服從，挽救了一切；因爲你知道，我不能對於一位舉止不端的神父的主張，用我的權威去支持。你在服從上能有充分的信德，使我心裡說出感激之情。」㈡王老松樞機在一九二〇年十二月二十日接見雷鳴遠神父，向雷神父說明心中對他的佩服。

王老松樞機佩服雷神父徹底服從的精神。因看雷神父有徹底服從上峰的精神，他纔以雷神父的話可信。因此他纔問神父中國是否有可以升主教的中國聖職員。雷神父連聲說：

「樞座，有，有。」

「請給我寫幾個人名。」

雷鳴遠神父所寫下的名字，後來都出現在第一任的中華主教中。雷神父的不惜一切和服從的精神，證明他是有聖德的神父；有聖德的神父的話，是可信的。王老松樞機便深信了雷神父的話。

信雷神父的話而選定中華第一批主教；但這也不過是一種傳教新策略的開端。教宗庇護第十一世決定採用國籍主教的傳教新策略，王老松樞機很忠實地執行這種策略。他不單是執行教宗的策略，而且也是推行他自己的策略。他深信傳教事業的命運，將來是繫在本籍聖職員身上。

一九三一年四月二十四日傳教學院新校舍舉行落成大典，庇護第十一世出乎意料之外，御駕突然親臨，王老松樞機，向教宗致謝言明找不出適當的言詞，爲表現心中的感激。教宗答說：「既然沒有言詞爲表現情緒，我們便讓事實自身去說明事實的意義。」

傳信學院三百年後，修改了新的校舍，校舍宏壯偉麗。王老松樞機主持其事，庇護第十一世親自行落成禮，這樁事實表現教宗和傳信部長上下一心注意培植本籍聖職員。

「你們是中華修士，爲這個緣故，我囑咐你們每一個人都用心研究中文。王老松樞機告誡傳信大學中國學生說—你們的本國文字，已有了幾千年的歷史，在世界文化中佔有高尙的位置，傳大的中國青年，自然該當盡力攻讀哲學、神學、聖律、教會法、聖經等科。但是在必修科裡，你們的本國文也該佔一重要部份；因爲本國文對你們的『宗徒事業』，有密切的關係。你們爲研究本國文，應不惜犧牲精力，從多方面下手。你們練習語言，不要學鄉下俗人的句法，該至少表示你們受過高等教育，是知識份子。你們也該注意操練口才，希望日後能有漂亮動聽的演講，最要緊的，你們應通曉文學爲發表思想，造就自己成一全才。因爲司鐸是社會的領導人物，你們回國去後，國人恭維你們是哲學博士，是神學博士；假使你們竟開口說不出一段明瞭流利的話，竟提筆寫不出一篇順暢清白的文章，那就苦煞人了！再進一層說，你們出國留學，也好比做生意的商戶，到外洋辦了貨物，要運回到本國去賣的，如果不明瞭中國的話，不精通中國文，縱使你們學富五車，博究天人，其實能辦什麼大事呢？你們不獨該有學問，還應學習能去賣這個學問。」(三)

這一段囑咐的話，不是空洞的學理，是實際的指點。中國當時的主教不願意派中國修生出洋留學，說留學生不通中文，回國後沒有用。王樞機便特別在傳信大學設中國文學講座，專聘一中文教授，且贈金設備一傳大中文圖書室。

在整個傳教區域內，王老松樞機稟承庇護第十一世的指導，設立總修院，集中人力財力，提高本籍聖職員的教育。

四、

改革現代傳教事業的王老松樞機，有傳信部第二創立人之譽。但是他身為一個不在傳教區工作的修士，他本人一生從沒有傳教的經驗。他對傳教事業的看法，看得卻很對；他的指導和設置，竟使第二十世紀的傳教事業，面目一新，走上了傳教的正當軌道；這當然是因爲他的天才高，觀察力強；但更是因爲他的聖德不凡，一心追求天主的光榮。

當王老松被陞爲樞機時，聖庇護第十世，曾向荷蘭的朝聖團說：「你們不要感謝我們，你們應該感謝樞機自己；因爲他以聖德以功績，很公義地膺受樞機的尊銜，所以而今並不是王老松司鐸以進了樞機院受了顯揚；反倒是樞機院因爲有了王老松，受了顯揚。王老松司鐸是一位博學的會士，是一位聖德的神父，他日後要似一顆明星在樞機院發光。」

說這段話的人是一位聖人，他不說虛話恭維人。日後的事實，證明聖庇護第十世的遠見。

王老松在一九一一年被陞爲樞機時，年五十七歲。那時他任贖世主會羅瑪神學院主任，並不是身居顯職。但是他那時也任教廷教義部顧問，又任教律法典編輯委員，且著有神學專書，教宗因此知道他的德學，破例選拔這位荷蘭神父爲樞機。一九一八年教宗本篤第十五世任命王老松樞機爲傳信部長，親自祝聖他爲主教。

王老松樞機主教，骨子裡常是一位贖世主會士。在一切的神工上，切實遵守會規。在樞機的紅袍外穿著貧素的內衣。暑假時，王樞機在傳信學院別墅裡，每週更換的內衣，由院內修女澣洗，修女們在樞機的內衣上，常要用針線補綻。

傳信大學已故的倫理神學教授譚麥神父，爲荷蘭贖世主會士，由王老松樞機任爲傳大教授。譚麥教授平日從來不表示慌張，從來不盛怒，教書時一字不苟，考試時一句也不輕放，但是公正不阿，落試的學生從不能抱怨教授。譚麥教授的德性，絕似王老松樞機。

教宗庇護第十一世，生性不輕易發言，更不輕易許人。但當聽到王老松樞機逝世的情況時，點頭嘆息說：「義人是這樣去世！義人是怎樣去世！」

註：

㈠ 見剛總主教駐華十週紀念論文集，第二百八十一頁。

㈡ 見新鐸聲第一期第五十二頁及Leclerc. la Vie du P.Lebbe. p.235.

㈢ 同上註（一）。（新鐸聲）

剛恆毅樞機行傳及年譜

一、

「我坐在一根斷石柱上，小的舊提箱放在腳邊，好似一個赴遠路或沿路討錢的乞丐，兩腳酸痛，苦的眼淚倒著向喉裡流。我心理想著，在這座城裡有多少空房間呢！我卻是孤零零一個人，被丟在這裡，今天夜晚可以到那裡去睡覺，我都不知道。當然我可以回到慈幼會的聖心堂，但是我有些害羞。就是討飯的人也有幾分羞恥之心！」(一)

這一段話，是剛恆毅樞機一八九七年十一月二十四日的一段日記。那時他年方二十一歲，單身來羅瑪入大學，本教區神長不贊成，不給他介紹信，他找不得住宿的地方，幾乎成了漂流的乞丐。幸而當他坐在羅瑪古鬥獸場旁邊的斷柱上，肚飢腿痛時，一位神父從他身邊走過，看著他那一副狼狽的形色，給他指點一個修會的學校，他纔找到了一間小睡房。

他是前兩個月來到羅瑪，在羅瑪唯一的熟人，是羅瑪火車站旁的慈幼會聖心堂的本堂神父。這位本堂神父是他的同鄉。他到羅瑪下了火車，便去拜訪同鄉神父。同鄉神父只答應留他在堂中住幾天，但不能長久讓他住下，而且也不肯幫他在羅瑪找住宿的學校。因爲本教區的上峰，已經給同鄉神父寫了信，同鄉神父便不相信這個單身來羅瑪的青年。

這個單身來羅瑪的青年剛恆毅，若是家中富裕，自己有來京都求學的學費，一切也都不成問題。所苦的，是父親不能替他出學費；他的計劃是在羅瑪一個小學裡管小孩子，賺得生活費，一面自己到大學上課。

到了羅瑪，住在聖心堂裡，剛恆毅到道明會的大學裡報了名，便四出尋找僱他管小孩子的學校，過了兩個月也不能有下落。又四出找可以免費住宿的修會會院，在十一月二十三日，終於在聖女安德烈堂的保樂提義（Palottini）傳教會會院裡，找到一間小房，講定每月該付房租十四個里耳（意幣），但是第二天他提著小箱來院叩門時，會院負責人竟反了口，說房間已經佔住了。因此十一月二十四日，剛恆毅東叩一修會大門，西敲一學校傳達室，都是無容身之處，弄得他空著肚子，坐在石柱上發愁。

當他走到古門獸場時，路旁一架草棚裡走出一個人向他討錢，他耳朵裡又聽到草棚裡小孩喊麵包的哭聲，他把身邊所有的幾個零錢，都給了討吃的窮漢，自己也形同乞食的乞丐。

終於因著他這一分的愛德，感動了天主的慈心。正當他覺著自己漂流無所時，一個不相識的神父，路過他身邊，指點他往加里西米修會（Carissimi）會院找房子，他鼓著最後一口勇氣走去一問，竟有一間小房，每月房租十五個里耳，飲食該在外面吃。

過了一年，終於找得了照管小學生的職務，半工半讀，哲學、神學、藝術，同時並進。而且把自己的弟弟若望也叫來羅瑪，半工半讀。本區主教當然也不贊成。「但是我不相信因爲希望來羅瑪求學，我就犯了罪。剛恆毅自己說，我腦子想到遵主聖範書上的一句話，心中及有安慰。書上說：『你該是有遠見和勇氣的人；將來有一天，你一定心中快樂。』這快樂將來會有嗎？目前我只有盡力忠於天主的聖召。」(二)

二、

剛恆毅樞機的本鄉，居意大利北部，鄰近奧國，地名加斯提風（Castions）。他生於一八七六年四月三日，家道貧寒，兄弟姊妹共九人。父親爲泥水匠工頭，青年時曾在斐冷翠城作工，心喜藝術，有暇遍觀翡冷翠城藝術古蹟。

剛恆毅六歲，進本鄉小學，十二歲畢業。在沒有畢業以前，父親已經開始教他泥水工作。小學畢業後，他就跟著父親作工，和泥遞磚，有時還能砌磚。

兒童時代的生活，剛恆毅覺得很安靜，家中麵包雖然硬，衣服雖然粗，但是沒有受凍挨餓，童年的剛恆毅，心中沒有什麼奢望，看著鄉裡的富家子弟，並不生羨慕。只有一次，他自己體驗了窮人的苦處。「這一次，他母親帶他回到外祖母家，外祖母家的附近有一富翁，一天，小剛恆毅和富家的小孩玩耍。小孩的母親，忽然走來說：『走開，走開，車爾索，你長的已經夠醜，衣服又穿的壞。』我又氣又羞，一口氣跑到母親跟前。母親卻說，富家太太說的有理。但是又說衣服的美麗也不算什麼，好的，是能做好事。」㈢

「一次在車虎拉葉(Ceuraia)鎮波肋盎(Borean)家做工。一天我看見兩個和我同年的青年，身穿學校制服。他們原來是在城裡慈幼會學校讀書的，現在回來過暑假。他們講意大利國語，態度很開通，有小紳士的氣概。我在他們跟前，自己覺得又窮又賤，不敢和他們相近。但是我並不妒嫉羨慕他們，我看我自己的境遇很好，很合宜。我腦子裡想也沒有想我自己也可以讀書。」㈣

十四歲時，車爾索跟著父親在車虎拉葉鎮一家人家修屋。屋頂簷下釘一小鐵輪，輪中掛一根輪子，爲拉石灰和泥水上屋頂。一天，吃了中飯，泥水工人靠著牆休息。小車爾索忽然抓著拉石灰的繩子，在屋簷下打秋千。正盪得高興時，繩子斷了，車爾索跌在地下，屋簷下的鐵輪，也掉下來了，正掉在他的頭上，把他打的頭破血流，不省人事。醒來了以後，父親叫人抬他回家，在家養了幾個月，纔把傷口養好。在家養傷時，他向父母說明，自己要進修院。

傷口好了，父親打發他到表叔亞弱魯多神父（Antonio Agnolutto）處讀書。來去步行十五公里，每星期一次。讀了一年，進步很慢，父親乃決定送他進教區修院。

在修院讀了五年，年方二十，他求學的心火很高，教區修院裡所教的哲學，教材太淺，不能滿足他的求知慾；他乃生了往羅瑪讀書的想望。「這種想望並不是因著想求官爵而起的。我那時根本不知道在教會有官爵，後來陞了神父，我也從來沒有追求過。而且我所學的，恰恰和教會官爵背道而馳。」(五)剛恆毅想到羅瑪讀書，用意不全在哲學神學，他尤其想到羅瑪研究藝術，當然不適於在教廷中樞作行政的高級神長。

可是教區的上峰們卻認爲剛恆毅願意往羅瑪讀書，目的是想在羅瑪教廷聖部裡謀一地位，他們都不贊成。教區主教雖不禁止他往羅瑪，但也不幫助，因此他到羅瑪以後，處處碰壁，幸而他自小就養成了吃苦耐勞的習慣，在羅瑪飲食不能飽腹，仍舊下勁讀書。他後來所惋惜的，是沒有能夠按部就班，按著學年上課。在羅瑪讀書兩年，哲學神學和藝術，三門並進。考試雖能及格，各課的學識則有些混亂。

三、

一八九九年十二月二十三日，剛恆毅晉陞神父，十二月二十六日在本鄉聖堂裡舉行第一次彌撒。全鎮人共同慶祝。歐洲信仰深厚的家庭和鄉村裡，本家本鎮有子弟陞神父者，闔家闔鄉引以爲榮，在新神父首祭的一天，慶祝的很熱鬧。

次年，剛恆毅神父在洛萊剛特村（Roraigrande）任副本堂。剛神父的志願，希望在修院教書，一面自己繼續研究藝術。但是主教既然有命，只有俯首順從，到了自己的任所，按照當地的環境，安排研究藝術的時間。從此以後，他一生常研究藝術。一生卻從來不能有專心讀書的時間，然而他又是一生手不釋卷，因此他老年時常向人說：「爲忙的人，事事都有時間；爲閒的人，事事都找不到時間。」

在洛萊剛特鎮，當了一年副本堂，主教派他到公各爾提亞城（Concordia）任總鐸。他那時年方二十五，自信這次任命是本區主教對他的特別器重。當公各爾提亞城總鐸出缺時，該城的教友向主教要求任命某神父爲總鐸，聯名請願，開會演講。主教不允，被推薦的某神父也表示不願接受。主教乃派剛恆毅神父任該堂總鐸，並答應新總鐸說：上任時，可由巡警護送進城。剛神父謝絕巡警，單身於一九〇一年二月二日，赴公各爾提亞上任。

公各爾提亞總鐸區，居民大半為農民和漁夫，生活樸素，工作艱苦，意大利政府在第一次大戰以前，已經動工開墾，用農耕機器，用化學肥料，又修築水溝，公各爾提亞區的農村，立時感到改良農業的好效果。一九〇四年，全縣人民建立一座改良農業的紀念碑，碑上立著一個農夫的石像，石像乃是剛恆毅神父親手雕刻的。

早晨太陽還沒有在東方出現時，剛神父看農夫結隊出門，晚晌太陽西沉時，又看見這班人回來。他知道他們每家的狀況，他教育他們的小孩，看顧他們的病人。每家有喜事、喪事，他都和他們同喜同慶。又每每在夜色沉沉時，他去看漁夫駕著漁船，出去打魚，說著土話，問問他們家中境遇。

吃飯後，剛神父把自己的藝術書籍翻開，在燈下讀藝術史，有時也揮動鎚鑿，雕刻石像。

這個鄉下的總鐸，他所理想的工作，不僅僅限制在自己本堂以內，他覺得當時意大利全國的聖職人員，所有的藝術知識，過於淺薄，大家對於聖堂的工程和聖像物的美術，都不知道注意，他便在一九〇六年開始編寫一種藝術教科書，這冊書後來再經他弟弟若望加以補充，到於今已出了十二版。一九一三年剛神父又提倡在意大利北部大城米朗，組織「聖教藝術友誼會」並發行「藝術與信仰」雜誌，意大利全國的主教都來信鼓勵。

一九一四年歐洲第一次大戰爆發，意大利參戰。意大利前線軍隊佔據公各爾提亞北部的亞奎那亞城（Aquileia），亞奎肋亞城爲古羅瑪北部的重鎮，建於降生前一百八十一年，居意大利和德國來往的孔道，城中有一大堂，堂中的嵌石畫（Mosaica）爲公教最有名的古蹟，一九一五年意大利前線指揮部函請公各爾提亞城主教，派剛恆毅神父到亞奎肋亞城署理本堂，主教不願放他去，又不願開罪意大利前線總指揮部，便叫他不要接受這職務，剛神父知道前總指揮部請他去保管亞奎肋亞城的古蹟，乃答應主教說：本人的意思是想接受亞奎肋亞城的職務，但若主教下令不許去，他必俯首順命，主教沒法，只得讓他去。

一九一五年七月八日，動身赴亞奎肋亞，抵城時，滿城都是前線的戰事氣氛。家家有兵，戰馬滿街，連著名古蹟的聖堂裡，也駐紮有兵士。

剛神父進城後第一件事，便是往前線指揮部接收古蹟聖堂。前線指揮第三軍雅阿斯大親王（Ducad' Aosta）令軍隊退出堂外，並命剛神父在聖堂內舉行追悼陣亡將士大禮彌撒。

接收了聖堂，動工洗刷嵌石古畫，嵌石古畫上，當時鋪有薄土一層，免被兵士們踐踏。剛神父指揮軍士掃除薄土。七月初旬，意大利國王親率將士駕幸堂中，舉行嵌石古畫開放典禮。

開放了嵌石古畫，剛恆毅神父又動工修理聖堂後面的墓園，亞奎肋亞既是古羅瑪的重鎮，它的墳園中便埋有羅瑪帝國的古物，墳園也算是城中的古蹟，這時戰線陣地，距離亞奎肋亞不遠，前線陣亡的將士，就地葬在亞奎肋亞的墓園裡。在剛神父沒有來以前，陣亡將士的墳墓，錯綜沒有次序，墳園裡更是一遍荒涼。剛神父先把墳園的亂草加以清除，劃分各區區線，每區間築成過道，道旁栽種樹木花草。翡冷翠城送桂葉樹，前線軍部送玫瑰樹，烏提能城（Udine）送鐵製陣亡將士墓上的十字架。登時墳園修理整齊，氣象森嚴。在墳園靠堂的牆壁下，舊有停屍小屋，剛神父把小屋拆了，建一祭臺，祭臺上覆以拱形石柱，祭臺前埋無名英雄十人。意大利現代大詩人達農茲阿（Gabriele D'Annunzio）作歌讚揚。詩人和剛神父因此也成了朋友，還有意大利一散文家何葉提（Ugo Ojetti）這時任前線古蹟保管委員長，他和剛神父更成了莫逆之交。

在亞奎肋亞剛神父的任務，最累人的是照顧傷兵醫院，他那時任傷兵醫院的隨軍司鐸，日夕在醫院看護傷兵，看見爲祖國斷肢折體的兵士，越增高愛國之心！剛恆毅神父因此養成他一生愛國的習慣，常主張神父也該爲祖國有貢獻，神父愛國的貢獻，當然不能違背自己的使命，也不該妨害他國的人愛自己的祖國，他後來到中國爲宗座代表，就贊成中國聖職員和教友有愛國的行動。

協約國的軍隊，節節打敗仗。意大利的軍隊在一九一七年十月，在加波肋多（Caporetto）大敗，十月二十七日夜間，軍隊退出亞奎肋亞。剛神父也忍痛隨軍後退，軍隊一敗，前線無處停腳，敗軍一直退到畢亞握河（Piave），剛神父的本鄉，落在奧國軍隊手裡。剛神父一氣走到羅瑪，往意大利軍部，要求派在戰地醫院服務，軍部派他在第三十區陣地醫院任隨軍司鐸。

次年二月間，前線指揮官雅阿斯大親王召他回前線，要他在第三軍的陣地擔負民眾精神動員任務，這年九月間，他往法國露德朝聖。十月間，意大利軍隊總反攻大勝，十一月三日，剛神父回本鄉公各爾提亞本堂。

正在本堂裡和老朋友吃中飯時，有人跑來說本區主教府被搶，主教遭打。剛恆毅神父馬上往波爾多魯亞諾（Portogruano）進城入主教府，見主教府門窗打破，碎紙遍地，主教府的東西，搶奪一空。府內進出的人，尙魚貫不絕。剛神父又跑門外一看，看見一個軍官路過，他叫住了軍官。把主教府被搶的情形說明，請他立刻派兩名軍士把守府門，禁止閒人進出，不一時把門的軍士來了，驅散了閒人，把主教府的大門緊緊守住。剛恆毅四處找主教，府中沒有主教蹤影。後來聽說藏在一家人家裡。剛神父去看，看見主教躺在一家人家的樓頂麥稈上。兩人乃商議出城之法，當晚剛神父向軍部借一輛小汽車，護送主教出城，主教派剛恆毅神父爲副主教，全權處理教區事務。

本區主教自小受了奧國的教育，這次奧國軍隊佔領教區一年有餘，主教和奧國軍官相親近，且在追思亡者日爲奧國陣亡將士舉行彌撒。本區人民於是恨主教爲賣國賊，且謠傳主教府中藏有糧食甚多。因此當意大利得勝軍進城時，民眾一湧衝入主教府，見物就搶，遇人便打。

次年，聖座准前主教辭職，另委一新主教。新主教於十月十五日接任視事。剛恆毅神父解除副主教職，但是他在這一年二月間已經接受意大利前線指揮部委任的亞奎肋亞歷史博物館館長一職。

四、

一九一九年九月十二日，意大利詩家達農茲阿率領「敢死隊」佔據斐烏墨海港（Fiume），把持港區軍政大權。達農茲阿主張以斐烏墨合併於意大利，意大利政府因著巴黎和會中的糾紛，不敢接受這種建議。

在第一次大戰以前，斐烏墨港爲匈牙利皇帝屬地，港區中的人民有一部份爲意大利人。德奧聯軍既戰敗，一九一八年十月二十八日，奧匈帝國軍隊退出斐烏墨，英法軍隊進駐港區。

意大利政府在參加協約國陣線時，就要求戰後以斐烏墨歸併意大利，俄國皇帝反對，意政府和英政府在一九一五年簽訂倫敦密約，以斐烏墨爲意國國界，斐烏墨港則屬於南斯拉夫。巴黎和會時意政府要求履行倫敦密約，以斐烏墨劃於意大利國界之內。美總統威爾遜不願接受意政府的要求，主張以斐烏墨爲獨立國，受國際聯盟的保護。意大利不接受。達農茲阿乃率「敢死隊」佔領港區。

斐烏墨的教務，原爲一本堂區，屬於瑟讓教區（Segna）。瑟讓在南斯拉夫境內，斐烏墨市政府在奧匈軍隊退走後，向聖座要求建立斐烏墨教區，聖座首先派一視察專員，視察港區教務情形，一九二〇年四月三十日，聖座御前會議部秘書長德萊益樞機（De lai）函諭剛恆毅神父，謂教宗委他任斐烏墨署理主教。（Administrator Apostolicus）

剛神父接到德萊益樞機函，有如墮入五里霧中，他的腦子裡從來沒有想到這一腳棋，斐烏墨政治和教務各方面的糾紛，那時誰不知呢？剛神父而且已經愛上了亞奎肋亞歷史博物館，心中正在喜歡自己學有所用。

「我把信摺起來，心中很著急。走到博物館的園子裡散步，看著那些古羅瑪的殘碎石頭，忽然特別加以注意。我已經作好計劃，那些殘碎的古物，加以整理，於今又要拋棄那一些古蹟。怎麼辦呢？我不高興離開亞奎肋亞：但是另一方面，能夠因著聖教是的使命，參加大戰的最後一幕，這種觀念，又很使我興奮。……我不是不知道這種使命很難。我所有的安慰不是我自己要求到斐烏墨去，也不是爲利而去，乃是聽上峰的命，爲服侍天主而去。」

㈥

五月九日，離開亞奎肋亞，次日，抵斐烏墨，城裡沒有人知道署理主教來了，剛主教單身往城外慈幼會修院借宿。第二天，拜會達農茲阿和港區市長，大家對剛主教表示熱烈歡迎，第三天，召集斐烏墨區聖職人員，宣讀聖座委任署理主教任命狀，和教律上對於署理主教權利義務的規定，剛署理主教乃向聖職人員致詞。聲明自己因聖座委任而來，專爲協助大家，謀求戰後教務的復原工作。聖職人員中，無論是南斯拉夫人，無論是意大利人，大家都有超乎政治的使命，都因超性愛德而工作。

剛署理主教逐漸把因戰事所關鎖的聖堂都重新開放，破壞的加以修理，缺少神父的聖任命神父。戰時逃往他處的難民慢慢回來，署理主教幫助他們恢復家庭生活。

一九二〇年十一月十二日，意大利政府和南斯拉夫政府在拉巴洛（Rapallo）簽訂條約，以斐烏墨爲獨立國。達農茲阿和斐烏墨市政府議會極力反對，宣言不承認這種條約，他們要求和意大利合併。

意大利政府雖看重達農茲阿的豪氣，但不能任憑他不聽指揮，破壞國際條約，乃下令水陸兩方，封鎖斐烏墨港，逼迫達氏解散敢死隊，達氏反乃向政府軍宣戰。十二月二十四日晚，聖誕節前夕，兩方軍隊接觸，敢死隊中有死傷。全城民心惶惶，已經度了六年的戰時，不願再見炮火在城上飛射。

署理主教在十一月十一日，函達農茲阿，勸息兵談和，達氏不接受。海港被封鎖，署理主教向意大利政府軍統帥，要求接濟城中兒童所需的牛奶和醫院所缺的藥品，又要政府海軍不開炮射擊城中慈善機關。政府軍統帥接受了署理主教的要求。

城中人都知道敢死隊不能抵抗政府軍，又知道全港不能久遭封鎖，但是沒有人敢勸達農茲阿辭職，市議會議員乃有人向署理主教進言，提議共同發表宣言，請雙方停戰議和。剛主教便起草宣言，但是在簽名時，有些議員臨時猶豫不決，因此遷延時日，直到十二月二十八日，城中市政府職員，市議會議員，以及城中士紳二十二人和署理主教共同簽署一公函，致達農茲阿，勸他莫繼續兄弟鬩牆之戰。十二月二十九日晚，達農茲阿和市長，召見剛主教，說明只要政府軍統帥肯予以適宜之條件，敢死隊可以解散。三十日晚，剛署理主教渡赴政府軍總指揮部，傳達敢死隊的停戰的條件，三十一日，敢死隊長和政府軍統帥言和，敢死隊自行遣散。斐烏墨組織獨立政府。

兩軍動火的危險和恐慌雖然過去了；獨立國內各黨對立的糾紛，層出不窮，斐烏墨的憲法和政府，都不能有保障。意大利墨索里尼執政以後，一九二四年，法西斯軍隊佔據斐烏墨，一九二五年意大利和南斯拉夫正式承認斐烏墨歸屬意大利。但是這時剛恆毅主教已經在中國北平宗座代表公署了。

一九二一年教宗本篤第十五世陞剛恆毅署理主教為領銜主教。八月二十四日，在本鄉公各亞堂受祝聖主教禮。祝聖後，回斐烏墨。於今是以主教身份而不是以神父身份任署理主教了。

次年六月十二日，忽然接到羅瑪傳信部的一封信，傳信部長王老松樞機告以新教宗庇護第十一世，想派他到中國去，任駐華宗座代表，剛主教來回地想，也想不出為什麼教宗選到了他，再迴腸九轉地想中國的傳教情形，更百思不得其解，中國的傳教事業，為他完全是一團黑霧，他一點也不懂。越想越迷糊，越想越害怕，於是一面回答傳信部，一面自己來羅瑪，請求教宗免此一行。七月十八日，覲見教宗，陳說自己的困難，缺少經驗，不認識傳教的情形，而且在各種折磨中剛把斐烏墨的主教府修好。庇護第十一世打斷了他的話，引拉丁詩家委奇里阿的詩說：「你們小雀們不為自己起巢。」吩咐他聽命往中國去。

五、

一九二二年十一月八日，清晨剛恆毅主教在香港碼頭登陸，香港主教來船上迎接同船來的傳教士，問剛主教說：「主教究竟是不是宗座代表呢？」剛主教答說：「是。」

遣派宗座代表駐華事，當時誰也不知道，教宗訓令傳信部和剛主教本人嚴守秘密，要等宗座代表在香港登了岸才能公佈。

從羅瑪動身以前，在傳信部檔案處裡，剛主教看了近年有關中國傳教事業的文件，從聖座國務卿嘉斯巴里樞機和傳信部部長王老松樞機領了指示，船到印度洋中，他漸漸眼見遠東的傳教地方，自己的勇氣上升，中國傳教的計劃，也是輪廓很清楚地排在眼前了。傳信部長的指示，是召集中國主教第一次大議會，國務卿樞機的指示是培植本地聖職員，當剛代表在香港登岸時，他所定的計劃是以召集中國公議會爲第一件事，以成立中國主教區爲第二件事。

到了香港，剛總主教發出公函，通知中國全國主教，本人被教宗任爲駐華宗座代表，協助各位主教發展教務。

第一位駐華宗座代表，秘密到香港，從香港公佈任命。聖座早已有經驗，以往兩三次要和中國通使時，事前法國政府知道了，藉著保教權的事實，從中作梗，事敗垂成。這一次，事前一點音信也沒有走漏，剛恆毅總主教在香港就職，中國全國的主教一律表示服從，法國在中國的外交官也沒有非議。一百年來，法國在中國的保教權，從此不聲明作廢而自行作廢了。

法國領事自願陪剛代表往廣州視察教務，剛代表婉辭，次年正月往北京，拜見黎元洪總統，而法國公使欣願陪見，剛代表又向法使婉謝。教宗派來中國教務代表，不必經過法國使節的介紹。

「在中國人眼中，我相信絕對不能加重人們的懷疑，即是懷疑教會受列強的保護，或者更壞的懷疑教會爲歐洲列強的工具。因此，我在我最初的幾種行動上，我願意在教會的權利以內，保持我的自由，拒絕由一列強的使節，陪我去看中國軍政長官，不然，我是自己表示屬於這些使節了。」(七)

列強的使節後來絕對讓剛代表在中國自由行動，彼此間的感情也非常好。然而在北平、上海、寧波各處所出的法國報紙，則常常對宗座代表熱嘲冷笑，有時甚至漫罵。剛總主教心中當然感覺痛苦，然而常是處之裕如。一九三〇年三月四日，法文北京日報，接連登載好幾篇文章，攻擊剛代表，又罵中國主教，且侮辱教宗。剛總主教因事情牽連了教宗，乃在那一年的三月三十日，函法國駐中國公使，請他注意這事，法國公使覆函謂他本人也不贊成該報文章用詞的凶暴，但此家日報既爲私人日報，法公使不能直接干涉。如宗座代表認爲該報文章有損本人的名譽，可在法國領事館起訴。剛總主教身爲堂堂的一位宗教代表，豈肯到法國領事館起訴呢！

假使在法文報上只是幾個和教會沒有關係人寫文章，漫罵宗座代表，剛總主教不會注意這事；但是寫漫罵文章的人，有幾個是匿名的傳教士，剛總主教覺得很傷心。而且這些匿名傳教士所攻擊的是傳教政策，更使他痛苦。在他第二次回羅瑪時，中國的法文報傳說教宗已改了中國的傳教政策，剛代表被撤職。一九三〇年十二月二十三日，剛總主教覲見教宗，報告在中國有人傳說聖座改變傳教政策（成立國籍教區的政策）。庇護第十一世一聽這話，仰起頭來答道：「你知道往後開倒車，不是我們的風度」。(八)

剛總主教在中國所遇的另一困難，是中國「五卅慘案」時期的排外運動，和「北伐」時期共產黨的仇教運動。

中國人排外，剛總主教很懂得中國人是因為在心理上所受的刺激。外國人在中國，不僅僅是藉著不平等的條約，享有特殊的地位，而且事事傲慢，表示輕看中國人，剛總主教以身作則，指導在華的傳教士，要尊重中國人，在報章雜誌上，不宜譏笑侮辱中國的風俗習慣。在香港登陸不久，看到一個青年傳教士寫的一冊《傳教方法》，剛總主教在日說上記：「全書是攻擊中國人的一本控告詞，所引的證據很苛刻，而且不少都是外國人意氣用事的言辭。」(九)剛總主教乃命著者的修會會長沒收這書。到了北平，那時有一位傳教士，名叫Garnier寫Le Christ en Chine書批評中國人和中國聖職員，筆下不但不留情，而且盡是一面之詞，剛代表報告傳信部，聖部訓令這位傳教士退出中國。那時在上海有巴黎外方傳教會代理的一家法文報Eco de Chine，在一九二五年時，登載文章，反對中國，不遵守聖座的指示，剛總主教函外方傳教會巴黎總部，總長下令停止這家報紙。一九二九年意大利前駐華公使史佛爾匝（sforza）在紐約的論壇報（New York Herald Tribune）公佈一篇文章，談論中國的傳教事業，批評本籍教區。剛總主教命秘書安童儀蒙席，在「羅瑪觀察報」（聖座機關報）作文辯正。一九三一年，日本侵佔東三省，日本一家通訊社（Rengo），在九月二十七日放送一消息，謂撫順的美國神父們，在瀋陽開會，都抱怨中國軍隊不能維持秩序，言外即是說歡迎日本軍隊來撫順。剛總主教立時電撫順教區負責人詢問真相，電報當然不能進東北，剛公乃寫信，訓令撫順教區首長解釋其中情由。撫順教區首長接信後，親自來北平，否認曾有這種會議和聲明，並在北平天津英文時報上，登文闢謠。剛總主教本人在演講、談話、著作上常是敬重中國人，就是有時要說中國人的缺點時，也是輕描淡寫，一提即過。有一次他到獻縣教區視察，在一座本堂口，他吩咐請來歡迎他的會長一齊坐著談話，本堂神父是一位中國人，操拉丁語答說，按習慣應叫教友站著。剛公說，這種習慣該改了。本國神父卻答以在羅瑪按羅瑪風俗，在中國按中國習慣。剛公心裡很不以為是，但是外面再不申斥那位本堂神父。

革命軍北伐，戰爭時期本來很短，然而共黨分子乘機搗亂，在革命軍路過的地方，共黨分子燒毀堂宇，殺戮神父。剛總主教鼓勵各處主教神父，莫離開各自的教區。傳信部部長王老松樞機和國務卿巴車里樞機先後在一九二七年和一九三〇年也訓令傳教士保持這種態度。剛總主教又遵聖座的指示，勸告駐華的法意比等國駐華的使節，在傳教士遭害時勿向中國政府索求賠償，漢口梅神父被土匪所殺，意大利政府索取賠款，剛總主教示意漢口主教，把賠款修建梅神父醫院，為中國民眾造福。

國民政府在南京建都以後，一九二九年正月剛總主教晉京，進謁蔣主席致敬，和外交部長王正廷磋商教廷和中國締結條約。一九三三年，離開中國以前，二月三日在南京謁見林森主席，剛總主教出身鄉間，在小城市的本堂和教區任職，可以說是鄉間主教。到了中國以後，和中國政界以及外交界往來，禮貌週到，說話有尺寸，有老外交家之風。

六、

北平洒茲府宗座代表公署，為中國全國教友所獻，由前清恭王府改建而成。剛總主教於一九二八年夏遷入。他最滿意這座公署，喜歡公署的中國宮殿建築式。一位專心研究藝術的人，一眼看出中國藝術的幽雅精神，心中特別賞識。在公署裡，剛總主教修飾了一座中國式的小堂，祭臺形式和祭器，都是中國式樣。在他離開北平住在羅瑪以後，代表公署的負責人，想改變署內小堂的式樣，他立刻寫信阻止。在北平他遊覽前清宮殿和天壇，在山東，則親登泰山，又往曲阜遊孔陵，他後來一生鍾情中國的藝術，進而提倡聖教藝術的本地化，而且在中國開始試驗中國公教藝術。他有一個建築師，一個畫家，幫他實行他的理想。建築師是荷蘭本篤會士（Gresnigt）神父，畫家是陳緣督教授。輔仁大學校舍，開封大修院，香港華南大修院的房屋，由克神父用中國式修蓋成了中國公教建築的模型。陳緣督教授在輔仁大學藝術系所教的學生，造成了中國聖畫的畫派。這兩點算是剛公一生中最得意的事。傳教區本地主教一事，雖也是剛公第一人開始的，然而那是已有教宗的命令在先。本地聖教藝術一事，則是剛公自己的主張，後來有了教宗的鼓勵，乃能風行於傳教區的各地。

在剛總主教往中國上任時，整個傳教區沒有一位本地主教。國務卿嘉斯巴車樞機曾臨別贈言，囑咐剛代表注意教會法典上爲培植本籍聖職員所有的規定。又對他說：若是中國的外交人員，在國際上表現得並不後於他國的外交官，爲什麼在中國神父就找不到可以治理教會的主教呢？

剛代表到了中國的第二年，已開始籌備成立國籍教區。一九二四年上海公議會時，蠡縣孫監牧，蒲圻成監牧正式能夠參加會議，剛總主教說：「兩位監牧能夠參加公議會，而且很有面子。冰凍已經解了。……因此以後爲我更容易計劃成立新的本籍教區了，雖然還該勝過一些困難！」㈩

剛總主教一生最得意的一天，是一九二六年十月二十八日，他在羅瑪聖伯鐸祿大殿裡，爲第一任中國六位主教祝聖典禮襄禮主教。主持祝聖典禮者，爲教宗庇護第十一世。那一次是三百多年傳教歷史上的第一次祝聖本籍主教典禮；以後庇護第十一世和庇護第十二世又祝聖了其他的本籍主教典禮；但是人們所注意的，是第一次大典，那次大典是傳教區本籍主教區的奠基典禮，以後的祝聖本籍主教典禮，是在屋基上放石頭，是第一次大典的自然結束。剛總主教則是本籍主教區奠基典禮的工程師，在那一天，他當然是神樂洋溢。

剛代表在中國指導教務的目標，在於建立可以自立的國籍教區。爲達到這種目標的行政大綱，有本篤第十五世和庇護第十一世的傳教通諭。至於爲知道中國傳教事業的情形，剛總主教則熟讀中國教務巡閱使光主教和一位受人攻擊的雷鳴遠神父的報告。

傳教士的工作，是爲預備可以自立的國籍教區；傳教士的光榮，在於能夠看見自己培植了一位本籍主教；傳教士的偉大，在於知道把自己汗血的結果，讓給中國聖職員。這一點乃是剛總主教的中心思想。根據這種思想，他因此最反對傳教士把教區看爲自己修會的地盤，他尤其深惡傳教士把傳教區看作自己國家勢力的代表。聖教會是天下爲公，傳教士應該以傳教區看爲聖教會的一區，不要抱閉關思想。當漢口代牧區要任命新宗座代牧時，剛總主教反對方濟會總會長的意見，堅持不應該只在擔任漢口傳教的威尼斯省的方濟會士裡去選擇，他向傳信部保薦太原助理主教希主教任漢口代牧。修會爲教區服務，不是教區爲修會服務。擔任一區傳教職務的會士中沒有適合主教資格的人才時，應當放大選擇主教的範圍，不能以修會省區或教區作限制。

庇護第十一世是一位極力提倡改良修院教育的教宗，到了老年，教宗本人且自兼聖座的教育部長。剛代表在中國秉承教宗的意旨，提高中國的修院教育程度，當時所有的總修院：有上海、兗州、北平、寧波、大同、重慶等處的修院。剛總主教以後又陸續增設華南、開封、兩湖、太原、宣化、昆明等總修院，訓令教授國語，加增科學課程。當時英斂之先生的勸學罪言，剛總主教曾聽到其中的內容。他因此勉勵中國神父要能舉筆成章，可以和社會上的讀書人並肩而立。

爲培植中國聖職員，剛總主教本人也有他的直接工作，一是遣派中國神父修士往羅瑪深造，一是創立主徒會。爲遣送修士往羅瑪，剛樞機有自己青年時的經驗，不顧教區主教贊成不贊成，訓令選派修生往傳信大學深造，就是教區主教，藉故不要本區在羅瑪讀書的中國修生，剛總主教鼓勵這些修生繼續讀書，他自己將來設法安插他們。有些主教抱怨留學的修生懂洋文不懂中文，剛總主教乃要求傳信部在傳信大學設中國文學哲學講座。

七、

剛總主教在中國的十年裡，雖有北伐的戰爭，然而較比他的繼任人蔡寧總主教和黎培里總主教在中國的時期，要較爲安寧。剛公乃能視察中國各省的教務。在一九二三年冬，赴關外，視察東北。一九二四年春，視察浙江，福建。一九二五年春，赴開封。夏赴山東，且往高麗，日本。秋又赴山西。一九二六年五月，視察海門，寧波。七月由上海溯江至漢口，赴太原。一九二七年冬，至煙臺，青島，上海，南京，海門，寧波，杭州，蕪湖，南昌，九江，漢口，漢陽，武昌等區，慰問主教神父，因著北伐時共黨作亂所受的驚恐。一九二八年赴宣化，又赴濟南。一九二九年正月，抵南京謁見蔣主席。二月視察浙江。一九三四年二月，視察四川，沿途在鄭州，漢口，宜昌少停。

在十年內，剛公又兩次回羅瑪，第一次在一九二六年，率領第一任中國六位主教赴羅瑪受祝聖。第二次在一九三〇年，因著在中國出版的法文報紙的激烈攻擊，剛總主教向傳信部請假回羅瑪，看看聖座的態度究竟如何。教宗和傳信部長對他表示十二分的信任，絕對不改變創立本籍教區的方針。剛公乃於一九三一年繞道美國回北平。

然而中國的水土，不合剛代表的身體，從一九三一年以後，他害了嚴重的腳氣病，以致連月臥床，不能行動。一九三二年底，他便向傳信部表示辭職。傳信部允以回意大利休息。一九三三年二月一日，由北平動身乘火車南下，二月三日在南京謁見林森主席。二月九日從上海起程，三月一日抵威尼斯。在上海上船和在威尼斯下船時，足痛不能行，上下都用人抬。四月九日，覲見教宗，教宗囑往本鄉靜養，暫不談辭職事。六月十一日，庇護第十一世第二次祝聖中國主教三位，同時受祝聖者有印度主教一位，越南主教一位。剛總主教又為襄禮主教，十一月三日，再見教宗，以醫生證明書上呈教宗。教宗乃准辭職，向他說：「我原以為你可以再回中國去，於今按醫院說，你不可再受那些連累了。你是一個傷兵，可以在後方工作，但是不宜再上前線。」(十)教宗賜以胸佩十字架一支，主教權戒一枚。

一九三三年十一月三日，剛總主教結束了駐華宗座代表的職務，把迺茲府宗座代表公署房傢具清單面交傳信部長畢翁提樞機。剛公自己述說：「我那時心中感覺一種很大的滿足。當我往中國時，不知道在什麼地方設署辦公。於今我的繼任人有一座設備完備的公署。」(十一)

八、

「一九三五年十二月十日下午，傳信部長畢翁提樞機到馬里阿山下寓所裡來看我。畢樞機告訴我，聖父庇護第十一世任命我為傳信部次長。我連一片樹葉也沒有吹動過，為謀求這個位置，但是我很感激天主的上智和我的上峰們，給我一個職務，使我能盡我的棉力為傳教區服務，使我有機會，再和所敬愛的傳教士相接觸。」㈢

傳信部的大樓，建立已經三百多年，磚牆古蒼的灰色，經過了多少歷史上的風霜！剛總主教今後在這座古樓裡了，坐在三百年來手握全球傳教樞紐的次長辦公室裡，展閱傳教區來的報告，接見負責傳教各級人員，討論種種傳教的計劃。

「我在傳信部接見主教和傳教士時，剛次長說——我確實覺得我是在爲他們服務；雖然有時我也給他們一些指示，或授給他們一些特權。聖額我略大教宗曾聲明他是天主僕人的僕人。我在心中對於宣傳福音的人常懷有一種敬意。

「傳信部的工作，普通是在無聲無色中進行。」(十四)

每一天，剛次長早晨八點鐘進辦公室，批閱文件，接見部中職員，指示辦理各種案件。九點以後，辦公室外的候客室裡陸續進來請見的人士，有年老的主教，有白髮的傳教神父，有青衣的修女，還有羅瑪各傳教修會的代表，一個一個走進次長辦公室，討論傳教的問題。每天有來見的人，每天見到午後一點鐘，且不必事前約定時間，誰先到誰先進去，只有主教們有優先權。「我記得聖盎博洛削的習慣，也相信爲使來見的人減少困難，我把辦公室的門常常開著。聖奧斯定曾親在懺悔錄裡（第四卷）說：『無論誰都可以去見聖盎博洛削，也沒有叫人通知的習慣』」。(十五)

每週星期五，部中舉行部務會議，每月第一個星期一，部中舉行部內樞機委員會會議，次長都列席。每天午後，次長往部長辦公室，研究每天所有的傳教消息和問題，在往見部長以前，剛總主教常在街上散步一小時，見了部長以後，自己在家中寫書。一九四三年，剛總主教的弟弟剛若望主教被任爲意大利聖教藝術委員會會長，放棄史百茲亞教區主教一職，陞爲領銜總主教，來到羅瑪，和剛恆毅總主教住在一起。

第二次大戰發生了，傳教區和羅瑪的交通越來越困難，羅瑪的生活也越變越緊張。到了一九四四年，意大利反法西斯的人士都有被捕的危險，意大利戰後的復興總理德嘉斯百里（De Gasperi），在當年的二月七日，單身藏在剛總主教家裡，等到英美聯軍在六月四日進了羅瑪，德嘉斯百里纔離開剛總主教的家。

我從一九三六年秋，任傳信大學中國文哲教授，後來又任駐教廷公使館服務，常常因些小事，往見剛公，看見他老人家斑白的頭髮漸漸轉白，白的越來越多，後來竟完全白了，剛公已是七十以上了。但是精神常是健旺，每年暑假從溫泉回來，剛公連腳氣病的痲煩也感不到了，他老人家接見我時，好似父親見兒子，凡是我有的話都讓我說。他答話時，也是有話就說，要生氣就生氣，絕不像辦公室的大官，或是像外交官辦外交。當然部裡的事，次長不能作主，但是每次見了剛公，就可以知道，我所問的事，是否可以辦。

第二次大戰結束了，庇護第十二世第一次策封新樞機三十五位，中國田耕莘主教在策封之列，提高本籍聖職員的原則，教宗已經貫徹到底了。而且第一位傳教區的樞機是一位中國主教，有似當年傳教區被教宗祝聖的第一位主教，是中國主教，剛總主教樂意自己傳教工作，已達到完成點了。所以在一九四九年晉鐸五十金慶時，剛公決定向教宗辭職，他在日記上寫著：

「已經到了下帆的時候了，把船划進海口。心中念著羅瑪皇奧肋里阿（MarcoAurelio）的話，你上了船，遊了海，已經抵岸，於今就該下船。

我想傳信部應該有一位年歲較輕的次長，他有更新的精力，使傳信部的工作效率加新，我已經在腦子裡打定主意，請求聖父教宗讓我放下這項心愛，但是已經過於重的職務。我在傳信部練習作事的時期已經很長了，因爲我的次長任期是傳信部裡最久的次長任期，我於今已做了十五年。我求天主，若是天主聖意贊成的話，求天主給我留下生命的一小段，爲完成我的幾種著作，這些著作，我願獻於天主，爲賠償我所有的缺欠。」(十六)

天主允許了剛公的祈求，在他晚年，給他留下幾年清閒的時間。

「一九五二年十月二十九日星期六—剛總主教記述說—孟棣義閣下來到我的辦公室裡，用他素日文質彬彬的態度向我說：明天羅瑪觀察報將公佈新樞機的名單，主教在這名單以內，爲的莫使主教從報紙上看到這種消息，聖父教宗派我先來報告。

「請閣下代謝聖父，又請代呈聖父，敝人很高興把我的樞機位置讓與另一人。到了我的年紀，我可以爲聖教會服務的時間已不能久了。

請不要辭！請聽聖父教宗的旨意。

那麼我請閣下，不要給我派繁重的職務，因爲我希望寫完幾種已經開始寫的書。」

「次日，羅瑪觀察報公佈二十四位樞機的名單，並報告在一九五三年正月十二日秘密御前大會時；將被策封爲樞機。」(十七)

一九五三年正月十二日，剛恆毅總主教陞樞機，離開傳信部次長職。

九、

「說實話，就德行說，就學業說，我都不堪有樞機的尊爵。僅僅是我的傳教工作，尚被看重。我的傳教工作也真真是誠心的，目標常常在實行聖座的指示。我想幫了傳教區從過渡的組織，從外籍修會殖民區狀態，進入建立教會的階段，使傳教區有本籍主教和本籍神父。於今我離開傳信部，我心中所有的安慰，是傳教區內已經差不多有一百位本籍主教。其中兩位，且有樞機的尊爵：一位是中國北平總主教，一位是印度孟買總主教。」(六)

剛總主教往中國任宗座代表時，亞洲、非洲的傳教區還沒有一位本籍主教。他卸去傳信部次長時，傳教區內已有一百位本籍主教。他的主張的成功，不能比這樣的成績更大了，他真配陞樞機了。

還有他的另一種主張，他也看到非常的成功。一九五四年聖年，羅瑪聖年委員會在聖伯鐸祿殿前一座大樓中，舉行傳教區聖教藝術展覽會。會場中所展覽的，幾乎都是亞非等國的本地藝術作品。剛公到中國時，開始提倡中華公教藝術，後來也鼓勵日本、朝鮮、越南、印度、非洲等地的公教畫家，以本地畫風作聖畫，聖年的展覽會，集合這些作品於一室，備受聖座和各界人士的稱譽。本地聖教藝術的主張，可以說是完全成功了。

剛公策封爲樞機後，一心從事著作，每次去拜望他老人家，我都看見他伏在案上閱讀手稿。我自己年來也常寫點東西，唯一鼓勵我繼續寫作的人，就是剛公。每一次看到我送他一冊新的書，或聽到我報告正在草寫一項著作，剛公必定點頭說：很好，很好，努力做去。有時遇著有旁人在座時，剛公還要鄭重介紹：這位蒙席是詩人，又是著作者。

剛樞機外面看來，似乎很嚴，說話不多，是是是，非是非，並不客氣，有時氣來了，面上也能變色。但是他的一顆心最慈祥，又最重感情。他素來不愛慶祝會，晉主教二十五年，晉司鐸五十年，大壽八十，他都拒絕一切的慶祝；然而他卻喜歡我們中國神父在這些機會上有點表示。策封樞機後，他所手創的聖伯鐸祿書院舉行慶祝，當人向他致詞時，他當眾打斷了致詞人的話，因爲他不喜歡人家稱揚他。可是後幾天中國神父修士給他舉行慶祝時，我向他老人家致詞。會後他老人家很稱許我的頌辭說得好。他說別人向他說頌揚話，都是虛套；中國人稱揚他，確實是由衷之言。

陞了樞機，剛公卸去一切職務，單單任傳信部、聖禮部和外交委員會的樞機委員，每月委員會開會時，出席會議。後兩年，任聖座文書院院長或稱聖座掌璽大臣。這項職務，爲一項清閒職務，每星期兩三次到院閱讀院中職員所草的聖座重要文書，然後簽署頒佈。其餘的時間剛公都用於著述，他平生的兩種主張：本籍教區和本地聖教藝術，都是已經成功，剛公最後幾次的著作，特別集中在另一點了，討論歐美的現代的藝術，歐美的藝術，現在是在一種徬徨無主的時期，最近的未來派、立體派、抽象派，把歐美的繪畫雕刻，弄成了點線圖案。所有的作品，或者是故意簡陋，或者是故意迷糊，人不是人，物不是物，剛樞機藉著他的弟弟用意大利聖教藝術委員會所出的雜誌，連篇累牘地寫文章，辯白聖教藝術的目標和普通藝術不同，聖教藝術是爲助人愛天主，雖不分新舊，不分區域，但不能失掉宗教的體統，更不能相反神學的原則。剛樞機倒舉現代畫家雕刻家所作的宗教藝術作品，佳者固然有，壞者也不少。有的聖畫和聖像形態怪異，不但不引人生敬愛之心，反動人厭惡，剛公稱這些作品爲瀆聖的怪物。

去年夏天，剛公得病應行手術，醫生因剛公年老遲遲不敢行。剛公自己所掛慮的，則是想把預備付印的書，都好好寫完。去年十月十四日最後一次在醫院見剛公時，床邊几子上放著他剛出版的一冊論藝術的書。他自己說前一天收到書局送來那冊書，坊間尚沒有出賣，可是還有兩冊書，他把稿子已經交給書局，他沒有能夠等書籍印出來，他便升天去了。

我在新鐸聲第二十期，追悼剛公逝世的文裡，已經述說剛公逝世以前，似乎已經預料到自己將不久於人世了，把自己身後的事件，都安排好了。他的死是猝然來了，因爲從九月二十四日行手術以後，病已天天有起色，醫生決定在教宗選舉會舉行以前，他可以出醫院。不料十月十七日傍晚，驟然因肺部血管閉塞，在半小時內就斷了氣。第一個趕到醫院向這遺體致敬的，爲威尼斯宗主教龍加里樞機，於今的若望第二十三世新教宗。

庇護第十二世駕崩於十月九日。新教宗選舉會在十月二十五日開始，剛樞機殯禮大彌撒，在十月二十一日舉行。樞機參加殯禮者三十九位，爲我二十餘年在羅瑪所見的樞機殯禮最隆重的一次。大禮彌撒畢，剛公靈柩運回本鄉，葬在本鄉的墓園裡。剛公生前，爲自己修一墓，墓爲中國式。於今剛公遺體，已經長眠在這座中國式的墓中了。

註：

(一) foglie secche Roma 1948 p.52.

(二) 同上 p.47.

(三) 同上 p.19.

(四) 同上 p.25.

(五) 同上 p.43.

(六) 同上 p.345.

(七) Con Missionari in Cina. Roma. 146. Vol. I. p.32.

(八) 同上 Vol. I. p.245.

(九) 同上 Vol. I. p.48.

(十) 同上 Vol. I. p.340.

(十一) 同上 Vol. I. p.402.

(十二) 同上 Vol. I. p.402.

(十三) Ultime foglie. Roma. 1954. p.135.

(十四) 同上 p.137.

(十五) 同上 p.221.

(十六) 同上 p.393.

(十七) 同上 p.446.

(十八) 同上 p.446.

年譜

一九七六年——四月三日生，洗名Celso車爾索，本鄉名Castion Zoppola，父名Constante Costantini，母名Maddalena Altan，父母結婚於一八七二年。

一八八二年——入小學。

一八八七年——開始隨父親習泥水匠。初領聖體。

一八八八年——小學畢業輟學。

一八九一年——跌下，受傷。傷癒，決定修道。往表叔神父處就學。

一八九二年——進修院。

一八九七年——十一月十日自動來羅瑪求學。

一八九九年——十二月二十三日陞神父，二十六日首祭。

一九〇〇年——任Rorai Grande（Pordenone）代理本堂神父。寫《聖職人員按教宗的指示，目前所有的責任》（I doveri del clero nell'orra Presente secondola mentedel Sommo Pontifice）小冊。

一九〇一年—任公各爾提亞(Concordia)總鐸。

一九〇五年—弟弟若望於三月十八日晉陞司鐸。

一九〇六年—開始編《藝術史》爲中學教科書。

一九一一年—寫《十字架與藝術》(JI Crocefisso ncll'arteo Firenza)

一九一三年—在米蘭創《聖教藝術》雜誌(Arte Cristiana)

一九一五年—任亞奎肋亞(Aquileia)署理總鐸七月八日抵任。

一九一六年—七月十四日父親去世。

出版《亞奎肋亞指南》(Quida di Aquileia e Grado-mileno)

一九一七年—五月遊法國。

六月意大利詩人達農茲阿來亞奎那亞。

十月二十八日隨意大利軍隊退出亞奎那亞。

十一月二十日來羅瑪。任爲第三十區陣地醫院服務司鐸。

一九一八年—二月十八日抵威尼斯Mogliano，任第三軍陣地指導民眾動員之責。

九月十日抵露德朝聖。

十一月三日隨意大利得勝軍回「公各爾提亞」。任爲本教區副主教。

十二月二日創立戰時嬰兒（私生子）院。

一九一九年——二月任亞奎那亞博物館館長。

七月十五日本區新主教Paulini上任，解除副主教職。

一九二〇年——四月二十三日任斐烏墨Fiume署理主教（Administrator Apostolicus），五月十日抵任。

十一月十二日意大利與南斯夫在Rapal簽約，承認斐烏墨獨立。達農茲阿率敢死隊在斐烏墨叛變，聲明斐烏墨併於意大利。

十一月二十八日意大利政府派海陸軍封鎖斐烏墨，逼達農茲阿解散敢死隊，十二月二十四日兩方開火。十二月三十一日達氏接受解散敢死隊之條件。

一九二一年——七月二十日發表爲領銜名譽主教。八月二十四日受祝聖。

一九二二年——三月二日斐烏墨革命軍推翻獨立政府。

六月十一日接傳信部長函，報以教宗欲任之爲駐華宗座代表。七月十八日覲見教宗。八月四日再見教宗辭行。

八月九日庇護第十一世建立駐華宗座代表職。

八月十二日被任命爲駐華宗座代表。

九月九日陞領銜名譽總主教。

九月十二日由威尼斯動身赴中國。

十一月八日抵香港。得母親去世消息。公開宣佈被任爲駐華宗座代表。

十二月七日至八日視察廣州。

十二月二十四日抵上海，二十九日抵北京。

一九二三年——正月一日謁見黎元洪總統。

正月十二日由北京動身赴漢口，二十三日漢口。

三月一日北平教友上書願獻宗座代表公署。

五月二十五日在漢口第一次召集中國公議會籌備委員會。

七月二日由漢口赴北京，路過上海。

七月二十二日見顏惠慶外長。

十月視察關外東三省教務。

十二月十二日建立蒲圻監牧區。

一九二四年——二月二十五日教廷國務院函示爲梅神父被殺案賠款事。

二月三日視察浙江，福建教務。

四月十五日成立蠡縣監牧區（安國）。

五月十五日上海公議會開幕。

六月十八日佘山朝聖。

七月三日往秦皇島休息。

一九二五年——三月十二日孫中山逝世。殯禮時，夾在群眾中觀禮。

三月三十日抵開封，視察教務。

五月三十一日上海五卅慘案。向教廷國務院報告經過及中國人民排外心理由外人壓迫過甚所逼成。

六月十六日教廷國務卿電令代答輔仁大學教授，爲五卅慘案事，上電教宗，請主持正義事。

六月七日在山東袞州祝聖韓主教，乘便往曲阜觀孔陵。

八月赴高麗，日本。

十月赴大同。

一九二六年——二月二十八日庇護第十一世頒佈「聖教事故」通諭。

五月三日由天津乘船赴上海，視察崇明島。

五月十日成立宣化牧區。

五月十二日成立汾陽代牧區。

五月二十三日在寧波追悼趙主教，然後赴臺州視察。
六月十三日在香港祝聖恩主教。然後轉赴漢口、太原。
六月十五日庇護第十一世頒「余即位伊始」通諭。
八月十日成立臺州監牧區。
八月十一日成立海門代牧區。
八月十六日通函中國全國主教告以教宗將親自祝聖中國主教事。
九月三日由北京動身率六位中國主教赴羅瑪。十月十六日抵拿波里。
十月二十八日庇護第十一世祝聖中華六位主教。

一九二七年——正月二十六日由拿波里乘船回中國。
二月二十二日抵香港，三月二十八日回北京。
五月六日由北京赴獻縣。
十月十一日視察煙臺，青島，海門，上海，南京，蕪湖，九江，南昌，漢口，
漢陽，武昌等處。十一月二十三日回北平。

一九二八年——正月設中國公教教育聯合會。
夏，遷入迺茲府，宗座代表公署。

七月二日在宣化祝聖程有猷主教。

一九二九年——八月一日教宗致中國主教通電。設立中國公教進行會。

正月十一日由北平赴南京。十四日在上海見王正廷外交部長。

正月二十二日在南京謁見蔣中正主席。

正月二十八日見外長王正廷談教廷與中國訂約事。

二月八日弟弟若望神父陞Spezia教區主教。

五月十九日成立中華公教進行會青年部總部。

五月二十九日以教廷特使名義抵南京，參與總理奉安典禮。

十一月十四日輔仁大學新校舍奠基禮。

一九三〇年——正月三十一日由北平動身赴四川視察，沿途視察鄭州，漢口，宜昌，二月十日抵重慶，三月二十三日回北平。

法文北平日報（Journal de Peking）在三月四、五、六等著文攻擊剛恆毅代表。

三月三十日函法國駐華公使抗議。

六月二十九日教廷之羅瑪觀察報，正式否認北平日報之謠傳。

十月二十六日由北平動身回羅瑪。

十一月九日在潮州祝聖主教。

十二月二十二日覲見教宗。

一九三一年——三月十三日主徒會正式成立。

六月二十日由拿玻里動身回中國，路過美國。

八月十七日抵北平。

九月五日在北平溫泉治病。

九月二十八日李敦代表團意籍代表來見。

一九三二年——五月十五日陳路加緣督教授受洗。

八月三十日傳信部長王老松樞機逝世。

一九三三年——正月腳氣病臥床。

正月六日公佈中華公教進行會章程。

二月一日由北平動身回羅瑪。

二月二日在南京謁見林主席與外交部長。

二月九日由上海動身，三月一日抵威尼斯。

三月十六日畢翁蒂樞機任傳信部長。

四月九日覲見教宗。
六月十一日教宗祝聖遠東主教五位，其中有中國主教三位。
十一月三日覲見教宗辭職。
十一月二十一日蔡寧蒙席任駐華宗座代表，升領銜名譽主教。

一九三四年——七月二十五日動身遊地中海近東等國。

一九三五年——三月二十八日見墨索里尼，贈《傳教指南》。
五月遊北非。
六月二十九日，在比國主持陸徵祥修士晉鐸典禮。
十二月十日任命爲傳信部次長。

一九三六年——出版《聖教藝術與十九世紀藝術風格》（Arte Sacrae Novecentismo），夏赴荷蘭與北歐。
五月二十六日傳信部訓令駐日本宗座代表，准許日本教友敬祖敬民族英雄。

一九三七年——七月十一日教宗欲派之赴西班牙任視察專員，婉辭。夏，赴中非視察。
十月往巴黎代表教廷參觀世界展覽會。

一九三八年——九月三日覲見教宗，獻羅瑪世界展覽會會所聖堂圖形。

一九三九年——三月十五日第一次覲見新教宗庇護第十二世。

五月九日覲見教宗，談以中文行聖教禮儀事。

十月二十九日教宗祝聖十二位傳教區主教，其中有中國主教一位，爲田耕莘主教。

十二月八日傳信部令允中國教友敬祖敬孔。

一九四〇年——四月五日傳信部部令免印度Malaba區傳教士對古禮宣誓，出版《傳教區的聖教藝術》（L'arte Cristiana, nelle missioni）

一九四一年——夏，整理傳信部辦公室，次長辦公室中懸歷代次長像。

五月九日聖職部（教義部）咨傳信部，將允傳教區用本國語行聖事，因此該預備這種譯本。

一九四二年——七月八日職部咨傳信部准傳教區用本國語行聖事。

出版《穿戴信德之盔甲》（Induite vos armaturam fidei）

出版《耶穌爲生命眞理及道路》（Gesu, Cristo, Via, Verita , Vita）

一九四三年——七月十九日，乘火車出羅瑪城，在城郊遇空襲，幾遭難。

出版《去宣傳天主神國》。（Va annunzia il Regno di Dio）

七月二十六日弟弟若望主教調任意大利聖教藝術委員會升領銜名譽總主教，來羅瑪同居。

出版《隱藏的天主》（Dio nascosto）。

一九四四年——二月七日意大利天主教民主黨領袖德佳史百里（De Gasperi）來家避難。

二月十日傳信公校避暑山莊被炸。

三月二日傳信公校校園中落一炸彈。

四月四日英美聯軍進羅瑪，德佳史百里恢復自由，後爲意大利總理八年，號稱「復興總理」

一九四五年——十二月二十四日教宗演說，聲明樞機院將更國際化，將策封各洲之新樞機。

一九四六年——二月十八日田耕莘主教策封爲樞機。剛總主教宣讀策封狀。

四月十一日建立中國聖統制。

八月十一日田耕莘樞機調任北平總主教。

出版《中國日記》兩冊（Coi mossionari in China）

一九四七年——出版《傳信部檔案中對於本籍聖職員訓令的研究》。（Ricerched' ardhivio dull' Istruione De Clero Indigena）

一九四八年——六月二十九日成立羅瑪聖伯鐸書院。

出版《枯葉》日記（Foglie secche）

一九四九年——三月八日聖職部（教義部）咨傳信部中國爲行彌撒，除彌撒中心部份外，可用中文，傳信部宜預備中文彌撒譯本。

十二月二十六日首祭五十週年金慶。

一九五〇年——出版《慰人的天主》（Il Divino Consolatore）

出版《傳教區聖畫展覽會目錄》。

組織聖年聖教藝術展覽會。

一九五一年——六月十七羅瑪日觀察報公佈教宗「福音使者」通諭。在西班牙與葡萄牙主持傳教區聖教藝術展覽會開幕禮。

一九五二年——正月十八日教宗向中國聖教會頒佈「開端我們便切願聲明」通諭。

十一月二十九日教廷國務院常務副卿孟棣義蒙席面告教宗將策封之爲樞機。

出版《婦人模範——文藝復興聖畫與聖母》（Il libro della sposa--madonnanell'ar--te del Quattrocento）

出版《聖職部聖教藝術訓令註釋》（L'Instruzione del S. officio sull'artesacra）

一九五三年——正月十二日策封爲樞機。

一九五四年—出版《殘葉》日記（Ultime foglie）

五月二十二日任教廷掌璽大臣，或稱聖座文書院院長。

五月二十七日率中國主教神父朝羅瑪聖母大堂。

一九五五年—九月二日任東方禮儀教會法典編纂委員會委員。

一九五六年—四月三日八十壽。

五月十七日弟若望總主教去世。

任意大利聖教藝術委員會名譽會長。

十一月三十一日謝壽康公使代表中國授剛樞機景星大綬勳章。

一九五七年—出版《聖母與傳教區藝術》（La Madonna nelle Missioni）

出版《同聖伯鐸祿以合於耶穌》（Con Pietro in Cristo）

一九五八年—出版《爲聖教藝術而辯護》（In Difesa dell arte cristiana ）

出版《青年日新如鳳凰》（Renovabitur ut aquila juventus tua）

九月二十四日在醫院手術。

十月十七日病逝醫院中。

十月二十一日殯禮大彌撒。遺體運回本鄉安葬。

註：

剛恆毅樞機所印的演講小冊和雜誌文章，未列入年譜中。

一九五九年三月六日，羅瑪。（新鐸聲）

一、傳信部長畢翁蒂樞機逝世

七月三日晚，我聽意大利新聞廣播，有教宗探望傳信部長病情的消息。傳信部長畢翁蒂樞機於前晚病勢驟然加重，夜中已領終傅。教宗若望第二十三世乃於當天正午，出宮赴傳信部部署，登樓探視部長病情，坐談二十分鐘，特賜宗座降福。當天傍晚，部長病勢轉佳，已能送進醫院。

聖伯鐸祿節爲畢樞機主保節，節前兩日，我赴傳信部致賀。部長的隨身跟班說：請在簽名冊上留名，部長臥床不能接見。當時部內誰也不以部長病勢爲憂，因爲部長既已到八十八歲的高齡，抱病固所不免。可是就因爲八十八歲的高齡，心臟忽然弱了，呼吸便不靈，輕病立刻轉爲不可救治。

七月十二日傍晚，杜寶縉蒙席來電話，告以部長樞機已於兩小時前逝世。次日，十點半，我往傳信部，迎候部長遺體。遺體由醫院運回傳信部，陳於部內小聖堂中，兩旁祭壇，由部內職員和伯鐸書院的神父，繼續舉行彌撒。教廷的樞機和各機關高級人員，駐教廷外交團以及傳教修會代表，到堂致弔，絡繹不絕。七月十六日，按樞機殯禮出殯，傳信部次長西奇曼總主教舉行喪禮大彌撒。彌撒畢，教宗御駕親臨，主持拜安所禮。一百年來，這次是第一次，教宗出華棣崗，參加樞機喪禮。

二、

畢翁蒂樞機長傳信部二十七年餘，最近兩年，眼目失明，部務由署理部長處理。畢樞機長傳信部之久，爲傳信部三百三十餘年歷史中所少見，在畢部長任內，造成了二十世紀的現代化傳教事業。

現代化的傳教事業，實在即是恢復公教傳統的傳教方策。傳統的傳教方策，傳教士到一處佈道，便成立地方教區，培植本地聖職員，讓他們繼續佈道之責。歐洲文藝復興時葡萄牙和西班牙的航海家，發現了許多新的地方，兩個政府以所發現的地方據爲自己的殖民地，握著保教權，後來英法荷意等國繼續起，把亞洲非洲淪於殖民區域。傳信部爲挽救保教權的弊端，創立宗座代牧制，又以傳教區分托各傳教修會。於是各傳教修會視傳教區爲本會遺產，以宗座代牧名義永久代替聖座管理。

四十一年前，教宗本篤第十五世，頒佈「夫至大」通諭，訓定革新傳教事務。說明傳教的目的，在於建設各地的教區，以本地聖職員負責佈道。教宗庇護第十一世督責傳信部執行傳教新方策，並且親自祝聖中國、日本、越南、印度的第一任本籍主教。時傳信部長王老松樞機，駐華宗座代表剛恆毅總主教，都積極執行新傳教方策，再接再厲，克服困難。王老松樞機本是這項新方策的策劃和主動人，他革新了傳信部的組織，革新了全球的傳教事業，於一九三二年夏逝世。畢翁蒂樞機於一九三三年春繼任部長，後兩年剛恆毅總主教任傳信部次長。畢樞機任部長二十七年，剛總主教任次長十八年，在這樣長久的任期內，兩位主持傳教事業的首長，乃能貫徹教宗的新傳教方策。目前，亞洲非洲的傳教區，幾乎都成立了正式教區制的聖統，本籍主教已增至百餘位，本籍聖職員已近八千人。

三、

在各種的傳教事業中，畢部長所最鍾愛的，無疑地是傳信學院。每星期至少兩次赴校，在校園園道上和學院院長散步長談。暑假時，傳信學院學生往「剛道福別墅」避暑，畢翁蒂樞機也往學院的別墅住兩個月。當第二次大戰羅瑪緊急之秋，畢樞機乃來傳信學院居住，夜間空襲警報嗚嗚作聲時，樞機同學生一齊下到樓下地下室，手持手電筒往來巡視和學生們唸經祈禱，談笑解悶。在別墅避暑時，遵守學校的時間表，和學生們同時行默想、拜聖體、閱聖書、誦玫瑰經、行晚禱。一天三餐，和學生們同一食堂，又喜歡和學生們閒談散心。近年目漸失明，不能閱讀，乃叫學生們輪流唸書，供他靜聽。（他吩咐學生唸的書，常是聖教歷史。）

畢樞機一生有一最大的嗜好，即是考古。羅瑪的古蹟，可以說是一步一殘碑，十步一古樓，還有聖教初期殉道聖人的遺跡，佈羅全城。畢樞機午後散步，常是訪弔古跡，他的隨身秘書為一美國神父，屢屢討厭跟著樞機在殘柱缺碑中流連，樞機則向他隨處解釋，講的津津有味。當剛總主教任次長時，剛公嗜好藝術，我們常笑說：一好古蹟，一好繪畫，頗有中國古來文人雅士之風。畢樞機屢次訓戒傳信大學學生，每人應該養成一種正當的嗜好。神父的生活為獨身生活，一生常覺孤獨，需要一種正當的嗜好。為佔住工作的剩餘時間；否則容易胡思亂想，以致墮在女人的誘惑裡。正當的嗜好又可以散心，使神父在工作疲倦時，鬆散自己的神精。畢樞機的這種訓戒，乃是自己經驗之談。

我還記得畢樞機的另一項警告，一次他從鄉間散步回別墅，晚間談話時，他笑著說，今天看見一家農夫的豬欄裡，獸醫給一小豬開刀治創。小豬叫著不休，開刀畢，小豬伏著不動，別的大豬小豬都來舐牠的傷口，似乎是安慰安慰牠。豬欄邊站著幾條狗，一個青年農夫把狗趕走，用一片小石打中一條狗的腿，狗狂著叫痛，別的狗就都跑來咬牠。畢樞機結論說：修會會士可以說是豬，一個人受外人打擊，同會會士都知道袒護，又很了解家醜不可外揚。教區神父們可以說是狗，一個人受攻擊，一個人壞了事，大家都乘機攻擊他，似乎有落井下石的壞心。

這幾句話深深印在我心上，我也曾給中國國留意大利的聖職員公開講過。今年田樞機路過羅瑪，向中國神父所作的訓話，和畢部長的話大同小異，田樞機訓話後的當天晚晌問我說：「據說你也對中國神父講了一次」。大約是留羅瑪的一位北平教區的神父，把往年聽我所說的畢部長的話，向田樞機報告了，田公覺得有所同感。

爲紀念畢樞機，我們聖職員同道，最好是接受他的兩項警戒，第一每人養成一種正當的嗜好，第二彼此互相隱惡揚善。

一九六〇年，七月十六日羅瑪。（新鐸聲）

剛恆毅樞機紀念碑

一、

公各提亞（Concordia）城，建於羅瑪奧古斯督皇登基以前。當他在羅瑪國的北方督軍時，以一軍駐紮在公各提亞，開始建築這座小城。後來北方的蠻族侵邊，公各提亞遂成了羅瑪的邊防重鎮，城中設有製造兵器局。那時的兵器，是箭和戈矛。因此公各提亞號稱「箭倉」（Sagitaria）。

北方蠻族終於侵入了羅瑪帝國，公各提亞幾度毀於兵火。邊防的意義既失了，又因著海水退走了幾十里，失掉海口的意義，商業也大行衰落：公各提亞便落為農人和漁人的小鎮。城中所建的主教座堂雖尚存在，主教座堂先則遷於亞奎肋亞，後則遷於波爾多魯亞諾（Portogruano）。

一九〇一年，剛恆毅神父被任為公各提亞總鐸。當總鐸出缺時，公各提亞城民向主教舉薦一位神父任總鐸。要求主教予以任命。派代表，彼此開會，聲明拒斷別一神父任總鐸。主教當然不答應，特派剛恆毅神父往公各提亞去，並且預備請縣政府派警察送他上任。剛神父那時年僅二十五歲，他向主教說：

「謝謝！我想更好我一個人去。若可以住下，就住下；若不能住，我就回來。由警察保送上任，我不喜歡。」

「你隨便罷！」主教答說。

「一九〇一年，三月二日，星期六，我和我的表兄蔡巴洛神父（Eamparo Egidio），坐著一輛小馬車往公各提亞上任。下著雨，我只帶一隻行李箱。箱內幾件換洗的衣服，手上一本日課經。到了總鐸住宅，黑黑的，沒有一個人，又沒有一樣木器。我只好到副本堂黎佐神父（Rizzo Nicola）處，借宿一宵。總鐸到了的消息，一瞬間傳遍了全鎮。副本堂住宅對面的一個剃頭匠，馬上高聲唱嘉里波利（Ganibaldi）的革命曲，故意給我一個不好看。傍晚，一些人聚齊在副本堂門前示威，叫囂吶喊，高呼『打倒』。副本堂願意出去抗辯，我勸他不要出去。」

「次日，主日，教友滿堂，我看見一堂面色有些好奇，有些驚疑，但不見仇視的神氣。」

「彌撒中，誦了聖經，我登講道臺。我很簡單地向教友們介紹我自己，我說：我不認識他們，他們也不認識我。我到公各提亞來，不是我討好要來的，是主教派我來的。我來是爲他們服務，作他們的父親，作他們的牧師。可是我並不打算務必要留在那裡，我隨時可以動身走。於是馬上我就盡我的本堂職務，向他們講聖經。」

「簡單地說了這幾句話，我就講主日道理，群眾的心理很特別。一點小事可以激動他們，一點小事也可以安定他們，我似乎看教友們的面上，都顯著同情的神色了，彼此互相顧看，都表示滿意。」

「我預先通知我在彌撒後將去拜訪縣長。縣政府在聖堂對面。教友從聖堂出來，都站在街道兩旁。讓我從中間走過，一個人忽然鼓掌，大家便都鼓掌了。」

「過了一個月，主教在我上任後第一次來公各提亞視察，縣政府當局和教友代表，領著樂隊，一同到縣界迎接。」

「這樣，我在公各提亞上了任，我在那裡住了十四年，一直到大戰爆發。那十四年是努力工作，誠心互助的年頭，我和地方人士，彼此很和好。」（剛公日記。Faglie secche p. 72-74.）

二、

去年十一月八日，在半世紀後，剛恆毅樞機又回公各提亞本堂裡。這次回來不是悄然無聲地偷偷進來，乃是在全縣民眾和各方面代表的大會裡，很隆重地被迎而來。然而大家沒有喜慶的心腸，而是憂傷的情緒。這天，所迎回的剛恆毅樞機，已經不是活在人世的活樞機，乃是刻在銅板上的紀念碑。

在剛公逝世的第二週年，公各提亞教區主教發起在公各提亞本堂裡建立剛公紀念碑，以永存紀念。各方的剛公舊友，都群起響應，捐贈立碑金。我國田樞機也代表中國主教，大量捐助。

立碑日，原定剛公逝世第二週年十月十七日，後因銅碑鎔鑄稍晚，乃改於十一月八日，立碑日，揭幕典禮由威尼斯宗主教烏爾巴尼樞機（Card. urbani ）主禮，公各提亞教區主教及附近四教區的主教都親來與禮。意大利政府派德西多里部長（Tessitri）爲代表，教廷國務院派剛公駐華時的舊秘書高彌肅蒙席爲代表。傳信部部長和部方的代表爲白哥益（Pecorai）蒙席，我則充田樞機和中國聖職員及中國駐教廷大使館的代表。教廷藝術委員會會長法郎尼蒙席（Fallani），作紀念演講。剛公的老年舊友，多有遠道趕來參禮的人。

公各提亞全縣神父和民眾，都擁擠在聖堂內，觀看紀念碑。

紀念碑泥塑圖樣塑成後，法郎尼蒙席曾約我去看了兩次，稍爲貢獻些許意見。紀念碑爲一大銅碑，鑲嵌在大理石架內。碑的中部刻有剛公像。像高如生人。剛公身著樞機禮服，肩披大氅。兩手握置胸前，神色很安詳，又很謙虛，爲剛公生前參加典禮時常有的神態。

像的兩旁，自腳到胸處，刻有小像四幅，兩左兩右。四幅小像爲剛公一生裡四件最有意義的生活圖：左方上幅爲，剛神父送聖體圖，代表剛公的總鐸生活；右方上幅，爲剛主教鼓勵藝術家工作圖，代表剛公的藝術生活；左方下幅，爲剛主教祝聖中華主教圖，圖角有中華主教四字，代表剛公的駐華生活；右方下幅，爲剛樞機領受樞機紅冠圖，代表剛公的樞機生活。彫刻家選擇了這四樁事跡，代表剛公的人格，真入情入理。

剛公銅像下面，刻有拉丁文題字，碑文兩側，刻有剛公及公各提亞城的徽章。碑文由公各提亞的主教擬成，碑文云：

「車爾索公剛恆毅，羅瑪公教之樞機。聰明睿智，彬雅君子。精識藝術，毅爲抗護。奮志傳教，駐華主部。本區主教，神父教民，鄉黨戚族，遠近舊友，懷德景仰，立碑永誌，誌從此堂，發跡騰升。」

十一月八日清晨，我從羅瑪坐了一整夜的火車，到了波爾多魯亞諾城。下了車，雇輛小汽車，往公各提亞高彌肅蒙席家，在他家中盤桓一日，參加了立碑典禮，當晚乘火車又回羅瑪。在公各提亞尙聽見一輩老年人，追憶剛公任總鐸時的事跡。有的說是從他手中初領聖體，有的說是他祝聖婚姻，有的說是由他受了聖洗。在紀念碑典禮中，烏爾巴尼樞機致詞時，也提到年青時，在威尼斯曾見到剛恆毅神父，心中所存的印象很深。至於說認識剛恆毅樞機，公各提亞全城的人沒有不認識的。每年暑假時，剛公常來到鎮上，常很樸素的走進老朋友的家裡，坐著閒談。公各提亞人看著剛公已經是他們鎮上的人了。因此他很喜歡紀念碑立在他們的本堂裡。他們在紀念碑揭幕後，都魚貫走到碑前，仔細觀察，大家互相點頭說：「神色很像他！」

當剛恆毅神父到公各提亞上任後第一次講道，公各提亞人彼此點頭稱許，對新本堂神父表示滿意，日後感情常是融洽；於今他們彼此點頭稱許，表示對銅像滿意，日後必定常常愛護紀念碑的銅像。

剛公在生時，最不喜歡人家給他開慶祝會，最厭惡人家演講稱讚他。卻又很看重樸素人向他表示知恩或致敬。他策封爲樞機後，別的慶祝會使他討厭，獨有羅瑪的中國神父和他本鄉的鄉下人，給他舉行慶祝，他覺得很開心。因爲他知道這般人慶祝他，不是禮貌儀式。乃是出於至誠。於今他在天上也必定開心接受。這碑紀念刻碑的藝術家，是他的老友，刻碑不取報酬；捐資立碑的人，都是他一生的故舊；立碑的地點，不是羅瑪，是他作了十四年本堂的聖堂。一切都很樸素，一切都很誠實。

樸素誠實，纔使人可愛。剛公因爲自己一生樸素誠實；今日纔有人爲他立碑，若單單因爲他是樞機而立紀念碑，則爲禮貌儀式；禮貌儀式不宜在鄉村舉行，應在羅瑪京都。然而在羅瑪京都裡，一位樞機的紀念碑，今天立了，明天就忘記了。剛公在小鎮的紀念碑，因人敬愛他而立碑；因著敬愛而立碑，碑便是永誌不忘了。

一九六一年正月十六日

懷蒂尼主教（Mons. T. Dini）

蒂尼主教在我的記憶裡常是生動的，而且近來較纔離別時更生動，彷彿常遇著他，常見他的微笑。房中懸著他的遺像，我要每停在像前凝視，似乎等著聽他說話。另外是天氣陰悶或是精神幽鬱時，必每次去凝視遺像。一張紙片本不會說慰藉語，然對著遺像就不感孤獨，這也帶點神秘性。

我與蒂尼主教同住三年半，他是我所有遇過的長上中最受我的愛戴的一位。

第一次我見他是一九三〇年十一月十五日。十四日半夜我到羅瑪，當夜即入傳大，臨時找個地方睡一宵，次早忙著收拾行李，換服裝，沒有得閒往見校長。午後十二點一刻，纔與同來的四位中國學生，在食堂前向校長行見面禮，於今想不起當時彼此說的話了，刻在記憶中的僅只見面時他的微笑。第一次見面我就感到他的微笑動人，笑容很自然，很和藹，表示一顆坦白可親的靈魂，我看他的身體不很偉壯，動作卻極輕爽，談話時語調溫雅；還記得他那時披著黑絨氅衣，立在門前石級的最上層，初冬的太陽，適照在門外的小場上，氣候很柔和。

住校的第一年，新生們不常與校長交談，見面時僅行禮問安而已，我不記得第一年我去過他的房裡。每一天我都看見他，使我注意的仍是他的微笑，舊同學們也常說，校長是常帶笑容的。

微笑是蒂尼主教的特性，但不是喬裝的笑，而是出自天真。這表現他性情溫和，心靈平靜。學生與他相近，不感覺那種慣常對人的拘束，只覺得他是自己的親人，諸事可以信託他。每個學生卻也都敬畏他，敬畏不是受逼迫而發的，是流自敬愛的心理。素常他總保持著笑容，輕易不見他有怒色，一次在別墅中因著少數學生的不謹愼，引動外人對傳大說批評話，他向全體學生作訓話時，面上收斂了平日的微笑，但也不是怒容，只是一種嚴肅氣象，他說：「我寧願允許一個學生在我面前犯一條重大的校規，不容忍一個學生在外面背著長上，借故犯小過失；青年人要磊落光明。」

在校的第二、第三兩年，我常去他的房間，也因職務關係，有時該去請問。一敲門進去，就望見他的笑容，接著聽他的藹然一聲：「羅光，好不好。」每天傍晚，他的門前必擁著一隊學生，他們都等著見校長，述說各人的心事。蒂尼主教自第一個直到最後一個常是笑臉相迎，從不顯一點疲乏厭倦的態度。接見時，他常注意壁上的鐘錶，學生談話的時間稍長，他便起立表示願意送學生出門；因爲他知道門外還有等著談話的學生。

蒂尼主教自己的身體不甚強健，常生小病，因是他很能體貼有病的學生。他常說可憐的學生們，在這邊生活，多不服水土，已經算一樁大犧牲，若再帶有病，而又該讀書，他們的痛苦更大。加之離家很遠，抱病臥床時，孤伶一身不見自己的親人，更感到憂鬱。所以他願意自己成學生們的親人，使抱病的學生們能夠享有受人愛護的安慰。他無論怎樣忙碌，晚飯後，必到養病室瞧看抱病的學生，蒼茫的夜色裡常見他同監理緩緩地走向養病室。在養病室裡他同學生們笑語詼諧，親手替他們上藥。幾時學生病重送入醫院，該施行手術時，他必定在旁看視，嚴冬的清晨，他破例早起爲趕上醫院去。一次，我的班內一個同學在夜間發急病，不及送入醫院，清晨在養病室施了手術，蒂尼校長一個午前在養病室的過道緩步著，我去看病時，他輕聲說：「不要去驚動他，病勢似乎沉重。」他從不願遣送帶病的學生歸國，除非幾時醫生證明一個學生的病非呼吸故鄉的空氣不能痊癒，纔遣送回家。回家前，務必要求醫生以種種方法，以保護學生旅途的安全。這表示他的一顆慈愛心靈。他不遣送帶病的學生回去；因爲他想學生是到了傳大以讀書而致病，學校有義務醫治學生的病，學生的家人派學生來傳大時，是派了身體無病的人，幾時傳大再送學生回去時，也該是身體無病的人，所以他對於學生國籍複雜，民族性多不相同，生活習慣也相差很遠，校長要使他們就同一的生活範圍，容易引起反感，蒂尼主教有一種連絡人心的天才，在不知不覺中他可以引你走他所願走的路，而且不會使你感到受強迫。

性情瀟灑的人，多有愛好音樂的傾向，因這種性情近於幽靜美嫻，常能有敏捷的美感；蒂尼主教最好音樂，我常記著他坐在音樂練習廳的姿態；獨自坐在後面的一張小椅上，右手支著頭，雙眼半閉著，氣息似乎隨著歌聲上下。遇著歌調輕越高亢，他的手便按拍揮動，不時也幽聲合唱。平日因職務繁雜，不見他弄樂器，然他對於弦琴鋼琴都是能手，間而大慶期，午宴後，人客散去，他便一人坐在鋼琴上奏曲，以散餘興。

有美感的心靈必富於感情，感情而經過高的陶養後，則這種人處處表現可親，人人都自信是他的朋友。蒂尼校長感情最醇厚，富於同情心，他因居傳大很久，幾視傳大如家庭，學生們也愛如父親。他離校以前，更表示了他感情的深沉，送別的大會中，當他接受學生的賀詞冊時，竟淚流如雨，俯首地嗚咽，將別的前幾晚，學生各自到房中辭行，請他留字跡，我房中於今所懸的遺像上有親筆題的祝福語，語出自古聖經，他借用了聖祖依撒各臨終前祝福兒子聖雅各伯的話，他也以父親的心情來祝福我，題字說：「祈望天主常賜與親愛的羅光以天上的甘露和地上的豐富。」在房中辭行時，我跪下求降福，他一手握著我的雙手，一手按著我的頭頂，唸了降福辭後即說：「我總不會忘記你。」我當時即應道：「我許下常寫信與主教。」

離校的那一刻，必是他一生中最痛苦的時辰：全體學生周圍著汽車，他從經堂拜了聖體後，出現於大門前，接受了一束鮮花，似失了感覺，他站著任學生攝影，學生高唱著送別歌，他雙眼蒙淚，俯首靜聽，歌畢繼著掌聲，他纔如夢初醒，舉手行降福禮。他的面失了笑容，呆木慘白，伸足踏人汽車，他不敢再看學生，僅揮手答覆學生們的鼓掌祝福。汽車駛出了大門，他悽然向駕汽車的監理司鐸說：「爲何走的這般快！無情地把我從這裡帶去！」

三年半的同居，他留給了我的印象很多，筆墨所能寫的，只是那些可以模擬的部份。至於彼此間的感情，則僅能用心靈的感覺去寫，他逝世後，我願寫一篇真誠的追悼文。無奈感情不能用話語傳達，追悼文也成了普通的應酬文。

我感謝他對我所有的愛待，所有的信任，我常願意作他的學生。於今他在天鄉，更可常作我的校長，他必繼續昔日他的父親情懷罷！

一、

上月今日，含悲送別，
當時離情還孕著希望，
今月今日，灑淚追弔，
此生就此絕了重面緣，

春陽春花豔麗如昔，
人事變移，空多少心願。

二、

生命之花開落迅速，
較秋雲之變換猶悠忽，
一月前少壯之身軀，
突如花朵隨風而飄去，
埃及沙漠草木枯萎，
豈能容你眞理花居住。

三、

你曾約當我畢業後，
帶我於巴肋斯坦聖地，
他日我到耶路撒冷，
院長的笑容何處重尋？

巴肋斯坦預備迎你，
你的足跡竟未得入城。

四、

猶憶離別前你曾說：
「我日後總不會忘記你！」
我頻頻點頭微笑說：
「日後我的信也不斷絕！」
今日以心音代信札，
希望飛上穹蒼入天闕！

一九三四年（我存雜誌）

註：蒂尼校長陞教廷駐埃及巴肋斯坦的宗座代表，到任後，忽死於任所。

追悼柏長青主教（Mons. R. palazzi）

今年六月十三日，我往意大利北方海濱肋各（Recco）小鎮，看望柏長青主教。我那時剛受祝聖爲主教，預備赴臺南就職，在離開意大利以前，我特別去向柏老主教辭行。那一天是聖安義節，爲方濟會大慶期，柏主教寓居的方濟會院，請他在晚上行大禮聖體降福。我到了以後，柏主教讓我舉行降福典禮，把自己的高帽權杖借給我用。次日，方濟會院的院長駕車陪我去遊意大利北方海濱最有名的風景區斐謁港（Portofino）和拉把洛（Rapallo），柏主教也伴行。午飯後，我離別肋各。在辭行時，我效法古經聖祖的遺表，跪地求老主教的降福，有似兒子求父親的祝福。柏主教祝福時，我流淚，他也流淚。祝福後，柏主教走入房中，一語不響。我獨自下樓，在聖堂裡小跪。當時，我們兩人彼此心照，都知道以後再不能見面了：因爲老主教當時已害著很重的心臟病。

在三十七年以前，當鄉間稻禾秋收了以後，我的伯父明山公引著我去進衡陽黃河灣修院。修院院長是柏長青神父。

柏院長神父身體不高，上唇留著短鬍，下顎和兩頰則沒有普通外國神父的髯鬚，眼睛上常架著眼鏡。他那時當衡陽小修院的院長已經很多年了，以前他在荊州的兩湖總修院也教過書。他是意大利人，但在年輕的時候就隨湖南老主教翁德明來衡陽，在衡陽陞神父，因此他的中國話說得很流利。同時他的拉丁文，也順口成章，因爲他一生常教拉丁文。

我去修院時，柏院長自己教拉丁文，他不用兗州府所印的拉丁文規，他用他自己所編的文規。當每年暑假時，我們修生們便把文規抄好，預備下學年之用。柏神父任憑別人怎麼勸他，他總不肯把他編的拉丁文規付印，我至今引以爲憾事。

每天晚晌，晚飯後，拜了聖體，柏院長神父往本堂神父住宅去問候神父們；過了幾分鐘，我們就見柏院長提著一盞玻璃油燈，由走廊裡慢慢走來。若是冬天，我們都在一間教室裡等他。若是夏天，我們便在園子的桂樹下等他。柏院長向大家彼此先說一聲：「讚美耶穌基督。」然後我們便圍著他，他開始講故事。所講的故事，有的是古經上的事，有的是聖人言行上的事，有的是意大利和法國民間的故事。柏院長講故事的本領很長，講的津津有味，我們越聽越愛聽。年歲大的修生，也捨不得走開。

衡陽黃沙灣小修院，處在一風景優美之區。距城約三華里。修院居一小峰頭，前有蒸水，迴繞成一大灣，灣中有黃沙洲，春日水漲，洲成一湖，夏日水退，赤足可渡。修院側有小峰迤邐。暑假時，傍晚天涼，柏院長常率修生在小峰上乘涼，席地講故事。修院中，園內有林，有梅桂茶花等樹。柏院長在林旁建一聖母洞，每晚，修生晚課畢，群集洞前，高唱一聖母歌，然後登樓就寢。

我於一九三〇年冬出國，赴羅瑪，入傳信大學。其時柏院長已陞主教。首先爲衡陽南境代牧翁明德主教的助理主教，後一年，翁主教辭職返國，柏主教乃爲衡陽教區宗座代牧。我既出國，柏主教以後的生活，我就不大知道清楚了。及到一九四九年，我在羅瑪接到了柏主教辭職的消息。

柏主教辭職時，共產黨已經佔了衡陽。他身體既有病，又知道外國教士一定都要被共產黨驅逐，便向傳信部呈遞辭職書，請選派一位中國主教。傳信部接受了他的辭意，選派萬次章神父爲衡陽主教。

在萬主教尚未發表以前，柏主教就離開了衡陽。一天，我在羅瑪，忽然聽說柏主教將到羅瑪，我用電話向方濟總會詢問，總會回答不知道。我又向航空旅行社打聽，知道當天有一飛機由香港來羅瑪。我便坐著使館的汽車往飛機場去試一試。在由香港飛來的飛機降落後，旅客下來，都走出機場時，我看見在機場側站著一個穿短裝的人，短裝是中國共產黨人的青衣短裝，我便走向前去看，走近時，看到那人便是柏主教。他很驚訝我怎麼知道他來了，又怎麼竟到機場來接他。那時去接他的只有我一人。他的行李只有兩件，一件是一口長木箱，一件是一只紙箱。他說長木箱裡是他惟一的寶貴物，就是主教權杖。舊紙箱裡則是幾件舊衣服。其餘主教該當有的禮服，他說都失掉了。

以後，在意大利，我和柏主教見面的次數並不多。他住在北方，我住在羅瑪，中間距離相當遠。但是當衡陽的六個修生到了柏主教那裡又由主教選入修院，我便兩次去看修生，也就看到了柏主教。修生們晉升了司鐸，柏主教計劃引領他們到臺灣傳教，一切都似乎計劃好了，困難卻突然來了，臺灣傳教士中有人反對，方濟總會也不贊成。柏主教這次所受的打擊很重，精神很痛苦，乃發了心臟病。

後來他所培植的青年中國神父，都回了臺灣，他把向友人所捐的錢，全數都給了中國神父們，連自己的醫藥費也給了他們。他自己覺得很孤單，柏主教一生，都和中國修生常在一起，他陞了主教以後，也常住在修院的旁邊，自己尙教拉丁文。

今年我陞主教後去向他辭行，老主教似乎有點西默翁在聖殿看見了救世主之時的情形，覺得自己的使命完了，以後的事有人可以寄託。他一生的目的是培植衡陽的中國神父，使衡陽成一國籍教區。衡陽於今成了國籍教區，是在共產黨的統治下，萬次章主教已於去年年底死在獄中。衡陽的六位青年中國神父，都在臺灣傳教。柏主教見我陞了主教，他覺得至少在臺灣的衡陽中國神父，能夠托給我，而自己有可以安然謝世的感想。

十月底，我在臺灣得到耗音，柏老主教去世了。在臺灣的衡陽中國神父都聚集在斗六，我假牛主教的座堂，舉行了一臺大禮追思彌撒。我又想寫幾句話，追悼柏老主教，但因我在兩月裡東西奔走，無暇執筆。今天卻因飛機未到，坐羅瑪寓所等著動身，便乘機草寫數行，以盡一點孝敬的心思。

一九六一年十二月二十一日於羅瑪

二、遊興

聖伯鐸祿殿（聖彼得殿）

一、

十八個年頭之久，我作了聖伯鐸祿殿的鄰居。

住在傳信母校十三年，從母校的每個角落，都看見聖伯鐸祿殿的全景，母校和大殿兩相對峙，中間僅隔著一個廣場。後來又有三年住在梵蒂岡的德國司鐸旅舍，窗戶靠著大殿的石壁，旅舍正在大殿圓頂蔭影之下。但是聖伯鐸祿殿在我的眼中，並不減少它的偉大，大殿的鐘聲，常具有神秘的詩意。

當我住在德國司鐸旅舍的時候，兩年工夫，每夜須由旅舍往駐教廷使館過宿，許多次我便興享了聖伯鐸祿殿的月景。

一九四五年正月二十九日

我曾記述說：

「昨晚偕一朋友出梵城，過聖伯鐸祿廣場，月景十分秀雅。北風掃淨了長空，一輪圓月正對大殿正門，高懸在『和約路』上，殿門石柱乳白發亮，像是經過一番擦抹。朋友駐足凝視，連聲嘆賞。我告訴他說：聖伯鐸祿廣場的月景，最好是午夜圓月或初夜新月。當新月初出時，立在廣場的噴水泉畔，看一勾新月嵌在右廊的石像間，時隱時現，石像似帶生氣。步過噴水泉再停步，月亮恰當噴水泉頂，圓瓣形水柱，像水銀柱相偎相依，水線下流，不可分辨，月光水光，織成一片，可以使觀者移神忘形。當午夜有圓月時，獨過廣場，場中空曠無人，地面石頭，白亮如水。隆然一座大殿，聳立天空，殿身銀光四射，使人疑心似乎走入了天界。昨晚，明月下，行人趕路，車馬馳驅，又別是一番景緻。月亮的幽光，冷沈了場面的灰塵，靜肅了街頭的鬧聲，一切都是有詩情的雅緻。」

還有一番另外的景緻，是雪天在梵蒂岡城內的教宗御苑看聖伯鐸祿殿，四時常春的蒼松翠柏，都披了銀盔銀甲，遍地綠茵的花圃，望去有如一片白絮。松柏花圃的盡頭，岸然立著聖伯鐸祿殿灰暗的石牆，更顯蒼老；穹形圓頂帶著稀薄的雪片，顯出異常的雄壯魁梧。

從聖伯鐸祿殿正面去看大殿，雙雙石柱構成的兩條長廊，圍抱著廣大的圓場，看來非常壯麗；聖伯鐸祿殿卻顯得小，穹形的圓頂，壓在殿上，不但不高，還顯得低。從梵蒂岡御苑看聖伯鐸祿殿的背面，則由地基筆直，看到圓頂的尖端，就如由巖下仰看絕壁，覺得有令人驚罕的高。冬季天雪，御苑的花木落了葉，聖伯鐸祿殿石牆逼在眼前，再加上石色灰暗和樹枝白雪的雙映，大殿更顯得清晰，更形龐大。

但是每當暮春或初夏，御苑玉蘭花和玫瑰花盛開，我曾從玉蘭花叢中或玫瑰花飾成的拱門內，窺看聖伯鐸殿，殿身都被叢生的灌木掩蔽了，只有穹形圓頂，露在玉蘭花叢或玫瑰拱門內，圓頂披著夕陽，顏色和玉蘭的紛紅或玫瑰的鮮紅相混，三百多年的古殿，頓有艷麗的春色。我便想起詩經上所說的：「周雖舊邦，其命維新。」（大雅　文王）

二、

聖伯鐸祿殿的壽命，已近兩千年，降生後六十七年，聖伯鐸祿在梵蒂岡山坡，被羅瑪皇「耐樂」倒釘在十字架。屍體收葬在刑場附近。教難稍為平息後，羅瑪的信友，在聖伯鐸祿的墓上，修蓋了一座小聖堂，大家來堂內朝墓。羅瑪皇公斯當定既信教，三百二十四年，他親自在梵蒂岡掘土動工，建造聖伯鐸祿殿，過了一千兩百年，古殿顯有風雨飄搖的痕跡。殿牆爲遷就聖伯鐸祿殿的地址，依著山坡而建，坡上的牆腳地基不固，漸形下落，古殿已有崩頹的危險。教宗尼各老第五世，剛從法國亞味農遷回羅瑪，蓄意整頓羅瑪的建築。一四五一年尼各老第五世動工改建聖伯鐸祿殿。改建的工程，後來繼續了五十年，時作時停。一五〇五年教宗佑理第二世，請建築名師布拉曼德（Bramante）重畫新殿圖樣，欲使新殿能集藝術之大成。乃將原有的殿宇，盡行拆毀。一五〇六年四月十八日，佑理第二世親自行新殿奠基典禮。文藝復興時代的大藝術家，都繼續擔任了聖伯鐸祿殿的工程師，布拉曼德以後有拉法愛（Raffaello）和佑理山加洛（Juliano da Sangallo）以後有彌格安琪洛（Michelangelo）大師。繼承他的有德拉波達（Giacomodella Porta）和芬達納（Fontana），最後有馬德諾（Maderno）和白義尼（Bernini）彌格安琪洛爲藝術界泰斗，他以超人的膽識，修建了聖伯鐸祿殿的穹形圓頂，圓頂從頂尖的十字架到地面，高一百三十五公尺，直徑寬四十二公尺。

一六二六年十一月十八日，古殿祝聖禮的一千三百週年日，教宗吳爾班諾第八世，舉行新殿祝聖大典。白義尼繼續修建殿外的廣場，以二百八十四根圓石柱，八十八根方石柱，構成兩條似乎伸出手臂的長廊，圍抱一個極大的圓場，一六六三年，始行竣工。長廊頂安置了一百六十二座有三人高的石像。圓場中心，聳立一根埃及石碑，高二十五公尺半。石碑原係羅瑪皇由埃及運來，安置在梵蒂岡坡下。一五六八年，教宗西斯篤第五世以八百工人，把石碑移到聖伯鐸祿廣場中心，石碑兩傍各置噴水泉一座，泉高十四公尺餘，泉水上噴，成菊花形，晝夜不息。石碑象徵基督十字架的勝利，水噴象徵天主聖寵，川流不絕。

無論誰走到聖伯鐸祿殿門前時，不能不驚嘆聖殿的高大。聖殿正面門牆，寬一百一十二公尺半，高四十四公尺。走進殿門，更要讚嘆聖殿的雄壯華麗。殿身長一百八十七公尺，較比天下任何殿宇都長，殿身高四十六公尺餘。中有兩行六十六根雙雙互依的石柱，正殿兩旁有小殿十座，殿中祭壇上的聖像，都照大師的名作，用彩色碎石鑲成，歐洲人佩服中國刺繡的精巧，我們中國人則要佩服歐洲碎石鑲畫的高妙。大殿小殿的牆壁，遍用彩色大理石裝飾，靠牆立有近代歷任教宗的紀念坊，坊上雕刻，均是名家的作品。從彌格安琪洛、德拉波達、白義尼，以及到第十九世紀的加諾瓦（Canova）和當代的加諾尼各（Canonico），都留有藝術品，供人欣賞。

三、

大殿裡的藝術品，真是萬美兼收。進門在右手第一小殿，我們便可欣賞彌格安琪洛的石刻「聖母抱耶穌遺體」像。耶穌逝世後面容安詳，聖母的臉色憂傷而寧靜，使我們流連不置。在另一石柱旁，我們可以欣賞加諾瓦石雕的哭喪天使。青年的身軀，肢體顯出和諧之美。在大殿最後面的寶座右側，我們可看白義尼所雕的教宗吳爾巴諾第八世紀念坊，寶座左側，我們可觀德拉波達（Guglielmo Della Porta）所雕教宗葆樂第三世紀念坊，坊上兩女臥像，一女象徵明智，有教宗母親的面容；一女象徵正義，有教宗妹子的形象。葆樂第三世之妹，名柔麗雅，有美姿。正義女像仿柔麗雅的姿容，裸體側坐，後因各方多有責難。德拉波達的兒子，乃以銅片製衣，衣正義女像之身。

但是我們若是僅僅欣賞大殿內的藝術品，我們不能真正瞭解聖伯鐸祿殿的偉大。一座聖殿不是藝術館，不爲陳列藝術的作品；一座聖殿，代表宗教，以宗教的中心觀念爲中心。法國大詩人拉馬丁（A. Lamartin）曾說：「當你走進聖伯鐸祿殿時，你不理會是走進一座古殿或新殿。殿裡沒有一件單獨的事物，特別打眼。沒有一件象徵的裝飾，擾亂你的思索。各種不同信仰的人，大家進殿，都具同樣的敬心。大家都感到在殿內只能容留天主的觀念；別

的觀念在殿內，都是不得其所。」—（註）

為真正瞭解聖伯鐸祿殿的偉大，應該參與大殿內的教宗彌撒大典。穹形的圓頂，雙雙的石柱，懸著成千成百的明燈；殿身的建築圖形，更躍躍在目。五萬餘人擁滿了大殿，從高處看，全殿都是搖動的人頭，大殿頓形滿了生氣。教宗宮廷上下人員的古式服裝，和殿內壁畫及雕像的服裝，同一顏色和裝束。教宗彌撒典禮開始，歌詠團的歌聲，飄揚殿內，把殿內的信眾，結合在同一的祈禱情緒裡，隨著典禮的次序，接近天主。大殿的厚牆和重柱，不但不妨礙信眾精神的飛揚，而且還幫信眾聚精會神，使他們心定於一。當教宗在殿心祭壇上舉揚聖體時，全殿信眾，靜默屈膝。幽揚的銀號聲，從殿空而降。大家昂首看著惟一立在祭壇的教宗，手奉聖體；在這一刻裡，我真能瞭解聖伯鐸祿殿的偉大—它乃是「天上的耶路撒冷聖城」。

我也多次參與過聖伯鐸祿廣場上的宗教大典，數十萬信友歡呼教宗萬歲或同唱聖歌，情景是非常的雄壯熱烈；但是嚴肅的感情，就不及在殿內了。

聖伯鐸祿廣場最動人的景緻，是大殿「放光」的夜景。

天已黑了，星光照在天上。大殿的正面，從圓頂尖端的十字架沿著圓頂的凸線，下到兩旁兩小圓頂的石欄，再到大殿正面門牆的窗戶和橫樑縱柱，以及到廣場兩邊長廊的柱端，都接連放著盆盆的油燭。晚晌九點的鐘一響，一百多工人，立時點燃油燭。光線由上到下，由左到右，由右到左，很快的在移動，一到了頭，一齊都站著。這時在黑暗的空間，頓然出現一座火光的大殿，火光熊熊，劃成大殿的輪廓圖案。不見殿身，只見圖案的線紋。這樣偉大神祕的景緻，普世只有這一處。

可惜這種景緻，在第二次大戰後已絕跡了。有一兩次，曾以電燈代油燭：慘白電光，呆呆不動，比著燭光，有如死人比活人，完全缺少神祕的氣味了。

於今大節期的晚晌，廣場上安置強力的電燈，燈光直射殿身。黑暗的夜間，雖也看到一座白殿；然而殿身一看無餘，既不神祕又無生氣。這種景緻，只是聊勝於無罷了。

註：

A. Lamartin, Les Confidences . Michel Levyed. 1860.

一九六〇年，夏，羅瑪，（慈音）。

一、西斯篤殿（Cappella Sistina）

不在聖伯鐸祿殿參與教宗彌撒，不能瞭解聖伯鐸祿殿的偉大。但若不在西斯篤殿參與教宗彌撒，便要不能瞭解西斯篤殿的偉大了。

在西斯篤殿參與教宗彌撒，一切都顯著侷促。教宗的儀仗隊雙雙成行，緊緊挨著在人叢裡走過。抬教宗肩輿的侍者，要從肩上卸下肩輿，捧在手上，以便教宗低頭過鐵欄。殿中擠著的參禮人，也不過十數個外交官和一兩百貴賓。參禮人仰首望教宗的祭壇，中間有一道鐵欄。從欄孔觀禮，情景實在顯得非常侷促狹小。

爲瞭解西斯篤殿的偉大，要少數人甚或單獨一人，站在殿內，周覽殿壁的大畫。壁畫上的人物，越看越生動，姿態百出。正中壁上的「終審判圖」，耶穌躍然起立，揮手發令，威力逼人。左右兩壁，滿壁都是意大利中古的人物，男女都有文靡之風。

一千四百七十三年，教宗西斯篤第四世令工程師若望多智（Giovanni dei Dolci），在華棣崗宮內修蓋一殿，供教宗舉行宗教儀典之用。多智修蓋了一座長方形的樸素小殿，長一百三十三步，寬三十四步，高八十五步，殿中以鐵欄間爲兩段。

西斯篤第四世，雖係方濟會士，但也係文藝復興的產兒，喜歡藝術。他願意所建的樸素小殿內，繪有當時多數著名畫家的作品，一千四百八十一年十月二十七日，教宗召集翡冷翠（Florence）和翁白里雅（Umbria）兩派的畫家，令畫小殿左右兩壁的壁畫。所召集的畫家有羅瑟里（Cosimo Roselli），波提車里（Sandro Boticelli），齊蘭臺（Donoenico Ghirlandais），白魯金（Perugino-Pietrodi Cas-teila di Pieve），平杜里基（Pinturichio-Benedetto detto diBetto），西烏肋里（Luca Signorelli），里彼（Filippino Lippi）等畫家。

這些畫家於今都是名列世界畫史，爲文藝復興期的第一流藝術家。左右壁共十六幅大畫：左寫摩西的史事，右寫耶穌的事蹟。前後兩端的四幅，於今已不存在了，所存的現有十二幅。

十二幅中，白魯金的「耶穌授伯鐸祿天鑰圖」，和波提車里的「摩西赴埃及圖」，乃兩派畫的代表品，白魯金代表「翁白里雅派」，筆法謹嚴，佈局簡潔，人物嚴肅。波提車里代表「翡冷翠派」，色澤鮮艷，佈局繁複，人物瀟灑。

西斯篤第四世，於一四八三年八月十五日聖母升天節，舉行聖殿開幕禮。

佑理第二世既登教宗位，翡冷翠的藝術家彌格安琪洛（Michelangelo）已負盛名。佑理教宗遂召他來羅瑪爲自己建造陵墓；後來不造墓了，乃命在西斯篤殿內繪畫殿頂的天花板。彌氏是長於雕刻的，那時還沒有試過繪畫。當時布拉曼德（Bramante）正任建造聖伯鐸祿殿的工程師，怕彌氏的聲譽過盛；繪畫天花板一事，大約計出於布氏。佑理第二世爲一位雄才大略，性格剛強的教宗，一命既出，不易收回。彌格安琪洛只好接受繪畫西斯篤殿天花板的命令。可是彌氏的性格也是有名的倔強性格。對於繪畫和雕刻的設計，不容人置喙。他計算了天花板的面積和位置，三百餘平方公尺的天花板，成一長方的穹形，中間又間斷成爲幾個小的穹形。彌氏乃分天花板爲八個小穹形，繪大畫八幅，在大畫的兩沿，繪兩行歷代教宗像，在像和大畫的四角，繪有舊約的先知和希臘羅瑪的預言家。八幅大畫的題材，取自舊約的創世紀，繪畫天主造天地人物和原祖背命等事蹟。彌氏於一五〇八年五月十日動筆，每天把自己關在小殿內站在一木架上，仰著頭，朝天作畫。陪著他的，只有二三位調和顏料的徒弟。畫了三年，在一五一一年八月十日，天花板壁畫第一部揭幕。佑理第二世很以爲滿意。

次年十月全部壁畫竣工，十一月一日，教宗在殿內舉行大禮彌撒，參禮的人都驚訝地仰看天花板上所畫的人物。彌氏的壁畫，造成新的風格，以雕刻的生理分剖法，滲入畫中。人體的筋骨，非常活動有力。布拉曼德和當時在梵蒂岡繪畫宮場的著名青年畫師拉法愛（Raffaele），都甘拜下風。

站在殿內仰首看殿頂的壁畫。畫上的人物，筋骨畢現，魄力千鈞。「造人」一圖內，天主伸手一指，躺在地上的亞當，頓有生命。天主所伸的手臂手指，像是震撼宇宙的威力。「洪人圖」內水裡逃生的人們，拚命往巖上爬，臉上顯出萬端的恐懼，身上有費盡筋力的掙扎。

三、

一五三四年十一月五日，教宗葆樂第三世行加冕禮。後數月，遣人從翡冷翠召回彌格安琪洛，命他在西斯篤殿正壁，繪畫「終審判圖」。彌氏年已逾花甲，三十年來計劃完成佑理第二世陵墓的雕刻。佑理教宗的家族，也以履行修陵契約相逼。彌氏既奉召來羅瑪，欲繼續陵墓的雕刻工作；葆樂第三世則命他同佑理教宗的家族改訂契約，專心致力去繪壁畫。彌氏乃於一五三五年夏動筆，一五四一年十月三十一日揭幕。

全幅「終審判圖」從頂到地，畫內人物共三百餘，人像之大，過於活人。一五四一年十一月一日，全羅瑪城的士紳，來到殿內欣賞彌氏的大畫，大家嘆爲曠世的絕作。

我從來沒有單獨在殿內欣賞彌氏傑作的機會。有時陪中國遊客來參觀殿內壁畫，常是匆匆地舉首向四週一看，又匆匆地出去。因爲西斯篤殿包括在梵蒂岡博物館以內，梵城博物館須走三個鐘頭。我年來可以欣賞「終審判圖」的機會，是參加前教宗崩駕週年和每年追悼樞機的追思彌撤。照例參加這項典禮的人不甚擁擠，儀節又很簡單，教宗也只參禮而不主祭。當著歌詠團唱「彼日何日」聖詠時，我注目凝視祭壇上的「終審判圖」。「彼日何日」聖詠，正是描寫終審判的情景。

「天號嗚嗚，深入墓域，催逼凡聖，座前聚齊。」

壁畫中央有四位吹號的天使，圓鼓兩腮，盡力向號筒吹氣，號聲似乎振動我的耳朵。

「赫赫嚴君，欲救乃救。」

壁畫上審判萬民的基督，躍然起立，振臂一揮，神氣赫赫。彌氏的基督，不是面生髭鬚的良善牧師，不是坐在案前的法官，乃是壯年氣盛，站著發號施令的雄君。

「可咒罪犯，戰慄懾服，驅入深火……。」

壁畫上的罪人，掩面下墜，下面有嚇人的深淵。

壁畫上的上層畫著善人。大家凝神注視基督。眼中雖有畏肅的眼光，全身的神情顯出安詳，這班人乃是聖經所說：「爾等見寵於吾父者，自創世以來爲爾所備之國，胥來承嗣。」（瑪竇 二十五章三十四節）

壁畫的人物，沒有萎靡不振的，沒有麻木不仁的，沒有豐肌圓潤的美婦，沒有樂天不憂的青年。壁畫的人物都是生氣蓬勃的，都是額上有皺紋的，都是心中有憂急的人。這種畫法，符合畫中題材。終審判的一刻，是「是日何日？判主降臨，畏懼何極！」然而這種畫法，也是彌氏個人性格的表現。彌氏性格倔強怪拗，喜悲觀。他的同時絕代大畫家拉法愛，青年秀氣，喜美女，拉氏名畫常多豐肌圓潤的人物。

對著「終審判圖」，參與追悼彌撒，很能發人深思。

一九六〇年，夏。

梵蒂岡城教宗御苑

一、

第二次大戰時，我在梵蒂岡城的「德國神父旅舍」作了兩年的寓客。當時和意大利交戰國的駐教廷使節都駐在梵蒂岡城內，梵城市政府特別許可這班外交人員可以在城內教宗御苑中散步，我因此也叨光，能夠每天午後，在御苑中閒步一小時。

兩年的工夫，我走遍御苑的每個角落，一花一草可以說都見過面。

由梵蒂岡城大理石車站上山坡，過軌道上面的石橋，向左得一徑。嚴冬，小徑梅香撲鼻。徑旁蠟梅一株，樹不高，枝幹叢生，黃梅滿枝。旁有香柏兩樹，紅針落遍地面。由小徑步上柏油大路，至水電廠前，有蠟梅一叢，共十三株。花時，摘花的人把梅樹折枝斷幹，梅樹有如被牛羊嚼過的灌木。再折往左行，沿古城牆而走，由牆孔可窺城外人家。城外三層四層的樓房，高不齊城牆孔。由柏油路轉入橡樹林，路的兩側，橡樹枝葉相連，拱衛路頂，行人不見天日，橡樹中有教宗吳爾巴諾第二世銅像。林端為一穹門，穹門鑿於一古牆角，古牆橫連天文臺，橡樹林右側，一短牆與橫連天文臺的古牆相連，短牆兩面爲走廊，廊上覆有瓦簷。每隔兩天，教宗在走廊下散步。過古牆的穹門，得一花圃，圃分前後兩部，前部稍高。兩部接連處有一小池，池沿有銅蛙吐水，水中養西洋荷花。無線電塔四座，矗立花圃中。圃中有香柏和古松數株，高矗天際，和電塔爭雄。花圃右側爲天文臺古牆，沿牆有桂籬柏油路，桂籬高過人頭。人行道上，只聞籬葉吱吱作響。柏油路端，有依巖而建的露德聖母洞，洞很簡樸，洞門設一紅絨跪凳，供教宗拜聖母之用。平臺中心立一銅像，爲一法國主教像。銅像後有花圃三列，圃中多茶花，繡球花。春季，花色甚鮮。平臺右側，爲通天文臺和無線電臺的柏油路，跨過柏油路，又得一小平臺，臺的右沿，有鐵片作成的穹門，穹門五六，拱拱相連。鐵片上附有玫瑰；春夏花時，由玫瑰穹門看聖伯鐸祿殿，大殿圓頂嵌在穹門以內於是古殿生花。遊客常在此處攝影，爲羅瑪美景之一。

露德聖母洞前平臺的後面，爲一古樹林。林中古樹參天，四季常綠。秋季大風時，薄暮，獨行林中，樹梢，風聲澎湃，有如萬馬奔騰，心中常多悲思。冬日，在古林中可訪幽梅，梅花數十株，幽香隨風四溢。古林隨山坡而上下。山半，有噴水泉數處，泉水結成小澗。人行林中，乃聞澗水聲。稍大的泉畔巖石上，刻有教宗本篤第十五世的御徽，水泉爲本篤第十五世所立。最下的水泉中，養金魚數十尾。傳說教宗庇護第十一世每天遊苑時，常來泉畔，投餌餵魚。山麓，林中，建一中國式八角亭，亭用鐵柱鐵頂，爲教宗良第十三世所建，名「中國亭」。夏季盛暑時，良第十三世常坐亭中休息，或誦日課經。亭中現僅有一長椅，教宗已不在此閒座。我在苑中散步時，走到「中國亭」，必坐亭中長椅上，休息片刻。叢樹密葉間，可見聖伯鐸祿殿頂。夕陽西沈，餘光照殿。玻璃和白石，閃閃有光。亭側又有玉蘭花一叢，春天花開，紛紅滿樹。出古樹林，得一大噴水泉。水泉巖端立一大石鷹，泉中立兩石馬，泉名「石鷹泉」。

由石鷹泉下山，抵教廷科學會會址前，會址名「庇護第四世小樓」，樓小而精，絕似湖濱精舍，昔爲教宗第四世的避暑所。樓前一橢圓天井，形似龍舟，樓的正面有庇護第四噴水泉。正面牆壁形似一得勝坊，坊下三龕立古石女像三尊，整衣而坐，似畏水而不敢近。水出自兩側，澎湃作聲，勢頗洶湧。繞過科學會館，向聖伯鐸祿殿行，沿山徑曲折而下，徑側有捲曲的玫瑰花籬，間有熱帶的奇形草木。下山，抵梵蒂岡市政府前。市府大樓，爲最近的建築物，式樣頗古典，而且很雄壯，由市府再前往，已回抵梵城車站。

二、梵蒂岡城教宗御苑的歷史，已有六、七百年的盛衰。

梵蒂岡地屬羅瑪七山之一。古羅瑪皇「耐樂」曾在梵蒂岡山坡，廣治園囿。當他殘殺天主教教友時，命把教友綁在路旁樹上，週身束樹枝，枝上灑油。入夜，樹枝上點火，火燒被綁的人，燃成人燭。耐樂高車駟馬，在園道上馳驅，觀看人燭以爲樂。耐樂自殺後，他的宮殿園囿和各處的行宮，再無人修理。梵蒂岡園囿隨即荒蕪。

公斯當定大帝領受洗禮後，東遷國都於公斯當定堡，以羅瑪爲教宗的首都，教宗當時居於拉德朗宮。梵蒂岡聖伯鐸祿殿側，僅有普通樓房數間，第十二世紀時，因這座樓房年久失修，勢將坍塌，教宗乃加修理，稍事擴充，教宗尼各老第三世遂以樓旁隙地，闢爲園林。一二九四年，教宗波義法爵第八世，改梵蒂岡園林爲植物園，園中種植多種藥材標本，第十四世紀，教宗遷都法國亞味農城，羅瑪的殿宇，沒人經管，一三七七年教宗額我略第十一世，由亞味農遷都回羅瑪，拉德朗宮傾頹不能住，乃修理梵蒂岡樓宇以居，梵蒂岡宮殿日益增大。宮側植物園藥本已多枯死。美洲新大陸發現後，南美傳教士以熱帶的奇草異木，貢獻教宗。教宗命種植這些草木在植物園裡，梵城植物園又稍有起色，一五五九年教宗庇護第四世，一五六六年，教宗庇護第五世，先後整理了梵城植物園，在園裡建了一座避暑精舍。

文藝復興後，羅瑪各處大興土木，教宗遷居桂里納宮。梵蒂岡的植物園又復荒蕪。一六七七年，教宗亞立山第七世下諭重整梵蒂岡園囿，作消暑散步之所。後兩百年，意大利軍隊入羅瑪，意王奪桂里納宮作自己的主宮，教宗庇護第九世退居梵蒂岡，甘心畫地而居，不出梵蒂岡城一步。繼任教宗良第十三世，遂增修梵蒂岡園囿爲御苑，造亭建塔，復修庇護第四世精舍。北非迦太基城總主教，聽說良第十三世嗜好田獵，因而搜集一些珍禽異獸，運送到梵蒂岡，豢養苑內，教宗攜一老僕閒遊苑囿，有時也放鳥鎗。

良第十三世年九十而崩，繼任教宗庇護第十世，常到苑中散步，有時在苑中接見朝覲人員，對於珍禽異獸，則忽焉不顧。苑內的禽獸，漸漸絕跡，林中和牆角的草榛，也越長越盛。本篤第十五世登基後，命去草榛，增修水泉。苑中於是青草絨絨，香花艷美。於今我們在苑道上行走，道上不見殘葉，道旁沒有雜草，苑中雖不像歐洲亞洲各國皇帝御苑的繁華，但是清靜幽雅之氣，實足令人心曠神怡。

御苑中有天文臺一所。梵城天文臺歷史，始於教宗額我略第十三世，教宗於一五八二年修正曆法，在宮內設天文臺一所，名爲「風塔」，額我略第十三世逝世後，風塔的名字雖存，實際則沒有天文測驗工作。一七〇三年，「風塔」忽造成一滑稽趣事。當年二月五日，一夥匪徒，巧裝教宗宮內的使役，深夜四出敲打樞機們和貴族家的門，驚報「風塔」天文測驗，測出當夜將有大地震，宜急出避災。當各家驚惶走避地震時，匪徒入室，把貴重物品，席捲一空。再過一世紀，拿破侖的兵馬，蹂躪歐洲，教宗庇護第六世卻注意測驗日中正午，重整風塔的天文儀器。又因「風塔」地處聖伯鐸祿殿的圓頂下，測驗夜中天象，有所不便，乃遷天文臺於羅瑪城內的羅瑪大學裡。「風塔」中僅餘幾件古舊天文儀器。一八七〇年，意大利軍隊佔據了羅瑪，教廷人員都遷入梵蒂岡，「風塔」便改為廷員住所。一八八八年，教宗良第十三世晉主教五十年銀慶，梵蒂岡舉行展覽會，會中陳出舊日「風塔」的天文儀器。良第十三世，乃想起以前的天文臺，便把御苑內的一座第九世紀古塔，改為天文臺，添設儀器。庇護第十世又讓出苑內一古塔，供天文臺之用。但是羅瑪城的樓房天天加多，夜間燈光照澈天空，天文臺夜間的測驗工作常受影響。教宗庇護第十一世乃遷天文臺到城外行宮。梵蒂岡御苑的天文臺，於今又是歷史的陳跡了。

一九六〇年，夏。

摩西像

一、

我有好些年沒有往朝「聖伯鐸祿鐵鏈堂」了，每年八月一日聖伯鐸祿鐵鏈節—今後將取消，在日課上常念這座聖堂和聖伯鐸祿鐵鏈的歷史，我常想到堂中正祭壇所藏的兩付鐵鏈，不禁爲大陸被共產黨拘囚的主教神父行祈禱。

以往，我在傳信大學作學生時，多次去朝拜這座聖堂，跪在鐵鏈前面祈禱。後來間而陪著來羅瑪的中國旅客，去這座聖堂裡參觀。旅客所注視的，不是聖伯鐸祿帶過的鐵鏈，而是摩西石像。

摩西石像，爲全球最有名的一尊雕刻，是彌格安琪洛蓋世的絕作。這座純白的大理石像，有三個人之大。摩西正襟危坐長鬚覆胸，右手拿十誡板，左手置膝上，面容有威儀逼人的形色，頭頂兩道光角，但是長鬚的鬚髯，手上的脈絡，卻又細緻工巧。這座石像的表情，活活地是一個氣蓋宇宙的「摩西」。

二、

一五〇五年三月間，教宗佑理第二世召彌格安琪洛來羅瑪，命爲教宗本人修蓋陵墓。佑理第二世爲公教歷史上一位雄才大略的教宗，氣宇軒昂，性剛志強。

彌格安琪洛的藝術天才，是才氣縱橫，氣吞宇宙。以才氣縱橫的藝術師，替一位雄才大略的教宗修蓋陵墓，陵墓必定不能是一座庸俗平凡的紀念坊，應該是一座曠世未有的藝術界絕作。

彌氏繪畫了陵墓的圖樣。陵墓成四方形，共分三層，下層周圍，安置兩人高的石像多尊，石像爲作苦工的奴隸形，象徵人世的痛苦。中層四角，置巨像四尊，四像爲摩西、大維、約翰、保祿，四位宣講解放人類的大師。上層由兩石像托一穹形圓頂，圓頂下安置教宗的石棺，托頂的兩石像，一像代表「地」，作憂苦形，象徵地上人哭佑理之死；一像代表「天」，作喜樂形，代表天上神聖，慶祝佑理登天。

佑理第二世覽了圖樣，喜其氣態不凡，又喜陵墓以刻像爲主，刻像乃彌氏的專長，便下令按照圖樣修建。彌格安琪洛動身走加拉拉（Carrara）山區採取純白堅韌的大理石。

大理石先由海運，後由河運，一直運到梵蒂岡附近。彌格安琪洛隨即動工，揮錘運鑿，雕刻石像。佑理第二世常駕臨觀摩。奴形石像粗刻了五六尊，便動手刻摩西像。摩西在山，從天主受了十誡板，下山遇看猶太人祭祀銅牛，他怒氣衝髮，擲十誡於地。頭頂放射兩道光，威儀逼人，猶太人民畏懼不敢近前。彌氏理想著摩西的雄壯魁梧，最可代表佑理第二世的性格。

這樣偉大高岸的陵墓，可以修建在那座聖殿以內呢？按理說，是該修在聖伯鐸祿殿以內。但是舊的聖伯鐸祿殿並不是宏大的殿宇。雖說教宗尼各老第五世曾經動工改修舊殿，工程也不浩大。佑理第二世以他的新心，乃決定拆毀舊殿，建造一座極大的新聖伯鐸祿殿。於一五〇六年四月，親自舉行奠基禮。由他奠基的新殿即是於今的聖伯鐸祿殿，於一六二六年，纔舉行落成和祝聖大典。

佑理爲建造聖伯鐸祿殿所用的工程師，名布拉曼德（Bramante）。布氏妒彌氏之才，不喜歡他得佑理第二世的寵任。屢次向教宗進言，勸諫勿自造陵墓，因爲有自誇自大的嫌疑，而且又不吉利。佑理第二世對於建墓便心情冷淡了，也不去看彌氏刻像了。彌氏心中懷怒，一天動氣，便逃出羅瑪，走回翡冷翠。後來布氏畏人批評，又勸教宗召回彌格安琪洛。但不是爲修陵刻像，而是爲繪畫西斯篤殿的壁畫。

佑理第二世崩於一五一三年，他的家屬和彌格安琪洛簽訂契約，完成陵墓。後二十一年，教宗葆樂第三世召彌氏繪畫西斯篤殿的「終審判圖」，彌氏以佑理的陵墓未成而辭。葆樂第三世偕樞機八、九人往訪彌氏，看到石刻的摩西像，一位樞機說：「有了這一尊像，已經可以榮耀佑理教宗的陵墓了！」教宗很以爲然；便命彌氏和佑理教宗的親屬，改訂修墓契約，從此彌氏再不下手爲陵墓刻像了。

佑理第二世的陵墓，後來沒有修在聖伯鐸祿殿內，乃修在聖伯鐸祿鐵鏈堂內。陵墓不是彌格安琪洛的雄壯圖樣，而是一庸俗的紀念坊，唯一的奇品，即是一尊摩西像。粗形的奴像，被巴黎博物館和翡冷翠博物館藏爲珍品。

然而「有了這一尊像，已經可以榮耀佑理教宗的陵墓了！」

一九六〇年，夏。

古羅瑪鬥獸場

一百年前來遊羅瑪的文人騷客，常喜歡在月夜獨遊古羅瑪鬥獸場（Coloseo）。在幽靜的月色下，獨坐在兩千年前的鬥獸場裡，可以任意遐想。

我也曾想夜間在鬥獸場外路過幾次，覺得並不發生夜遊的興趣；便沒有走進場內靜坐。在一百年前，鬥獸場附近是一片荒地，月亮出來，照著這座牆高數丈的古戲院，牆內牆外，空寂無人，只有古牆對明月。遊客心中必多感傷。於今鬥獸場，夜間已在強烈電燈射照之下。場外更是汽車電車，嘈雜不休。月夜獨遊，也缺乏詩意。

鬥獸場在古羅瑪的遺跡裡，算是保存最好的，在降生後七十二年，羅瑪皇帝握斯巴斯雅諾（Vespasianus）填平了耐樂御花園小湖，動工建築這座戲場，後八年，繼任皇帝提多（Titus）舉行了開幕禮。

於今進鬥獸場，可見東北面的牆壁屹立未倒，牆高四十八公尺餘。其他各面牆壁，上部多崩頹，下部都很完整，戲院爲橢圜形，周圍五百二十四公尺，直徑長軸一百八十八公尺，短軸一百五十六公尺。

前不久，我陪一個從臺灣來的朋友去看鬥獸場。場中只見一排一排的地窟，朋友問鬥獸場的地方究竟何在。我說昔日在這些地窟上，蓋布一層厚石板，石板上蓋著沙，在這片平沙上，獸與獸鬥，人與人鬥，人又與獸鬥。假使就只有了這些鬥劇，戲場也許已被時代所毀了。然當羅瑪皇帝嚴禁公教時，判令凡不背教者，驅入戲場，遭野獸吞噬。成百成千的信友，曾在這座戲場中，捐軀成仁，鬥獸場遂成了公教聖地。

朋友願意知道，當年殉道者被囚禁的地方也要找到野獸的牢欄。我手上沒有帶著指南，不能確實指出這些所在，但是我說：場中心的行行地窟，必定是當年野獸牢欄。殉道者則必囚禁在城內的牢獄裡，在被處死刑的那一天，纔解到戲場裡。他又問：他們由那條門進入沙場，戲場四方各有一座大門，由外直通場心沙場，東北角的大門，是皇帝進出的禁門，囚徒當然不能由這座門被驅進來。

戲場的周圍，有層層的石磴，一層一層向後升，當年石凳上的觀眾，大約可有五萬人。當年整個戲場的牆壁和石磴，內外都用純白大理石裝飾，朋友問這些大理石到那裡去了呢？於今戲場的牆壁畫是粗糙的灰石！

文藝復興以後，羅瑪的貴族大造府第，教宗又修建聖伯鐸祿殿，大家都從古鬥獸場搬運大理石，因此羅瑪有句笑話說：「Quod non est factum a barbaris. factum est a

Barbarinis. 巴爾白里斯（野蠻人），所沒有做的，巴爾白里尼（羅瑪一貴家）做了。」即是說野蠻人沒有破壞了古戲場，巴爾白里尼家卻把古戲場破壞了。但是古戲場牆壁的坍倒，是要歸罪於地震的。前兩紀，教宗本篤第十四世，祝聖這座古鬥獸場為聖地，紀念為耶穌殉道的聖人，嚴禁竊取一磚一石。

古戲場中於今立著一座高大的木十字架，每當羅瑪有公教大集會時，開會人士常到這座場裡舉行一次拜苦路，紀念耶穌受難。

紀念耶穌蒙難，同時就是紀念殉教烈士們的蒙難；殉教烈士們是為報答耶穌的殉身而願殉身的。

我告訴同遊的朋友說，一九五〇年聖年的八月裡，我曾陪于總主教、陳立夫先生和已故的曾植先生，來參加一次鬥獸場拜苦路典禮。那次是美國波斯頓總主教古辛（Mgr. Tom. es Cushing）率領美國朝聖團來羅瑪朝聖。美國朝聖團拜苦路時，德國青年朝聖團意大利公教青年代表也都參加。

在已黃昏的夜色裡，從古戲場前的「帝國大路」，一隊一隊的朝聖者手持燭光，魚貫走入古戲場。戲場的兩層穹窗裡，每窗燃著熊熊的油盤。朝聖人入場後，繞場一週，持燭肅立。我看著那個圓圈的燭光，燭光下有最近大戰時對陣作戰的美、德、意青年，大家在基督的敬禮中，感到都是同信仰的兄弟。

走出古戲場時，朋友嚴肅地向我說：「中國公教青年，於今應當在這裡舉行一次拜苦路禮。今日中國在中共殘暴時殉教的烈士，跟當年羅瑪殉教義士有同樣的精神。羅瑪帝王死了，他們殘殺教友的戲場竟成了聖地。共產黨講唯物史觀，這一種物質上可見的史例，竟不知道參考！」

一九五二年九月十五日

古羅瑪皇城

昨天因到晚了，不曾遊覽古羅瑪皇城。

今天午後，於六點以前陪方豪神父趕到「古羅瑪會場」（Forum Romanum），買劵入鐵欄。

夕陽西斜時，遊覽古羅瑪皇城，可以避免曬太陽，少流些汗。踱進鐵欄，目所接觸的，一片斷牆頹垣：這是「古羅瑪會場」，昂首看左手的山崗，沿崗尚留層樓的破窗，那是古羅瑪的紫禁城（Palatinum）。

羅瑪人最好說趣話挖苦人，他們述說這次大戰美國得勝軍進羅瑪時，看到了「古羅瑪鬥獸場」和「古羅瑪會場」，一個將軍向旁邊的意大利人說，真可惜，美軍炸彈掉到羅瑪中心，炸毀了好些建築。羅瑪人這樣說，是挖苦美國人沒有歷史常識。究其實，你站在「羅瑪會場」進口的鐵欄邊一看，眼前一片頹牆斷柱，很像一處被炸平了的街房；只是頹牆各處，野草蔓生，則不像是新近被炸的地方了。

古羅瑪人的市民生活，當日都集中在這一片會場裡。在這裡有他們的元老院，有他們的法庭，有他們的神廟，有他們的錢莊。在這裡他們舉行政治集會，有所謂「市民大會」（Comitium），市民投票選舉或立法；有所謂「通常集會」（Concio nes）政府大員召集市民，公佈消息；還有所謂公開法庭，法官在市民前審判政治案件。因此這一區街市，稱為會場（Forum）。在這裡還有當日得勝將軍的凱旋大會，還有節期的賽劍會。

羅瑪帝國崩頹了，「會場」便蕭條了，羅瑪教宗保全這一片建築，把神廟改成了公教堂宇。中古時期北歐蠻族入侵，各地諸侯搶略，好幾次火燒羅瑪城，第十三世紀初葉，又遭地震，「會場」遂成了一片瓦礫，後來且成了牧場。

今日遊客進入了鐵欄，迎面立著提多（Titus）的得勝坊。一座長方形的白石牌坊，坊腳石塊頗多剝落。坊上石刻，可以看出提多打平了猶太耶路撒冷，凱旋羅瑪時的盛況，得勝將軍高車駟馬，軍士們抬著搶來的金燭臺。

走過這一座完整的牌坊，其餘所看見的都是殘破的古蹟了。牌坊下走到「會場」的古路，名為「聖路」（Via Sacra）當日迎神獻祭的隊伍，常從這條路走入神廟。羅瑪古拉丁詩人布禮儀（Plinius）曾說，他每天要到這聖路上閒步。今日我們所走的，是一條高低不齊，石塊殘缺的荒道，「聖路」之名可以改為「荒路」了。

「聖路」右手稍遠稍高處，有一座三大穹頂的建築，磚石的顏色看來是修補的，那是

「公斯當定大殿」，或稱「馬更生大殿」。殿內於今作爲羅瑪露天音樂院。

逼近「聖路」的右側，有六根白石石柱，排成一殿的門廊，柱高三丈餘，俱爲一條整石所成。柱下的石梯已殘斷了，柱後的殿堂顯然是後世的建築。六根石柱所捧的殿堂，當日是羅瑪極華麗的「浩麗娜廟」（Templum Faustinum）。浩麗娜貴爲羅瑪皇安頓義諾（Antoninus Pius）的皇后，年輕色美，逝世後，元老院建一座很富麗的廟爲紀念她。

瑟布提幕皇帝的紀念坊（Arcus Septimus Severus）高高的立在「聖路」的盡頭。這座白石石坊，有些像中國的石坊，不是呆板的方塊，坊上的浮雕，很能表現古羅瑪雕刻全盛時的細緻和生動。石坊下有一座方形的磚房，稱爲「古里雅」（Curia），即古羅瑪元老院的舊址。進門，所見唯四面空壁。在這方形的「古里雅」裡，統治歐洲的古羅瑪帝國，有它的政治中心。今日則是冷清清，空洞洞的小房。「古里雅」門前，應是市民集會的會場，會場裡常聚著肩掛氅衣的羅瑪公民。可是我們今日連一片空場都看不見了，處處是高低不平的碎石堆。

穿過這些石堆，往左走，我們走到一處排著整齊殘柱的斷牆前，牆裡且有方方的白石地板。這時我們該用想像了，想像這些殘柱昔日是「凱撒大殿」的柱樑；凱撒曾在柱樑間屢次召開「百人會議」，商議軍國大事。

前面的頹垣，據說是貞女住院和神廟，古羅瑪的教會有一種貞女，稱呼「渥斯答」

（Vesta），職司看守神廟的祭火。她們有自己的住院和自己的廟宇，她們在古羅瑪時最受人尊敬；可是若犯姦污時，罪則同於瀆神，刑罰很嚴，想像素袍白髦的童女，在這些蔓草瓦爍中來往，我實在無法去想像。

因不願再去想像舊日的殿宇，我們踱出了「羅瑪會場」，緩緩地步上羅瑪紫禁城。

剛上了山，眼前的房屋園徑，都很整齊美觀，但這卻不是羅瑪古皇宮，乃是近代羅瑪貴族法耐瑟家的別墅。文藝復興後，羅瑪貴族想跟古羅瑪皇駢美，在昔日的皇宮上造別墅，到於今則連皇宮別墅都頹廢了。

古羅瑪的皇帝，每人都自建宮殿，宮殿都在這座小巴拉丁納（Platina）山崗以內，因此這座山崗遂成了古羅瑪的紫禁城。

在這遍山頹垣裡，怎樣去回想昔日的皇宮呢？我雖然可以背誦指南上的話，說這處是提百里宮（Palazzo Tiberis），這處是黎薇雅后寢殿（Cass Livia），這一片是福拉委帝的大宮（Palazzo Flavis），那邊有奧古斯帝的正殿（Palazzo Augosso），還有可容數千人的奪末提拉帝的大運動場（Stadio Domitilla），方豪神父對著這些廢址，也不過是看些石塊，看些磚塲！我們倆因此放下了這些考古工作；我們在廢址裡走著，卻用勁談著彼此相識的友人。

斜陽已下了西天，松樹下已有了陰暗，遊客似乎都走盡了，我們也慢步下崗。古羅瑪的紫禁城今日已是一片綠草城了，看完了皇宮廢址，腦筋因著看今而追古，追的過於疲乏時，坐在松蔭綠草上，乘著薄暮涼風而小憩，也算一樁樂心事。若是誰竟因弔古而思今，弔古人繁華的廢址，而思今日富貴的容易消逝，則更該在廢址旁的綠草上，看看藍天。古羅瑪皇帝和今日遊客雖時隔兩千年，藍天則如舊，藍天的創造者更不變易了。遊客的悲世情懷，便可叫清風吹散。

方神父和我，步下紫禁城山崗時，腦筋也不倦，心中也不悲世，所以沒有在綠草上小憩。我們坐在汽車上時，則似乎有所感了。我們感到兩千年前的羅瑪，今日有古蹟可弔；中國的古代，則連可弔的廢址都沒有哩！

一九五二年八月二十七日

羅瑪愛神廟（Templum Veneris）

陪方豪神父遊古廟

「鐵欄關了，六點鐘一到，就停止賣入門券。」

方豪神父聽了看門的這樣說，不免有些掃興，特地趕來遊覽「古羅瑪會場」（Forum romanum），卻只能在鐵欄外遙觀。

離開鐵欄，不走原路，我引他靠左走，轉到羅瑪愛神廟的舊址。路旁有幾根半截的石柱，柱大可三圍，柱身多新補的缺縫，石色則看似很新鮮。由正面石梯，登故廟的舊址，一片廣場裡，排著叢叢的桂葉樹，樹高約齊人頭。走過樹叢，正面一道高牆，牆作半圓形，上有穹形頂，頂面尚留雕鏤的方格，穹形頂下即是原來安置愛神石像的正殿。

從穹形頂下看著叢叢的桂葉樹，似乎像公園裡的花草，排成幾何的圖形。但是我告訴方神父，桂葉樹的圖形，乃是愛神廟牆基的圖樣。這座古廟連斷碎壁也沒有了，意大利古物保管會乃用綠樹來代牆壁。

但是看著綠樹的牆壁，絕不能想像古廟當日的富麗，古羅瑪皇很敬禮愛神；因爲按著神話，拉丁民族始祖愛能雅（Aeneas），即是愛神的兒子，凱撒乃敬愛神爲皇祖。這座神廟動工於降生後一二一年，到一三四年（或說一三五年），在羅瑪城建立紀念日，羅瑪皇亞特里亞諾（Adrianus），舉行了落成大典。羅瑪皇奈樂造一座像凡爾賽的金殿（Domnus aurea），僅僅費了三年多的時間，這座神廟竟造了十三年，我們可以推想當日的壯麗了。

愛神廟的地勢，在當時必定也是最優越的，奈樂皇的「金殿」，那時已拆毀了。這座神廟就建在「金殿」的正門舊址上，前臨「羅瑪鬥獸場」（Coloseum），後窺「羅瑪會場」，右連羅瑪皇宮。羅瑪人當時無論皇帝、貴族、元老、市民，可以說沒有人不每天在這座神廟前來往的。

我們於今站在空無神像的穹頂下，迎面是高聳雲霄的「羅瑪鬥獸場」，西天的殘陽，尙渲染著那兩千年的古石，古石暫時褪了蒼黑的舊色。那些層疊的穹門裡，於今常空寂無人。我們看看右面的山崗，兩三遊客慢步下山，山崗錯落立著蒼翠的古松，松下是綠綠野草，草中可見一些斷牆。這座山崗於今是羅瑪城內最淒涼寂寞的弔古地，昔日乃羅瑪城最繁華的紫禁城。愛神廟的左面，從排列的斷柱間，我們可見往來如梭的汽車，那是羅瑪「帝國大路」

，人說墨索里尼（Mussolini）開闢「帝國大路」時，存著恢復古羅瑪帝國的野心，「帝國大路」今日的行人，大約沒有一個再有這樣的癡夢了。

「叢叢的桂葉樹，代替殘斷的牆壁，古物保管會一定是體貼愛神女子心情。」，我說著詩人的笑話。

「可惜愛神的石像已不存了。」，方神父的答語，不離他的歷史考據家的身分。我便向方神父述說一件已成歷史的往事。

去年十月十二日晚上，在羅瑪舉行「教友協助教務大會」的六十多國的代表，在這座神廟前舉行拜苦路的祈禱典禮，（註）為蒙遭共黨殘害的教友行祈禱。遭害教友的代表，按國籍分成十四隊，每隊象徵一處苦路，每隊用自己的國語，向天訴苦，歌唱聖曲。那天晚上，強烈的電光，返射著「鬥獸場」，參加祈禱隊的信友，每人手持白燭。愛神廟的正殿壁上，排著九個牛油盤，盤中火光熊熊作成一個十字形。在火光十字下，祈禱會舉行閉幕禮。

方神父說，這種典禮，倒很有詩意。

去年我參禮後，作了一首詩。

一、

燭光兩行照,
登山拜苦路。
一隊一隊十四國,
紀念耶穌念民族。

二、

寒光繞松桂,
行人踏殘柱,
繁星新月同歌悲,
千萬教胞訴苦緒。

三、

靜夜鬥獸場,
忽聞獅豹虎,

羅瑪古皇又再起，
縱放野獸殘教徒。

四、

但看愛神廟，
今夜充聖所，
廟殘神絕羅瑪衰，
敬奉基督十字木。

一九五二年，八月，二十六日。

註：

拜苦路。公教的祈禱典禮，禮分十四段，紀念耶穌登山受難的十四件事蹟。

一、波格士藝術館（Galleria Borghese）

近年我已蹣足不參觀羅瑪的名勝古蹟。年輕作學生時，羅瑪各處的名勝古蹟都看了，於今年歲大了，閒時，習於在家讀書寫作，出門的時間很少。然而波格士藝術館，則陪相識的遊客，每年常去看一兩次。因爲這座藝術館小而精緻，又處在綠色宜人的公園中，景緻很美麗，遊客們聽說拿破侖的妹妹在館中住過，館中有她的石刻像，大家特別動心。

波格士藝術館處在波格士公園中，園中古木參天，綠蔭蔽人，有假山，有小湖。花圃的花草，按著顏色織成幾何圖形。公園和藝術館本係波洛士家的私產，於今已成爲意大利的國有產業了。

一六〇五年，波格士加彌洛樞機（Camillus Borghese），被選爲教宗，取名葆樂第五世，教宗的外甥洛格士西畢阿（Scipione Camillo）（改從母姓），時年三十，被策封爲樞機，舅甥兩人，出身文藝復興時的巨家，習好藝術。一六一三年西畢阿樞機召見荷蘭工程師王散登（Van Santen），在城外家有的葡萄林中，建一別墅，收藏新舊的雕刻。別墅於三年後落成，葡萄林也逐漸改種樹木，改修花圃，林中又修池沼臺榭，造成今日的波格士公園。葆樂第五世和西畢阿樞機在宮中府中，養有雕刻師和畫師，令他們繼續創作。同時不斷收到各方獻送的藝術品，又收買他家久藏的古物。別墅的雕刻，日增月盛。所得的名畫，則藏在城內府中。

教宗和樞機，舅甥兩人，去世以後，家中姪孫、姪曾孫、姪玄孫；世代襲蔭王爵，十七世紀中葉，有馬安頓王爵（Marcantonio Borghese）欲復興祖業，重修家中別墅。新加點綴，廣置大理石雕刻。

第十九世紀初年，拿破侖突起，雄視群歐。波格士王家的加彌洛王，和拿破侖的愛妹葆麗娜（Paloina）結婚，把家藏珍寶送與拿皇，以買歡心；又把珍貴藝術品賣予拿皇，以買封域。波格士別墅的雕刻和繪畫，有許多件就移在巴黎博物館了。

第十九世紀末葉，意大利統一，佔據羅瑪爲首都，波格士王爵家的私人花園，改爲羅瑪城公園。公園中的別墅在一八九一年，改爲藝術館，把城內王府所藏的名畫，都移到館中，次年一八九二年，藝術館收爲意大利國有。

葆麗娜爲拿破侖的幼妹。拿皇有兄弟姊妹八人；兄弟五人，姊妹三人，拿皇行年第二，葆麗娜第六。葆麗娜生有美姿，性放蕩，很得拿皇的歡心。拿皇想從歐洲各國王室中，爲她擇配，並鞏固他的皇業。葆麗娜卻喜男人諂媚，淫蕩不貞。拿皇乃把她嫁給肋克肋將軍（Leclerc），又命隨夫出鎮南美聖多明島。在南美一年，肋克肋將軍死於鎮所，葆麗娜即回巴黎。不過一年，再嫁波格士加彌洛王，加彌洛王時爲意大利北部杜林總督。葆麗娜隨夫赴任，厭杜林冷靜，乃來羅瑪波格士王府居住，和天下名士交接，當時有雕刻名家加諾瓦（Canova），和她友善，爲她雕一半身裸體像，拿皇馳書責問。拿皇失敗後，葆麗娜和夫分居，欲隨拿皇赴荒島，英人不許，遂退居意大利翡冷翠，卒時，年四十五。

當時趨炎附勢的文人，歌頌她的美姿，奉她如神仙。然而她能爲後人所知，則仗加諾瓦爲她所雕的一尊半裸身像，這尊像於今置於波格士藝術館裡。

二、

走進波格士藝術館，入門，一廳極大，牆壁很高，廳頂天花板全頂有一大壁畫，色澤鮮艷，繪寫加彌洛王爵（Marco Fulvio Camillo Borghese）的豪華，來客立時已有步進藝術之宮的感觸。畫成於一七七四年，畫師名洛斯（Mariano Vossi），非第一流畫家。

向右進第一廳，廳中心有葆麗娜的半身裸體雕像。雕刻師加諾瓦仿希臘古雕刻的愛神風度，以葆麗娜爲愛神，裸體側倚於一長椅上。頭束髮，右手支腋，左手捧一蘋果，下身圍輕綢。石像雕刻甚精，然也因「拿破侖之妹」而名傳四域。

藝術館下層各廳，陳設名家雕刻品，第二廳陳有白義尼雕的大維。大維年輕，彎身，手持皮弓，弓置石，引滿待發，以中敵將，大維面部的緊張，身軀跳動的姿勢，爲文藝復興時的新派，第三廳正中陳有白義尼（Bernini）的太陽神和達芬尼像（Appollo e Dafne），當太陽神正追上仙女，伸手抱她時，仙女忽變成桂樹。石像上的太陽神，年輕步快，伸手觸仙女，有怕觸傷的神情。達芬尼面色驚慌，張口呼救，手臂和一足已變成桂枝，雕刻家運用石頭，有似運用蠟泥，任意雕刻不見錘跡。

第四廳號稱「皇廳」，靠壁有十八尊羅瑪古皇的半身石像，廳室和進門的大廳前後相應。廳中的著名雕刻爲白義尼的「布洛瑟彼娜被搶圖」（Proserpina）希臘神話述說，地獄閻王希魯奪（Pluto）羨布洛瑟彼娜的美色，出而搶她，石像的女容，表現痛苦的真情，閻王的神情很平庸無奇。

下層其餘各廳，雕刻尚多。其中最著名的有白義尼所刻波格士別墅創造人西畢阿樞機半身石像，胖胖圓臉，品字鬍鬚，神氣很不像一位愛好藝術的雅士，反似一位俗氣滿面的王爺。此外古羅瑪雕刻中也有幾件很美好的石刻像。

藝術館的樓上，陳設名家的油畫，共十二廳。

油畫中最負盛名者，有拉法愛（Raffaello）的「耶穌卸屍圖」，置於樓上中央大廳中。圖長一公呎八十四公吋，寬一公呎七十六公吋。耶穌死後神色安詳，馬達蘭面色沉痛，張口絕聲。全圖人物，氣態嚴肅，色澤鮮明。廳中另藏有拉法愛名畫兩幅，一幅爲男像，一幅爲女像。女像代表聖加達麗娜，衣裳的色澤鮮而不艷，女容美而不蕩。

第十四廳，陳有「小道明」（Domenichino）的黎雅娜出獵圖，這圖爲歐洲藝術史上的名作。人物靈活，風景開拓。黎雅娜立圖中心，高舉弓箭，有伸足起舞之姿。

同一廳內有加拉瓦基（Caravaggio）的名畫五幅。五幅中以「聖家圖」爲最佳，圖繪耶穌、瑪利亞、若瑟。幼童耶穌，赤足壓蛇首，瑪利雅俯首注視，神情逼肖，圖中陰陽明暗，運用極妙。

第二十廳內陳有黎基盎（Tiziano）的「聖愛俗愛圖」。圖中繪兩女；一女整衣危坐轉首不看「小愛使」在水中掬花。一女裸身側目，注視小愛使的遊戲。端肅和放蕩，在兩女的姿態裡，盡情表露。

其他名畫尚多。觀畢下樓，走出藝術館腦中的顏色線紋，混在公園的綠樹紅花中，清風吹面，開人胸襟，這座小而精緻的藝術館，可以代表意大利文藝復興的藝術。所缺的，是彌格安琪洛的傑作。

以往的豪家貴戶，家有藝術師爲養客，府第中乃多佳作。雖當時以名畫名刻競炫家資，然爲後代積留文化珍品。於今的豪家富戶，家資千萬金，能知收買藝術品者有幾家？優遊奢侈，揮金購置船隻車輛，以供享受。於今的人類，較比以往，更日趨俗化了！

一九六〇年，夏。

遊布里洗拉墟墓 (Catacumba Priscilla)

布里洗拉墟墓在羅瑪城東北近郊，撒拉里亞路旁，係羅瑪現存古墟墓中最古的。它的得名，是因該墟墓的原主婦名叫布里洗拉。布里洗拉爲羅瑪一貴婦，家族係世襲元老，資產豐富，她當時有別墅一座，精緻秀雅，雜植花木，飾以石像。別墅中掘有家墓一座，家中主人都寢葬其中。古羅瑪風俗，寢葬用石棺，穴則鑿在地窟牆壁上，用石板封住穴口，石板上刻亡者姓名與年月。布里洗拉出身亞啓里阿家，亞氏身爲多米西亞諾皇的元老，紀元九十一年，皇帝罪亞氏爲公教信徒，遂遭殺。然他的家族仍世守信德。布里洗拉貴婦敬主虔誠，富有公教愛德精神，乃讓別墅作教友的公墓地，在家墓旁，另掘墓室，後來教友人數加多，墓室不夠用，於是在各墓室間，連以隧道，隧道兩旁，遍鑿棺孔，百餘年後，別墅的地下，都掘成了隧道，可是死亡的人繼續來，便仿第一層建築式，再掘第二層隧道，過百年，又續掘了第三層，到第四世紀教難平息後，教友可自由了，纔停止這種工作。當教難時，殉道的致命者，多掩葬隧道中，第八世紀蠻族入寇，龍巴爾提族犯羅瑪。當時蠻族多係新教友，特別敬禮致命聖人，到處尋搶致命者的遺骸，教宗深恐羅瑪城外墟墓中的致命遺骸被搶，下令將所有致命遺骸都遷入城內各大堂中，因此布里洗拉墟墓中的致命遺骸，俱遷徙一空了，墟墓中既沒有致命遺骸，教友們對墟墓漸不注意，久之，斷牆倒壁，隧道中多處被塞斷了，口外蓬蒿叢生，荊蓁遍地，幾乎使後人尋不著墟墓所在。十五世紀時「聖斐理伯諾利」曾一度提倡追尋古蹟，然沒有成功。十九世紀公教考古學興，墟墓的研究纔引動了一般人的注意，考古大家「約翰・得羅斯」在墟墓中的發現，是世界考古成績的最著者，現在墟墓中已重加整理了，教友們可以往裡面去弔初期教友的忠勇。

去年三月十五日，考古學教授白爾味德領我們去實地研究古墟墓，這天清早六點鐘動身，我決定步行，晨風微凉，街上少行人，出城後沿途綠樹蔥翠，別墅雅緻，雖係城外近郊，今日已有城市景象，早晨精神清爽，步履佻達，與白君一路談笑，心中感覺春晨遠足的新鮮。

一小時的步行，始抵墟墓，墓上現有修女院一座，專事招待朝聖與訪古的客人。修院屋宇狹少，周繞樹木雜花，入門後，引路者即導我們進墟墓。隧道中俱裝有電燈，修置整潔，稍寬處可併走兩人，狹處，僅容一身。隧道高可七尺，兩壁墓孔顯然，左右轉彎，又上下石梯。

經五分鐘始達一地下小堂，名聖西爾勿斯德小堂，同學中的一位司鐸舉行彌撒，祭臺簡樸，苦像燭臺均古式，青銅質，外呈綠色。祭臺前懸古油燈八盞，然今通以電流，電光燦然，彌撒際我跪地俯首沉思，似身到遠古世紀的信友會集的中間，油燈如豆，屋中微亮，百十信眾斂容沉默，肅靜地默禱。羅瑪處處走著搜索信友的兵卒，鬥獸場內每天流著致命者的鮮血，眼中似乎看見一叢人，在火把的照耀中，抬著血體模糊的屍身，默然地進入墟墓來，耳旁也似乎響著他們的步履聲，還似乎聽到默禱的群眾的微嘆。八點一刻，出隧道，入接待室早點，考古學教授乘汽車抵門，早點畢，庭中雜草間，散步片刻，教授乃引我們進隧道，考古蹟。

布里洗拉墟墓從第一世紀末發展至第三世紀末，隧道分三層，每層一大幹線，旁分支線，支線又再分支線，裡面似乎街市的縮影，隧道頂部成圓穹形，壁上縱鑿墓孔六個，每孔高可一尺，長約四尺餘，牆壁稍弱處。則鑿小墓孔，作嬰孩葬地。每一線的轉角處，有土石築成的壁柱，支撐上部的沉重。墓孔中現俱空洞無物，間見一、二白骨，然於幽暗的地點，尙保有未開的古墓，教授引我們至一夾道，壁上留有古墳三座，考古學會在墳外裝有鐵網，以免破損。三古墓的蓋穴石均完整，中爲一白色大理石，上下爲紅色石，大理石上刻有題字：Aelliabus Serena e et Noricae Filiabus pusimis PAE-Noricus deposuit按題字可以知道這墓係兩姊妹合墓，他們的名字是色肋級，諾里加，出諸厄里阿家，墓石爲家父所題。考古學家因石上刻有父親的姓名和號，而羅瑪人刻姓名又刻號的風俗是在紀元十二世紀時，厄里阿是第一世紀的羅瑪皇色握洛的家姓，乃斷此墓爲第一世紀的古物，這兩姊妹出於色握洛羅皇的一個奴隸，或一個自由奴的家庭。

上一墓的紅色石上，題有Vercundus字樣，字跡稍模糊，石上也題有致命者的標記，考古家斷此墓爲第一世紀的一位致命者的葬身處。（隧道中之葬法自上往下，下面一墓必後於上面一墓，墓孔土色赭黑，堅固如石。）

由夾道右轉，經幾個轉變，得一天窗，大六尺見方，自地面移到墟墓最低層，爲透進光線與傳達空氣用的，當時掘隧道時，從天窗抽出所掘的泥土，窗深三十二公尺，我們在第一層低首一瞰，陰暗沉沉，教授再三告戒說：「多加小心！不要我們辦喪事！掉下去就起不來！」

往前行，由一新設的鐵梯登清晨望彌撒的小堂，大家都圍著教授，這堂係聖西爾勿斯德教宗所建，初名聖斐理伯聖斐里喜堂，因小堂的祭臺建在二位致命者的墳上，聖達瑪斯教宗曾立碑刻詞，頌揚二聖，碑現存堂內。

聖西爾勿斯德教宗崩後，葬在這堂內，因此後代便以他的名字稱這堂了。

小堂現已新加修理，古蹟不多存，僅壁上嵌有斷殘墓碑，堂內有石棺一，雕刻精細，可容百許人。

小堂下，附近處爲布里洗拉墓室，室作長方形，四壁白灰剝脫，下部新加修理。室中無物，僅殘碑斷柱，左壁有石刻兩方，右壁有石刻一方，三石都破闕不完。然而三方殘石，在考古上很有價值。右壁一石，刻「貴男貴婦布里洗拉」兩個名字，貴男貴婦的稱呼，按羅瑪風俗，係元老的稱呼。此石便可證明布里洗拉的家世，左方兩石，證明在墓室裡曾葬有另一位殉道者，名克拉布洛（Acilius Glabuones）。

由墓室下行，抵墟墓第三層隧道，爲墟墓之最大隧道，正幹長約四十餘公丈，高約一公丈。兩旁分多數支幹，由墓室下行時，我數著石級共四十磴。隧道內陰森，兩壁墓孔疊列，電光照不遍暗處。同學談話聲甚低細，每人均有嚴肅的感覺。遙憶九百五十年以前，此中眠著多少殉道的聖人。雖時移境遷，當時的情景，猶可想像。

出第三層隧道，重向上走，到了墓的中心處，即布里洗拉貴婦的家墓，亦即墟墓的胚胎點，家墓現名希臘堂，因它的形式像希臘堂宇，此墓室由數小墓室組成，中間以走廊互相連著，昔時這裡面裝飾得很輝煌，現尚存壁畫遺跡，這墓室的最大者，在昔日已改爲經堂，當教難嚴重時，教友們藏在這裡參與聖事，堂中壁畫多脫落模糊，然存者也不少，畫法粗糙，俱描寫古新聖經的故事。正中祭臺壁上有七人共餐圖，桌上置盤三，中盤盛二魚，席端最右一人伸手作切麵包式，桌兩旁有酒桶麵筐，這畫象徵著聖體聖事，描寫一部份古時聖餐的禮儀：同時也紀念主耶穌的五餅二魚的聖蹟，因爲這聖蹟與聖體聖事有關係，考古學家願意斷定這畫是何時代的作品，便提出了一個獨到的觀察，圖中的七人內有女人，女人頭髮的結辮式樣與羅瑪安多尼諾畢約的皇后結辮式樣一般，皇后崩，這種式樣也取消了，這是歷史的事實。考古學家便斷此畫係安多尼諾皇朝時的作品，安多尼諾皇是自紀元後一三八至一六一年。堂中左壁有亞巴郎祭子圖，三王來朝圖，右壁有蘇撒納被誣圖與蘇撒納致謝達尼厄爾先知圖，堂門上穹有一圖，畫一石山，旁一人持杖擊石，泉水從所擊處出流，這畫象徵聖洗聖事。

考古學家對墟墓中的刻石與壁畫，認爲無價的寶貝，這兩種古蹟在聖教歷史和聖事秘蹟，兩方面有極大價值的貢獻，昔日一些紛爭的問題，經過考古學家從墟墓裡找出材料來佐證，於今都能解決了。誓反教常誣聖事秘蹟多非主耶穌所建立，係後世教士們所擬設的，現在我們從墟墓中的刻石與墓畫，卻察出聖教初興時已舉行七件聖事，則誓反教的誣言便失了根據。

出布里洗拉家墓室，再旁訪三處小墓室，教授所講的也完全在指點墓室的殘餘壁畫。一墓室內有聖母抱耶穌的壁畫，聖母旁立先知依撒依亞。教授解釋說：從這畫即可證明初期的教友已信聖母懷孕聖子不損童身，因爲依撒依亞先知已預言救世主自童女降生，一室內有婚配秘蹟的象徵畫，聖伯鐸祿坐高位上，前立一男一女，聖伯鐸祿舉頭巾覆女子頭頂，這畫又證明古代已有婚配聖事。還有一個墓室，壁上畫有酒桶兩口，教授解釋這室是造酒人的墓室。古代手工業都各有組織，每個團體也有自己的墓室。

其餘壁畫，多爲耶穌善牧，三聖童居火窟中，和若納先知。時間匆促，忙著看了墟墓的主要部份，十一點一刻爬出墓門，返校午餐。

一九三七年，廈門公教週刊

寄小朋友通訊十七則

一、進修院

親愛的小朋友們：

我於今住在傳信大學別墅裡，不過近日天氣已秋涼了，吹了三天大風，連綿地下了三天秋雨，湖面的水波更蔚藍，周圍的山色也更清明了。身上的衣服則還沒有增添；秋風中覺得身體格外輕靈，腦筋格外明爽。一年中，這幾個星期，是最可愛的日子。我的性情喜歡寒冷，喜歡看一片寧靜的秋景，喜歡看無際的白雪，喜歡看凍結的樹林。秋風夾著秋涼到時，我的精神隨著爽快，睡眠也更安寧，思維力能經久不倦，這或許因爲我性近於清靜，常多憂鬱。春景夏景過於熱鬧煩燥，秋景冬景則呈現靜寂剛毅。小朋友們，前面這幾句話太抽象，不合於你們閱讀。所以不繼續多寫，在這次通訊裡我要給你們講些往事。

九月二十一日；我在羅瑪聖斐里伯能里（S. Philippus Neri）堂領了五品神職，許下一生保守聖召，爲聖教會服務。

提起我的聖召，事情真很離奇。

一九二四年的夏天，我預備投考衡陽縣立第一中學（西湖中學）。那年頭招考制度，是考英、算、國三科，在高小裡每年的考試，我從沒有退到第二名，不過高小的英文科，學校不大注意，所以我對於投考，心裡很有些疑慮，在寫考卷時，我默默地祈禱天主。

果真不出我的意料，八月初招考發榜時，收錄生的名單上，沒有我的名。本來不是甚麼大事，家中人卻以爲有玷家門，群相非議。我那時還是小孩子的心理，素日常受人家的讚譽，一旦見四週都是冷視譏刺，便三天藏在母親房裡，心中又氣又愧。

求學的問題總須解決，我再投考「正新中學」。「正新」是第二次補招新生，僅試國文，我很容易的考取了，家中人都說在「正新」讀一學期，再轉入縣立第一中。

伯父忽又表示不滿意我入「正新」，他說這座中學制度淺陋，校舍又在一座古廟裡。他遂問我有意進修院否？這個問題來的很唐突，家中沒有一個人事前提到這事，我也從沒有想過，當我尙在襁褓中時，曾害過一次重病，家親當時許下如病得痊，將來讓我進修院。不過，我的母親總未向我述說過這樁事，我少時也沒有聽見家中人說起。伯父則記住這事，而且他做本鄉教友的會長，很希望家中出一位神父。

母親極力反對我進修院，她認爲這是伯母作祟，有意省錢，少花學費。父親不加反對，也不加贊成，完全隨我自決。我跟南鄉本堂神父商量，他以爲修道很合我的心情，如是便決定修道。

一星期後，伯父就送我進修院。院長和衡陽總本堂都有些不大相信，怕我是好新奇。今年我領了五品，聖召可說是穩定了，可見當時我進修院，並不是因一時受了家中人的刺激，實在因爲天主旳聖召，十三四歲的孩子，沒有考中招生試驗，那裡會知道失意和遁跡哩！

小朋友們，你們還是開始走生命之路，不會感到生命中的神秘。到走過了一程或半截或全部生命之路時，回首反顧，則會驚訝生命中有許多不能解釋點。

主耶穌曾說，我們的頭髮，在天大父都數過了，沒有祂的命令，一根也不能掉落。小朋友們，這是我們的安慰。我們生命道上的每一步，都是在天大父替我們放腳，我們要如小時在母親膝前學步的一樣，笑嘻嘻地看著在天大父，提前腳向前走。

今天的陽光很明麗，雨後的天空更爽淨，習習的秋風已使人感到秋涼，湖水清明極了。周圍的樹枝都反映在水面，只是少了成群的燕子。暑期開始時，燕子叫得很熱鬧，近日不知不覺中都不見了，這證明確是秋天了。

前不久，我到海濱去了。在海灘上尋貝殼，拾小石；海波一來一去在沙上盪著，我雙手搏手作戲。那一刻我回復了童心，享了一會的天真樂趣。這樂趣是小朋友們常有的樂趣，也是小朋友們的幸福。遙祝你們常保存這種幸福！

一九三五年，十月，七日，亞爾巴諾湖畔，廈門公教週刊。

二、教宗行宮花苑

親愛的小朋友們：

別墅的最後幾日，我放卻暑期的日常工作，過了更閒散的生活，多運動，多出遊。

別墅的暑期自修工作，同學們除應補行第二次考試者外，大都用爲學習外國語言和溫習本國文學。我昔日因著英文程度差，沒有考進願意就讀的中學，因而入了修院。這可算是塞翁失馬，竟成了後日的幸福。但不能想一生不懂英文，常可以佔便宜，我所以在這幾年暑假裡，也學習英文了。三年前，七月十八日，上午，我去敲一位愛爾蘭同學的門，裡面一聲請進，我開了門便說：

「今天我想開始學英文，請你今天就做教授。」

「那不行！」同學微笑地答著。

「怎的不行呢？」

「說了是在退省以後纔開始，今天十八，退省在二十二，還差幾天呢！」

「何必再等這幾天呢？改一改日期呢！」

「不行，定了就定了！」

「真的不行嗎？我去找另一個教授。」

「啊，不必另找人了，今天就上課！」

當天下午我就開始念英語，三年來，進步很少，因爲我太喜歡念中國書，仍舊是不大注意英文。

暑假快完結時，大家把這些書籍也合上了。同學都興高采烈地出去遠遊，都很認真的預備運動比賽會。

前幾天一個下午，我們去遊教宗別墅的花苑。花苑跟我們的別墅雖只隔一道矮牆，但是教宗住在行宮時，我們是不能進花苑遊玩的。

教宗行宮的花苑，面積很大，周圍大約有四五公里。原先是屬於教宗吳巴諾第七世的本家，所以稱爲「巴爾白里義別墅」（Villa Barberini），但是最先在古羅瑪時，這座別墅和我們學校的別墅，都是羅瑪皇奪米齊亞諾（Domitianes）的行宮。在我們別墅的橡樹林中，現在還存著一個大地洞，據說是「奪米齊亞諾行宮」浴池的蓄水池。在教宗行宮花苑裡，更多舊日羅瑪皇行宮的遺跡。

進了園門，我們便走在兩行陰沉沉的橡樹下，樹身似乎有三百年的老態。橡樹路的盡頭，有一圓場，圓場前面是一帶很長的松林。高高的松樹下，則有修理整齊的花圃。花多茶花和繡球花。松林正中的大道，直達一聖母亭，那便是當今教宗庇護第十一世，每天進園散步時，下車朝拜聖母的地方。從樹枝交錯的籬笆間，好幾次我偷看過教宗的白袍，映在聖母亭的荷花池裡。

花園中心的翠柏平臺，在松林的下面。由松林右邊往下看，柔嫩的垂柏，剪截整齊，圍繞平臺的三方。臺側裡有著二三十丈長的花圃。花色俱互相對映，排列成幾何圓形。在平臺上舉目一望，滿園青綠，紬紬絨絨的芳草，蓋滿全園。翠光波動的松柏，夾道並立，疏朗古蒼的橡樹和忠果樹（阿里瓦油樹）對映藍天。

由平臺的石梯，可以下到一條很長的遊廊，廊壁古舊，間而可以看到殘餘的壁畫。考古家說，這是古羅瑪皇行宮的遺跡，是當時雨天，皇帝皇后散步的殿廊。

下了平臺往東走，一帶果林，一片菜圃。桃子只剩下半黃的葉子了，梨子則尚顆顆掛在樹枝上，看著大如拳頭梨子，同學們都有些眼紅，或者有人還摸一顆放在衣袋裡呢！

花園的東南角，建有雞牛畜養所，雞是養在兩個大圍圈裡，圈中設有雞塒。塒形如矮屋。雞的顏色都是黃、白兩色。黃白即是梵蒂岡國旗的顏色。牛則養在屋內，分左右兩行，每隻牛都有指定的位置，秩序井然，草料、飲料都按科學方法供給，牛俱肥大光滑，這些牛專供擠牛乳的。養牛室旁，有製牛乳的機器房。梵蒂岡宮所用的牛乳、雞卵、蔬菜，都取自這座園的東南角。

在園道上走著，特別覺得周圍的清靜。一片廣大的青草綠樹下，沒有喧嘩的笑語，沒有高亢的歌聲；也不見忙忙奔走的人群，更不見艷服妖態的婦女。周圍只有靜默的樹叢，只有無聲的花草，間離著輕微的鳥音，玲瓏的泉鳴。教宗的花園，真可說是雅而不俗。

我們在園中走了兩個鐘頭，只看了花園的一半。再見了。祝

你們快樂！

一九三五年，十月中，廈門公教週刊。

三、遊亞爾巴諾湖

親愛的小朋友們：

我已經回到羅瑪城內的校舍了，暑期就此結束了，再等兩個星期，大學就開課了㈠，在上課以前，我趕著給你們寫幾段話，不然在課務纏身以後，就不知何時纔能執筆了。

別墅生活的最後幾天，真正活潑有意義。

一天早晨，我們同組的同學，出去遊湖。不是划船遊湖，是繞著湖走一週。

我們別墅的前面，臨近亞爾巴諾小湖（或稱岡多爾福小湖），湖藏於四山中，沒有出口入口，樹綠連接水綠，湖面帶憂鬱色。

清晨五點，我們起床，完畢了神功㈡任務，用過早餐，七點鐘動身。樹林中新涼襲人，空氣很清爽。同學們走著歌著，在崎嶇的山路上奔逐。過一處，石巖高峻，巖半腰鑿一路，甚狹，下望駭人。過狹路前行少許，見一廢址，斷牆數面，屹立巖下。巖牆下，有數石洞。一洞較深，燃燭入，洞口狹低，稍進，高敞似住室。洞鑿成住房數間，互相通連，洞壁鑿痕顯然。裡面空無一物，也不覺陰濕氣。據說這裡是昔日隱修士居住的地方。他們那時空居野餐，專心苦修事主，於今已絕跡多時了。然我想這地真一隱修佳境；平湖展在眼前，高巖踞在背後，樹林蓊鬱，禽鳥時鳴，面對自然美景，舉心欽讚造物者。

看了廢址，繼續前行，路更崎嶇，時爲流泉所阻。漸進：自山半下湖濱，林深路隱，同學們前呼後應，一時林中滿了人語。樹多山栗，黃葉中毛栗累累，樹下多有掉落的，拾視，栗中滿了螞蟻。

下到湖濱，再前行找水泉，大家就泉畔用杯取水，食麵包充飢，這時已九點半了。

每年在這水泉邊，我們全校同學要來野餐一次，按傳信學院的習慣，在來別墅的前夕，全校往拜聖伯鐸祿殿，到了別墅的次日，全校往拜加羅落聖母峰（Madona di galoro），然後行退省一日，然後遊湖野餐，開始別墅生活。

湖中平靜極了，似一面明鏡，鏡中映著沿岸的山峰樹木房舍，沒有漁舟，沒有浴者，只有間而魚躍，畫出幾個圓紋，近岸石旁，小魚成群，在小草間梭巡，悠然自得不怕人。湖上也沒有白鷗飛翔，群燕也早已不見了。這裡四圍是深靜。

湖上樹林中，暑期每週我都來散步。同學們大家走了一會，閒談了一會，便拿出書，或揀石塊，或揀樹根，或揀青草，都坐下捧出靜閱，林中間而有樵夫砍柴的斧聲，間而有驢兒答答的蹄聲。其餘則盡是山光水色，在這種自然美景裡，我可以縱放心神，不必像在城市裡眼目都該加以拘束。

在泉邊吃了麵包，喝了清水，我們再動身，前面的路沿水而行，平坦寬闊，路旁多葡萄林，黃葉間已不見簇簇的葡萄了，偶而可見剩餘的幾顆。湖的西岸，夏日多有浴客，於今咖啡酒店，門庭桌席，冷清無人。岸旁的小舟，都繫在楊柳下，靜靜對著太陽。

由浴場上山，山上有教宗的行宮，一路太陽當空，不得樹蔭，我們都走的汗流滿面。上午十一點，我們回到別墅。

昨夜下了一場大雨，天氣更涼爽。不過今天早晨又出現於雲間，氣候又暖和了。意大利今秋少雨，恐於農人有不利。

再見了，祝

你們快活！

一九三五年，十月，二十日，廈門公教週刊。

註：

㈠ 羅瑪的各大學，那時都在十一月初開學，現在則改在十月中開學了。

㈡ 彌撒祭典祈禱等事。

四、聖伯鐸祿殿（聖彼得殿）

親愛的小朋友們：

聖伯鐸祿殿，又時常立在我眼前了，傳大的校舍與聖伯鐸祿殿僅隔著一個圓場，彼此互相對望。

每逢圓月當空的良夜，我常登校舍的陽臺，眺望羅瑪全城，聖伯鐸祿殿較比白天更形隆矗，岸然與天相接，靜謐的幽光中，隆然矗著一個圓頂，圓頂下一片廣大的白石建築，全部顯出薄薄的乳色白光，圓頂上的玻璃，閃閃地映著月明。這座龐大的建築物，靜靜地在世紀裡立著，雖已改建了幾次，但常屹立不頹，無言地看周圍的建築物起來又頹倒，看世界多少皇位產生了又消滅，看世紀中的英雄繼續地過去。它只是靜默地立著，每天和太陽月亮相見，用它們的語言，暢談人世的經歷。

五年以來，每晨開窗，睡眼惺忪，即見聖伯鐸祿殿的圓頂。教室廊前，大殿似常注目相視，房中書桌旁，大殿也常與我作伴，校園運動場上，大殿也從樹間相窺。五年以來，我常在大殿圓頂的影蔭裡生活著。

多少次數，我獨自對著大殿沉思，春日清晨，朝陽斜射大殿正門，校園桃花叢叢，遮住殿身，圓頂矗立，似乎是被桃花所捧。夏日午時，殿前圓場，碎石發光，圓頂玻璃，金光四射；這一座高岸的石城，處處光熱逼人。深秋傍晚，冷風刺耳，校園籬畔，久望大殿，石塊灰黯，柱色蒼老，在霜風中挺立不縮，嚴肅剛毅之氣逼人。窮冬雪後，全殿銀白，微月出於雲間，薄雲繚繞殿側，我辨不出月白、雲白、殿白，只見一座白玉城。

但最有口舌，最能傳神的，要算聖伯鐸祿殿的鐘聲。羅瑪整天車聲隆隆。鐘聲亂雜；然而聖伯鐸祿近在咫尺，鐘聲聽得格外分明。這聲聲鐘聲，沉重洪大，真像是長者之語。若是逢著節慶，大殿鐘聲，聲聲相連，又像是戰勝將軍大述其戰功了。陽春早晨，園中獨步；薄暮，園徑上誦經，殿鐘繞樹，引著思索向天飛，夏日盛暑，園中無人影無鳥語，殿鐘飄來，似乎帶來天空一絲涼風。秋夜月明，大殿圓頂有似一座飛塔，懸於天空，迴盪的鐘聲，像是夾駕明月的光輝，散佈塵寰。冬日日落，霧霾淹城，殿鐘破霧而來，確似天外的佳音。當我對案久坐，頭腦昏倦，立起身，開窗對著校園綠樹，殿鐘飄浮窗際，我的頭腦立覺清晰。有時深夜失眠，鐘聲沉沉，那時便多動我的憂思了。

聖伯鐸祿圓場裡，又常可看到動人的奇觀。每逢教宗到殿前正門陽臺，祝福民眾時，廣大的圓場裡，不見地基，只見密排著的人頭，人頭由廣場擠到場外的大路，而且也擠到場上的涼臺和附近的窗口，數目常在二十萬上下。然而場中沒有喧嚷，沒有紛亂，大家仰頭，看著殿門的陽臺。俄而陽臺的門開了，教宗端坐御轎，高冠圓氅，進到陽臺欄旁，圓場中這時不見人頭了，卻見一片動搖的手臂，一色飄舉的手巾。「教宗萬歲」的聲浪，震撼柱石。

小朋友們，關於聖伯鐸祿殿可說的話，能長至無限；不過你們沒有親眼見過，若聽我說的太多，反而印象混迷了，我便在此結束。

現羅瑪天氣已初冬了，窗外的楓葉瑟瑟地隨風墮地。每天多是陰雨，還吹著冷風，城上景色很沉鬱。

小朋友們故國此時已多見白雪了。祝

你們幸福！

一九三五年，十一月，二十七日，廈門公教週刊

五、羅瑪聖堂

親愛的小朋友們：

清晨倚窗望羅瑪城，稀疏薄霧籠罩城頭，霧中矗立著高低的圓頂。帝百里河岸路燈猶明，天空則剩餘二三殘星。遠處灰色山峰一線，起伏於雲際；長街尙無行人，只有遠近相應的鐘聲，鐘聲繚繞著薄霧，隨著晨風緩緩飄飛，圓頂和鐘聲，即是我所見的羅瑪。

古羅瑪帝國建都羅瑪，然而那時帝國的羅瑪，今日僅有供人憑弔的殘磚斷柱。今日意大利王國也建都羅瑪，但是意王的王宮，乃是強奪昔日教宗的皇宮。真正的羅瑪，則是我們教會的首都，稱爲羅瑪聖京。

羅瑪今日有名的建築，都是教堂，羅瑪的教堂，外觀很蒼老，石色黯黑，不動人眼目；但是建築的雄偉，雕刻壁畫的美麗，都可令人驚訝讚嘆。這些教堂是歐洲藝術的結晶，也是一部歐洲藝術史。

羅瑪於今的最古教堂，該算「萬神廟」（Pantheon）。這座教堂以它的圓頂著名於全球，堂建於降生前二十六年，稱羅瑪萬神廟，降生後八百三十年，教宗額我略第四世，改萬神廟爲公教諸聖堂。意大利王佔據羅瑪後，把這座堂作爲皇陵，意大利現在皇帝的祖先，皇父，皇母后都葬在這座堂裡。

羅瑪現今還有古羅瑪貴族府第改建的教堂。聖依搦斯、聖則濟雅兩位殉教烈女的聖堂，就是兩烈女的府第改建的，經過十五個世紀，教堂尙保存原來的建築式。

羅瑪還有一個很稀奇的教堂，是由古羅瑪提約克肋相（Diocletianus）的浴池大廳改建的，古羅瑪皇最喜歡造很富麗的公共浴池，現今還留有非同小可的遺址。提約克肋相浴池居今日羅瑪城的中心，大部份已頹圮，存者爲博物院。第十六世紀時，藝術家泰斗彌格安琪洛（Michelangelo）改浴池廢址的大廳爲教室，稱天神母后堂。浴池大廳的古羅瑪建築式完全保留著。

但是羅瑪最著名的大建築，還是要推「羅瑪四殿」。四殿是：「聖伯鐸祿殿」，「聖若望拉德朗殿」，「聖保祿殿」，「聖母雪地殿」，四殿都是極其雄壯美麗，但其中聖伯鐸祿殿以雄壯見稱，聖保祿殿以雅麗見著。

羅瑪各教堂中所藏名貴的雕刻繪畫，那更數不勝數了。最早的藝術品，有第四、五世紀的石鑲畫（Mosaico）。中世紀文藝復興時期的大藝術家，幾乎沒有一個人沒有在羅瑪教堂裡留下作品的，小朋友們，你們將來研究世界藝術史時，便知道羅瑪教堂在藝術史上的重要了。彌格安琪洛的摩西像和聖母抱耶穌屍體像，不都是在羅瑪兩座聖伯鐸祿堂裡嗎？

進到羅瑪的聖堂中，還有一件引人注意的事，即是所藏聖人們的遺骸很多。大小的金銀銅作的小龕或小匣，還有寶貴的大理石或珍貴的水晶作的棺，裝著聖人的遺骸，遍供在各教堂裡。遺骸中最重要的，當然是聖伯鐸祿殿裡的聖伯鐸祿墳墓。

羅瑪所以有這許多聖骸，是因公教在羅瑪遭了三百多年的教難，殉教的烈士，真是成千成萬，第一位打擊我們教會的羅瑪皇奈樂，把教友縛在梵蒂岡花園路旁的小樁上，週身纏著常春藤和野花，藤上加松油。傍晚，各樁一齊放光，油藤急燃，火光閃閃，奈樂皇高車駟馬，在路上馳騁，觀火燒人身以取樂。小朋友們，天下不仁之事，有甚於此的嗎？但是梵蒂岡後來竟成了公教教宗的宮殿了。

羅瑪現在還保存殉教烈士的兩種古蹟：「古鬥獸場」和「古墟墓」。古鬥獸場在古羅瑪皇宮的對面，全場成橢圓形，牆壁甚高，今雖頹毀，骨架仍完好。在這座戲場裡，成千的殉教烈士烈女，當年被野獸所吞。聖依納爵主教已是八十餘歲的老翁，銀鬚白髮，也曾慢步入場，死於獅豹的爪下。這座戲場的地基，已被殉教者的義血所浸透，每寸土上都有過致命聖人的足跡，兩千年後，蒼黑的頹牆中央，豎著十字架。全球的公教教友，不斷地來這裡朝聖。昔日場中喊著褻瀆救世主的呼聲，今日裡面常唱著讚頌耶穌的聖歌，殘害教會的人於今何在呢？

「古墟墓」是羅瑪教會開始四個世紀的公墓。當時羅瑪不許死屍葬在城內，也不許軍隊或警察闖人墳地，教友便在城外開掘隧道，埋葬已故的親友，且將殉教烈士烈女的遺體，設法收留，殮葬在隧道內，同時也常乘黑夜，在墟墓中集會，舉行宗教儀禮。這種古墟墓，羅瑪現存有四處，聖加里篤墟墓，布里洗拉墟墓，聖瑟巴弟盎墟墓，聖多米蒂拉墟墓。每處長可至數里，深至數十丈，中間走廊相連，曲折迂迴，常有泥封未開著。來羅瑪的朝聖者或遊客，也都要去參拜這幾座古墟墓。

小朋友們，羅瑪城於今雖是天天增加新的建築，但可以存留後代的，大約只有新建的「墨索里尼運動場」。其餘的公共建築或私人住宅，都可以說明一代不如一代。

這封通訊就此結束了。聖誕佳節已過了。羅瑪雖寒，但並沒有白雪。祝你們新年愉快！

一九三五年，十二月，二十九日，廈門公教週刊。

六、聖誕節

親愛的小朋友們：

聖誕佳節又匆匆地過去了，我的性情似乎已改變一些了，昔日聖誕節常給與我的快活和遊戲，於今卻不再覺興趣了。這證明我的年歲長大了！我心願常是小孩，另外是在聖誕節期，好能享受許多無罪的娛樂。然而年歲不從人願，童年已撇開我走了。現在卻有新的感觸，昔日不懂。聖誕前一日，我還是獨對書案，溫課寫稿。不是不覺得悽清；然我以悽清更合心中的情緒，傍晚，同學們歡笑相聚，我夾在人叢中不知當說些甚麼！子夜彌撒時，想到久別的家親，淚珠無聲雙墜。小朋友們，這是我的弱點！我不知抑制情感；但我也願保留這種弱點；真情流淚，爲小朋友是優點，爲大人們可算弱點，我願意常與小朋友們作伴。

別國的同學卻多說：「想不到羅瑪的聖誕節是這樣冷清！」一位美國同學更說：「每年在羅瑪逢聖誕節，他願閉門臥床不起，免的見到外面的冷清，增加心中的寂寞。」他喜歡述說家鄉聖誕的熱烈，在外面求學，聖誕前一月，就省下錢，預備給母親買一件聖誕禮物，佳節前兩天，自己跑到店裡挑選適合母親喜好的一件東西，帶著回家，送給母親。母親早已預備了還送的禮物，父親兄弟姊妹，也都送聖誕禮給他。那幾天，娛樂多極了，而且有趣，附近貧家的小孩，都收到鄰居富家孩子送的玩具。一位愛爾蘭的同學說：聖誕前，他們那邊每家都忙著預備聖誕節，節期一到，社會的氣象都變了，聖誕老人常是小孩子的希望，他的假白髮白鬚，引著家人哄然大笑。小孩子兩眼盯著聖誕禮物大袋，五光十色的玩具，一件一件的抽出來，每次都有鼓掌叫呼，若一家近街的窗上燃著一枝燭，過路的窮人，隨便可以敲門進去，裡面已經有預備好的禮物。

羅馬尼亞的同學述說家鄉聖誕景象，又特有佳趣。遍地白雪，晶瑩明潔，鄰居的人多聚起來，弦琴琵琶一齊奏著，大家唱著各種聖誕歌調，街上也常聽見隊隊的歌聲。

我沒有故鄉聖誕樂事，可以述給同學們聽；但是我可以向他們講中國年節的快樂，故鄉年節的鞭炮和糖果，故鄉新正的拜年和正月的龍燈；那較比歐洲的聖誕節還要熱鬧。在這裡，我們的大學正月初二就上課，在我們中國同學，總感到很不舒服。

在今年聖誕假期，我又照例到羅瑪市政府側一古教堂聽小孩演講。這座古堂名「天壇」，堂中綴有一座精緻的馬槽，天神懸空，小耶穌臥在馬槽裡。馬槽的對面，依著石柱設一低小講道臺，臺上輪流有十歲左右的小孩，背誦詩章或短辭，讚美小耶穌。背誦時，個個都大顯膽量，聲調自然，手勢也相稱，臺下立著許多人，臺上的孩子並不感侷促，這很令我驚訝，難道俱是天生的演講家？我正驚訝時，一個十四、五的女孩，抱著一個剛能說話的小妹妹，登上講臺，她把小妹妹放在臺中，自己退到梯端，小妹圓睜兩眼，向臺下周視，哇的一聲，眼淚直流，連聲叫媽媽。姊姊快把她抱下臺，臺下大人轟然一笑，不一會，小妹妹又被抱上臺，這次她不哭了，輕輕地背誦姊姊教給她的短詩，小手也指畫著，引的大家又轟然鼓掌，小妹妹也笑了。

昨夜除夕，我和同學們在遊藝室守歲。同學等表演滑稽劇，詼諧至極，笑聲掌聲不斷，鐘鳴十二點，大家起立，恭唱聖母歌。歌畢，大家互賀新年。

今早醒來，窗簾稍有陽光，我想到這已是一九三六年的陽光了，不免稍有感喟，時間如流水，一年年的陽光相繼續，童顏變白髮又有何難！幸而我們不是留戀現世的！

親愛的小朋友們，祝

你們這一年中常常愉快！

一九三六年正月一日，廈門公教週刊。

七、傳信大學三王來朝節

親愛的小朋友們：

有一件傳大的家常瑣事向你們述說，事件看來很平常，不過意義頗深刻，請你們笑臉而聽。

正月六日，傳大慶祝三王來朝節。

三王來朝節，紀念三王遠來朝賀耶穌聖嬰，象徵各民族的歸化，傳信大學，宗旨在培植傳信區的本地教士，以引各民族歸向耶穌，傳大因此以三王來朝節爲大學的主保節。在主保節這一天，傳大很具體地顯露這種精神。

清晨朝露尚濕，冬陽初照羅瑪城，傳大校舍正面的行行窗口，懸出學生們的國旗，有遠東中國的青天白日，有日本的紅日白地，有北美美國的四十八星，有澳洲的小星陪十字，還有各洲各國的國旗，合成三十餘種，花花綠綠，襯著暗紅色的磚牆，拱衛著正中大門上的黃白教宗旗。這不象徵各民族歸向基督嗎？

正式的慶禮是經堂內的儀節。早晨七點，傳信部部長畢翁蒂樞機舉行彌撒，上午十點半，傳信部次長剛恆毅總主教主禮五六品大祭，下午六點，前次長撒樂蒂樞機行聖體降福。

這是正式的慶祝儀節，按照拉丁儀禮。傳大經堂從午前七點半到十點半，也行東方希臘儀禮的彌撒。有希臘彌撒，羅馬尼亞彌撒，有加爾太彌撒，有敘利亞彌撒，有非洲亞比細尼彌撒，有烏克蘭彌撒，這些東方儀禮彌撒，也都是傳大學生執行。祭服的顏色各不相同，經文語言各用本地語，禮節儀式互有差異；但儀禮的中心，跟拉丁儀禮的彌撒，完全相同；同是彌撒聖祭，同是繼續耶穌十字架的犧牲。

和著彌撒祭祀，有各國的聖歌，音樂詩章乃人們之心聲，我們也應該將心聲獻於新生的救世主。端重肅雅的「聲韻」，歷代爲教會祭典的歌樂，我們於三王來朝節，早晚都唱額韻聖歌，作爲教會的正式樂章。現代西洋的「合音」，雄壯和諧，我們在大禮彌撒和聖體降福時，便唱這種現代音調。在舉行各種禮儀彌撒時，傳大同學輪流唱各國的聖誕民歌。我們聽到歐洲民間活潑雄壯的聲韻，也聽到亞洲的溫柔民調。還有非洲的重複單音，也有啓發人心的激刺力，猶太和阿拉伯的古代遺韻，很近於印度的古調。這真可以說是異音同響，全球的民族，同聚一堂，共讚天主。

在三王來朝節，傳大開放禁門，這一天無論誰都可以入校參觀。許多來客整個上午留在經堂裡，欣賞各種禮儀和民歌，大家在離校時，都深有感觸，感到天下各洲的人，尚有同住相愛的可能，大家在耶穌的同一愛情裡，可以互成兄弟。

小朋友們，羅瑪今冬天氣不覺冷。雖間而在陰雨天，冷風刺人，然較比我故鄉衡陽的冬寒，羅瑪尚不如。我很希望見白雪，白雪卻只停在城東天際的一帶高山巔。羅瑪城中已見杏花數朵了。

祝

你們春天快樂！

一九三六年正月二十八日，廈門公教週刊。

八、晉陞司鐸

親愛的小朋友們：

這半個月來，我忙極了，有時夜間臨睡時，四肢沉重似柳條下垂，勉強坐在案前寫日記，也只草寫了數行，就不得不滅燈就寢了。昔日，我常計劃著要將晉陞司鐸和舉行首祭的情況，詳細寫在日記本上，供後來回憶的資料。誰想事實上我竟沒有作到，二月九號我領鐸品，十號我行首祭；這兩天我就遇不到寫日記的時間，從清晨到深夜，少有坐到書案前的機會，兩天的日記，荒廢無一字，幸虧第二日得了片刻時間，纔補寫了幾段日記。

領鐸品的前一夜，任憑怎樣也是睡不著，千頭萬緒的思索，縈迴在腦中，片刻也不散。聖伯鐸祿殿的鐘聲，一刻一刻的報著，過了午夜十二時，精神實已疲倦不支，乃朦朧睡去，夢中還是這些思索。醒來一開眼，窗口還滿著月亮，看錶，只是清晨四點三刻，房外已響著腳步聲和開門聲，同學已有起床的了。捻亮了燈，起身下床。十一年前，當我初次進衡陽聖心修院的門限時，就想到了這個日期。十一年以來，那一天又不想到這個日期？這個晉鐸日期，常穩定了我的心情，輕減了我的困難。

六點半，整隊入經堂，萬燈齊明，堂中景物似乎都變了，每天出入這堂中，於今已五年多了。今天堂中的素淨白壁，似乎忽然發亮；祭壇後的金壁，更是閃爍耀眼；一樣的燭光，似是不停的跳舞，羅瑪代權主教馬爾格提樞機（Card. Marchetti Salvagiani）形態莊嚴，經聲明朗。領神品者初級剪髮到陞司鐸，每品都有十數人，我看著各品授職典禮，有如再見自己一身的歷史，默思昔年一品一品往上走，今天已到第七品司鐸職了。授司鐸品職開始時，我的思索似是停止了，只注意著授品儀節；但是到手傳聖油，以母親寄的繡花巾縛手時，我想起了家中的雙親，茫然流下了幾粒淚。

領神品時的心緒，那不是筆墨所可描寫的！

十點左右，禮畢出堂，同學們的笑容滿了各處，我們同領鐸品的同學，和主禮的馬樞機，坐攝一影。攝影畢，同學們的笑容又加了笑語，大家跪著爭求降福。我並沒有變，我的肉軀仍如幾小時前一樣，但是同學們的精神眼睛，已看到在我以內多了神品，我已非昔日之我，他們因是跪求祝福。小朋友們，這就是公教信德的力量，能使人超出物質視線以外，當按手於各位學友的頭頂，替他們祝福時，心中第一次感到以天主聖名祝福人時，祝福是怎樣的誠切純淨！

長上們催著用早點；其實也只是在飯廳小坐而已，何嘗有心用食物。

到處都是笑容，都是祝賀聲，家庭本在萬里外，親熱情景素常只現於家牆之內，傳信大學今天成了新司鐸的家，同學們真有兄弟家人的親熱。

有人報告說，傳信部次長剛恆毅主教已來校，願見中國學生。我忙著洗去汗，入廳謁見，兩旁已站著許多同學，張潤波教授介紹我說：「這是今天新受聖的一位新司鐸。」總主教藹然道喜，祝福一生常如今日。許多的話開始了，剛公在中國學生中如對家人，暢談無拘。

不一會，已十二點半，大家入飯廳。新司鐸們先謁見傳信部長畢樞機，然後隨著部長次長魚貫入廳。美國芝加哥助理主教也在座，心中有喜事，食美味也不覺，我只見一盤一盤換菜蔬，一杯一杯添美酒，似乎只是一種機械動作。廣大的廳間，坐著數百不同國籍的青年，熱騰騰的笑語著。我心中突然有感，人間事只有天主能預見。當我昔日進修院時，曾夢想到我要在羅瑪慶祝目標的完成嗎？午後三點，撤席退出。

傍晚，堂中燭光高照，顯供聖體，唱謝主聖詠。我回顧一生，回顧修院中的年月，我看清昔日的一切遭遇，沒有一件是偶然，都有天主的措置，爲完成今天的目的，在這一刻的回顧中，我托出心靈向天主感激。

這夜又是靜聽沉沉鐘聲報時刻，心頭縈著明晨首祭的一念；這一念攝住了我整個心靈。首祭的地點，擇定於本名主保聖達義老的墳墓祭壇。行祭時，外面用不著排場；但是其餘該想的事很多。闔上眼，靜待思想在腦中流轉。鐘聲沉重地響著，不時睜眼一看，窗外尚是月白。早晨起來時，又是四點半。

七點鐘離校，往聖達義老堂，晨風不揚，霜威不甚重。爲輔祭，我請了中國同學張可興與澳洲同學德禮君。

堂中清靜幽潔，晨光透窗，微照祭壇，一切似幽明又似光亮，一切似靜絕又似有聲，兩行燭火熊熊，祭壇顯得靜穆莊嚴。壇下翠石墓匣，光輝閃爍，好似聖人的遺體放光於外。這一切都可平靜人們的心，溫暖人們的心，超拔人們的心，使人感到出乎塵世，我在這種神秘氣氛中，步上祭壇，舉行聖祭，第一次手捧救世真主，雙手顫慄，心神攝束。

完了聖祭，謝畢神恩，登樓拜聖達義老臥室，室已改爲小堂。聖人臨終處，現有大理石雕像一座，刻聖人臨終情態，著色大理石加以精妙藝術工，絕美絕肖。石像仰臥一石床上，手執苦像念珠，雙眼下垂，神態清癯。我跪在像前，似見聖人臥床假睡，心念一位十八齡青年，已超凡入聖。當年在這小房裡，有了多少非尋常的事。弱齡即知撇棄侯爵，出世求道，徒步萬里由波蘭來羅瑪，進入耶穌會。

房中保存許多古物，大都與聖人有關係。附近小廳一門，係當年聖玻爾日亞的住房。房現已毀圮，僅存這門。

首祭就此告畢了！多年的希望而得滿全，心中只有欣頌上主的仁慈。

這些事似乎平庸，於我則深有意義。

不再多寫了，祝 你們

春安！

一九三六年三月二日，廈門公教週刊。

九、瞻拜聖人遺跡

親愛的小朋友們：

羅瑪初春天氣，變換得很神奇，一天內，能有陰晴風雨各種景色，有時還夾著小雹，晨起春陽迎人，光暖日爽。將近中午，則陰雲密佈，雨點驟飛。午後卻又陰風狂號，樹枝作聲。薄暮，夕陽再現於雲端，暮山帶紫。入夜，星月時出時沒，雷電也交相歡舞。初春一過，這種奇景就沒有了，天氣恢復常態。

晴明時，課後我們常出遊。今年則事忙少出，羅瑪是座古城，出遊便是參拜古蹟。這古蹟多係公教聖地，為我們常有看不厭的興味。最使我們感到興味而又最令我們流連的古蹟，當推聖人們的住室。

昔年我屢次參拜過聖類思和聖伯爾各滿的住室。兩青年聖人的住室相連，位於聖依納爵堂側樓上，由小小旋梯上去，走過一道長廊，廊上處處排有「聖人住室在前面」的標記。一進門，不見素簡的住房，乃見兩間精緻小堂，電光輝耀，壁畫引人，祭壇多鮮花。房中遺物不多，僅存有聖類思的親筆書信數紙，聖伯爾各滿的神哲書幾本。

我也參拜過聖斐里伯諾里，聖女加大利納先納，聖婦方濟加，聖若瑟加拉散剌阿等。各位聖人的住室。大都已改為小堂，只有聖加拉散刺阿的住室仍舊保予原樣，住室的舊門尚存，房中的用具也都全在，即細至掃帚草墊也被珍藏。看著這些粗糙簡樸的什物，心中更景仰聖人的德表。

一踏進聖人的住房，一眼一步都有感觸，後人登臨古代戰場，參觀前朝故宮，觸景生感，心念昔日壯舉盛事，煙消無存，聖人們的住房，可稱為大戰之地，昔日房中一位青年，一位老者，一位少婦，日夜與私慾作戰，與邪魔作戰，與塵俗作戰，戰時雖無千軍萬馬，但內情之激烈，又何異於槍砲的轟擊。聖人們得了勝仗，從此也回歸天鄉。房中遺物，都似有口，述說昔年的奇景。在聖人們的住房中，一個人不能不信有神，不能不信有身後，我們面目見到成聖並非幻想，這張房裡，昔日不是住過聖人嗎？

更足以令人起感慨的，是瞻謁古羅瑪致命者的故居，聖女則濟里亞聖女依搦斯的故居，今日乃兩大教堂。兩位聖女都是羅瑪貴族，府第宏大，公斯當定大皇信教以後，兩聖女的府第即改為堂宇，在聖則濟里亞教堂的地下，還可以看見當年羅瑪房屋的的建築遺跡，還可看見當地的嵌花的石地板。在這堂中，也可看到聖女致命的浴室。身入這種古蹟中，你不能不起感慨，不但景仰殉道致命聖女的勇氣，連帶也想，當年聖教會的光景；羅瑪皇帝本欲一舉撲滅教會，怎知千載後，他們的宮殿已是廢墟，殉道者的房屋尚成堂宇。而且羅瑪全城遍是經堂鐘聲。

上月十三日，我晉司鐸的第四日，是日爲長沙殉道致命，真福藍若望神父的瞻禮，清晨我在藍真福的墓上行祭。藍真福遺體現存於羅瑪市政府的「天壇」經堂（Ara coeli）內，臥於一小珍棺中，身著方濟會衣，皮肉乾黑。彌撒後，我跪在墓前，心想百餘年前，真福在長沙被絞刑，湖南教會似處絕境，今日竟有湖南的一位司鐸在墓上行祭慶祝瞻禮，天主的上智，真是不可推測。

小朋友們，作聖人，纔真是人間的偉事！德業的造成比造江山還難！聖人的一生，是每分每刻的奮鬥積成的。但我們有天主聖寵的助佑，我們都可做到聖人的地步。小朋友們，我們大家努力吧！祝

你們常天真純潔！

一九三六年，三月，二十日，羅瑪，廈門公教週刊。

一〇、羅瑪雪戰

親愛的小朋友們：

我喜愛白雪，高興在雪地裡跑，對著一遍純潔的白光，心情陶然如有所得。

在羅瑪偏難看見白雪，遠遠地望著城外一帶高山嶺，白頭接雲層，羅瑪城中則只有雨和霧，這一年的冬天又過了，我見雪的希望竟沒有滿全，現在已桃紅柳綠，春風報告白雪不會來了。

在羅瑪我卻也見了兩次雪，兩次都是趣味盎然。因為不常見雪，一次見雪，羅瑪各校就放假，連大學也停課一天。

第一次在羅瑪見雪，是一九三二年的二月二十八日，那天是星期日，清晨四點，忽醒，很驚異窗外白光明亮，心想今夜並不該有月，披衣下床，見到窗外一片白雪茫茫，真喜得跳起來了。急忙輕手輕腳，跑到同學福君床前（舊校舍每組是公共寢室）。細聲叫醒他。他聽說窗外有雪，披衣跳下床，轉身去喚醒馬君，我又去推醒閻君，同時齡君與冷君也醒了，彼此立在窗前少望，都分頭轉去穿好衣裳，幾個人弄得太響，全寢室被吵醒了，不少貪被窩的，只伸出頭一看，又縮進被窩找睡眠去了。我們六個人開了窗戶，掃盡窗臺積雪，捻成圓球，互相成對即在室內展開雪戰。貪睡的同學，討厭我們吵鬧，吱吱作怨語，我們拿著雪球，強著要塞入他們的頸頭裡，他們頓時縮進被裡，再不作聲，我們一齊打到五點，窗臺積雪已盡，自修室的門尚鎖著未開，無法下坪去，便一齊倚窗賞雪景。

六點鐘，起床的鈴響了，整衣淨面，收歛心神，進堂行神功。早餐畢，院長下令暫時不准出門弄雪，俟大禮彌撒後，可自由戲弄。同學都聚在窗前，冷風吹面不覺寒。有些生在熱帶的同學，從小沒有見過雪，這時目睹晶瑩的雪花，喜的手舞足蹈。忙拿出紙筆，要寫信報告家親，雪是如何明麗，我則不必寫信，衡陽年年飛雪。每逢有雪，我常用竹竿在花葉上寫字，手凍才跑到爐前少坐。

十點半，大禮彌撒告終，大家齊集運動場，踏著絨絨的雪地，各人用手捻雪球，彼此拋球對打，白白的球彈，打到衣上，白花四散亂飛，衣上留著幾點水滴。不幸中在面上，眼前突然一陣白光，用手拭面時只抹到些水珠。

舊校舍與新校舍，對立兩山崗上，中夾一淺谷。兩校舍的同學，各據山谷兩邊的圍牆，對陣雪戰。新校舍同學處地較高，擲球不費氣力。舊校舍同學乃改移陣地，到駕谷而渡的石橋端，雪球亂射，歡聲滿空，致積雪已盡方止。

我的靴內已浸了水，外衣也滿掛水珠，頭上則熱氣騰騰，汗滴下墜，兩手鮮紅，然不覺冷，午餐前，纔入房更換衣服。午飯後，太陽出現雪端，地上餘雪都已消融。

第二次見雪，在一九三五年正月二十二日。早晨八點半，雪花漫空，大家在課室均轉首看著窗外。第一課畢，雪花不見了，同學多悵然，纔回房自習，雪花又紛紛下落，越落越大，滿空白漫漫。我憑窗小立，仍回案前。十點，校舍下層鬧聲忽起，出房去問，才知大學停課放假。入房換了靴，戴上小帽，就登屋頂陽臺賞雪，三、四同學已在臺上，俯看下面同學有探頭窗外觀雪者，即投以雪球。同學多往足球坪，大家於是列陣相對，兩百人作雪戰，坪中只見雪球亂飛，有如雹點。十一點半，戰畢，雪也不見了。

這真是孩子氣！作大學生的還玩雪！但這種孩子氣很可貴，因爲是一刻的恢復童心，童心無人不可不有。天地也有童心，大海渺渺，水天相對，只有層浪和鷗鷺，其中無一絲點綴，無一分假造；這是天地的童心。皓月高照，平野幽明，一湖淺淺秋水，沿岸兩三漁火，其中沒有塵俗氣，沒有煩囂聲，這也是天地的童心。大地白茫茫，一片銀雪，纖塵不染，這更是天地的童心。我們沒有幸福常遇著天地的童心，幸而遇著了，則我們的童心也必觸機而發。身臨渺茫大海，自覺一身的微小，不能裝大人的氣概，我們便不妨赤足弄潮，或拾貝殼爲樂。獨對月下景物，周圍幽靜無聲，內心也覺明淨清白了，就可以唱著童年的短歌。若使遇著遍地的雪，世界人造的繁華都隱沒了，所見是天然的純潔，我們也就感覺造物者的偉麗，自己願同化於這種真純的美中，童年的赤心，這時也就自然流露了。

世界只有小朋友們懂得這種道理。祝

你們童心常在！

一九三六年四月二十一日，廈門公教週刊。

一一、梵蒂岡博物館

親愛的小朋友們：

羅瑪稱爲藝術之宮，名稱大約符於事實；不過你若是立在我們校舍的涼臺上，俯瞰羅瑪全城，則滿目黯然古色，除了一座潔白的大理石統一紀念坊外，連綿一片的房屋都沒有色彩。記得我漂洋來意大利時，船上一位中國工人對我說，羅瑪破舊，無物可觀。但是羅瑪的藝術宮不暴露於人眼，要進到門裡纔可發現，有所謂敗絮其外金玉其中的趣味。

梵蒂岡宮還不是世界最負盛名的宮殿？宮牆卻很使人起輕視，非黃非青又不白，只是蒼蒼然黯赭色，外像也無所謂整齊，壯觀，似乎是一群房子偶然湊成了。我每天對著這種赭色。好像古色上似乎還加了破舊。但是梵蒂岡宮不失爲世界名宮，則中間必有秘密；若是到過梵蒂岡宮裡面的看客，就知道了神秘所在。纔踏入梵蒂岡宮門，立刻就令人瞿然一驚，兩旁立著的瑞士侍衛，身高體闊，衣裝紅黃綠各色相間，手中持著長矛。上石階，由石梯登樓，梯皆大理石，平滑光澤，兩壁也是光滑的彩色大理石，到此就感到藝術露面了，樓梯幾轉，轉角處都立有白石雕像。在梯上走著，似乎有一種懍然可畏的空氣從各面射來，說話的聲音不期然就肅靜了。我每次上梯，常同有一大群同學；但卻只響著步履聲。走到一座門，兩個瑞士侍衛持矛並立，我肅然免冠進去，已走進了教宗接見廳。廳大小相連，窗間都帶簾幕，四壁或係名畫，或係浮雕，壁面多以紅緞粘蓋。天花板裝著各種刻畫，金色炫眼。廳中亮著電燈，壁間紅緞反映，乃顯出靜而嚴的神秘氣象，在廳中少待，舉目細看四週，纔驚異裝飾的華貴，教宗身旁各等侍衛，品色很繁，服裝，更形奇麗。貴族侍衛的服裝，帶莊嚴的軍官威風，堂皇富麗，金光耀眼。劍袍侍衛的服裝，則有中古爵士們的遺風，披袍掛劍。宮廷侍者俱服紅緞，顏色更炫亮，進到這座廳中，似進了別一天地。

小朋友們，你們聽見過梵蒂岡博物院的名稱嗎?定聽見過，這座博物院裡真藏有世界的珍寶。我每年都去參觀一次，可是裡面過大，珍寶繁夥，每次我跑出一身汗，還是僅僅過眼而已。

前兩年，博物院的新大門落成了，由大門直入博物院登一石梯即達。博物院可分四大部，第一部是珍寶陳列所。進博物院門轉向右，眼中滿看金銀珠玉，這些都是歷代教宗所接的貢禮，以教宗良第十三與當今教宗庇護第十一所接者居多數。金鏤，銀刻，玉雕，觸目皆是，翡翠寶石，光澤貴瓷也不少，看時不但驚羨物件的品質珍貴，另外該嘆絕工藝的超倫。最引人注意的，是許多貴重的手抄本，不少名人的筆蹟；聖多瑪斯的墨蹟就藏在這院中。還有歷代教宗的國幣，也陳列在玻璃櫃中。這些古物雖破舊無色，與金銀貴器不相調和；但因櫃龕堂皇，便不見失調了。

跑完了這一部，就可進去看第二部，這部的主要品是名畫。看客們進了幾重門，都問西斯篤堂的路線。路線則已寫明在標板上。下了一條曲而狹的石梯，西斯篤堂的大門就開在面前，跨門進去，堂內稍陰暗，舉目四望，堂不甚寬敞，佈置樸素，可是看客充塞，這是因堂各面的壁畫很有名，正中壁面的大畫，即普世傳頌的終審判圖，畫出自彌格安琪洛大畫師手。四壁與天花板上都滿著名畫，天花板係彌格安琪洛的作品，看客們都聚精會神，手指口講，像是大家都成了藝術家。

樓上有幾個廳內，懸名畫多幅，然重要的作品已多移置於新藝術館了。有一廳名聖母無原罪廳，廳壁繪庇護第九決定聖母無原罪爲信德道理的情景，廳中一長架，滿裝論聖母無原罪的書籍，長架雕刻極精細，書籍裝訂得也美雅，架的上端正中，立座一聖母無染原罪像。一進廳裡，立覺公教神權的尊嚴，教宗諭旨一下，普世信徒誠心服膺。

匆匆走過名畫廳，大約又轉了好幾個彎，下幾道石梯，纔進了古雕刻陳列所。幾處長廊間，佈滿了白石雕像，這就是希臘羅瑪藝術，人體筋骨畢露，各種人頭人身都有，一眼望去，老者幼童，武將少婦成行列著。中間也雜有現代雕刻品，多屬禽獸形。在這些雕刻品裡走著，有時能以像作真人，遠望去遊者夾在石像中，你能指出誰者是真，誰者是假？雕像的狀態複雜，哭者，笑者，沉思者，演武者都有，我有時立在一石像前，注看石像認真的態度，不免流出幾聲哈笑。

出了石像陳列所，就可以進埃及陳列館，小朋友們，我一進門，彷彿覺到自身已在埃及的天空中。廳壁蔚藍，天花板上畫著新月帶繁星，壁沿描有亭立的巴爾瑪樹，廳中屹立著埃及石柱。出廳，走廊數道，滿列埃及物品與古玩。我只感覺新鮮稀奇。最可注意的物件有兩種。一種是埃及的古屍，一種是埃及的古字。古屍數具，係紀元前所葬，現仍骨架完好，隔著玻璃龕還可見面貌，這表現埃及古葬法的完密。屍體用細布緊束，布裡充滿香料，然後封在石棺中，既無蛔蟲，又無水浸，因是經千年尚不壞。埃及古字分列在牆壁玻璃箱內，字法多半象形，紙質又似是布，又似是樹皮，我沒有看清，有許多字跡已脫落。這卻是一些古寶，研究埃及文化者，立在玻璃箱前，就該流連不置了。

小朋友們，上面就是梵蒂岡博物院的一週遭，看的當然很匆忙很潦草，進去時，我常想細看一看，結果則常是跟著別人趕繞一週，又只見了一團奇物。祝你們夏安！

一九三六年，五月，廈門公教週刊。

一二、低窪里（Tivoli）水泉

親愛的小朋友們：

案頭的書似乎越翻越無窮盡，每次進房對著一堆講義，眉頭就要緊縮，坐下後，攤開一本，卻又怨花瓶旁的錶走的過快了。

放下書本，整天到山水之間閒散一日，真是不易得的事，別有一種趣味。

每年春季，傳信學校的學生要出去遠遊一次。今春學校遠遊的地點，定爲「低窪里」（Tivoli）。

「低窪里」距羅瑪約三十二公里，處群山之中，昔爲羅瑪帝國時代皇帝避暑之地。文藝復興時，意大利北部「德斯特侯家」（D'Este）的一位樞機主教，名「義波里」者（Card. Ippolito D'Este）於十六世紀中葉，任「低窪里」市長，於城旁建一別墅，墅中園地廣曠，園內佈設噴水泉數百，於是低窪里乃成爲羅瑪一名勝地。

我們全校同學，分乘三輛大汽車穿過羅瑪城，駛入鄉間，空氣清爽。將近低窪里時，仰望群山層疊，一小城居山半。山麓有小河，屈曲繞流。汽車循山而上，路旁樹林叢密。數分鐘後，汽車停於「額我略公園」門首。

「額我略公園」，以人造瀑布著名。下車入園，陰涼襲人，園道甚狹，且下臨深谷。同學乃分隊而行，隨處遊眺。公園跨在一深谷上，谷壁屹峭，壁滿雜樹叢草，小徑鑿於巖間，曲折山下，我們先到谷腰，看大瀑布。瀑布高約四十丈，寬約兩丈餘，水奔流於一小谷中，初下時，似白綢一鏈，稍下稀散如素紗，至山半，則突然直瀉而下，水沫由谷底返躍，上衝谷頂，再散成霏雨，紛濺於巖草樹梢。谷中水聲隆隆，奔流勢可駭人。駐視既久，沿狹道下，進入谷心，得一洞。怪石覆空，溪水至洞口，躍入洞內，洞深據云八十公尺，水躍作響，以大石跌進深潭，情景雄壯至極。出洞，過谷，路狹而斜。巖半又得一洞，洞裂於巖間，水由洞頂奔下，穿洞側一漕，跳躍地奔入谷底，會於小溪。我和同學數人，攀穴入洞，陰涼徹骨，水聲咆哮，對話須大聲呼嘯。崖谷間尙有小瀑布數處，水勢緩和。由巖頂俯瞰，滿谷樹綠，間夾白帶瀑流，幽靜絕塵氣。

由谷對岸，走出公園，進城。城很小，樓房古舊。我們穿街過巷時，兩旁人家都聚首注視，驚看各色皮膚的學生。小孩子們更相率跟著我們的隊伍走。不一時，我們入城內修院，假院中長廊進午餐。本區主教在院內相候。餐將半，傳信部長樞機抵院，全體起立鼓掌。部長樞機也在長廊裡就坐，同我們一齊吃中飯。

飯後，尙有幾處古蹟地該遊覽。一處爲「亞特里亞諾皇御苑」（Villa Adriana），一處為古羅瑪大詩人阿拉爵(Oratius)舊居,可惜時間有限,我們只得捨了古蹟,大家去看「德斯特別墅」(Villa D'Este)。

額我略公園以人造瀑布,造成勝景;德斯特別墅則以人造噴水泉,裝成奇觀。噴水泉遍佈園中,形勢各不相同。園中一路名「百泉路」,路旁列噴水泉一百,泉分上下兩層,上泉噴水或作花狀,或作弧形。下泉水流緩緩落於槽中。從路端看百泉,映著陽光,形同千百條金光,交織成綵。園中央鑿水池數口,高低成層如梯。池的頂端,有大噴水泉一,名「風琴泉」(Organum)。水泉噴出的水柱,高低互列,形似大風琴的發音管。發音管的中央有瀑布下注,水流入潭,由潭下流入池中。

園中各處都見噴水泉,有噴水如放煙花的,光明透亮的一股水,湧於天際,分裂四散,粒粒墜地。有水湧出泉,嘻嘻躍躍,似睡醒嬰孩,伸張小臂。……古木參天,綠茵遍地,滿耳只有水音。這又是另一佳境。同學們多有集在噴水泉旁攝影者。勝地不常重遊,歸國後,他日翻篋尋出照片,或能重憶今日的遊興罷!

我的日課經,今早沒有念完。乘著這種清幽的境地,乃在一較僻靜處,獨對造物主,誦念聖詠。自然美景常增我們的宗教情緒,清洗心中的煩慮,使我們的心靈,容易離去俗世,飛向造物主的懷中。

我剛念完了經,同學們呼喊該出園了。翹首四顧,不捨和這美景分離。出了園門,沿著小道步行一小時，往拜一座古聖母像。

日落了，我們的汽車在原野中趕著歸路。進羅瑪城時，街道已萬家燈火矣。

小朋友，天氣熱了。我忙著預備考試，沒有寸陰可供寫作。祝

你們夏安！

一九三六年，五月，二十八日，廈門公教週刊。

一三、別墅生活

親愛的小朋友們：

去秋離別別墅時，曾作了辭別別墅的詩，當時想我一生不再來住這別墅了。天主仁慈的措置，卻使我今夏又來住在別墅裡，仍與湖山相對。我愛這座別墅，地處幽境，有湖山的雅緻，有海天的空闊。我愛這別墅，有深綠的古林，可以遊步；有廣平的運動場，可以散心。在羅瑪城裡，八個月埋頭讀書，尤其在最後一月，天氣既熱，考試又緊，真有食不甘味的境地。每天只求能安睡一宵，次日可以繼續念書。考試已畢，心頭輕鬆了。置身在清鮮空氣的鄉間，朝夕眺望山水的美景，誠人世中的樂事。

朝陽既起，樹葉尚帶露珠，獨步樹林中，誦日課聖詠，身旁無一物紛擾，清風爽氣，助心神之超脫，此時心情，似離人境，全心靜對造物主。傍晚夕陽斜照海濱，平疇萬里金色，擇園中樹下一鐵椅，靜坐誦日課經的晚經，陪天地的美景讚美善的真主宰。人世的心悅情適的樂境，此時真可以說是領略其趣了。

今年住在別墅，常觸目生感。六年來同級的朋友們，今夏都分別了，餘下者僅數人，其他都是後生新進，六年前我第一次來住別墅，我是最低的一級，年輕好動，於今自己成了最高的一級，看見年少的同學們運動活潑，常有所羨慕。

七月十六，心中不免有些悵惘。這天是聖母聖衣節，爲我的本堂主保慶期。在國內時，每逢這個慶期，我必歸家，家中人每年這天必等著我。到家後；母親和祖母，就像忘記了一切，只顧陪著我談笑。夏夜滿天星斗之下，大家坐在門前場上，暢述家常瑣事。到今日，已經六年未入家門了，萬里外彼此思念著，彼此等候著。家中人都想會面的日期近了。前月接父親來信，說祖母年老多病，常臥床褥，但當堂兄向她念我報告晉鐸情況的信時，老人家的病忽減輕多半。於今只盼見我了一面。祖母又說，每夜都夢見我，同我談話，我念到這些話，心中迴腸萬轉。我到別墅後，真沒勇氣報知家庭，說我仍留羅瑪。報告續學的信終於發去了，我只有祈求天主賞賜這封信，不太增加家人的痛楚。

撇下這些私事罷，再談一些公事。七月二十一日，意大利全國公教會兒童部代表三千五百名，來行宮覲見教宗。今年意大利公教兒童部舉行創立十週年紀念，各地派代表到羅瑪參加慶祝典禮。男女兒童都穿著白色衣服，列隊參拜聖伯鐸祿殿，古鬥獸場，古墟墓，最後一日乃來行宮覲見。我當天因事沒有到行宮觀禮。去觀禮的同學說：十幾個男女兒童代表，進到寶座前獻禮，教宗很慈祥地和他們相問答。他們出行宮時，街上觀者如堵，兒童們唱著歌，興高彩烈地走著。小朋友，我很羨慕這種天真的團體。我想中華公教進行會再過幾年，迨組織都完成後，也該添設兒童部和志願部。兒童部包括七歲至十歲的兒童。志願部包括十歲至十五歲的兒童，這樣小朋友們也可以成爲公教進行會的會員，現在祝你們暑期快樂！

一九三六年，八月一日，廈門公教週刊。

一四、記于斌主教離別羅瑪，又記傳信大學學生遊覽聖地

親愛的小朋友們：

七月七日，我的神學碩士考試前兩日，腦筋正是忙著作痛，午後茶點時，忽有人來報南京主教已發表了，即于斌總監督，又報張潤波教授也被任爲宣化主教。我想還是同學們的推測，因爲我們如此推測已經很久了。旁的同學再報告說這種消息乃剛恆毅主教自說。剛總主教現在正在傳大教室內監考。消息來自傳信部次長，那就是確實的了。立時疑團全消，心頭無限快活。

這兩位新主教都是我的中文教授，于斌主教在傳大。教我三年中文，張潤波主教繼于主教在傳大也教了我三年中文。

于斌主教在一九三三年十一月十號離開羅瑪，回國就任中華公教進行會總監督之職。他離開羅瑪時的情景，我於今還記得很清楚。他在當天傍晚七點半鐘，由傳信大學乘車往羅瑪車站，那晚羅瑪下著小雨，天氣已經很涼。我們叫了兩輛計程車，車傍站著四十餘位中國同學。于斌教授搭乘第一輛汽車，我和東北同學曹鴻志君陪行，中國同學代表四人搭乘第二輛

汽車，行李安放了，車門一聲響，車外呼著「一路平安」，繼著一陣掌聲，汽車便駛出了校門。在汽車裡，于斌教授囑咐我說：「勉力做去，日後使中國文學界能有振興。你勉力做去，日後總可以設法使你在傳大畢業後，專攻幾年文學。我回國後，設法提倡教育聯合會獎學金，日後或能用這種款項補助你的研究費，」在車內，于斌教授又向同鄉曹鴻志君說：「你今天送我回國，你還記得當年送我出國嗎？那時我傷感很重，說話是痛不成聲。今天離開羅瑪，這裡的好友也很多，又是聖教中心，我心也感著悽然；但比不上當年出國時的傷感。這次是回國哩！」

那晚到羅瑪車站來送行的人很多，劉文島公使偕朱英秘書，駐華宗座代表剛恆毅總主教（那時適在羅瑪），中意善友會會長，秘書及會員多人，傳信學院院長，中國學生代表。月台上擠著一大群送行的人，引起旁的乘客和送行人的注意，他們問那群人是送誰的。我們答覆說：「站在中間那位高大的中國神父就是。」

小朋友們，對不起你們，我大概不能再繼續寫通訊，和你們談閒天了。八月十五日，剛恆毅總主教發表我繼張潤波主教任傳大中文和中國哲學教授，我決定仍舊攻讀法律，又讀書，又教書，寫稿的時間一定很少了。

八月二十五日，傳信學院學生，往遊「捷能匝諾城」（Gennezano）全院學生乘遊覽車五輛。在車中，我看看書，觀觀風景，看林梢之朝暉，觀平野之晨露，覺得心襟隨微風而敞開。

上午十點，車抵捷城，頓時，我們身入中古社會裡。「捷能匝諾」城居小山山顛，舊城門尚存。舊門狹窄，遊覽車不能進門。街道小而曲，路爲古羅瑪的小石路，我們徒步穿城而過，居民都立在窗口觀看。這一群黃白黑的青年，在古城的人看來，必定是一種奇觀。我們來遊城，則是爲朝拜城內的一張古聖母像。古聖母像名爲善導之母，傳說是中古時，土耳其回教人佔據了亞爾伯尼國，這張古像由亞爾巴尼國飛出，渡海到意大利，落於這座城裡。居民感於這種奇蹟，建堂供奉聖像，遂成遠近居民朝聖之地。進了聖堂，我在聖像前舉行彌撒，傳信部部長畢翁蒂樞機也在堂內。

彌撒後，時已正午十二點，我們到附近的一座舊堡中用飯。舊堡原爲教宗瑪爾定第五世的故居，後來變爲一位樞機的家屋，再後又變爲中世紀的王侯堡壘。房屋很雄壯，廳堂也很富麗。但是於今空無長物，僅有兩三修女，專司招待朝聖旅客。堡壘後的吊橋，今已爲石橋。護溝久已乾涸，雜草叢生。

太陽偏西時，我們離城回校，順途參觀「巴肋斯里納」城（Palestrina），這城以一音樂家而著名。音樂家名「若望」（Giovanni, Pietro, Luigi）但是人們都以他的城名呼之。「巴肋斯里納」音樂家，有公教聖樂之王之稱。他的和聲聖樂，現在尚盛行於我們聖教會內。在這小城的大聖堂之側，立有這位音樂家的石像。

歸途中，太陽落下了，晨星出來，隨後一鉤新月也出現了。我們在車上，公誦玫瑰經。仰心對天，心神高飛。夜風爽涼，消人俗慮。小朋友們，你們長大了以後，若是住在鄉間，夏夜在月下誦經，你們也可以感到出世的心情。

小朋友們，這裡山間，已開始秋涼了。日間太陽還尚熱，夜間則冷氣侵人。祝你們愉快！

一九三六年九月八日，廈門公教週刊。

一五、羅瑪公墓

親愛的小朋友們：

每年十一月煉靈月，我也往羅瑪公墓去一次，朝傳信大學舊生的墳。羅瑪公墓在城近郊，緊靠著聖老蘭爵堂。墓園甚寬敞，古柏叢集，黃花遍地。羅瑪墓園雖比不上熱諾瓦（Genoua）墓園的幽麗，園內的佈置，也很可觀。貴族與富戶闔家鑿一墓室，室上立有白石或青銅的雕像。像的形狀都是象徵形，有身著水衣的船夫，有手按指揮刀的將軍，有仰首祈禱的少婦，有慈祥愷悌的聖母。也有在墓室上造小聖堂，堂中明燈常照，另無長物。走過雕像前，我每停步瞻仰。另外有一尊石像，常使我注目流連。石像在大門左旁，中一石碑，碑上刻一中年婦人面，碑旁雕兩小孩，碑右的孩子，支右腕，頭枕腕上，身側靠石碑，雙眼流淚。碑左的小孩，半屈身，將頭從碑側伸向前方，雙眼注視碑上的婦女像，孩子的面容極愁悶，兩頰有淚痕。呵！好一幅愛子痛母圖！

煉靈月的初一和初二，羅瑪人來墓園者擁擠不堪。大家都在「追思節」來上墳。但在煉靈月內，上墳的人也接踵不絕。進園門的女士，都手抱一束或白或紫的雛菊，為插在親人的墳上。園門外響著隆隆的車聲。園門內，肅然肅靜，男子脫帽，小孩不敢叫囂。走的人都低著沉思，站著的人更是在墳前緬懷以往。每人都有愁情滿胸，名利之念，暫時消失。在這裡有對著墓石追思亡夫的老寡婦，有望著石碑痛念生母的孤兒，更有依墳流淚的少年孀妻，還有許多憑弔摯友的人士。我在墳地緩行，我心飛回故鄉，我眼前現出另一墳山，暗中思索，在離鄉的幾年裡，墳山上添了多少新墳？

羅瑪墓園很清潔，白石碑現於黃花青木中，一望有如花園，墓園中央有一大聖堂，平日常為煉靈行彌撒，煉靈月內的最末一個星期日，下午，舉行盛大聖體出巡典禮，生者亡者，共同聯繫在宗教信仰的希望裡。

小朋友們，我每次進到羅瑪墓園裡，就聯想到中國內地墳山之當改革。中國墳山既太荒涼，又佔山地。鄉間四周山陵，遍堆土丘。我們應改良墳山，佈置要清潔美觀。

世界上最富麗的一座墳墓，即是羅瑪聖老蘭爵堂中教宗庇護第九世的墳墓。庇護第九身為聖人，生於亂世。臨終遺囑，願與羅瑪平民同葬一處，墓上不應有任何裝飾，僅刻庇護第九世遺骸。駕崩後，樞機們遵奉遺囑，在聖老蘭爵堂靠平民墓地之堂壁，鑿一穴，安葬教宗。當時意大利奪取教宗國土，以羅瑪為國都，國內馬松黨，勢甚盛。黨人聽說庇護第九世遺命葬於羅瑪墓園，乃揚言當教宗桐棺由梵蒂崗送往墳園，路過帝伯里河橋時，將搶棺投諸河中。羅瑪城民得訊，大憤，乃盛儀迎棺，入夜，數千人擎燭陪行，馬松黨人不敢逞。全球聖教會神長教友聞訊，也大爲憤慨。於是群捐巨資，在羅瑪墓園爲庇護第九世建造最富麗的墳墓。但是教宗遺命墓上不許有裝飾，建築師乃尊重教宗的遺命，墓僅爲一白石墓，墓上刻「庇護第九世遺骸」。墓的周圍，爲聖老蘭爵堂的後殿，建築師隔後殿爲一小聖堂，堂壁四周，完全用彩色小石嵌花。凡捐款的國家的大城，都嵌鑲國徽和城章。這些國徽和城章，乃是對馬松黨人的一個答覆，教宗不可侮，侮則侮辱全教會。

小朋友們，你們也必定有同樣的感觸。祝

你們快樂！

一九三六年，十二月，十一日，廈門公教週刊。

一六、遊亞細細

親愛的小朋友們：

小時在家，我已經聽說「亞細細」（Assisi）這個城名了。衡陽教區屬於意大利籍方濟會會士管理。他們會士自然不能忘記自己的會祖，處處都有聖方濟的像；因此我小時便知道亞細細是聖方濟的故鄉；還有另一個原因，即是八月二日，方濟會舉行大赦節。這個節日的起源，是聖方濟在亞細細的天神母后小堂向耶穌所求得的。聖方濟求耶穌允許還是在八月二日來朝天神母后堂的人，都能得全大赦。後來教宗把八月二日朝堂全大赦頒賜方濟會所有聖堂。我小時，這個瞻禮給我的印象很深。八月間是湖南最熱的天，到聖堂來朝堂得全大赦的教友們，要緊有涼的飲料爲解渴。聖堂門前便有賣西瓜和賣涼粉的人，我們小孩子最注意吃的東西，一年裡只有這一天，在堂門前有人賣吃的東西，我們便特記住了這一天。因此我小時就注意亞細細。

今年復活假期，我有了參拜亞細細的機會。

四月二號，我乘七點二十分的火車，由羅瑪出發，同行的有同學三人。我們四個人佔了一個車廂，圍坐談笑，時眺窗外景色，車溯帝百里河上行，河身漸狹，幾隱沒田畝間。野外山岡，佈滿春意，青綠宜人，車過「阿爾得」城，走入山谷，山澗淺水潺潺，瑩淨見底，秀雅可愛。

午前十一點半，車近亞細細城。遙見半山古屋櫛比，聖方濟靜院，穹拱長廊，遠招遊客。下了火車，再乘汽車登山入城，午後即開始參拜聖方濟和聖加拉的遺蹟。

亞細細爲位居山坡小城，街道狹窄，然很清潔。街市房屋多係數百年的舊建築，石色黝黑，窗口前都安置花盆，春花鮮艷，特顯雅緻。

聖方濟的家屋現仍保存者僅一馬廄和一地窟，其餘都改修了多次。按聖人的傳記所載，聖人的母親臨盆難產，這時忽有旅客來，叩門告家人說：「主母須往後園馬廄，胎兒將平安產出。」聖方濟果然生於馬廄中，我往觀馬廄，壁石如昔，黑斑歷歷。地窟昔爲石梯下的空屋，陰暗無光，我覺窟中潮濕有霉氣。窟中現有一少年跪地祈禱的石像，紀念聖方濟少年時，因施捨無度，被父親幽禁在地窟的情景。

走訪住在亞細細的中國方濟會修士，修士共六人，俱爲陝西人。他們引我去拜聖加拉堂。聖女加拉的遺體，陳於一水晶玻璃棺中，面貌枯黑，足骨露衣外，身著會衣。堂內尚有他類遺物多件，最貴重的爲一苦像。這尊苦像，畫在十字形木板上，原來懸在聖達彌盎堂中，聖方濟青年時，多次跪在苦像前祈禱。一次，驟然聽到苦像發聲說：「方濟，我的堂宇將倒了，快去修理！」方濟聽聲，馬上親荷灰石，修理了城內外的三座小聖堂。但是苦像所說的堂宇將倒，乃是指當日的教會。當日歐洲風俗淫靡，城與城爭，國與國戰，教會的風化也岌岌可危。聖方濟後來便苦身節食，四處宣講福音的和平。

亞細細城夜間清靜至極，無車馬聲，街上少行人。我不禁憶起十餘年前，住在姑母家求學的情景，夜間登床，街上絕人聲，只有更鼓間響，心中喟然有感。

四月三號，清晨六點半，我到聖女加拉棺前行祭。當中靜無一絲聲息，祭壇近接玻璃棺，由壇上可直視遺骸。彌撒後，跪地行默想，眼看棺中聖女安臥，遺骸猶帶生時的精神，當日的一位富家千金小姐，若不拋棄塵俗，追隨聖方濟的清貧克己，七百年後有誰知道她。聖人不但取得常生，也得了千秋萬世的芳名。

早點後，兩位中國方濟會士，陪我上「蘇巴西阿」山（Subasio），參拜聖方濟隱居的山洞。天稍陰，有雨意，山道旁，滿列著阿里瓦樹即橄欖油樹。數家人家，小孩蹲在路旁遊戲。步行了一小時，近達山巔，才見一幽谷，古樹參天，中立一古聖堂。山洞列在谷間，有天然成的，有人工鑿的，俱淺狹僅容一人。洞內現尙標著住洞的修士的姓名，當日聖方濟偕徒弟們乘夜上山入洞，分行默想祈禱。這處真一隱修佳境，空曠絕俗，了無人煙。谷間猶保有聖方濟向山鳥講道的古樹。群鳥棲樹枝，聖人呼它們爲弟妹，請它們一齊歌讚天主。我此時旁顧林木，葉靜聲絕，不禁興感，曾作了一首詩。

出山谷，俯視亞細細城，似一大船，圍在清綠的海中，山半橄欖油園，界劃整齊，山下平疇夾農舍。下山時，和方濟會士約好，午後，往拜聖方濟大堂。

聖方濟大堂，爲亞城古蹟的中心，堂分上中下三層，每層各成一大殿，中殿最古，建於一二三〇年，上層稍後，成於一三四三年，下層則在前世紀尋獲聖方濟石棺時，始行修建，於一八二四年成功。上層堂係哥德式，雄偉莊嚴。步進大門。首觸眼簾的，是蔚藍色的天花板。藍色間，夾著顆顆金星。看去似夏夜晴空，幽麗動人。堂壁滿繪古畫，顏色已退，畫法也頗粗糙，然古色盎然可貴。尋路下到中層，乃一輝煌大殿，雖不甚高，裝飾則較上層爲美。全殿的墓畫，爲歐洲藝術復興第一期大畫家齊禾托（Giotfo）所繪，畫中人物爲聖方濟一生的事蹟。

再下到地下聖殿，得一寬長隧道。隧道盡端，有聖方濟石墓。墓孔係鑿在石巖中，上用堅泥封蓋。意大利中古時有搶奪聖人遺體的豪舉。亞細細人在聖方濟逝世後，害怕鄰近的諸侯，動兵奪取遺體，乃在石巖裡鑿墓穴，用石棺把聖人葬在巖內，牢不可破，又秘守墓地，不以示人。數百年內，沒有人確知聖方濟的棺材何在。前世紀，考古家引導修士，乘夜發掘，終於在石巖中尋獲了石棺。石棺內盛一鐵棺，鐵棺內尚有木棺，真是棺槨三層，可見當時人對聖方濟的敬心極大。考古家把聖人的棺槨仍存原處，周圍的堅泥則挖空，前面的石巖也闢開，所以石棺現在三面有石巖包圍，再向後又把四面的石巖鑿開，闢成地下聖殿。聖殿可容百人，形式絕似地窟，牆壁純是素靜的粗石。堂頂懸掛古式的小燈。

聖方濟堂側有一修院，有長而高的穹形長廊。從廊上望亞細細的農田，微雨密密，白茫茫一色。

四號晨，冒雨往聖方濟堂，在聖人石墓前行祭。隧道電燈縈縈，明暗參半。適逢主日，教友來與祭者頗多。彌撒後，擇一正對石棺之處，長跪默想。聖方濟捨富而就貧，不是貧而濫，乃是貧而益堅。素淨的石棺和石巖，真可以代表他的精神。

早餐後，乘汽車往朝天神母后堂，堂在山下田野中，傍近車站，爲聖方濟聽見苦像命修堂後，自己搬運磚石所修的第一座小堂。於今小堂罩於一大殿內，小堂長約兩丈餘，壁石斑黑，蒼蒼古色。聖方濟逝世時，也在這小堂內，躺臥地板，安然去世。

大殿側，一小花園，保有無刺玫瑰。傳述聖方濟一夜，淫念熾烈，乃赤身投於刺叢，淫念遂消。刺叢驟變成無刺玫瑰。我依欄久視，玫瑰花桿很低，很弱，滿枝青葉，不見花朵。園下側，一地下室，室低不能伸腰，這室就是聖方濟的臥室。「神貧者乃真福」。

乘車返城，參拜聖達彌盎堂。堂甚古，爲昔日聖女加拉修院所在地，步行出城，約半里許，至山半，抵古堂門前。聖加拉修院，現居聖加拉堂側。這處的古修院，現在空寂無人。聖女當日和修女們的飯廳，臥室，小經堂，都只留破舊的石壁。聖達彌諾堂正門側有一窗，遊者都登窗下眺。據史傳所述，當聖加拉病勢重時，土耳其回軍攻亞細細甚急，由原野登至山半，爬牆欲入修院，修女戰慄流淚，死雖不懼，但怕強姦。聖加拉力疾起床，恭捧聖體，開窗面對回兵。回兵頓即墜身牆下，抱身鼠竄。因此後世的聖女加拉像，常是手捧聖體。

五號，晨，亞細細尚在夢中，我和同伴乘汽車馳過無人的街道，下山赴車站，我們在天神母后堂行彌撒，午前十點，搭火車回羅瑪。

祝

你們快樂。

一九三七年五月二十七日，廈門公教週刊。

一七、童年舊事

親愛的小朋友們：

近日找不著新鮮的事，可以和你們聊天。我想與其擱筆，不如談談舊事。

我的故鄉，在湖南衡陽南鄉，離衡陽市很近。南鄉的周圍有小山包圍，山腳下有家農舍，農舍旁有養魚和灌田的水塘，鄉中間有平平的稻田幾百頃，稻田的中央有一條小河。小河把南鄉分成兩半，一半是歐家，一半是羅家，羅家的人幾乎都是信奉天主的教友，歐家則沒有信奉天主的人。鄉裡的兩大建築，就是歐、羅兩家的祠堂。後來羅家方面建了天主聖堂，又修了毓德小學。南鄉最大的建築，就要算最後的兩項建築物了。

我的家是農業的，不是富戶，也不是貧戶。我從小就在學校讀書，父母從來沒有叫我到田裡幫著作工。

我在家裡的時代，家裡同居的人很多。上有老祖母郭太夫人。祖父壯年去世，留有四男四女。祖母一手管理，兒女都得成家。我的父親友三公，名英仲，排行第二。伯父明山公，名英魁。三叔名英仕，四叔名英伯，四位姑母都嫁了人，大姑母適謝家，二姑母適李家，三姑母適郭家，四姑母適張家。我的母親王太夫人，第一胎便生了我，第二胎生了我的弟弟羅耀，第三胎生了我的妹妹詩順，以後還生了三個兒女，都在襁褓便夭殤了。後來到我出國時，母親又生了我的兩個小弟弟，大的名羅蘇，小的名羅濟。

我的大伯明山公，也生了八個兒女，第一個和末一個是兒子，中間的都是女兒。三叔只有一個女兒，四叔則有兩男兩女。那時我的父親和伯父同居，未析家產，家事由伯父明山公主管。伯叔中只有我的父親是讀過書的，身體瘦弱。半年在外經商。伯父明山公，常是半天進城，半天在家，他是紳士派，爲人調解糾紛，雖不大識字，但對於契約，聽人誦讀，立刻知道字句妥當否。

我從小就進毓德小學讀書，小學的學生都是羅家的子弟，外姓子弟很少。我每試必爲同班第一。那時學校年考後，常掛榜，家人看見我的名字排在榜首，也不說什麼，只有伯父明山公很以爲榮。他和家人在城裡茶館喝茶，不免常提到我。他在家裡也特別愛我，常關心我讀書。伯母有時表示不喜歡，怪他愛自己的兒子不如愛我。我和堂兄羅榮脾氣相投，但是他比我大好幾歲，又每天要作事，我倆從來沒有在一起玩耍。同我一起玩耍的，有我的弟弟羅耀和鄰居的三個小孩。我也喜歡和堂姊姊們玩，另外是伯父的二女和三女。歲數較我稍大，性情都很和順，冬天天冷，夏天天熱，我不能在外面跑，便在家裡，同她們遊戲。

我的母親王太夫人，管教我很嚴，但也很寵愛我，不容人說我一句不好。因爲頭兩胎都是兩個男兒，她便教我掃地，收拾房間。我到於今還保存了收拾房間的習慣，喜歡房裡清潔有次序。那時大家庭裡的家內事體，由祖母主管，但是祖母不下廚房，只有在年節請客時，纔下廚煮菜。平常廚房，由伯母叔母和我的母親四個人輪流管理，每人一星期。在管理時，要煮飯煮菜。通常家裡吃飯的人，總在三十人左右，因爲有長工有短工。下廚的廚娘，燒火煮飯，一天很忙。逢著母親下廚的日子，我下了學，便去幫助母親。春天夏天，每當種秧或割稻的日子，若是逢著母親值廚，那就在天還沒有亮的時候，母親就把我叫起了，一同到廚房裡生火，先煮一大鍋米，後用大灶蒸飯。蒸飯要很長的時間，母親坐著添柴。我沒有事做，便垂著頭想睡。母親叫我坐在她身邊，把頭靠在她的肩上。母親的膽小，夜裡怕獨自一個人出房門，在廚房裡，她喜歡有我作陪。我的伯母有時生氣罵她的女兒們，在屋裡作事還趕不上我一個男孩子。

我們家裡，那時夜夜都要念經。主日晚晌，全家拜苦路，聖若瑟月和聖母月，每晚全家念敬禮經文。全家念經時，大家在堂屋正廳裡念。別的夜晚，則是每房分別念經。父親不在家時，我和母親倆人在房裡念玫瑰經，弟弟妹妹因年幼，早早睡了。父親在家，便三個人一起念。

父親在家時，我常在祖母房中去睡，給祖母作伴。四姑未出嫁時，祖母很寵愛四姑，四姑出嫁了，祖母便寵愛我。每晚去睡時，祖母必問我，今天母親打了我沒有。

我小時，生了一場病。滿頭生毒瘡，身上發熱，醫生治不好。家中人正在發急時，鄉裡來了一個傜人賣藥。鄉裡每年是有傜人來賣藥的。他們穿的很奇怪，小孩們都害怕，躲著不敢出去看。這一年賣藥的人來了，母親把我抱去叫他看，他拿出一個小瓶，瓶裡放有黃土色的藥粉，在我頭上撒了些粉，母親給了錢，傜人便走了。誰知四姑卻把傜人的藥瓶暗地竊了來，繼續在我頭上撒藥，頭上的毒瘡竟而就好了。那時我還很小，這些事是母親後來告訴我的。

我所記得的病，是一場大熱病，熱發的很高，我在高熱中，常看見一堆人在燒火打鐵，燒的火很旺，鐵很紅，有人把鐵向我拋來，我嚇得拼命叫媽媽。說有人會燒我。媽媽坐在我身邊，連聲叫我不要怕，這樣大約過了兩天兩夜。

我在初小和高小時，從來沒有覺得讀書苦或讀書忙。那時國文和公教要理都要熟背，可是我的功課都在學校做好，回家，或是幫母親做事，或是出去玩耍。那時我便學會了趙恆惕吳佩孚的名字，因爲我和弟弟以及鄰居小朋友，學著排隊打仗，一隊是趙軍，一隊是吳軍。

我最喜歡的遊戲，是在水田裡撈魚，水塘裡養的魚是有主人的，不許捉。水塘裡的小魚蝦，則許撈。水田的魚，不分誰家的田，都可以去捉。春夏的時候，放了學，我和弟弟羅耀常去捉魚，或在水田裡，或在小河裡，或多或少，從不會空手歸來。初夏和嚴冬的早晨，若有太陽，水塘的小魚蝦，常擠在水塘的岸邊曬太陽，一撈就可以撈很多。

夏天割稻時，太陽很凶，但也有好玩的事。一樁是拾稻穗，割稻的人在割稻時常要遺漏一些穗子，我和弟弟去拾穗子。拾穗子只許在自家的田裡拾。在別人的田裡則不行。我和弟弟所拾穗子，算是我們的私產，大家庭的東西都是公的，這點穗子則算是私的，賣了可以買糖果，也可以買件衣料。割稻的晚晌，我常到稻場上同堂姊姊們守稻。躺在草地上數天上的星辰，或是聽堂姊姊們說故事，夜深了長工或是三叔到稻場的草蓬裡來過夜，我們纔回家去睡。

在鄉裡過新年和過中秋節，那時爲我最有意思。大年初一的清晨，照例是我和弟弟很早起來放爆竹。爆竹響了，家中人都起來，都穿了新的或好的衣服，戴好了帽子，同去向祖母賀年。然後到堂屋裡，等全家都齊了，大家向著正中壁上所掛的全能天主像，跪著拜天主，跪拜了起來，大家上桌吃一個雞蛋，幾個紅棗。於是排隊往聖堂去，沿路放鞭炮。正月初一日的彌撒中，常不斷有鞭炮聲。聽了彌撒，回家吃了飯，伯父、父親、叔父、堂兄和鄰居的男子漢，結隊往鄉裡羅姓的各家拜年，我留在家裡接客。鄉裡拜年的人都是三五成隊。客一到門，便放爆竹歡迎，進了門，客人向祖母、伯母、母親、叔母拱手作揖，恭賀「天主保佑」，我便請客人坐下，給客下篩酒，初一日拜年，必須喝酒，不能推辭，桌上排著八個小盤合成的圓盤，小盤裡放有瓜子和糖果。客人吃了酒，起身辭去，第二隊客人又臨了門，有時先一隊坐著吃酒，後一隊又到，於是彼此拜年，一同坐著舉杯划拳。拜年的客人，繼續一齊到晚，初二日，同村人已經不許再到人家拜年了，來賀年的，是姑丈和堂姊夫了，姑母和堂姊有時也一齊回來。我們鄉裡的風俗初二是「女拜娘」。到了初五，鄉裡便要龍燈了。一條一條的布龍，滾來滾去。龍燈上門，必放爆竹接，再遞紅包賞錢。同時家裡又忙了，因爲家裡要請年客。同鄉的親戚朋友，依次都要請來吃頓飯，每天總有男女兩桌。所請的客雖先期約定了，到了吃飯前一小時，還應該派人去催。這項催客的差使，多半由我負擔。有的客不單須催一次，還要催兩次。天氣好的年頭，我也到姑母家去賀年，在那邊住兩三天。有時父親回家過了年，馬上出門到荸薺行去了，我便和弟弟去看他。到荸薺行去的路，有六十多里遠，我和弟弟倆人都是十歲左右的小孩，走去走來，沒有遇到意外的事。到四姑張家的路則更遠了。那要穿過衡陽城，渡過湘江和耒水，再走幾十里纔到張家所在的東鄉，所以我不敢個人去，常是跟著父親或三叔去，因爲三叔母就是張家的女兒。

我第一次離開南鄉，是到衡陽城裡去上仁愛高小。在城裡讀了一年書，住在三姑母的家裡，每星期六午後回到南鄉，星期日午後再進城。每次進城，母親都要送我到屋後的小山上，站在山坡看我走到路轉山側，再看不到我的背影，她纔下山回家。我每次走到轉路的地方，必定回身和母親打招呼。

再過一年，我就進了修院，結束了我的童年生活。

我進修院的次年，伯叔父等彼此分了家，再過一年伯父明山公逝世。我每年在暑期時回家一次，家中的情形已不像以前的充裕了。

我來羅瑪讀書，在離開衡陽時，家中人都不知道，我那時也不知道；我那時是動身往漢口的兩湖總修院。我走到長沙，主教臨時派我來羅瑪。家中的祖母和母親總以爲我瞞著她們就出了國。

一九三三年，我在羅瑪接到消息，我的弟弟羅耀患盲腸炎去世。他那時剛二十歲，剛結了婚。消息是由衡陽柏主教寫來的，我一時心中悲痛極了，因爲知道弟弟是父親的唯一助手，失了助手，父親瘦弱的身體，必定不能耐田間的勞苦。後來父親的信也來了。簡單地述說二弟的病症，字裡行間雖多有憂鬱，但明明說一切仰承天主的聖意，囑咐我安心讀書。

小朋友們，你們現在正渡著快樂的童年，我祝福你們常常快樂！

一九三七年，正月，廈門公教週刊。

訪問陸徵祥神父日記

前　言

陸徵祥院長，在比國聖安德烈隱修院，於一九四九年正月十五日逝世，明年正月已是十週年了。

在一九三九年夏，我曾往比國第一次拜見陸興老，請他述說一生的往事，順便紀錄，以爲他日講述中國外交名人史者的資料，惜其時世界第二次大戰爆發，訪問記者沒有能公佈報端，以取得興老本人的指正。興老去世後，我作興老傳便採用了訪問記中的許多史事，明年既逢興老逝世十週年，我便乘機把訪問興老日記，藉著新鐸聲，分兩期發表，藉以紀念興老。

七月二十六日 初抵安德烈隱修院

民國二十八年七月二十六日上午十一點，抵聖安德烈隱修院。興老的秘書愛德華神父出迎，一見如故交，走入迎賓館，我的房間都已預備好了，門上已掛上我的名字。坐下，和愛德華神父閒談，議定午飯後往拜陸興老神父。談話才片刻，門外有敲門聲，進來者乃是興老。我趕急向前深鞠一躬，握手致敬。興老笑說：「久仰，久仰。」，興公身著清色會衣，披短髦，容貌清癯，談話聲很細。我謹問近日健康如何。

「沒有大毛病—興公答說—只是年歲關係，身體衰弱。近來不隨班進堂誦經。」

我送上剛恆毅總主教的名片，代為問候，興老連聲稱謝。又告以過巴黎和布魯塞爾時見到顧大使和錢大使，他們兩位都託代為問候，興老聽說我曾到使館拜晤兩位大使，他深以為然。

「羅神父，這樣做正對。過一地方，該去拜望中國使節。從前中國商人和學生，總不肯到使館見欽使。當我做使館秘書時，常問他們為什麼不肯見欽使，他們常回答說不敢見，不敢見。」

興老問我能夠在隱院逗留多久，我答以可留一星期，興老點頭稱善。囑咐看隱院如同自己家中，諸事不要拘束。說畢，興老告辭出房。

愛德華神父引我參觀隱院。興公小堂在兩更衣所之間，祭臺上光榮經係手寫大字，彌撒本的字更大，僅有聖母彌撒經，聖爵兩只，一爲中國古觚式，是中國朋友們的贈禮；一爲比國式，聖爵柱中央鑲有興老夫婦的結婚戒指，興老每早七時行彌撒。隱修院大堂中，興老的跪凳在左邊第二列首位，飯廳裡，興老的坐位爲左邊第四桌末位，按次序，興老的席次該在上面，但是第四桌末位靠近火爐，爲他的身體更方便。

午後一點，中飯畢，回迎賓館房間，我同愛德華神父笑談。興老也來，攜來軸裱一幅，笑謂係馬相老所寫，無事時，可看一看。興老忽笑謂愛德華神父說：「你猜一猜羅神父的年歲。」愛德華說中國人多半顯著年輕，但據我在羅瑪年數，我應該是在二十六歲到二十九歲之間。他猜的很準，我正是二十八歲。興老提起昔舊相識，談到顧維鈞、錢泰、郭泰祺三位大使，說顧大使近日更顯年輕，興老又謂，按英國成例，外交官常是拾級而升，到了升大使時，年歲常在六十上下。這種辦法有許多長處，大使在升大使以前，在外交界已經多年，經驗豐富，明瞭國際情形，辦事常有把握。英國政治人才，而且常多是家傳。張伯倫一家，已有三代掌握過首相大權。因爲這樣，政治界的人，不是驟然登臺，對於一切茫然不知。

興老說畢，辭出，言午後有一個比國朋友來訪，晚飯後，就寢頗早，不便談話，約定明天早晨見面。

七月二十七日　暢談往事

上午十點多鐘，我在隱修院聖堂參與大禮彌撒。興老遣人來告，在十一點一刻時，他在書房候我。

彌撒畢，愛德華神父陪我到興老房前，他就走了。我敲門一聲，興老自己來開門，問候畢，彼此對坐。我開口便說，久已有心前來拜訪，但是機會不容易得到，所以到今日。興老答說：

「久候駕臨，很希望見羅神父一面。歐洲交通便利，只是我自己不能出門。我多久沒有在外面旅行一天，有時僅只到布魯塞爾去看醫生。隱院裡很清靜，我喜歡聽鐘聲，我喜歡隨班進聖堂誦經，出外半天就想隱修院。『定居』隱修院（Stabilite），不只是一生，也不只是一年或一月，乃是一時一刻，都『定居』院內。」

我笑答說：「神父實行本篤會的精神，可說是實行到了極處。」

興老問：「羅瑪傳信學校有多少中國學生？」

我答說：「去年暑假後到今年暑假，學校裡有三十一個中國學生。今年畢業的有六個。暑假後，按剛總主教所說，可以來七個。在中日戰爭以前，傳信學校的中國學生，已到過四十三人。近年因國內交通不便，新生來的很少。但是戰爭一結束，中國學生的人數，一定立刻加多，中國學生在學業上普通不在別國學生以下，居優等者也不少。」

興老說：「中國人的聰明，本不在人以下。從前在北京時，曾認識唐紹儀、嚴復等先生，他們都是留學生，我問他們考試的成績怎樣，他們說常在前十名中。他們出國，請有中國先生同行。可是課程多，中國先生也沒法教他們中文。唐、嚴各位回國後，仍舊重新讀中文，但他們已知道讀書方法，所以再讀中文也不大費事。」

我說：「傳信學校中國學生，暑假裡有中華學會練習演講，也練習作文。」

興老說：「演講該練習！我在俄國時，俄國政治預備改革，預備採取議會制。俄國外務大臣在談話時，一次對我說這真難人了！我們習慣談話，習慣開談判，習慣彼此討論；但是公開地在幾百人面前演講，則沒有作過，寫報告書，我可以寫的頭頭是道，但是叫我到議會去作報告，我就只有拿著紙念，別人起立質問，我更沒有臨時答覆的智慧。演講所以真該練習，講道理也就是演講。」

興老繼續說：「我在俄國使館時，常當傳譯官。普通使館隨員等，沒有機會可以認識俄皇。因為只有在接見時，由欽使介紹上前握手即退；我卻認識了俄皇。俄皇對我也很要好，因我當過四位欽使（許、楊、胡三位欽使，李鴻章欽差大臣）的傳譯官，因此常見俄皇、俄后；與官中人也多相識。新年以後，一連兩、三月，俄帝常宴外交官，或赴宴、或看戲、或跳舞;有時請外交團全體,有時僅請欽使;可是每次請中國欽使,都有我的份子,因中國欽使該帶傳譯的人。旁的使館的館員,發生嫉妒,到俄國外部抗議,俄外部答覆:若使貴國欽使不會說法文或英文,外部也將用傳譯官的頭銜,請各位。」

「俄國外務大臣對我也很好。他是怕傳譯官在傳譯時舞弊,改換兩方的言詞。土耳其外部當時的傳譯官勢力就很不小,到任的使臣,都先去拜候他們,怕受他們的作弊。」

「當我升任荷蘭公使時,俄國外務大臣對我說,私人方面,很想呈請俄皇接見辭行,並請俄皇授勳;但是按外交慣例,只有欽使離任時,進見俄皇辭行,俄皇贈授勳章。各傳館參事升任,則無接見例。假使俄皇願意自己召見,禮官處則無法阻擋。過了幾天,禮官處傳來請帖,俄皇請貴賓陸徵祥先生往見。且派馬車迎送,一如公使禮。」

「接見時,俄皇親手贈授勳章,而且俄后也出現,禮遇之隆,出人意料。」

「我在比國時,比王對我也非常隆厚,臨別時,比王贈勳章又賜禮物。最後又遣人來說,願再送一厚禮。我答以實不敢當,所受贈賜已過多。來使卻說國王厚情不可卻。我乃聲明願得一比王后像。比王立即送來比后親筆簽名的銀框照像。你看這不是特別優待嗎?」

「當年我從瑞士往羅瑪覲見教宗時,我的夫人因病不能回去。離開瑞士時,教廷駐瑞士大使馬里阿能總主教,爲我寫介紹信。教宗接見時,談話極和藹。談話畢,教宗賜我一枚聖年大紀念牌。我向教宗說：夫人因病未克同來，特請教宗祝福。教宗乃起身，親自走到書房櫃內，取出一枚紀念章，又好好把紀念章裝在匣內，然後遞給我說，這是教宗親手贈與陸夫人的。你看這又不是優待嗎？我想這一切都有天主的安排，一切榮譽都是天主賜的。所以我因病告退後，立即將我的最高的勳章，呈獻教宗。教宗爲天主耶穌的代權，我將天主所賜與我的，獻與天主的代權，聊表謝意。教廷國務卿加斯巴里樞機以教宗名義來信，表示欣然接受，且云所獻勳章，已陳列教廷博物館內。」

興老從事學習做外交官經過

我一生能有今日，都是靠著一位賢良的老師。當我到俄國時，我並無意於外交；因我係獨子，家人須我奉養，那時我的意思，想升一內官回國。一天許文肅公問我說：「你願意日後作外交官嗎？」我答說：「不想作外交官。」「不作外交官，你想作什麼？」「我既會法文，那麼回國去，在郵政、鐵路、海關等處，都可以找到工作。我不打算久住外國，因爲家人須我奉養。」文肅公搖頭道：「早知如此，我必不調你出來！」我瞿然問：「那麼，欽使大人願意我作什麼？」「我願意教導你作外交官；但若尊翁不願意，我也無法。」「欽使大人既願教導我，我即寫信請問家大人。」於是我就寫信給家大人稟明一切，家大人來信很贊成，命我就學於欽使處，不必想家；他自己可以謀生，我便拜文肅公爲師。

說到這裡，興老說該去找愛德華神父，商量益世報海外通訊事。我乃辭出。興老把臂說：「這一切事都是天主的恩典。我既年老，家獨一人，自問幾乎無家可歸。天主竟爲我預備了這麼一個好的大家庭，而且得升司鐸，真和聖經所說：爲天主捨一，天主報之一百。」

午後五點十分，興老召我陪他散步。我敲門入房，興老手上拿著北平出版的教育叢刊第五期，笑向我說：

「我對於外交方面的書報都有：世界公法，各國條約，都收集著。當許師願我作外交官時，我請他許我到巴黎讀兩年書。」他答道：「若你不來使館，你可以隨便去讀書，既來使館，則是來服務，不是爲讀書。你願到巴黎去讀什麼？」我說：「對於國際公法絕無研究，想去補救一下。」許師道：「這不對！你去讀兩年書，進步也很少。沒有法律知識，不打緊，我教導你。我打算你日後當公使；當公使時，你在辦公室裡多置些書架，凡是關於世界公法，各國條約，以及外交方面的書報，盡量收集，越多越好。」我做了公使後，辦公室裡的書架真多。使團來參加茶會，酒會時，各國公使常笑向我說：「你的書籍，供我們大家用好不好？」我現在收到的書報仍舊不少，但是自己精力不足，不能翻閱，只好請愛德華神父把重要的事件告訴我。教育叢刊第五期早到了，愛德華太忙，也沒有時間看。昨日羅神父說蔡總主教的公函已在叢刊上發表了，所以今天特別找出來。」

「許文肅公教書時常說笑話。他問我說：你敢在學堂裡說笑話嗎？」我說：「不敢。」「你怕什麼呢？你不要看我是先生，你看我是兄長，知道的事情多一點。你該笑。見人，總不要怕。見大人越不要怕。孔夫子曾說見大人則藐視之。當教授的若常板著臉，則不能好好教學生。」

說後，興老叫我在來賓冊上簽名，然後一同出房，在園中散步。

許欽使教學注重衣食住行

興老說：「家大人既答應我從許師受教，許欽使便開始教我。許欽使教學，從四字下手：衣，食，住，行。」他問我：「會吃飯否？」我說：「一天三頓，沒有一天不吃飯的。」許師說：「人家請你去赴宴，吃外國飯，進門時，常該陪一女太太，你會這一套嗎？」我說：「不會。」許師說：「你就不會吃飯」。「你會穿衣嗎？」「我那天不穿衣？似乎還可以。」「你理會外國太太常看男客的衣衫，衣上有點點污漬者，就生厭嗎？」我說：「並不理會這一點。」「那麼，你就不會穿衣。」「你知道走路嗎？」「我從小學就學會步行。」許師道：「你知道外交官赴宴拜會時，進門出門，都有一定儀節嗎？」我又茫然不知。「所以你又不知道走路。」「那末你知道住房子嗎？」他說：「中國欽使在巴黎倫敦華盛頓常鬧笑話。巴黎使館租人家的房子，十餘年後，退租時，主人家不要房子，硬要欽使修理；因爲地板都被水煙爐頭燒穿了，牆上所掛的像，也被蟲蛀了，所以該知道住人家的房子應該如何。」

「我不教你難做的事，若是教做首相作外務大臣，你必說作不到，我教你做的，都是平常的事；只是『不作』兩字。」「這一定會，我那有錢去賭。」「許師教我到處觀察，另外是觀察人。日後到朝廷外務部做官，該注意培植一輩外交人才。外交人才非立時可成，也不是外行人立時可學。」

「我和許師有一密約，因前清當時有拜老師結兄弟的惡習。這種結拜都只是想依人提攜，許師和我約定，在外面絕對不說拜他爲老師。就是在使館同仁前，也不說許師教我讀書。只說欽使一人很悶，叫我去陪他談天。」

許師命我充傳譯官。他說：「你傳譯時，我無法知道你說的話，說話輕重，很有關係，所以起初，只帶你去拜會女太太，說話稍重，也沒有關係。」過了些時，他說：「今天我去見外務大臣，要帶你去了，你怕不怕？」我說：「欽使大人曾教我，見大人藐之，我不怕。」許師有耐心，把他要說的話，都先告訴我，叫我到房裡去預備。上馬車到外交部時，通常譯官不能與欽使並坐，常坐在對面。許欽使卻叫我坐在他左邊。見了外務大臣回來，許使說：「你今天態度不錯，只是還有點怯，說話不大自然，多去幾次就好了！」這是我第一次陪欽使見俄國外相。

一天，一國公使請客，我被請。回來後，許欽使問我道：「今天去赴宴怎樣？給我講一講。」我說：「每人進廳，陪一位女太太，各按次序。首席客陪女主人，先走；男主人陪首席客的太太第二。」許師道：「你走在甚麼位次？」我說：「走在最後，因爲我是小小的隨員。」許師說：「正對。進飯廳後，怎樣對付陪你的太太。」我說：「剛近桌子，我將她的椅子移開，讓她近桌，我將椅子移近讓她坐下。所有酒菜，都讓她先取。」欽使說：「這不錯，你停止了講話嗎？」我答應說：「終席不曾停止與女太太談話。四個人談笑，比兩個人更熱鬧。」許師讚道：「很好！總不要停止與陪你的女客談話；不然她就疑你冷淡她。」我說：「欽使大人常說，總不可出題給人做，只該對自己出題目。那兩位太太卻給我出了個難題；她們倆同時問我，愛她們中那一個？我答應兩個都可愛；因爲兩朵玫瑰花，常一樣可愛。」欽使說：「這正對！」這是我第一次赴宴後許師的批評。

民國元年回國首任外交總長

民國元年，王亮疇先生任臨時外交總長，參議院開會正式通過外長任命時，幾乎全體投我的票，只有兩張反對票。亮疇先生立時來電，催我回國。我回電說因精力、才力不足應付時局，請辭。袁項城總統又來電促歸，我仍回電堅辭。黎元洪副總統再來電，嗤我逍遙國外，應早期歸國任事。唐紹儀總理來電，言我既曾勸清廷退位，則係贊成共和。今民國選爲第一任外交總長，乃再三電辭，於理實有不合。俄國外務大臣也特致賀，以駐俄公使被任民國第一任外長，深引爲榮，不明爲何再三言辭。我告以精力、才學都不足用；且回國就職，俄國馬上提出外蒙問題，將進退兩難。俄外務大臣笑道：「倒也不必擔心。我們必有辦法，可以使貴使下得臺。」我便乘機抓住俄國，使外蒙問題暫時有一保證。歸來跟我夫人商量，夫人說：「還是回國就職。」，我說：「擔子都搭在我肩上，我那有實力承當？」「暫回去試一試，能擔就擔，不能擔再辭。」於是我決意回國就外長職。我知道當日清廷官僚的積弊，在未回國前，向袁總統提出三項要求，作爲就職的條件：第一，外交次長，應爲一長英文者。因我所長法文，我並提出顏惠慶的名字。第二我不向他部薦人，他部也不向外交部薦人。第三，外部應歸我指揮，別人不得干涉。項城完全答應我的三種條件。

「我回北京，入見項城總統。照例，由國務總理介紹。不過當項城任北洋大臣時，我已見過他。當時我由俄使館請假回國，路過天津，入見項城。項城願意留我在身邊服務。我答以自己係駐俄使館館員，現在僅在假期，不能隨便離開使館接受他職。如北洋大臣願調用我，應首先辭退使館職務。然後來津服務，項城乃放我回館。然不久即保我任駐荷蘭公使，那一次項城一共保舉了四個人。這次入見袁總統，言明自己對於國際公法和各國條約，實缺研究。自己所研究的，僅俄國條約一部份。」項城答說：「這個不打緊，我相幫你。」項城又問：「陸先生在外國多年，一定學了許多好東西。於今回來，給我們帶來許多有用的學識。」我答說：「甚麼好東西也沒有帶回，只是帶來一件：就是幾時辦公室開門，我夾著皮包進辦公室；辦公室關門了，我夾著皮包回家。項城說：「僅這一件已就夠了。」項城繼問：「陸太太一同回來了嗎？」那時一般人都說我沒有太太不能生活，見面常問太太怎樣。——這也有趣味。

我未回北京以前，外交團已經向袁總統表示任陸徵祥爲外交總長，使團非常滿意。他們想今後外交部辦事接人的手續和儀式，可以改良了，因爲新外長在外國辦外交多年。

改革總理衙門廢除舊日惡習

我才到北京，荷蘭公使就向我說：「第一件當改革的事，就是外交部公署前不要有積水，以致下雨時，外交人員進署拜會，弄的滿腳泥水。」我立時叫庶務科長，問他能否把署前溝渠疏通？假使明天下雨，我到署視事，能看見署前沒有積水。科長應聲立刻照辦。各國使節對我說「於今不怕到外交部了。於今到外交部，也像到巴黎、華盛頓的外交部裡。」

「在清廷時，各國公使，都以到外部為憂。當日外部稱總理衙門，沒有一位大臣願擔任總理大臣一職。太后下命，無人肯接受。最後無法，太后命五大臣共同擔任。五大臣以為彼此可以互相推諉，才肯受命。接見外交官時，五大臣乘著馬轎到總理衙門，馬騾等繫在門前廊裡，馬夫跟班躺在班房裡睡著或笑鬧。衙門前逢雨天，積水沒脛，外交官既入內，第一、是登炕。炕前炕後，立著大男人，捧茶捧水煙袋。第二、衙門各大臣見面只說寒暄語，不談政事。第三、捧茶捧煙的人，總不離左右，有機密語，不能講。後來要求改為外務部，設外務大臣。自我任外長後，各國公使才開口吐氣。」

中國官員最大習氣，是不按時到署辦公。一次袁總統召我，我記著許文肅公的教言，許師曾教我說：「孔夫子云君命召不俟駕。」我聽到總統的召，外部人員趕緊找馬車夫，當車夫來開車時，陸徵祥已步行往總統府了。車夫趕車到總統府前，對看門的說：「我的陸總長有些稀罕，不等車就自己走了。」車夫怎麼知道我有許文肅公的遺訓呢？一次入見袁總統，項城說召集會議，會議時間已到，只到了外交和陸軍海軍三部部長，其餘部長都不見來。我們原定四點開會，現在改到五點罷。可是到了五點，仍有部長未到。

我在外交部時，常去巡視辦公室，看部員按時到否。結果，多半常是晚到。這種惡習，我繼續好些努力，也不能革盡。他們對我說：「部長要我們十點到部，十二點回家。我們十一點到部，一點回家，不是一樣嗎？」我說這不是一樣。章程定的是十點到部，你們十一點到部；那就隨你們自便了。這種惡習，根底是因家庭關係，早上夫人們不能早起備飯，他們當然不能早到。

我長外交後，首先幾個月，未帶夫人出去拜客。因我結婚時，許多人反對，許、楊兩欽使也不贊成。袁項城一次問我說：「陸夫人爲甚麼不出門，連拜總統夫人也沒有來。」我說：「內人現已完全中國化，像中國女子不愛出門。」項城笑謂：「這好極了。今晚總統府宴英國公使餞行，便請陸夫人來陪英使夫人。」我說：「內人一定來。」這是我太太第一次在中國赴宴。後來項城任命我夫人做禮官處的女禮官長，各國公使夫人都很滿意。

收羅有志青年培植外交人才

「我記著許師的話，起手收羅有志青年，各國的留學生都有，不分省界，預備培植他們做外交人才。我現在一人在房裡，有時很快樂。別人問我爲什麼快樂？我說我看見現在中國外交界的效果，心中很快樂。現在三位大使，十四位公使，都是我當日的青年。凡是辦政治，尤其是辦外交，決不可用外行。武人做外交官，只可認爲一時的變態。我那時培植六十餘青年，我決不用私人，只選擇青年培植，希望造成一傳統外交人才。當張作霖入京時，我的外交團體，稍被破毀。南京政府成立時，我很害怕外交界盡用外行人。我常爲這事祈禱，結果很好，外交界都係老成練達者。」

顧大使是留美學生，在大學考第一名。唐紹儀也是留美學生，乃召顧回國，充總理府秘書，後任總統府秘書，項城對我說：「我們許下不薦人，不過我們可以觀察討論。我想顧維鈞很可以在外部做事。」我說：「早已看到，但因他既在總統府任秘書，不便兼職。」項城乃辭退顧秘書，我便升顧爲外交部參事。

「我在海牙時，羅文幹與兩位同學來見，言早聞公使大名，特來拜訪。我說陸徵祥實無大名，我是上海人；若問上海人知道陸徵祥否，必沒有人知道。不過三位遠道來訪，實不敢當，請留敝寓便飯。」我夫人告訴我說：「這三位都屬有志青年，日後可有作爲，你該接納他們。」

我在巴黎時，錢大使剛在巴黎畢業，我向他說：「可以來使館作事嗎？」他便來了。

可嘆惜的，是陳籙的下場。他是我提拔的，做外交次長，做駐法大使，都是我保舉的。我對他談過許多許文肅公的遺訓和孔子的大道，可是他竟不留心，弄得這般下場，眞是「爲山九仞，功虧一簣」。作人的下場最要緊。許師曾向我說：「你看不要看起點，一個青年人，會讀書，會做事，這不夠，該看人的終點。終點不善，前功盡廢。」

中日戰爭糾紛教廷態度慎重

在園中散步，已快兩小時了，興老說可以結束了。他又問說：「剛主教是否已出去避暑？」我答說：「剛總主教已出羅瑪，眼前在一溫泉洗溫水澡爲醫足病。不久，大約要回家少住，九月初回羅瑪。總主教一心愛中國，不過在行動言談上，因職位關係不能不有所顧忌，免的旁人毀謗爲偏袒中國。」興老說：「宗座的地位素來如此，我們不能過有要求。中國政府方面，多有不明瞭宗座的地位，以爲羅瑪公教就像誓反教。誓反教乃是國家宗教，在英國的屬英國，在美國的屬美國，所以這次中日戰爭時，英國暫反教主教出來說話，明明攻擊日本。王亮疇先生乃給我打來電報，謂暫反教已經明白表示態度，羅瑪教皇則默默不言，請我設法能使羅瑪教皇說幾句話。我明知這是亮疇先生不明瞭教皇的立場，然而他也是一番愛國好心，我不便將這事擱置不理。於是我將王先生的電報，來在一封信內，呈上教宗，使教宗知道中國政府的意思。教宗特命國務卿派駐比中使來隱修院見我，向我解釋宗座的地位，教宗發言，有所不便。但也可見宗座重視中國政府的要求。我乃回電亮疇先生，講明一切。」

七月二十八日　續談昔日往事的經過

本約定與興老在午前十一點時會談，但因有客人來見興老，便不能按時見面。十一點三刻，興老來我房間，告適有一位美國女士來見，把我們談話的時間耽誤了，約定今天午後五點會談。

午後五點，我往興老書房，興老適用茶點，取示剛總主教來函。主教聲明不知道蔡寧總主教禁止中國聖職員參加抗戰的公函，謂如有這公函，則係蔡主教自動出命，決非聖座諭令。然本人未見該公函以前，不便下批評。

興老自書架抽出磁牌五塊，長約五寸許，上寫：父母樹，慕親樹，許師樹，培德樹，中華樹。興老又指著書桌近旁一銅牌，謂我說：「神父，請拿來那銅牌，看看很有意思。」我拿來一看，牌上寫著Villa Ida（益達別墅）。興老笑說：「這一切都很有意思。」

「我生來身體就瘦弱。在俄京時，最初我做傳譯生，後升四等翻譯官，後升三等，第二等翻譯官，最後升參贊。駐俄使館除中國公文外，一切事都由我去辦。連裝置電燈，佈置房間，都該我去。又要陪欽使出去拜客，自己還要學俄文、英文，工作過度，未免影響健康。到荷蘭作欽使時，身體幾乎不支，每年須去瑞士休息一月，洗澡看醫生。我是一九〇七年到荷蘭，一連三年常去瑞士。可是在瑞士避暑，雖然太太回比國省親，我個人的花費還很大，因爲不好住極小的旅館。加之我又到瑞士避冬，避冬則太太須同去；因荷蘭王室常是冬天應酬，太太單身去不方便。帶著太太往瑞士，費錢更多。」

「我在俄館時，每月薪俸僅一百二十盧布。俄國生活高，用中國廚子，每月也須二十盧布，所以費用常感不濟。若是每年要到瑞士去，花費實覺太大。我和太太商議在瑞士羅伽娜湖（Locarno）邊買一座小房，費銀五萬瑞幣，作爲我們的別墅。」

我們的別墅，房子很小，室外一小花園。房子買定了以後我和太太商議別墅的名字。按外國習慣，別墅常用妻子的名字，可是中國習慣，母較妻尊，諸事該讓母親居前，我對太太說：「你既爲中國人，便該守中國習俗。但我母親的名字，是中國名字，本地人叫不慣，日後於記賬通訊多不便，我想還是用你母親的名字。日後我們若在中國再有一座別墅，便可用我母親的名字。」太太很以爲然。她母親名叫益達（Ida），我們即呼別墅爲「益達別墅」（Villa Ida）。賣房子者是一位青年工程師，初出茅廬，造了兩座房子，一座被我買了。他深以爲榮幸，借著中國欽使購房的事，可以廣做宣傳。所以他非常客氣，房價從廉，簽約後即送我一銅門牌，上刻「培德別墅」（Villa Berthe）。我笑著向他解釋別墅另有其名。工程師很重視中國風俗，立時換送一門牌，改刻「益達別墅」。

在別墅小園裡，我和太太種松樹五株，留作紀念。每株樹上掛一磁牌，標示樹名。我們給每棵松樹都定了一個名字：一棵叫「父母樹」，一棵叫「慕親樹」，一棵叫「許師樹」，一棵叫「中華樹」，一棵叫「培德樹」。當地人很以爲奇。每過門，必停步注看。後來每逢外客，當地便告訴說：「該去看益達別墅，那是中國公使的別墅。」這塊銅牌就是他送的。

與老拍賣家具建修夫人陵墓

「許文肅公曾教我一種宣傳法。他說：中國人的面貌就是一種宣傳工具。外國人一見，就知你是中國人，可是你得做好人。你好，外國人就說中國人好；你若做壞事，外國人就說中國人壞了。不過這種宣傳法尚嫌不足，你身邊要帶中國郵票，中國風景片；你走路時，小孩一見就向媽媽說：那是中國人麼？我去向他要郵票。小孩要郵票時，你便笑臉給他。你坐火車時，同車廂的人都想找你說話，你便拿出風景片給他講。若你日後做了欽使，使館的陳設，十分之七，應是中國東西。今天你被任爲欽使，明天你就打電報去京，訂購桌椅，磁器和字畫，不必要古董。古董太貴，又不易買，只選好的買，便可以了。而且這也是一種經濟辦法。等你調往別處時，你拿這些傢具出賣，定可收回本錢。」所以我到荷蘭開使館，使館傢具，都是中國傢具。後來退休時，把傢具出賣，完全收回成本。比京我夫人的墳，即是拿這筆錢修的。當報紙登出我拍賣傢具時，許多外交界的人都願買一件做紀念品。賣完後，還有人來信，以未能買到手爲深悔呢！那時中國駐比的公使，以我拍賣傢具，有失中國的面子，他不知道這乃是外交界的慣例，昔日駐北平十四公使，回國時，不是常賣傢具嗎？」

我身體瘦弱，人人知道我精神不強壯。任外交總長時，袁、黎、徐、洪四總統常囑咐各部部長和軍官：「不要多找陸部長，不要去麻煩他，讓他安心辦外交，因他精力有限。」我不多出去會客。對北平十四個使館，我先說明，自己很抱歉，不能多和他們應酬。每年我只能宴使團一次，到各使館赴宴，也只能去一次，他們不必多請。任外長三年後，我請假六個月，袁項城問我到何處休息。我答在瑞士有一小別墅，項城很羨慕，自言眼福不足，不能與陸先生一齊到歐州花園觀光。我四月到瑞士，八月歐戰發生，項城三次來電促我歸國，我到塘沽時，項城派專車接至北京，那時繼長外交是孫寶琦。我任外交最高顧問，項城要我住在外交部迎賓館。孫外長太太那時住在迎賓館，正鬧著夜裡有狐狸出現，響聲終宵不斷，不能安居。袁總統請她遷出，她非常高興。我那時單身回國，太太留歐未歸，項城聞陸太太沒有同來，趕緊對我說，他要打電報促陸太太歸來。我答以已約定歸期，靜看歐戰發展如何。大約四五月後，太太已歸來。項城說屆時請告訴，他好打電報，令沿途中國使館招待。外部迎賓館很大，我單身住著很寂寞；所以請夏貽霆秘書同居。我給他說：「夜間留心聽有響聲否，如見狐狸精，可以告訴我。」

日本公使提出不平條約要求

「日本駐華公使，那時請假一月，回國前，見袁總統辭行，言總統在日本友好甚多，可否代爲問候，總統欣然託他代問候友好。一月後，日使歸任，入見總統，照例說些寒暄語，隨即謂奉政府命令，有一文書上呈。項城素長外交，立時說：『文書請送達外部，凡外部事彼不能直接干涉。』日使轉言道：『明日即遞送外部，現在呈上大總統，不過願大總統先翻閱一下。』項城說：『這係外交部事。』文書便放在桌上，項城未接受，但也沒有硬要日使帶回，以免過傷面子。日使走後，項城翻開文書一看，乃是二十一條要求，大驚失色。下午四時，即打電話召我入府，我進總統府時，傳達人說：『請稍待，因徐世昌剛進去。』世昌那時本在青島，大約他已風聞日使歸任，帶有文書，便星夜趕回北京，立即入府請見。傳達人剛報我已到府，項城即送世昌出府—他兩人乃同學好友。送了世昌，項城立即請我入內，問我已聞日使所遞二十一條件否，我答應未聞。項城取出文書，讓我讀一遍，請我當晚即召集外部孫（寶琦）總長，曹汝霖次長，交通部梁（士詒）總長會議。我回寓後，打電話請孫、曹、梁三位晚飯後至迎賓館，因總統有命，須討論要事。」

「孫、曹是日本派，梁是美國派。日使從總統府退出後，往外部送遞要求書，這都是小國使節的舉動，原想欺騙總統，見不可欺，乃趕往外部。這稱爲小人的奸行；國既小，人亦小，安得不做小事。」

「孫、曹、梁三位到後，我們即開會，由孫總長主席。我說明召集會議的原因，請孫總長說話。孫總長說日使尚未到外部遞書，他已與曹次長討論幾點鐘。他認爲日本是找到天造地設的好機會，歐洲戰事正劇，自顧不暇，我們國內黨派正鬧，全國不能擁護中央政府，日本公使勢很凶猛，竟敢直接向總統遞要求書，藐視中國到極點，他必是預備用武力來逼我們。孫總長說完，我請各人表示態度，對這問題究竟應怎樣答覆。我們那時只有兩條路可走：或是立刻接受，或是開會談判。不接受那條路走不通，因爲只有強國才能走。孫總長說：『按我私人的意見，問題沒有談判的餘地，只有接受。』曹次長當然隨總長的意思，所以也主張接受。梁總長說：『不談判，就接受，在外交上沒有這種成例。我們應與日本開會討論，討論到什麼地步後來再看。』最後我發言，以梁先生所說極對。所以四個人中兩個主張不討論，兩個主張討論。」

「次日孫外長進府，報告昨日會議結果。項城說：很好。讓他考慮一下，再定。孫外長退出，項城即用電話召我，我會面後，項城說，他也主張談判，請我出來主席。我堅持以事情過難，自己精力不足。項城說：『精力不足，無關重要。你可在會議席上睡覺，我告訴曹次長如遇你睡覺，即告知日使不必見怪；因陸先生精力素弱，其餘我本人幫你的忙。』我乃答應負責主席。孫外長再見總統請示時，項城申明自己主張談判，當夜孫總長即上辭呈，請總統推我任外長，項城告以已辦妥一切，日使聞孫總長辭職，到總統府抗議，謂日本剛遞要求書，中國即換外長，明表心無誠意，日本政府將不承認此種舉動。總統答以日使看法適得其反，中國換外長正是表示誠心，換陸徵祥任外長，因他作事素日有耐心，能一心與日本談判，如不信，可去問別國公使。日使出府，往詢使團領袖英使，英使答覆適如項城所說，日使乃報告政府，新外長上任，是中國好意的表示。」

「次日，日使來訪，言久聞總長大名，且總長爲著名外交家，能與總長開會討論，自感榮幸。我答以本人無長處，不過政府有命，遵命而已。我乃問日使願意何時開會，請他定日期。日使回言須總長訂日期。我說貴使奉有政府命令，大約以早開談判爲好，那麼明天就開會討論。日使問可否容許他提出意見，我答以凡是意見都可提出。日使便說談判會須每天開會，星期日也開。我說每天開會並無異議，星期日開會，外交上無成例，則不必。再者每天開會，我不能打消別國使節的會談。我上午接見外賓，那末會議只能在下午。日使答可以。我說每天下午五點開會，日使以爲過晚，主張從下午兩點開始，晚上，也繼續開會，我說：兩點開會，不成難題。晚上開會，我的精力不足，一星期後，我必須辭職。」

「決定開會後，開會討論。一連五個月，會議結束後入見項城，項城說：『陸先生累了，可是結果很好。』我說：『精神倒也支持得了，不過我簽字即是簽了我的死案。』項城說：『不會。』我說：『三、四年後，一輩青年不明如今的苦衷，只說陸徵祥簽了喪權失地的條約，我們要吃他的肉。』項城問外交上有何補救辦法。我說：『只有參戰，到和會時，再提出，請各國修改，不過日本能否阻擋，現在尚不可知。』項城說：『這句話於今不可說。』我去見黎副總統，他說：『陸總長這次辦的很好』，我說：『實在不好。』他說：『外交上可否補救？』我說：『只有參戰。』『這個更難。』」

「我從巴黎和會回來，船到吳淞口，岸上立幾千人，打著旗。旗字大書『不簽字』，『歡迎不簽字代表』。船主不知道是怎麼一回事，不明民眾是反對還是歡迎？那是午後五點，我正在剃鬍子。船主託人告訴我，請加謹慎。我說他既是歡迎，必然無事。趕到吳淞口的人，以為我將在吳淞登岸，我們的船卻直駛上海。吳淞口的人都已趕回上海。上海的幾位朋友走來歡迎，都不能近前，因岸上的人多極了。當晚我就乘車去北京。車站站長請見，言民眾都圍在車站外，可否讓他們進站。我說當然讓他們進來。我往火車站，一路水洩不通。巡警與秘書等，沿途大喊，讓陸專使登車。登車後在車上出見民眾。他們喊說：『歡迎不簽字的代表。』我答說：『不簽字一事，我不知辦的對否；因政府命我簽字，我沒有簽。你們既然歡迎，我想大約沒有做錯。』民眾喊：『不用跟日本直接談判。』我說：『這一點請各位放心。我既沒有簽字，即是拒絕談判。』民眾乃歡呼。當夜：每一車站都有如山的民眾，願見專使，我因疲乏，已就寢，請魏代表接見民眾，代爲致謝。抵北京時，各使館人員來站歡迎，都沒有能夠上前握手，因大眾擁擠異常。第二天，各使館又再來補禮致賀。」

「但我到北京以後，山東人民代表，每日一隊往見徐總統，言因陸代表不簽字，山東人受盡日本人的報復，苦不可言。代表在總統府前，有號啕痛哭的，總統也無話可說，叫他們來找我。我答覆他們說：『對山東人民所受的苦，我自覺抱歉。自問實在對不起山東人，並且也對不起政府；因爲政府命我簽字。不過當我回國時，各地都表示歡迎。我不簽字，得罪了山東人；簽字全國人受害，請諸位自加計較，諸位回去不必向人說這一切，只說陸代表跟山東人一起受苦。』」

「在巴黎和會以前，項城已去世，那時我在山海關。黎總統打電催我回京。見面後，他說：『袁總統去世，總統期尚未滿，按民元約法，應由我暫代。自覺力薄，須各部長幫助，故願以外長職托給陸先生。』我說：『我自己是政府培植出來的，政府有用我之處，自當遵命。不過我有一種主張，如不能讓我實行，我決不能接受外長職。』黎總統問：『有何主張？』我說：『即是參加協約國團體。』他說：『這萬辦不到。』我便堅辭外長職，因外面人都知道我的主張，於今一旦上臺，而不再有這樣主張，別人要說我改頭換面。我回到天津六國飯店，當夜，張勳復辟，龍旗舉的很高。黎總統事前一點不知道，段氏即在馬廠誓師，三天工夫就打平了張勳，民國對段氏很好，就以他這次有功。段氏爲人很爽快。」

被人重視外長應有道德修養

「許師昔日教我怎樣做外交總長，我對他說：『辦外交常叫我害怕。什麼遠交近攻，什麼聯美聯英，這些政策我都不懂。而且外間常說，外交家說話，常不真話，常是一語兩可。這些我都弄不慣。』許師說：『這一套都是假的，辦外交不難，我教你做外交總長。』我說：『辦外交已經很難，做外交總長更難。』許師說：『到底有什麼可怕的地方，你說給我聽。』我說：『外交總長身負全國重任，一舉一動，關係全國禍福，這不是可怕之點。』他說：『於今我倆試一試看。你做外交總長，我做外國公使，於今我向你提出一要求書，你怎樣答覆？答覆是這樣。若是外面已有風聲，某國將提出要求，你便加意考慮了一番，該公使提出要求書時，你便可發表意見。若是事前一點不知道，你便收下要求書，對該公使說將鄭重注意該問題，決以友誼態度研究，研究後立即答覆。該公使即可欣然告退，他立時可以做報告。你收到要求書後，即與次長研究，按問題的難易，決定研究的時日，但總不能過長，免得該國公使說你沒有誠心。次長研究後，你自己再加考慮。答覆時，說話要說的明瞭，或是接受，或是互換要求，或是不接受。使該國公使能夠回覆本國政府。外間說外交家說話要靈巧，要雙關，這都是外行話。正經的外交家，有一貫的政策，說話簡捷。同這等人辦外交纔有趣，別人也看得起這等外交家。你該做一個叫人看得起的外交總長。一個被人看得起的外交長自己既修了道德，也能把握自己的地位，這是一舉兩得。被人看不起的外長，既失人格，又容易失地位，這是一舉兩失。』我任外長時，項城常從外國方面，打聽對我印象，他們都說：『陸外長沒有什麼特別點，不過我們喜歡同他辦外交。』項城對我說：『他們的批評雖似平常，不大恭維；但要做到這種平常處就不容易。』」

辭去公使職務欠薪達三萬元

「我後來在瑞士任大使時，一連十八個月沒有薪俸。我把連年所有的積蓄，全數用盡。我辭職後，寫信到外交部要錢。十八月的公費和薪金，共合三萬餘元，外交部將我的信轉給財政部，宋子文先生卻一錢不發。當他一次往倫敦開經濟會議時，抵華盛頓，施公使便勸他還我的錢。他到巴黎，駐法公使也勸他還。他便不好意思再不還。從巴黎給我拍一電報，言他次日將來比京見比王，但是當天晚晌就要赴倫敦開會，所以不能來院拜會，請我到比京旅館一見。我和院長商定，帶愛德華神父一起去。見面時，彼此很客氣。我回院後，他已往倫敦，派吳秘書來院答拜，送我三千比法郎。我說欠款乃三萬餘元，三千比法郎我不能收。宋氏說財政部不承認北方政府所欠的債。我說我不是代表北方政府，我在外是代表中國。吳氏請不必堅持，請收款寫一收據，使他能夠銷差。我只好收下錢，但沒有把詳情告訴院長，只說是宋氏贈錢三千，一千爲修院用，兩千請准爲我購衣購書之費。當時各使館都是欠薪十八個月，事後，有的使館的欠薪都還了。『欺善人，怕惡人』，中外一例。」

我今日為司鐸實賴天主洪恩

「我的身體在進院以前，已經疲乏得很。親戚都說進院不過三個月必要大病，院長向我說：『陸先生，你爲人和藹可愛，只可惜身體不好，這邊不是養病院，還是請先生退出爲好。』進院時，我打算做一『助理居士』（Oblatus Sacularis）這樣較爲自由，可以不全守會規，可以出外拜客，可以存留些許銀錢。院長則以爲不大合身份，爲中國人不大好看。我當不過五十七歲，還可以念書晉司鐸。我答應院長意思是怎樣，我就照著做。入院一年，發了初願，身體忽然大病，小便流血，精神日衰。醫生看完，以爲血不是來自腰腎。乃來自小便道。便道有裂縫，醫法只有用皮管慢慢將裂縫摸好。兩年工夫，一天好，一天壞，醫生給院長寫信，言陸先生不能念書。我當時也不想晉司鐸，終身大願發，我能做修士已算大幸。兩年後，流血疾好了，醫生告訴院長，我可以念書，院長派愛德華教我，不過不令我熟讀深思，只要我倆將該讀的書看一遍。愛德華神父又把課程寫成摘要給我念。我今日得為司鐸，實在是天主的洪恩。」

「談話已長，時已七點二十分，乃起立告退。臨別，我問對蔡主教公函事。興老說：『我們現在一心對付日本。對別方面，大事作成小事，小事化為無事。政府訓令顧大使寫一文件，交教廷駐法大使轉呈國務卿。我以為顧大使既到過教廷充專使，又是國務卿的好友，不妨直接向國務卿寫信。我們也要設法使政府明瞭對教廷的外交關係，該及早進行。他們大概看重武力財力，以為羅瑪宗座不是幫助中國，向羅瑪宗座派使，有如下棋走閒棋。他們不知道，閒棋雖一時無用，但有時也用得著。若是安放了，到用得著時，就可用。閒棋還可以是幫忙不足，危害則有餘。你若不小心，常要吃虧。即如蔡主教公函事。中國人常臨時抱佛腳。』」

七月二十九日　巴黎和會逸事

下午五點半，去找興老，興老不在房中，我乃往園中散步。六點回房，在廊前遇著興老，他正來找我，遂同我到房中。興老說：

「我最畏寒，一下雨就披大氅。房中備有電爐，稍冷即開電。現在身上尙穿有絮衣褲。假使稍一受寒，則腰痛不能上樓下樓。這種腰痛病，來源已深。」

「當我往巴黎和會時，我由東三省到日本，經過美國往巴黎。魏代表和我同路，帶有秘書三人。日本政府聞我要過日本，乃預備盛大歡迎。日皇將設茶會，親授勳章。外務省特派專車，在南滿鐵路迎接，並命車廂加火；因聞陸使畏寒。登車後，車中熱度甚高，熱到二十餘度。我和太太并魏使等，都因熱不能睡。不料管火的車工，加煤後即熟睡，半夜炭盡火息。黎明車中溫度降至零下五度。溫度轉變過快，被褥凍得好似鐵片。我醒來時，欲坐不能伸腰，頭痛，腰部有如刀割，乃敲車廂壁，請太太過來。我說傷了風，腰痛不能起身。魏代表與秘書等都到，太太以爲病無危險，只是須一些時候。車到瀋陽，即召名醫，英美醫生都不在家，乃召一日醫，用藥水按摩腰部，加棉絮包裹，痛稍止，但不能移步。我在旅館與同人商議，是繼續前去，還是電政府請辭。太太與同人都說病勢並不妨礙旅程，政府一時也找不到相當替代的人。同時政府又來電慰問勉勵，乃繼續登車。上下車都用轎抬。車到馬關，即電駐東京使館，通知日政府，我照醫囑，決不能赴茶會。茶會乃取消。抵橫濱，日皇派御醫來診視，早夜兩次按摩。日外務省特派專車接我進京。我在東京晤日外相，談話二十分鐘，在中國使館吃過飯，即回橫濱，起碇赴美，在西雅圖登岸時，周圍汽車甚多，我很奇異。後知因前不久，湯化龍在該處被刺。美政府乃派多數密探，沿途保護我們。美國招待也很好，各處都派專車迎送。」

「提起馬關就想起馬關條約，當日中日戰爭開始，外國報紙都說中國必勝，不料中國海軍在鴨綠江全軍覆沒，陸軍敗退到山海關。政府乃主張求和。日本那時還沒有吞中國的野心，戰勝得利，已心足了。歐美各國也怕日本進關，於他們不利，都勸日本停戰議和。中國第一次所派代表，官爵稍低，日本拒絕不接受，要求改派大員，隱指李鴻章可做代表。中國政府也以李鴻章戰敗，要他算這筆賬，外國人都佩服李中堂，他也真有膽識。日本代表爲伊藤博文，這人後來在哈爾濱被高麗人安某刺死了。李鴻章第一次拜訪伊藤時，被日本浪人襲擊眼部，醫好了，仍舊開議。我們那時在俄，每人都抄寫李、伊兩人的談判，作爲談判模範。馬關條約成後，許欽使大聲嘆息，謂我說：『你總不可忘記馬關，你日後要收復失地，洗盡國恥。』中國人健忘，馬關的事早被人忘了，我遵許師遺訓常記著馬關。做外交總長時，辦公室內掛著請林琴南先生寫的『不忘記』三字，下註馬關。林琴南先生和來會的客人，都驚訝我不忘記馬關，其實他們不知道這是許師的遺訓。」

「許師曾說教人做外交官，做總長，這不算難。難的是教做好人。」

「當日我們師生兩人，每天談心，諧笑雜作。那種快樂，我想中國四萬萬人，恐只有我兩享受著。」

「駐俄使館同仁，都稱我『小許』。因爲我不知不覺，一切都仿效了許欽使。他是嘉興人，我是上海人，我竟忘記上海話而講嘉興話。我走路的姿態也像他，拿手巾也像他。」

「許師常說中國人不用手巾，鼻涕四處亂摔，這最不合外國風俗。他出去拜客時，常把手巾捲成筒，右手拿著，談話時，不時用手巾拭鬚上唾液。我到外面時，手巾放在袋裡。在使館內，卻也用手拿手巾，活像許欽使，所以別人叫我『小許』。」

「許師所有的遺訓，多得很，我沒有時間可寫，他自己也不主張寫。他曾對我說：『你日後不要寫日記。外國外交官告退後常寫日記，寫自傳，我以爲不必。大家都寫，天下將充滿這類日記，又有什麼益，不過是本人想自誇而已。權柄是皇上給的，作事都由皇上的命令，自己有什麼可述？』我說：『他們寫日記，也不過願意將歷史所未寫的小節，補充一點，有的小節很有趣味。』許師說：『我們二十四史那有這些小節。小節目不必寫。』真的，小小情節，不必細述。我念聖人傳記，如聖女小德肋撒自傳，中間許多小節，如胃口不好，寫了固然不是不好，但寫了似乎有些孩子氣，不像正經作傳。」

「說畢，興老辭別出房，言每晚須用半點鐘，思想明天該做什麼，件件寫出來。他說：『這也是許師所教的辦法。每天晚上把明天該做的事，寫在小本上，裝在袋裡，做了一件即用鉛筆勾去，晚晌再看，所寫的事都做了否。沒有勾的，明天補做。』」

七月三十日　遷葬父母

上午十一點三刻，敲興老的門，聽見一聲請進，進去興老正閱木蘭辭。他說：

「我是二十一歲出國，本不知道木蘭的名字。甲午中日戰後，許師常常嘆息，他說當日英法戰爭，英國進攻法國，有似日本進攻中國。他便命我研究這段歷史。後來我告許師說這段歷史很有趣，法國出了一位女子，名叫若翰納，救君救國。許師說中國也有從軍的女子，即是木蘭從軍。從那時起，我便讀木蘭辭和木蘭考究。於今益世報海外通訊版，我和愛德華常作婦女通訊，便用木蘭的名字。」

興老書房，房門旁置一櫃。櫃門懸兩幅墨蹟，一爲「哭親」兩字，一爲先父墓誌銘。興老叫我到櫃前看墓誌銘。他說：

「墓誌銘是康有爲作的，我第一次認識康有爲是在海牙。康有爲那時亡命海外，到海牙後，寫一片，言久已聞陸欽使爲有道君子，且爲維新欽使，亟請來客寓一會。當時欽使見維新黨人，事情很危險，因爲一經奏聞朝廷，立即撤職。我卻不怕因在俄館時，許師已明明告我。當孫文先生在英被龔使拘留時，許師很不以爲然，命我研究這問題，看中國公使館能否拘留政治犯，如不能，便應當開釋。許師說革命黨人都是爲國作事，因爲國家不好，愛國的人纔革命。許師聞康有爲和六君子變政，甚爲贊成。可惜他們經歷不多，作事過於暴急。光緒帝急於剪辮子換服裝，禮部不服，便盡撤禮部各官，又怕太后不贊成，乃想假袁世凱兵圍頤和園。袁世凱那時在北洋小站，他把事密告北洋大臣，北洋大臣爲太后姪兒，立即奏明太后。太后回家，打光緒帝面頰，下詔拿維新黨人。光緒帝手書一紙，命人密送康有爲。康有爲告梁啓超，兩人得逃出。其餘六君子，因一時通告不及，均被捕。梁走日本，康逃上海，乘小船上英國船，追者也趕到，然不敢上英國船，乃得逃出。康梁逃出，太后令駐各國使臣，要求所在各國政府，一見康梁即擒交中國政府，各國都以公法不交政治犯，拒絕不答，維獨俄國政府，爲結好清廷，以圖取滿洲里。所以當我陪楊欽使見俄外務大臣時，俄外務大臣言駐華俄使已有電報告，俄國可以破公法之例，允以實辦。辦法是當康梁入境，即拘獲交與最近的中國地方官。」

「康有爲請我往見，我並不害怕，回片告訴他今晚會面。革命的思想，早經許師教給我，我做參事時就剪了辮子。康有爲見面後，說自己足跡遍天下，只俄國未去。在法國時，曾請唐欽使發給遊俄護照，唐使不允，怕人奏聞朝廷，致干未便，是以願請陸欽使頒發。我答以本意很想頒發，然康先生去俄，必遭性命的危險，故有所不敢。康有爲愕然。我乃告訴他，當我在俄時，西太后下諭駐各國使臣，要求駐在國政府，一見康梁，即擒捉交與中國。各國都以公法不引渡政治犯，拒絕不答。俄國政府則想結好清廷，圖在滿洲佔便宜，所以當我陪楊欽使見俄外務大臣時，外務大臣言俄將破公法之例，如康梁入境，立即拘擒，交與中國政府。康有爲聽了這段話，感激至極，謝者再三，日後常稱我爲救命恩人。」

「我在北京既住了好幾年，乃思遷祖母及父母的墳到北京。可是中國風俗，對於遷墓他鄉，很表反對。我乃說，不是遷墓，實是奉養。我居官京師，父母在，必迎養至京，父母死了，遷柩到京，便於日常掃墓，這也是迎養。我在京不能南歸，以至數年不能掃墓，掃墓尚是小事，我願建一座相稱的祖墳。前日葬親，我是小官；於今既做了國務總理，父母之墳，不能不加飾。同仁中有許多反對的，徐世昌總統贊成，他說：『生於南土，葬於北望』，這在古書上也有成例。我乃在北京找墓地。」

「遷葬時，我親自到上海迎喪，康有爲先生適在上海，他請我吃飯。飯後，我說有一事相求。康先生說陸先生求的事，可做的一定做，就是不可以的事也盡力做，以報救命之恩。

中國政府與教廷

午後一點三刻，興老引我到他的寢室。寢室在樓上，進門即聞香氣。興老書房裡常焚香。香條結成圓形，盤在一鐵架上。在寢室裡，有時他也焚香。興老笑說：「古人焚香讀書。我在海外也焚香。」我問香從那裡買。他說：「我們有一家僕，侍候我們十餘年。我們那時看侍從人如家人，非有大毛病不換。這個家僕，姓劉名長清。我進修會後，他回北平。我一次寫信勸他研究教義。他研究好了，我叫他到于斌總監督處受試，以便南文院長東遊過北平時，給他授洗。後來，他果然從南文院長受了洗，取名本篤。於今他常給我買些信紙和香條。」

寢室床鋪很簡單，但一切東西都有次序。坐下後，興老取示三個夾套，第一套爲國府要人和駐外使的信件，內有林主席，蔣委員長，孫院長，于院長和顧大使等的親筆函。第二夾爲許文肅公墨蹟，興老說當日許師給他的片紙隻字，他都沒有遺失，常謹慎保留著。第三夾爲馬相伯百歲周年的文件。

興老說：「我別的稍有價值的紀念物，已奉獻教宗，使宗座娛目。」

午後六點鐘，興老來我房間。興老問：「羅神父每天工作幾小時。」我答：「近三年，一面教書，一面又讀法律，所以每天稍忙。今年暑假前，已將法律結束了，今後的工作可鬆一點。」於是便談到法律，談到我的博士論文。我身邊適帶了一冊，便取出呈送興老。興老很高興。他說：「這很有意思。當日美總統威爾遜來巴黎開和會。——這一腳他走的不大對。他身爲總統，出來開會，自己後面沒有餘地。假使一外交總長來開會，別人問他意見時，他若一時不能回答，可以說等總統請示。他自己來了。權力又高於上議院，時時感覺不方便。美國人都反對，結果他不能實行他的主張。威總統到羅瑪拜見教宗。教宗按例常送貴賓一紀念品，乃派國務卿訪問美總統高興要什麼紀念品，美總統答應要一新出的公教法典。因這冊法典是國務卿的一大功績。教宗便贈一冊裝訂最輝煌的法典。你這次把法律論文送給我，我有如美國總統那樣高興。中國王寵惠先生最看重羅瑪法，他在中國法律界中要首屈一指了。他原是海牙國際法庭法官。他有一件出名的事。歐洲商法，以德國爲最完備，德國商法公佈後，一個英國人把德國商法譯成英文，流行各處。王先生往德國研究商法，把德國商法重新譯成英文，他的譯本出版後，人家都用他的，不用英國人的譯本了。」

「羅神父的論文若用中文譯出，國內看的人一定多。後來送我兩本，我送一本給王寵惠先生，送一本給于右任先生，他是凡書必讀。」

「羅神父每天的工作總在八小時以上吧？身體重量怎樣？」我答以七十餘磅。興老問體重相當身體高否？我答稍瘦。興老說：「多注意衛生，注意運動。許文肅公曾教我講究運動，我有一大堆衛生書，沒有全看過？不過堆在案頭，可以提醒我講衛生。」

「法律這東西很要緊。我平生所交朋友，除外交家外，要算法律家最多。」

「比國本篤會隱修院共三處，合成一聯合會。本院院長南文院長任會長。南文院長去中國時，我寫信各處介紹，我呈蔣委員長一書，言本篤會是家庭制，最合我國風俗。本篤會院又是研究學術的地方，好像中國書院。本篤會在羅瑪帝國崩潰時，爲文化界出力很多，同樣現在對於中國文化必定可以出力。比國大如中國一省，有本篤修院三座，中國至少便應有五十座本篤修院。蔣委員長接信後，交與秘書處研究，研究結果爲一『可』字。委員長乃給我一封簡短的回信。我也給汪精衛去一信，他未覆，大約是不贊成。這個人晚路可惜，也是功虧一簣。」

「對於蔣總主教所發出的函，蔣委員長給外交部一批示，以爲該公函對於中國精神總動員的國策有所牴觸，對於我們抗戰到底的信心有些妨礙。外交部訓令顧大使，寫一文書交與教廷駐法大使，轉送教廷。顧大使請問我的意見，並要我寫一說牒稿。我和愛德華神父研究昔日墨爾愛樞機對各教廷駐比大使的文件，擬一說牒，態度較外交部的態度稍強。中國人常講禮貌，有時外國人不懂，以爲我們怕他們。我們該以外國人態度對外國人。顧大使卻很謹慎，接到說牒稿後，來信問我有公函原文否，如有，請寄公函原文與他。那時我適找到了原文，一看，公函沒有像委員長所說的那麼重，所以我便答覆大使，可按外交的態度，通知教廷，請注意這事就是了。」

「我們中國政府現在常不注意羅瑪教廷。李鴻章那時已就提議和教廷通使，到現在已五十餘年。許文肅公也主張和教廷通使，我在外部也主張通使。當時都因法國反對未成功。現在法國不反對了，前年于斌主教來歐，言政府有這種意思。可是于主教是第一次同政府人員辦事，不知道中國政府當面常說是，背後實不贊成。這次我又寫信與錢大使和顧大使，提議和教廷通使事，他們都回信贊成，我就只靜看結果了。」

七月三十一日　舊書舊簡

午後五點一刻，到興老書房，書桌上忽堆著許多中文法律書。興老說：「羅神父，看這些都是法律書，我昔日買書，沒有人指點，只要是法律書，我都買，所以買的法律書很多。整套的法律書，我已經都送給魯汶大學圖書館了。餘下的只是這些零碎的了。」興老有意把那些書送給我。

興老坐在靠椅上，拿出一紙夾，說：「這些東西很有意思。我把從少年到壯年做官經歷的文據，都收藏在這裡。」翻開一看，每頁裡有一信封，係許、楊、胡、各欽使保薦興老的奏牒，以及朝廷的回示。興老自光緒十七年出國。外交官每三年可以保舉陞格。興老以方言館學生出洋，補四等翻譯，後升三等二等翻譯，由二等翻譯，升二等參贊，由參贊升公使，升公使時年三十六歲。

興老說：「當時外交官每三年一升，理由是遠涉重洋，不避艱辛，實屬異常出力。許景澄常對我說：我們外交官真算欺君。遠涉重洋，坐第一等艙，吃外國飯，非常舒服，非常舒服，有什麼艱辛呢？在外國又出了什麼力呢？」

興老被保薦的奏文上，常有「爲人安祥」。「作事慎密」，「精通俄文」。欽使又常加以「館務多賴出力」，或「留館以茲臂助。」

夾套最後一頁，貼一馮國璋名片。陸公說：「我所以保存這名片有一段歷史。馮國璋是第三任總統。就職後，報紙紛載內閣名單，以陸徵祥長外交，我卻從未接過頭，並未見一人來訪，心中很疑慮。我與夫人商量，無論馮總統派誰來請，我必堅辭。一天，門房遞進一名片，我一看是馮總統的名片，趕緊與夫人商量，——夫人常是我的參謀。夫人說：『總統親自來請，則不能辭，可暫時答應長外交三月。』我出見馮總統，總統先稱讚我的住宅雖小，而精緻可觀，佈置很整潔，雅緻，必是得力於外國太太。繼乃說明來意，務請我擔任外交。我答以我精力不夠，本不願就任，但因總統親自枉駕敦勸，惟有勉強擔任三個月試試。馮總統聞言，高興至極。」

「那時我所住的房子是一位朋友的房子。在客廳裡我後來立一個碑，紀念馮總統來訪。所以我把馮先生的片子，保留在這裡。」

「在那一頁上，也粘有一黃套，套內報紙一張，為二十一條件發表後的報紙。興老說：『這是一件碎心的事。每年我們都有一紀念日，在這一天我常要流淚。』」

愛德華神父進房議事，我乃退出，時已六點二十分。

八月一日　陸墓陸像

下午，到興老房前，聞房內有談話聲，知有客在，未便敲門。等待良久，客仍不出，乃敲，房內不是外客，乃是同院會士，興老便請我入。出示陸公墓照片，陸公墓為西式，因興老先父喜歡西式樓房，興老說：

「我在凡爾賽和會時，寓舍前有兩個法國兵看門。後來我買了兩個銅鑄的法國兵，釘在陸公墓門。法國兵替我的老人家看門，老人家必喜歡。我對夫人說：『我常出門，不能每天到父母墳前拜掃，還是鑄一銅像代替我。』夫人以爲很好。銅像鑄完後，鑄匠請我去看。像作跪形，形態很好。我對匠人說：『像上少了一件東西！兩眼下該加些淚粒。』因爲陸徵祥哭親，哭必有淚。匠人遂於銅像上加鑄淚痕。」

看完陸公墓照片，又看興老家人照片。興老對自己先父的像片，加解釋說：

「這像還有一段有趣的歷史。當我在駐俄使館時，李鴻章一次來俄，充俄皇加冕的特使，俄皇派御畫師爲李中堂畫像，爲陳列博物館，我便充畫師和中堂的傳譯人。畫師後來對我說：『這次多承費力，爲表報謝，願替先生畫張像。』我答說：『不敢當！小小傳譯官怎麼當得起御畫師畫像。不過，若畫師真願意替我畫點東西，我有一種請求，即是請爲我父老人家畫一像。』俄皇畫師很表驚訝，立即答應。但他總覺爲難，因我父老人家已經過世，他不能見一面，爲畫像有些不便。他問我的臉色是否像父親，我說不像。他問使館人中有沒有一個人的臉色有些相像。我仔細觀察，只有使館的廚子，臉色有些像先父。後來便叫廚子，在畫師家中坐半小時。」

看到一張類似瓶子的照片，興老解釋說：「我夫人的病，即是血過多，患腦充血病。醫生治病就在放血。我將放出來的血，用一瓶子裝起，瓶上加以裝飾，留作紀念，夫人看後很高興。」

看完像片，與老的話

「我有幾件事相託。第一件，我晉鐸時收到賀禮共三百餘件，除幾件已送與隱修院外，其餘都放在房中。但我死去了，這些東西能否保存在隱修院裡，這是問題。因爲隱修院現在並沒有博物室。我的意思想把全部禮物送給教廷拉德朗博物館，請羅神父到那方面去接洽。若是那方面願意，我就請求院長同意，將東西裝箱寄去。只有一個條件：拉德朗博物館應該把禮物中最重要的幾件，如林主席，徐前總統世昌和蔣委員長的題字，陳列出來。至於說把一切的禮物都陳列出來，那邊大約也沒有地方。第二件事，我的書籍，凡是整套的書，都已送給了魯汶大學圖書館。這裡所存的都是些零碎的書，我死後，隱修院必定火焚之，因爲中文書無人能懂。我想把中文書送給羅神父，請羅神父存放在傳大中文藏書室。第三件事，傳信學校校長來片問候，請羅神父帶一小禮物給他。這件小禮物即是我對徐文定公列品案的論文。對於這事，我盡全生的精力去做。這是爲中國求真正的平等。有了中國聖人，中國和別的民族纔真正平等了。我印了兩萬徐文定公經文像。南文院長去中國時，南有共匪，北有日本，我怕旅途不穩，特求文定公保佑，以兩千張像放在行李中，請他沿途分散。院長在中國，一點意外也沒有，這是文定公的保佑。我與一百張徐文定公像，請羅神父帶回去分散。」

二月三日　在比國遊覽

二月四日　官場習氣

上午十一點二十五分，興老來我房間，手夾一皮包。坐下後，我略述往拜陸夫人和墨爾西樞機的墳墓，並遊魯汶的經過。又略談日本人在羅瑪對教廷方面的活動。興老忽說：

「我有一件事。—他從皮包裡取出一套書，書中又拿取一封信—留美中國公教青年某君，最近來信，要求我介紹他做外交官。這種事很為難。羅神父，你看這套書是外交部章程，是我自己定的。外交官須經過考試，我自己不能反對我自己。前清官場的弊病，最大的是用私人。我到外交部時，第一即是盡退外交部官吏，第二就辭退的外交部官吏中，加以選擇，再予以任命。我在外交部時，除重要職員外，不多加新人，免得人數過多，薪費過重。那時外交部所有缺額約一百五十名。我一出國到瑞士休息，孫寶琦先生馬上把缺額補滿。二十一條件發生後，我重回外部，立命把新補的人員名單呈上，按名細問，大多數都只是到部領薪不辦公。我立時下令，因國庫空虛，裁員要緊，把一百五十餘官盡數裁退。左右向我說，裁員本不費事，旁人也無閒話。只是新補參事四人中，有袁總統的姪兒，似乎有點掣肘。我回說這正好！把四人名單給我，我立刻下令退除。翌日，往見袁總統，總統以爲我的辦法很對。退除他的姪兒更合理。」

「官場習氣最重，現今尚未革除。蔣委員長努力吏治成功雖多，尚不能洗清一切。前清曾文正公絕不用私人，所用者都是好人。不過，他是有皇帝幫他，別人推不倒他，所以他敢做。李鴻章所用的人，好歹參半。袁世凱所用的人，好人佔少數，壞人佔多數。我在外部時，只與袁總統直接往來，和他左右的人都不接近。美國中國公教青年某君，願意拜我爲師。我和許文肅公有約，總不拜師弟，所以我回信婉辭。言中國人配作老師者，只有馬相伯先生。許多青年人來看我，用意也常在叫我介紹他們。」

「知道官場的人，都不願意再進官場。我自己得從裡面出來，衷心感謝天主。凡是做過官的人，都不願意自己的子弟再做官。顏惠慶大使總不叫自己的兒子做官。青年人有高等之才，有人格，志氣，不被人動搖誘惑，纔可以進官場。中等之才，都將合俗，毀壞自己的人格。」

「于斌主教也來信爲某君說話，于斌主教是不能卻某君的請求。不過，于主教也是不大懂中國官場習氣，日後必會懂得。」

「興老取出一紙條，上寫：『行堯之行，言堯之言，服堯之服。』興老說這是許文肅公的格言。我們當以堯舜的人格作模範，人人都該作堯舜。模範既高，雖不能達，也可以流爲中等。聖經上耶穌說：你們該如在天大父一樣成全，就是教人模仿至上的善德。中國民德日下，我們要竭力去提高，以高尙人格作模範。所以於今當言堯舜之道。』」

午後五點鐘，往興老書房。興老抽出比王亞爾伯第一世的紀念品送我，又送我一冊肋賽夫人日記及日思錄。興老說：「這冊書有一段趣史。」

肋賽夫人日記

「當我夫人最後一次臥病時，醫生告訴我，病已難治。我便打定主意，實行許先生的遺教，自己將進隱修院。既決定了入院，我想把我的主意告訴夫人，叫她知道。自己死後，丈夫誓志不再娶，隱修終身，心中能有安慰。可是她所患的病是腦充血，不能稍受刺激，醫生從未告訴她病症如何，所以我不知道怎樣告訴她，常求天主默照。我素性喜歡買書，夫人病時，買書更多，爲念給她聽。一天我在報上書欄見到肋賽夫人的書目，介紹者並說明肋賽夫人的丈夫，現入多明我會，已晉陞司鐸。我心理很驚訝，便問夫人見過她的書否?夫人說沒有。我便購買四種。首先選肪賽夫人的日記，每天念些給夫人聽。當念過數天後，我笑謂夫人說：『你看來可成肪賽夫人第二；因你的品性很像她，我自己不知道能成肪賽司鐸第二否?』夫人說：『我趕不上肪賽夫人。我雖信從天主，可是我的品性不如她。』當我出房，內姪女進房時，夫人便告訴她說：『肪能（Rene）（我的名字）在我死後，要進隱修院了。』內姪女說：『肪能的身體素弱，一進院必病，一病就將死去。』我自外面散步回房。才入門，夫人便說：『問候肪賽司鐸！』我回答說：『問候肪賽夫人。』我見夫人臉上現喜色。第二天，我請親戚四人吃飯。飯後，內姪女叫我到花園，力勸我不要進隱修院，自此以後，一年半的工夫，我的夫人再不掛慮自己的病了。先前每次都問醫生，自己究竟如何。自從聽了我進修院的主意以後，再不問病況了。一天，報上登載肪賽司鐸當晚在瑞京演講。內姪女與夫人閱報後，故意把報斜豎桌上，爲叫我注意。我進房，即見報，得知肪賽來演講，趕緊打電話購票，令售票者在講堂正中，保留兩個坐位。我問夫人，兩位內姪女中，可以帶誰去，夫人說：『帶瑪麗去，因她多明教理，且反對你進會。』演講畢，我趨前與肪賽司鐸握手。他一聽是中國公使，很驚異。夫人死後，我去信與肪賽司鐸，詳述事件經過，並言抱歉不能往巴黎去看他。肪賽司鐸回信來隱修院看我。後來他真來了。現在我們是好友，每月必通信。我將肪賽夫人日記與日思錄譯成漢文。現在這書已譯成十三國文字，肪賽司鐸送我一全套。」

興老讓我看晉鐸贈品，有徐世昌的賀匾、陸伯鴻的賀軸……又登樓到興老臥室，看林主席和蔣委員長的題字。

興老說：「凡爾賽和會開會時，中國派代表參加。段祺瑞總理令外交部預備條件。我那時任外交總長，對於和會的提議，已早有準備，我當時想設法把不平等條約取消，他們答應不答應，那是另一事。我們既遇著這難得的機會，務必把該說的話都說出，讓外國人知道中國已經有懂外交的人，已經不像清朝那般愚蠢，不懂國家的權利是什麼。我們在凡賽爾說話時，別國代表都睜眼相看，他們答說我們的要求超出他們的權限以上。」

「清朝辦外交，只會說『是』，我任外交時，開始說『不』。外國人可以動兵，但是我們有理必定說理。」

「我常想起一事，許文肅公曾對我說：『中國人所受不平等條約很多，不過這些條件容易取消，打一次勝仗，這些條件都完了。有一種不平等的事，打了勝仗也不能取消，就是外國主教，中國天主教的主教都是外國人，這就表示中國人沒有資格當主教。這種不平等，總要中國人自己努力，才可以取消，我想總要兩百年，中國人才能完全統治中國的天主教。』我進會後，聽說雷鳴遠神父做這種宣傳，我很高興。後來又親眼見到六位中國主教。可見文肅公當日的憂愁，像是一種祈禱，天主已准了他的祈求。但是文肅公所說的百年過久，我們要努力把兩百年變成一百五十年或五十年，多派學生到羅瑪留學，多培植人才。」

「但是，我想還有一種最大的不平等，除非我們自己努力，絕對不能打消，即是中國也需要和別的國家一樣，要有聖人。政治的不平等條約，只要人家願意，人家就可以給我等取消。爲祝聖中國主教，只要教宗願意，中國人的資格雖稍差一點，也可以有中國主教。至於中國聖人，則除非中國人自己努力成聖人，別人絕對沒有辦法可以幫忙。我們中國一天有了聖人，我們才可以說和別的國家，在各方面都並駕齊驅了。」

八月五日　六點二十五分我辭別出房

八月五日，我向興老告別，返回羅瑪。興老贈我的紀念品不少，他還特別送我一小鐵提箱，爲裝他送我紀念品。在他送我的許竹篔先生立身一字訣小冊上，題字說：

「民國二十八年夏，在比安德肋修院，識荊於海外，蓋主假之緣，三生有幸矣。且一見如故，不禁將胸中茅塞，罄心相告，一掃而空。嗣後謹事主，敬主，謝主希冀多得主恩，至於死辰。計自七月二十六日至八月五日，盤桓旬日，促膝談心，快何如之！此景此情，當作永久紀念。並祝神父鵬程萬里，與比梅西愛總主教媲美，而增祖國光榮焉。陸徵祥識贈」

拜訪陸院長

主編司鐸台鑒：

九月十三日清晨，由羅瑪乘火車到比國，十四日夜間，抵聖安德肋隱修院，特爲拜訪陸子興院長，興老自去冬感冒風寒，臥床不起，加以今春多雨，潮濕加重，興老身體，更感不適，入夏以後，天氣和暖，病態始除，然年老力弱，久病之後，遽難恢復精神，故尚不可出門步行，吳德生公使素敬興老如師，乘暑期，遣光去比代爲拜候，且興老於德生公使的譯經事業，關心很切，去秋得讀福音若望傳譯文，喜如獲至寶。今聞全部新經已告竣，切願一讀爲快，德生公使既敬興老爲先進，曾請校改，故這次即爲攜帶新經譯本，到安德肋院，供陸院長的閱讀。

當抵隱修院時，全院已滅燈就寢，未敢驚動興老。次日正午，興老午前之神修功課已畢，乃往拜見，敲門，門上「請進」兩字牌發紅光，遂開門入，興老欹臥藤椅，近窗，伸半身，欲舉足下椅，光急請安臥勿動，寒暄畢，興老取示一照片，乃前次來時與興老所攝，笑謂照片後無年月，已不知那時是何年了。光答以爲一九三九年八月，興老喟然說一別又是九年。他的形色並沒多加老態，兩眼仍精亮有光，只是額上的皺紋增深，兩頰更清癯，語聲更輕微，上次來時談話，常在叢蔭的園道上，午前午後，漫步兩小時許，這次則依榻而語了，昨天卻坐在書房中，細談一小時。

抵院的那天晚上，興老秘書愛德華神父告我，適才電報局來電話通知，說教宗有一電報致陸院長，第二天早晨，電報將送到，光離羅瑪的前兩天，往見代理國務卿孟棣尼氏，以將有比之行相告，且言陸院長久病尚未康復，孟氏稟呈教宗，教宗即電陸院長，祝他早日復原，特頒賜宗座遐福，光第一次見興老時，興老以電文相示，一時面上少去了許多皺紋，笑謂聖父之盛意，將勝於靈藥寶丹，使他早除病態。

第二樁使興老最適意的事，在能親見新經全文的譯本。當光把十一冊手抄本捧給他時，他說讀經可以療病。去年讀福音若望傳，心中常怡然自得，輒忘老之已至，這次接到手抄本的第三日，即上書 蔣總統，賀譯經事業之成功，深慶公教入華七百年後，今日終有一信達雅俱到的新經全書，彼暮年幸得親睹，乃一生之大幸。

能有一個中國人，彼此長談：爲興老也是一樁樂事，他的秘書，以光這次來，爲興老的精神，很有補益。他說，近兩日，興老在房中已不用杖了。也可以多閱讀，精神一天比一天強健，再過十天，大約可以上祭臺行彌撒了。

興老住房很簡樸，一如平常修士，所餘的中外書籍，另存於一房，書房側，一小經堂，爲他舉祭之所。看他衣服的樸素，住房的貧寒，誰能想他曾四十年身歷官途，官至國務總理，久任外交部長！所存者，僅他一片愛國熱忱，興老云從進隱院到於今，已二十一年，二十一年如一日，每天爲本國祈禱，尤望中國教會先賢徐光啓、利瑪竇能祭聖品，以助發揚中國之精神道德。光今晨乃奉贈小詩，詩云：

一、

蕭然一榻伴暮年，
已忘懷。
四十年宦途景；
今日心與天相合。

二、

二十年來學貧賤,
脫寒衣,
有多少不眠夜?
能絕世慮心何怨!

三、

昔日使館今隱修院,
強半生,
在海外望祖國;
一腔熱血老更騰。

若說鐘聲淨世緣，
愛國情，
脫俗氣變經韻，
日夕悠悠飛上天。

四、

聖安德肋隱修院未曾毀於兵火，戰時，德軍強佔隱修院作傷兵醫院，修士俱流亡在外，於今隱修院早已恢復舊觀，修士數目則劇增，近已至一百五十人了。院居遠郊，林木週繞。院中花木繞廊，四時常綠，終日靜寂，入夜可聞微風動樹葉，來院暫住之賓客，日常數十人，此輩或為司鐸，或為教友，俱來院靜息精神，藉以反省，居院或兩三日，或一週，修士款客於迎賓館，服侍週到，光來院五日，每日隨修士班唱歌，日間，散步林中，閱讀神修書，自覺心清如鑑，雜念煙消。

一、

兩日火車累，
隱修院息我身，
郊野樹綠連百頃，
路潔氣清地靜僻。
沒書沒事，
斂心察自己。

二、

雜花繞庭廊，
綠柏映泉水。
百人住院院寂寂，
鐘聲經聲滿晨夕。
飯廳盤叉，

也怕亂人意。

三、

出世二十年，
俗慮不相離。
隱修院五日聽經韻，
世界別有一天地。
心懷天主，
萬有皆我備。

夜已深，就此停筆了。明日有一澳洲同學，將自魯汶來訪，後天，光將動身往倫敦，由倫敦再轉巴黎，以後便無暇可執筆了，故於今夜趕完此信。敬祝

撰安！

一九四八，九月十九日，聖安德肋隱修院，益世週刊。

倫敦巴黎不如里洗野

主編司鐸雅鑒：

一旬前，曾上函報告子興院長的近況，近從倫敦巴黎再回到聖安德隱修院，略有所見，摘要奉告。

刻下是下午六點，雨後夕陽，斜照綠林，秋風吹窗，身覺寒意，剛才我在隱修院參加更衣典禮，兩位青年蒙主聖召，棄紅塵求隱修，換掉俗服著道袍，兩位青年中一位是印度錫蘭人，院長說今天爲聖安德隱修院的一頁新史，今天第一次接到一位印度人作修士，我則默思著二十一年前的今日，聖安德隱修院也有過一頁更光榮的新史，一九二七年十月四日，中國前國務總理前外交總長陸徵祥氏，伏在聖安德隱修院會議廳中，聲明死於塵世生於隱修院，今天乃子興院長更衣的第二十一週年。正午與陸公談話時，談到了他的塵俗修道，他說他的聖召，由天主默示許文肅公言之於前，繼以當時環境促之於後，故得而成，革命以來，清廷惡習流傳未絕，官吏都是假公濟私，且以他昔爲袁世凱組閣，疑他一心事袁，與老爲表白一生，從沒有私於己身，只知爲國，乃決意犧牲一切，投身隱修院，以祈禱與刻苦救國，至今二十一年，每天所奉行的，仍在守持這種初衷。

昨天爲聖女小德肋撒節，陸公擇定這天，審定吳德生公使所譯新經全書，正午十二時，我往陸公房間，彼囑預備照相機，乃坐下，於福音瑪竇傳首頁，親筆寫Nihil Obstat，隨即簽名，我心喜陽光滿室，便於攝影，陸公簽字畢，我乃副署，笑謂陸公說：「這次遊凡爾賽宮時，遊過第一次歐戰和平會議的簽字廳。」陸公說：「那次我們沒有簽字，可是今天的簽字，勝過凡爾賽奧國條約的簽字和日本二十一條的簽字，今天簽字，乃爲取得我的永生。」陸公隨又說：「若使許文肅公今天在這裡，必定鼓掌稱善。」昨天他老人家心喜體輕，步履靈便多了。

九月二十一日我從比往倫敦，二十六日由倫敦往巴黎，十月一日，又回到比國，這次是我第一次往英國，十七年沒有坐海船，這次由比往英，四小時的海輪，竟叫我四小時釘在躺椅，連閱書都不能，這也因那天的風浪很兇猛，離輪上火車，一進英國，觸目的事，第一件是英國民房煙囪的整齊，英國民房的煙囪較比國者高，每屋相連，煙囪對應，小鎮街巷成行，煙囪一線相望，所以該把「房屋櫛比」改爲「煙囪櫛比」，第二件觸目的事，爲英國鄉村的幽雅，英國鄉村，整個像一英國花園，青綠遍野，小溪潺潺，連馬羊都特別的肥。

在倫敦並沒有遇到雨，也不甚冷，我的遊興高極了，第一天跑到英國王宮前，我心裡有點失望，曾幻想英國王宮，雄偉絕倫，一見並無所謂雄偉，但宮前廣場究竟有雄偉氣，場中維多里亞王后紀念碑矗立，王后石像坐於碑前，肥面挺胸，頭上頂著的小王冠，大小不稱，我仰視而笑。倫敦聖保祿大堂，爲世界第三座大堂，我進堂又覺失望，自己說怎麼這樣小，看慣了羅瑪聖伯鐸祿大殿，真是一登泰山小群峰。渥斯米斯特隱修院殿宇，給我感慨最深，殿宇建築既盡哥德式之巧妙，殿內古皇陵，尤令人興今昔之感，跪在聖愛德華王陸墓前，默禱良久，聖王爲公教之聖人，而今日這座殿宇，乃英皇加冕之地，爲英國誓反教之聖地，聖愛德華王能不重復舊典嗎？

倫敦古堡看守者的衣服，紅黑相雜，有似梵蒂岡的瑞士衛隊，尚有中古之色，引導者詳說昔日古堡的堅牢，囚禁政治犯的殘酷，今日所見者，則僅黯黑之古牆耳，古堡庭中一處有黑石小方，旁一銅牌，刻昔日在石上被處死刑之姓名，第一名即恩利第八之王后安娜波冷，聖多瑪慕爾與聖斐奢也曾囚禁於堡中。

想不到倫敦人竟客氣非常，問路時，他們答覆較比法國人更有禮貌，好幾次，我並沒有問路，只不過立在街上，按著指南地圖找街名，過路者就客氣地對我說是否可以相助，不但告訴方向，尚陪我找汽車或電車，我想假使英國人在中國，都是這般客氣，那不都可愛了嗎？

牛津與劍橋兩處大學城，我也去觀過光，牛津看來多莊重，多傳統：學院建築一律保有古格，劍橋的建築似乎更活潑，更雅緻，尤其是「劍溪」穿流各校校園，造成很雅的詩景，溪畔綠草連頃，垂楊滿岸，溪中鴨鵝泛泛，小舟款款，我沿溪步行，忘記了連日的腳痛。

九月二十六日由英往法，海渡一小時許，我卻不知身在船中，海平如鏡，船行無聲，安坐船中用午飯。一到巴黎，就覺街上繁雜極了，倫敦街上清潔有次序，行人不喧嘩，巴黎車聲人聲，另表示一民族性，在倫敦時，遇到意大利人，他們說倫敦天氣，有似英國人的脾氣，陰沉冷寒，巴黎的法國人，誰也不願沉鬱冷寂。

這次是第二次到巴黎，便選上次沒有遊過的地方去遊，兩天工夫常在現代油畫館裡走，我素不懂繪畫與雕刻，然以繪畫雕刻，與詩歌相連，看看繪畫雕刻的作品，或可培養自己的詩興，可是印象派與未來派的作品，使我頭昏眼眩，腦子裡則毫無所得，只有自愧自己的藝術修養不足了。

凡爾賽與芬登布洛的富麗早已馳名全球，我到這兩處古王宮也遊覽一遍，凡爾賽宮盛於路易十四之世，路易十六與王后瑪麗安朵娜加修飾，然宮中的陳設，多已不存，只有「明鏡殿」大鏡壁立，輝煌富麗。殿為第一次歐戰和約簽字之地，芬登布洛宮盛於方濟各第一之世，教宗庇護第七曾被拿破侖軟禁宮中，而拿破侖後也被困宮內，於一八一四年四月七日簽字退位，芬登布洛宮陳設如舊，遊者可觀拿破侖與王后之御座御床，庇護第七之床椅亦可見。這兩座王宮隨處金鏤銀鑲，宮後的園囿，眼前已遠不及當年繁華，尚亭榭相望，香花滿圃。

然而這次我去巴黎，乃為往朝里洗野聖女小德肋撒之墓，故於九月三十日，聖女逝世之日，搭車往里洗野，加爾默羅會院外，彩花成坊，堂內於正午時，人尚擁擠，英京樞機主教也跪在祭臺前，因里洗野每年是日，慶祝聖女。朝墓畢，往訪聖女二姐依搦斯姆姆，代表德生公使致敬。依搦斯姆姆年已八旬，步履仍健，雖清癯瘦小，然無傴僂態，依姆姆囑我往朝聖女德肋撒之住屋與大堂，住屋與我九年前所見無異，大堂則內部正加修飾，當晚回巴黎後，心中有感：

一、

凡爾賽芬登布洛，
路易拿破侖殿壁輝煌。
御座御床。
當年若知徒供遊人弔。
又何必金銀鏤牆！

身處亭榭心不樂，
死後遊客尚把隱事翻。

二、

里洗野城兩楹屋，
玩具小搖車少女服裝，
輕被紗帳。
若無姐輩一片好心情，
女孩用具誰保藏。
今日臨門朝聖客，
敬此賤物勝於敬法王。

次日，十月一日，離巴黎回比國，在聖安德院再住數日，綠樹野花，更覺可親，走過倫敦巴黎繁華地，遊過前代帝王宮，心中愈感世事的渺忽，今早作一小詩云：

思索隨晨鐘，
叢林清我神，
遊遍歐洲英雄地，
隱修院經韻更適心。

後天早晨，離比回羅瑪，三天後，又開始做我每天當做的職務了。陸公說，在羅瑪一如在中國，都是爲天主而工作，那麼我們彼此異地同心，爲愛天主而盡一己之職罷。敬祝撰安！

一九四八年十月四日，聖安德隱修院。益世週刊。

華麗瑪朝聖記

（一九五二年七月十日）

清晨六點，王公使的汽車夫，已在旅館門房打電話，通知汽車可以出發了。于斌總主教，白祥副主教和我下樓，乘車往華麗瑪。

「這次我要陪羅蒙席去華麗瑪，因他不通葡萄牙文，要有人作翻譯。」于總主教在馬德里時曾對中國同學們這樣說笑話。

雖說是講笑話，于總主教卻真是特來引我去朝華麗瑪聖母。華麗瑪，他是已經去過了，而且若是這次要去，他應在回紐約時，順途在里斯本下飛機，停留一日，不必像於今這樣由馬得里往里斯本，又由里斯本回馬得里。

昨天于總主教曾在火車上說：「這次去華麗瑪朝聖，必成歷史上一樁可紀念的事。我們去，是把全中國獻給聖母，我就代表田樞機，你們倆願意代表誰就代表誰。眼前轉變世界大局，肅清共產大禍的，是華麗瑪聖母。」

昨天午後，我們三人去拜望里斯本總主教龔樞機（Card Emannel Goncalves

Cereieira），談華麗瑪聖母逸事，龔樞機說：「一九三九年二月間，露絲修女曾函告華麗瑪主教，說是大戰即將開始，侮辱耶穌的國家，受禍必慘。西班牙內戰創傷未癒，這次將不再遭戰禍，葡萄牙則因已獻於聖母聖心，這次將得免於戰爭，當年九月，大戰即爆發，結果西班牙葡萄牙兩國都不曾加入戰爭。」龔樞機又說：「華麗瑪聖母告給露絲三項秘密，當日三個小孩，曾出神，眼見世界爲一鬼坑，惡鬼互相追逐。隨即又見世界轉成了火炕，天空紅火降落，世上難民逃避，男女塞路。所見鬼坑，是表示世界的罪業，所見火坑，是表示這次世界大戰，這第一種秘密，已經實驗，已爲世人所共知。當這次大戰正凶時，露絲修女呈報教宗，謂華麗瑪聖母有言，如教宗將全球奉獻聖母聖心，戰爭可息，世界可得相當的和平，俄國人民也將歸化。一九四二年教宗採納露絲的話，舉行奉獻全球於聖母聖心典禮，後一年多大戰平息，眼前世界享有相當的和平，至於俄國人的歸化，則看將來怎樣，不過有人傳說，露絲修女曾謂奉獻典禮過於簡單，不合聖母的心，這是第二種秘密，於今也公佈了。第三種秘密，則由露絲修女寫在一封信裡，信已密封，交給華麗瑪主教，囑於一九六〇年開視，若那時華麗瑪主教已去世，則由里斯本樞機開視。這第三種秘密，還沒有人知道究竟說的甚麼。」

今早我們去華麗瑪，這第三種秘密縈迴在心頭，里斯本間景色，較比馬得里鄉間景色幽雅的多了。遍眼綠色，菜圃夾路。但我們所注意的，是田間帶著尖頂黑壇帽的男孩，和黑巾束頭的小姑娘，他們不是跟華麗瑪當年的露絲、方濟各、雅清達的穿戴一樣嗎？

于總主教素來不唱歌的，今早在汽車裡忽而唱起聖曲了。我與白司鐸作和，唱了一曲，又唱一曲。歌停，則誦經，一啓一應。經畢，再唱歌。太陽已升的很高了，汽車過一村又一村。九點時，車前一鐘樓高矗，于總主教說那就是華麗瑪聖母大堂。

下車，心中朝聖的詩情，忽被一片可容四十萬人的廣場所飄散了。強烈的陽光下，空空的廣場只有反眼的白色水門汀。大堂也是嶄新的白石和石灰，兩旁遊廊的石柱，則尙倒在地上。我似乎是回到羅瑪，看著一片新造的市區，我腦中所有當年華麗瑪的荒野，華麗瑪的山谷，都一時煙消了。廣場中只有一株橡樹，橡樹旁一間簡陋的小房，小房便是聖母顯身的小堂。我到露德朝聖時，山洞猶存，我似見當年聖母顯身的情景。在華麗瑪聖母顯身小堂裡，一切可以助我想像的遺蹟，都不在了，我只能單純地相信聖母曾在此地顯身。

三十五年以前，這裡是個山谷。山谷裡有亂石，有橡樹，有野草。放羊的牧童，把羊有時放到山谷裡。在這山谷裡的一株橡樹上，聖母曾六次顯身於三個牧童。一九一七年第一次大戰時，聖母在這裡就說到第二次大戰，就說到了共禍，聖母的第三項秘密是甚麼呢？或許是第三次大戰？這一切都是三十五年前所說的，今日共禍威迫全球了，人們所以就都向華麗瑪來朝聖。

從五月到十月，每月十二日，是聖母顯身的紀念日。這片廣場常聚著幾十萬人，他們多是前天夜晚就來，通宵在場裡祈禱。

于總主教跟我們都跪在聖母顯身的小堂門前，小堂是一九一九年鄉下人自己造的，堂裡只容一個祭壇，祭壇上的聖母像即是聖母顯身的形象。顯身時所踏的橡樹，早被人摘葉折林，連根拔去，分作紀念品了，我望著聖母像，眼淚竟奪眶而出，二十五年前聖母所說的蘇俄大禍，今日已落在四萬萬中國人的頭上。

行彌撒後，我們參拜聖母大堂。工人們忙著大堂的裝飾工作。曾見聖母的兩個小孩，方濟各和雅清達童年去世，他們的墓，已遷到大堂裡，墓面石板上常燃白燭。

第二次再回到聖母顯身小堂前，我們跪地參望一位立陶宛主教的彌撒，這又是一位慘遭蘇俄禍害的主教。難怪當年聖母顯身時，吩咐三個孩童告訴人們多多祈禱。今日我們已知禍害之大了，更明白祈禱的緊要！

午飯後，于總主教願意拜望華麗瑪的主教。我們乃驅車往肋益萊城（Leinia）。郭雷牙主教（Mons Alves Correia da Silva）年已八十，雙腿不大靈敏，腦袋卻很清晰，華麗瑪聖地發展的經過情形，都是在他的任所內，老主教卻守口如瓶，僅說守藏第三種秘密的信件，在自己身邊。

于總主教又願去看露絲修女。露絲是當年三個牧童裡年歲較大的，她於今尙健在，住在哥陰僕萊城（Coimbra）一座聖衣會修女院裡，作修女，哥城有葡國最著名的大學。最初幾批耶穌會士帶到中國的西洋科學書，就是哥城大學的印刷品，我爲我的《徐光啓傳》，也很高興往哥城一遊。

露絲修女奉院長命出見，院長聲明這是因爲來客是總主教，不然該有本區主教的許可。我們爲禮貌起見，先已去過本區主教府，拜望主教，但是主教不在府裡。入院後，于總主教只說來看院長並全體修女，拜託她們爲中國祈禱。院長卻單身出來，寒暄數語後，即命露絲修女入客廳。

客廳不見陽光，只有淡淡的電燈。主客隔窗對語，窗口横以兩層鐵欄。院長有白紗掩面，露絲則露全臉。于總主教講述中國大陸教會的慘狀，露絲修女不勝嘆惜，答謂自己一生常爲司鐸輩祈禱，今後必特爲中國教會祈求。她聽說我們是從巴爾車落納聖體大會來的，便說自己有一表弟，在大會時被陞爲司鐸。她說話的情態很樸素，還是一個鄉間女人的神色。告別時，她送我們三張紀念像，一爲紀念方濟各，一爲紀念雅清達，一爲紀念她自己入會發誓大典。

從哥城回里斯本，汽車走了六小時，我們於深夜十二點半鐘進旅館。第二天午後，我們搭火車回馬得里，這次我們來往都沒有坐臥車，于總主教說朝聖時該作點犧牲。回馬德里時，車廂進來一女客，弄的我們三個教士，正襟危坐，終宵沒有睡。

在馬得里下車時，我忽然失落了日課經本。經本雖舊，但露絲修女所贈的三張紀念像，都夾在裡面；失落了，我心中頓怏怏。我想，這大約因爲我去哥城，心意不誠，我不是只有心去看大學嗎？

三、生活

羅瑪傳信大學

中國天主教教士在羅瑪留學的地點爲傳信大學。傳信大學，在中國學界不很生疏。一九三〇年十一月十五日，我進傳大，及到一九四三年我纔離校。十三年的長時間裡，先是做學生，後來作教授，傳大生活的習慣，可以說是已經融化在我的血液裡了。何況及到於今，每星期我仍舊到校內授課，幾乎可說我是從來未曾離開母校。

傳信大學所在的地點，算是羅瑪各學院裡最優美的，傳大地處「奇雅儀歌樂」(Gianicolo) 山頭，攬抱全羅瑪的勝景。

一八六九年，教宗庇護第九世，在「奇雅儀歌樂」山上，買了幾座別墅，預備改作精神療養院。山上其餘的別墅主人，趕緊把自己的別墅，獻贈教宗；因爲誰願意住在瘋人院隔壁呢？精神療養院隨即成立。次年意大利王國軍隊，進據羅瑪，沒收教宗的財產，以「奇雅儀歌樂」山上的精神療養院爲國有。一九二〇年，意政府把療養院遷於羅瑪近郊「馬里荷山」（Montc Mario）。後五年，教廷傳信部購買了舊療養院的一片園林房屋，修建傳信大學新校舍。

傳信大學的歷史，已經有三百多年。從一六七二年創立後，僅僅在拿破侖佔據羅瑪時，停辦數年。中國學生在傳信大學留學，遠在一百五十年以前，但不是繼續不絕，在最近三十多年來，傳大則常有中國學生了。傳大的舊校舍，位於羅瑪城中心，爲一座貴族宮殿式的大樓。近代交通工具盛行以後，聲音嘈雜，灰塵滿街，大樓不宜於青年學生住宿，傳信部乃建築傳大新舍。

「奇雅儀歌樂」山，居羅瑪城的西南，和梵蒂岡山峰相對，中間僅隔有聖伯鐸祿（聖彼得）廣場。來客今日登山，迎面即是一座扇形大樓，山腳一帶高而厚的古牆，牆內一排棕櫚。扇形大樓便是傳信大學。

傳大校舍爲四層高樓，樓頂爲一平臺，沿臺四週眺覽，後面爲梵蒂岡，聖伯鐸祿殿迎面而立，圓頂直指天際，不傲不倨，有風雨不能搖的沉重氣度。殿前的兩排圓柱，環抱一廣場。每逢教廷舉行大典時，圓場中民眾數十萬，場面一片人頭。大殿側，梵蒂岡宮古老蒼舊。夜深人靜時，傳大學生可見教宗書房的燈光。

從樓頂平臺，一眼看遍羅瑪。稍遠處，綠樹如雲，高與天接，爲羅瑪公園。綠樹旁，一座紅色高樓，樓頂豎一國旗，乃意大利總統府。這座高樓，三易主人，在羅瑪屬教宗國時，高樓爲教宗聖宮，意大利王奪了羅瑪：高樓變爲意王王宮，於今意大利成了民國，王宮便成爲總統府。羅瑪城頭最打眼的建築物，是矗立城中心的統一紀念坊。紀念坊既高，且又純爲白色大理石。在全城蒼色古物的屋宇中，岸然立著純白的石坊，很有新貴人和暴發戶的驕氣和俗氣。怪不得羅馬人都忌視這座建築。

從傳大校舍平臺，縱看羅瑪；看到羅瑪成爲聖城的特色，在星羅棋布的圓頂。圓頂所在，即爲教堂。清晨薄暮，鐘聲繞城。夜間，羅瑪城頭，燈火萬千，似蛇行，似龍舞。天際白光一片，星晨明月都失色。

沿平台左行，可見羅瑪一座新區。墨索里尼所建的大運動場，白石耀眼。新區街道整齊，樹木夾道。著名古蹟「天神堡」，位於帝百里河旁，圓形碉堡，老態橫秋。沿平臺右行，則見「奇雅儀歌樂」山頭公園，意大利英雄加里波底將軍的騎馬銅像，隱現於樹叢中。公園樹木和「班菲里王爵」花園相連，綠色百頃。古木成林。夕陽西斜時，薄霧染紅，樹枝如披赭紗。

下涼臺，入三樓二樓一樓，俱爲學生宿舍。樓分左右兩翼，中央爲經堂，學生每人一房，新校舍可容一百八十人。

新校舍的腳下，有由舊日精神療養院改建的一所房屋，於今用爲哲學院宿舍，可容七十餘人。

傳大住校的學生，共計兩百五十人。走讀的學生，每年約兩百餘人。住校的學生，組成一書院，書院的制度，爲修院制。

我第一次進傳大時，時已深夜三更，入校即就寢。次日清晨，進經堂祈禱，看見堂中學生，都是黑袍紅帶，面色黑者、黃者、白者間雜相混。我那時心中頓起不安，怎樣應接這些不同色的青年呢？

傳信大學的兩百五十個住校學生，來自教廷傳信部的轄區，籍屬六十幾個國家，歐亞非美澳五洲的學生都齊全。

我進傳大以後，纔知道甚麼叫做愛國。我們中國學生是不願聽人說輕蔑中國的話的。中國歌，我們也學會了幾曲，歌調還要純淨中國調。中國國旗，我們製了面極大的。每逢節慶掛旗時，中國國旗總要掛在最顯明的地點。別國的同學，對於各人的本國，都和我們一樣具有同樣的心情。我們不喜歡人家輕視我們的國家，我們也就尊重他人的國家，當中日戰爭的時候，中國學生彼此每天都焦心地談國事。遇到日本學生則只談閒天或課務，決不牽到戰爭。第二次大戰發生後，英國學生、澳洲學生和日本同學，也跟我們的態度一樣，從來沒有發生糾紛。五洲學生同堂，完成打破種族優秀的觀念，英國學生可屬於一個任組長的印度學生，中國學生任組長和非洲學生任組長時，每組也必定有白黃黑各色的學生。

我在傳大教授的科目，也有一點特色。我除在法律學院和傳教學院擔任中國法學史和中國宗教史以外，我還擔任教授中國學生的中國國文和中國哲學。在歐美大學裡用中文給中國學生講國文和國學，我想這是全球獨有的唯一地點（除卻華僑學校在外）。當一九二二年，駐華宗座代表剛恆毅總主教催促中國的主教們派學生往傳信大學留學時，許多傳教士都反對，說是中國學生在傳信大學會了外國學問，反而忘記了國文和國學。剛總主教便呈請傳信部設一中國國文和哲學講座，由一位中國神父任教授，專爲中國學生講授。由張智良主教、于斌主教、張潤波主教到我，已經是第四代了。幾十年，中國學生從沒有缺過。但是今年傳大則僅有一個住校的中國學生了。

傳大住校的學生雖不多，但是因爲人數不多，大家更加熟識，更加親熱，我上次回遠東時，在臺灣、香港、日本、菲律賓都遇到傳大的舊同學和學生，彼此一見親同家人。

近幾年我因事忙，常是匆匆地趕去授課，講完了，匆匆地就出校門，沒有時間到母校流連。但在我的想像裡，傳信母校的每一個角落，我都記得很清楚。連園裡的每一棵樹和每株花，我都知道所在的地點。我於今每天的生活習慣，大部份還是在傳大所養成的。從此可以知道青年人求學的環境，對於日後他一生的生活，影響怎樣大。

今年暑假時，當學生出外避暑，我們工作稍清閒時，我想抽出一個午後的時間，再到傳大母校，週遊校園，漫步樓頂平臺，看看羅瑪的景物，在目前世界銳速進化的時代，是否已改變舊觀。

一九五九年，五月，羅瑪（海風）

傳信別墅

出羅瑪城往東行，過飛機場，再行二十里，抵一小鎮，名亞爾巴諾（Olbano）。鎮口一鐵欄，欄內一大花園，園即教宗避暑行宮所在地，循著園牆往上行，路頗曲折，大樹蔭蔽，炎夏亦覺風涼。路通一小鎮，名剛道爾福鎮，鎮口橫一石橋。石橋乃聯接教宗行宮花園者，過橋下，往右行，可數十步，走過小鎮，見一圓湖，湖水藍極靜極，再往前行，行數百步，迎面一教堂，堂側大樓一座，這乃是傳信學院的別墅。

我於一九三一年，初次來往傳信別墅時，別墅的房屋頗小，飯廳坐位擁擠。第二年，則已開始建築一座新樓，樓未成，暑期時，學生兩人住一房間。第三新樓完成，飯廳也是一間新的大廳。可是第二次世界大戰快結束時，美軍忽於一九四四年二月十日，爆炸傳信別墅，投彈三十餘枚，幾乎把整個別墅都炸平了。後兩年，傳信部動工再造學院別墅，於今則全樓都煥然一新，而且更大更高了。

傳信學院的學生，考完了書，馬上往別墅。每人一口木箱，裝置自用的衣服書籍，學校用大卡車裝運。到了別墅，每組的編制已換了，組長也有新人。這是我們作學生時，每年中最重要的一種新奇。

我到了自己的房間，又找到了自己的木箱，我們便下樓看訪看訪整個的別墅，先到各組的樓上繞一圈，看昔日在羅瑪同組者住在那裡，又看看中國同學們的房間，然後下樓，跑入別墅的園裡，別墅的園，較比羅瑪的校園更大，更多變化。下樓即可見一游泳池，這是爆炸以後的新建築。我在校時，同學多有偷著下湖洗澡的，算是大犯校規，然而既禁不勝其禁，還不如好好地在家造一游泳池，於今學生們可以隨便下湖釣魚，誰也不下水洗澡了。

走過游泳池，乃見球坪，壁球、籃球、網球、足球，成行排列。球場側，小菜園一，植有各種蔬菜，球場盡頭爲樹林，林中多橡樹，樹爲數百年物，幹身都蝕空，枝葉則仍茂盛，人進林中，常不見太陽，樹林盡頭，有一露德聖母洞。白石聖母像，靜立洞中，樹林右面圍牆，與教宗行宮花園交界。一九三四年，教宗庇護第十一世首次來行宮，第一天下午，乘汽車在行宮花園閒遊，我們傳大學生聚在別墅樹林圍牆邊，高呼教宗萬歲。庇護第十一世從車上舉手祝福。可是傳信部次長撒羅蒂總主教知道後，趕快入行宮見教宗賠罪；因爲教宗閒遊散步時，不喜有人在外窺看。從此傳大學生再也不敢擾亂聖父的一刻清福了。

拜了樹林中的露德聖母洞，就算看完了別墅，我們便等著吃飯，飯後看別墅的夜景。吃了晚飯，我常愛攀登別墅鐘樓側的涼臺，臺上若逢月夜，景色優美極了。別墅前臨小湖，月夜只見微白銀光，盪漾於一深黑的圓圈內，銀光上，間有一兩強烈的漁燈，湖的東北角，堆堆燈火，層疊相積，層疊的頂端，幾盞燈光似懸空中，那是「嘉禾山」（Monte Cavo）和「教宗保壘小鎮」（Rocca dri Papa）。湖的西北角燈火稀稀，如斷如續。那是湖畔別墅的燈光，岡道爾福小鎮處於湖的西南角。月夜只見小鎮陰陰的屋頂，隱隱現現的街燈。縱眼往遠處一看，天上一輪明月，下面微明微暗的郊野，人莫測其廣大。西天的盡處，天色忽白，燈光行烈，那是羅瑪的夜市。南方天際，有時似見銀光動盪，那便是海波的起伏了。別墅東面，則黑影重疊，高下不齊，那是一帶重山峻嶺。周行涼臺，湖風清涼，一邊看著月景，一邊與同學閒談，羅瑪一學年的辛苦，一刻洗淨，夜間就床，安睡到天明。

別墅生活以遠足和運動爲主。我們那時的遠足，以一組或兩組的同學爲一隊，一隊有選定的目的地，遠足是每星期一次。遠足前一日，組長副組長到廚房修女處預備食糧，把食糧裝在兩口大木桶裡，然後叫別墅看園工人去租一匹驢子，遠足日，清晨即起，彌撒後，一隊人一齊出發。別墅周圍都是山地，深林綿延，常數十里不見天日。我們的目的地，多是步行兩小時許可到的山林水泉處，因爲我們出發是不帶水的。同學等在林中行走，高歌互應，笑語驚宿鳥。組長或副組長，至少一人該伴驢子。我有兩三次，伴著這個畜生。牠馱載兩木桶食糧，的的答答，高一腳，低一腳，慢慢地走，等到我催的過於緊急，鞭打過於重時，兩支後腿一彎，大股一蹲，坐到地上，險些兒把兩大桶的食物都翻倒草面。第一次我氣極了，揚鞭亂打，驢子的前面兩腿也彎了，牠索性臥在地上了，驢頭半伸，長耳微動，牠的神氣很安靜，似乎若無其事。我只得往前叫回幾個同學，前拉後推，好容易把驢子推起，慢慢開步走。經過兩三次這樣的危機，我趕驢子的本領也有進步。我約三四個同學一齊趕，大家吆喝，間而用樹枝打一打。畜生不走時，則用手撫摩撫摩驢頭。驢子雖仍是走的不太快，但這畜生總不彎後腿而坐下了，而且像是很賣氣力，走的痛快。

驢子走到了目的地，柴火已經都預備好了。大家於是分杯盤的分杯盤，打水的打水，組長、副組長架起鐵鍋，炒雞蛋，炒火腿。一刻兒，大家都席地早餐，早晨走了兩點多鐘的路，食量大增，每人一條長麵包都不夠飽。吃了早點，洗了杯盤刀叉，各自三兩成群，到附近村鎮閒逛。正午十二點，舉火的同學已回來，馬上燃起柴火，一面剝山薯，組長又來架鍋炒肉，炒薯片。別的同學也陸續歸來，各拿了刀叉杯盤。第一盤蒸麵，則是學校廚娘已預備好的，副組長捧著分給大家。吃了麵，便吃火上所炒的肉和薯片，誰都說比在校吃的更香。願意吃生菜的，可以要生菜。酒也來了，很可以盡量喝，最後還有水果。我炒過兩個暑期的肉，炒肉並不難，山薯片則不大容易，稍不經心，就被燒黑，黑的薯片，沒有人吃呢！

午餐後，大家都席地休息，睡午覺，柴火則不讓熄，火上放著一大鍋水。火燃又似不燃，一鍋水要經過兩小時纔開滾。水滾了，已快到午後三點半了。在滾水裡拋下茶葉，預備吃點心，每人喝了一杯熱茶，吃了一塊糕，便開步回校。一天遠足的辛苦，帶來一夜無夢的安眠。

遠足時有所謂登峰看日出，湖畔的嘉禾峰，高可九百餘公尺，峰頭看太陽出自東天，傳爲奇景。我曾登峰兩次。登的一天，我們深夜三時即起，悄悄結隊出校。出發時必選定有明月的一夜，林中可以稍辨途徑，穿林過嶺，須走一小時許，抵嘉禾山麓，尋羅瑪人的古路，直上峰頭。古羅瑪人曾在這峰頭設有神廟，常登山祭神。他們所造的石路，於今雖破碎不堪，但還可以攀行，而且較比登山的馬路，省時間多了。我們爬上山峰，大約已在清晨五時，東方早已發白，太陽也離東天的群山有數丈高了。但是太陽仍舊是一血紅的赤盤，少有光芒。東天群山昏黑，峰頭紫紅。太陽的周圍，堆堆雲彩，顏色由白而黃，由黃而紅，由紅而紫，變化有如各種彩球。我們佇立東望，雖悵然於沒有看見太陽升自東山；但所見的奇景，也可酬我們深夜步行的辛苦了。

假使若是全體出去遠足，那便不用足行，而用汽車代步了。每年我們常去遊覽羅瑪附近的一座名城古蹟，全校同學乘車往返，食糧也都由校內修女煮好，用卡車運去。

別墅的運動，足球、網球、壁球、排球、木球、籃球，各組互相比賽。壁球爲愛爾蘭國產，四人兩兩成對，以手擊球觸壁，球反落於球場界限以內，即再以手擊之觸壁，球落於場外者輸一點，球落地而對方不能擊之觸壁者勝一點。木球爲意大利國產，兩人或四人對打，六球或十一球，一小球爲目標，球擲近目標者勝一點。籃球爲美國運動，別國同學都不精明，故傳大以往沒有籃球，我同年的美國同學人數很多，我與同鄉郭藩神父兩人也習於籃球，因此我們那一年的美國同學約集我們兩個中國人開始打籃球，後來別國同學也漸漸學習，於是籃球便成了全校正式運動之一。

暑期結束的前一日，爲運動競賽日。早餐後，傳信部部長樞機親自到場，觀看競賽，競賽的節目很繁，上午有跳遠，有百尺跑，有跳障礙，有騎驢賽，有跳痲袋，有打枕頭，有時還有百足蟲。同學中誰願意參加競賽者，都可以報名參加。午後，則是各組年賽的最後決賽，籃球、網球、壁球、隊球、足球，都決一次最後的勝負。在午前的競賽裡，有幾種最有趣味，騎驢賽跑常引起滿場哄笑。七、八個同學騎著驢，在足球坪賽跑，但跑到半路時，多數騎驢者都叫驢子抛在地上了。有的站著使勁拉蹲在地上的驢兒，跑到目的地總只有兩三人，這兩三人大約都稍有騎驢經驗，任憑驢兒走，只加吆喝，不加鞭打。跳障礙物也很可觀，競賽的同學，在各種臨時佈置的障礙物中鑽，鑽過了障礙物，正想開步跑，卻需頭上頂一顆山薯或一個蘋果走，這時神經正很緊張，氣喘喘地，很難馬上靜氣頂果子走路，跳痲袋也需要氣靜，越著急，想跳的快，越被痲袋纏倒在地。有些日本同學，身材低小，不跳，稍開兩脚在痲袋裡走，常有得錦標的希望。打枕頭算是傳大的特產，兩個架子架著一根離地約五尺高的橫木，木下堆著許多乾草，兩個同學對坐在橫木上，每人人手裡提著一個枕頭，聽見評判員一聲哨子，舉起枕頭互打，手不要扶橫木，被打下橫木者則算輸了。有時一個同學看是被打下去了，他卻兩腿夾住橫木，倒掛在木下，對打的同學不留心，反被他一枕頭打在腿上，慌忙落地，竟輸給了他。有時兩人可以互打五分鐘，都不掉落，評判員吹哨，稍事休息，這時全場喝采聲，教宗在行宮花園散步都可聽見。

運動日常要競賽到天黑，第二日舉行部長樞機節，中餐時，奏樂，演講，運動會主任起立報告競賽結果，由部長樞機發獎品。當天晚上，學校演劇，演員都是學生，經過半個多月的演習，很能傳神，半夜劇散。第二日，開始反省週。整個別墅鴉雀無聲，散步的同學都低首徐行，各人反省各自的心靈了。

反省週畢，全校回羅瑪，預備學年開幕。暑期別墅的生活就此結束了。

一九五三年，八月，六日。

一、觀漁

今年在海濱的三個星期裡，我只有兩次到安茲阿（Anzio）海濱，去看漁船卸魚。下午六點半左右，安茲阿前晚出發的漁船，陸續歸來了。一個漁船近岸時，三四十個浴客，都擁在堤上，看漁船打了多少魚。

漁船上的人，首先有一兩個跳上岸，把漁船繫了纜，然後拉船靠近堤岸。岸上於是有四、五個人跳到船上，這些人是漁業行所裡的人。

一個漁夫鑽進了船頭夾板的一個方洞，雙手捧起一個一個的四方木箱，箱可兩尺見方，甚薄，上無蓋。旁的一個漁夫接過木箱，放在船頭。箱面蓋了一層冰，現出大大小小的魚。這些魚的名字我都不知道，只認識鱿魚和海蝦。

小孩子們格外地顯出高興，他們喊著：

「媽，你看那些魚都張著嘴。」

「媽，你看那些魚扁扁的，叫甚麼名字？」

「啊，媽，你看那些有魚足呢！……啊，有些魚是紅的！」

「媽，你看那些蝦子！」

大人們也都顯出看新奇的神氣，都不理小孩們的發問，漁夫們搬排魚箱，多則十幾箱，少則四五箱。他們面目都很黑，短袖短褲，魚多魚少，他們面上沒有甚麼表情。海上的風濤霜露，夜夜的張網收網，已把他們硬化了。魚箱由船頭再搬上岸，岸上有車子把箱子馱入魚行。次日清晨，魚便在羅瑪出賣了。

安茲阿海場旁，每天下午常停有十幾條漁船。船長可四丈餘，寬可一丈餘。船桅三竿或四竿，桅上張著魚網。船行用火輪，頗快迅，午後七點鐘時出發，次日，午後回來。夜間，海面常見燈火成列，那便是漁燈。

我在海濱休息時，午後的娛樂，就在於看漁夫運魚，但搬出來的魚，條條僵斃不動，頗乏興趣。

二、

我少時在家，常看魚網的活魚。

我們衡陽南鄉是以養魚著名的。每年初春，家家都乾一乾自己的水塘，以塘泥作稻田肥料。春雨，塘又灌滿，於是買小魚放在塘內。小魚是由養魚池買來的，養魚池的小魚，來自湘江的魚卵。小魚大約在三月時放進塘裡，普通有鰱魚，有草魚，有鯉魚。草魚吃草，別的魚吃糞，塘內既放了小魚，便該每天放草，放豬糞。草不宜粗，應擇田間嫩草割而投之，豬糞則取自衡陽城的米粉店。

端午節我家就要吃新魚了。春季放的小魚，這時已長到半斤或十兩，陰曆六月中，魚已可以上市，鰱魚大約已在一斤左右，鯉魚草魚則稍大。

上市賣魚的前一天，我的伯父在衡陽南門附近找到一個魚販，和他講定明早賣魚的價錢。次日清早，天剛亮，伯父、兩位叔父、堂兄和家裡的長工，帶著魚網，往水塘網魚，父親若在家也同去。我是每次在前晚跟母親說好，要她叫醒我，好跟大人們一同去。

南鄉網魚的網，寬約七尺餘，長則與水塘之寬狹相等。網上沿纏有輕木塊，可浮；網下沿縫有鐵片，使沉；下網時，四人分執網的兩端，上沿兩端各一人。下沿兩端又各一人，使網與塘水寬相齊，然後步行入水，慢慢由水塘的一岸走到水塘的另一岸。行時，執網端的四人，盡力把網拉齊，網上沿浮在水面。漸近彼岸時，另兩人浮水，探水深淺，至足可落塘底時，於是一手提網上沿，一足拉網下沿，使網能靠塘底而上。網既近塘岸，執網端之四人，漸把網縮短。這時網中的水很動盪了，已可見魚在中間鑽來鑽去，有的且高躍網外。網已縮到一丈餘長時，便到下沿挨著塘底提出水，魚便網在網中了。一時銀鱗撥拉，頭尾振盪。伯叔等就網中選魚，大者抛在岸上，小者仍放水中。我看著條條銀翅的魚，在青草上亂跳，興高采烈。

若是第一次網的魚不多，便再拉網一次，由這岸拉到彼岸。有時且拉網三次，到網的魚夠五十餘斤時，便把魚裝在兩個筐裡，由三叔擔入城，交給魚販。魚入市時，還是張閉兩鰓，活著未死。

伯父領著我們一批人回家，叫我提著竹籃，籃中放著六七尾魚，這是爲家裡吃的。沿路，魚在籃裡撥尾轉身，我用手按住牠們。到家，我把魚提給祖母，祖母在廚房拿著刀，從籃裡一尾魚一尾魚的取出，先剝去了鱗，破開肚皮，魚還是跳動。然後祖母三刀四斷，把魚砍成四截，魚纔斷了氣。

初夏，有時太陽剛出時，水塘的魚都浮游水面。立在岸上，可以看見大大小小的魚，成隊游行。大魚常在塘中心，小魚則略近岸。沿塘岸水邊，常伏著蝦子和半寸長的小魚。若是那一天學校放假，我便同弟弟沿著塘岸，用手捉小魚捉蝦子，牠們都不走，每次常捉一斤兩斤。把魚拿給祖母，放在水箱裡養著。中餐前，把魚淘出，鍋下燒著火，鍋裡油已滾熱，把魚蝦向鍋裡一擲，馬上蓋住鍋，可聽見魚蝦的跳，一秒鐘後，開鍋，魚蝦都煎死油中。

有時和弟弟在田間捉得一些鰍魚，鰍魚入鍋時，跳動很凶，一不小心，就會弄的滾油滿臉，燒起血泡。

於今我大約不敢看著活魚下鍋了！人大了，似乎以爲魚太可憐。可是，我在海濱看著箱箱的死魚，拿著冰冰著，心裡又覺得太沒有意思。

看魚，是要看錦鱗撥拉的活魚。

一九五二年八月九日

學生生活

一、

一九三〇年十一月十五日，清晨一點半，我進了羅瑪傳信大學。

同行者，有衡陽郭藩，河北張吟秋，李少虛，河南汪同德，在海上船行了卅天。十一月十四日清早，在意大利南端的布林忒西海口（Brindesi）登陸，乘火車來羅瑪。

下車的人都離了月臺，並不見有人來接，我們五個初次出國又不懂意國話的青年，只得叫腳夫搬了箱子，雇了兩輛汽車，奔往傳信學院（Collegio Propaganda Fide）。半夜穿過羅瑪，街上清靜無人，房屋灰黯，天氣嚴寒：汽車轉了幾個彎，停在一座很古的大樓前，正門高大，門板不是朱紅，不是漆黑，卻是古老灰色。車夫摸索門鈴，久不能得，乃拉門上銅環，使勁重打。深夜空街，另外響亮，打了五分鐘，門竟不開。車夫繞屋一週，另見一道側門，門高亞於正門。握住銅環，重打數聲，門扇開了一道縫，探出半個頭顱。又伸出一隻手，向車夫指畫了幾下，腦袋和手，都縮進去，門就關了。後來我纔知道這座古樓乃是傳信部的部署，以前原是傳信學院院舍。

汽車又在半夜穿過羅瑪城，過了一條石橋，又爬上了山坡，停在一座鐵欄的門前。一敲門，門就開了，門房一看只有我們五個人，顯然有點稀奇。忽然後面又汽車聲，車裡走下一位年輕的神父，他操拉丁語說自己是副院長，剛纔到車站來接我們。

副院長引我們從門房走過一段隧道，轉上樓梯，梯子盡頭有一間大廳，牆上掛著四張很大的古畫。我們五個人被分到三間大寢室，我們兩個衡陽人，同一大寢室。半夜裡，寢室只有一盞淡的綠燈，一片都很模糊，我只看見寢室很長，中間有兩排用短牆隔成的小室。我被引入左面的第三小室。小室三面是短牆，上面沒有頂，進口一面懸一白布簾。室內有一床一椅，有自來水洗臉盆。那時夜已深了，身體又累，我放下了皮箱，脫了外衣，掀開了稍厚的白色床單，登床就寢，覺得怪冷，摸不到毛毯，輾轉多時，睡眠不成。忽然鈴聲響了，又聽見誦經聲。接著是自來水管聲，步履雜踏聲。過了二十分鐘，寢室重歸平靜，我知道寢室的人都往經堂去了。我也慢慢起床，漱洗後，尋路往經堂聽彌撒，舉眼一看，堂中的學生，都是青袍紅帶，面色多是黃色和黑色。

彌撒後，回到寢室，有一中國同學來見，他自己介紹姓蘇名寶和，為哲學院宿舍第一組組長，我所住的寢室，即是第一組，寢室外有一間大自修室。早晨八點，有早餐的鈴聲，我隨第一組同學往食堂，食堂在山坡頂上的一樓壯麗的新樓內。過一拱橋，橋下爲汽車道，橋端爲校園，新樓爲神學院宿舍。食堂和大禮堂都在神學院裡。早餐後，再過橋，往哲學院的宿舍側的大樓內上課。哲學院宿舍側的大樓爲傳信大學，樓中有教室，有大學校長辦公室和秘書處。

二、

我到傳信大學以前，在羅瑪修院，曾讀哲學一年，進了大學，重新再讀哲學。一共讀了兩年哲學，四年神學，三年法律。神學第五年，則因爲已任教授，豁免隨班聽課，只提博士論文。博士試曾經三次，考取哲學，神學，法律三科博士。

在一九三六年夏，神學碩士試畢，衡陽教區柏長青主教催我回到教區，我因欲攻讀法律，乃向傳信次長剛恆毅總主教請示，剛總主教命我留校。一九四〇年法律博士試畢，剛總主教以衡陽教區需人，囑我回教區服務。我買了船票，把書箱郵寄布林忒西海港，不幸在船啓碇日期前五天，意大利宣戰，船停不開。當天是六月十日，我的日記說：「就在今天接到家鄉來信：柏主教一封，家父一封。柏主教來信慶幸我能回教區，祝我旅途順利。家父來信說：家中人得我回國消息，都預備送禮物。家兄羅榮又在上加寫：指點我帶些什麼紀念品回家送人。我捧著這一疊信紙，心中茫然無主。家中人空歡喜已好幾次了。這次又在他們歡迎我回國的信寄到的日子時，而我歸國的計劃又成了泡影。我竟墜了幾粒清淚。」

從那一次住下來，一直住到於今。

三、

「子曰：君子食無求飽，居無求安，敏於事而慎於言，就有道而正焉，可謂好學也已。」（論語 學而），聖保祿宗徒告加拉太信友說：「嗟爾小子，吾今重爲爾遭受分娩之痛苦矣。非至基督成形於爾心中，吾之劬勞，寧有生時！」㈠

傳信學院的制度，爲大修院制。住院的學院都是修生，上課，則到傳信大學上課，學院和大學相接連。

修生的教育就是「使基督成形於爾心中」，叫學生們心中培養基督的精神，能成爲「第二基督」（Alter Christus）。學院中負責教育的人，是有道之士，我們作學生的人，「就有道而正焉。」

我們進傳信學院時，都是人地生疏，水土和習慣不相合，而且又是年輕，經驗淺薄。困難很多，我們向誰去說呢？我們只有向訓育導師（神師）去訴說。睡眠不安，飲食不合，聽講不懂，校規不熟，無不向訓育導師說明，聽他的指教。事雖小，然都是切身問題，過了第一年的新生活，慢慢習慣了學院的規律和環境，困難逐漸減少了。

我在傳信大學當學生，有過兩位訓育導師。前一位名加奈思理蒙席（Mons. Alberto Canestni—現為教廷高等法院退休法官），後一位名白肋達蒙席（Mons. Felice Beretta）（去任後，升傳信部聖職人員協助傳教總部秘書長，現已去世）。兩位導師，外貌都似乎很嚴，內心則很慈善。我離開母校在使館供職，每年復活節和聖誕節，白肋達蒙席，常邀我到家一同過節，加奈思理蒙席居在羅瑪近郊鄉間，我每年常去拜會。

學生們對於院長，都有幾分懼心。我初次進校時，院長爲已經去世的蒂尼蒙席（Mons. Torquato Dini）。他那時只有三十七歲，有魄力，有手腕，待人接物，非常溫和，尤其懂得學生們的心理，知道體貼學生。傳信學院的學生，來自五洲，大家的民族性和習慣都不相同。住在學院裡，在唯一的規律下受陶冶，難免有稜角相牴觸的地方。全靠院長善於管理，在無形中消除那些稜角使大家圓滿相處。若是院長強行威權，斬除稜角，青年人因痛而積忿，雖守校規，精神的修養必定有缺，管理學院也和孔子所說的治國一樣：「道之以政，齊之以刑，民免而無恥。道之以德，齊之以禮，有恥且格。」（論語 為政）

羅瑪各大學的教授，多是有名之士。我的教授中，馳名全球的學者，有已故的倫理神學教授唐墨（P. Damen）和宗教思想史教授加沙馬撒（P. Cassamasa），有現任聖部（教義部）次長曾任理論神學教授巴冷德總主教（Mons, P, Parente），有現任東方禮儀教會署理部長曾任教會組織行政法教授古撒樞機（Card. Cousa），有現任教廷最高法院院長曾任教會刑法學教授羅白提樞機（Card. Roberti），還有拉拉阿納樞機（Card. Laraona）曾任羅瑪法教授。其他有名之士，如傳信部長雅靜安樞機，曾教過我的神學聖事論，現任聖禮部次長但丁蒙席（Mons. E. Dante）曾教過我的理論神學引論。還有于斌總主教，曾教過我的中國文學哲學。

從名師受教，所得的學識自然是有系統，有根基，而且又不膚淺，求學而有名師，乃是人生之一大福。

我在一生所經歷的考試裡，只有兩次感到面臨絕壁的困難，第一次，是哲學畢業應碩士的口試。我受了宇宙論教授窘難，現已去世。他在教書時，半點鐘讀講義，半點鐘叩問學生。在考試時，他提出一個問題，學生答也好，不答也好，他只默默不言，有時臉上掛出冷笑。看著他冷笑的情形，學生更心寒了，說話就要失去層次，有時連說也不敢說了。我應碩士口試時，宇宙論教授問我：物體在本體方面的構造若何。我便給他講「理」（Forma）和

「氣質」（Materia Prima）。講了五分鐘，教授的臉上掛出冷笑了，而且慢慢說：「你在講中國寓言哩！」我的心不寒反而怒了，回過頭，又重新說一遍，教授的臉上只冷笑。幸而十分鐘過去了，接著是心理學教授發問。心理學教授很懂學生的心理，一問一答，一切都很順利。結果，碩士試算是及格；但全靠心理學教授向宇宙論教授替我辯護。後來應博士口試時，宇宙論教授考試我的哲學史，出乎意料之外，他那一次臉上不是譏刺的冷笑，而是滿意的微笑，那一次的考試成績，也就非常的好。第二次面臨絕壁的考試，是神學第二年的「猶太古文」科。我們的教授為一位阿拉伯蒙席（現任領銜總主教，仍舊教書）教書很得法，脾氣也很好。可是我們一班不專門聖經的學生，都把猶太古文不看在眼裡，兩年上課，僅僅只認識幾個字母和讀音。但是第二年考試，除讀音外還要翻譯。教授從教科書上給我指一段猶太古文，叫我當面口譯，我勉強譯出一句，再不能完成全段的文意。教授說：「你沒有讀，暑假後再來考一次！」「讀是讀了，只是記不住！─我低頭答應著。─請看我在教室所抄寫的翻譯很多。」教授看我拿出好幾張寫滿了的紙，他點點頭，在名冊上畫了六十分，准我及格。本來再考一次猶太古文，誰也不稀奇。然而我從來沒有試驗不及格，一次不及格，心裡必定非常難過。而且神學第二年有「學士」試，這一年的副科考試，一門不及格，即不許考「學士」，猶太古文考試的及格很有重要性，因此我特別感激我的教授富有人情味。

四、

「弟兄同居樂無涯，渾似靈膏沐首時。靈膏流浹亞倫鬚，直下浸潤亞倫襦。又如黑門山上露，降於西溫芳以飴」(二)

傳信學院的學生，籍屬六十幾國，我在校時，非洲的學生剛開始他們的留學史，人數很少，後來加增，於今黑面目的學生，大約要佔學院裡學生的半數了。我在校時，按國籍算，以中國學生最多。

學院的組織很嚴，全校學生分成十一組，每組的學生，在行動上各成一個單位。自修室，寢室，運動場，各組都不相混。食堂是公共的，每組的學生同坐一長桌上。坐位由組長指定，每月更換一次，出校散步或參觀古蹟時，也是每組的學生同行。僅在星期四和星期天以及大節日學生纔能在午飯後公共散心，不分組次。

每組的組長和副組長，對於本組的學生，負相當管理之責。他們參與學校的行政，向院長貢獻意見。院長對於指派組長，常要注意學生的國籍，組長應屬於不同的國籍。一國的學生多，宜選擇他們的一兩人爲組長或副組長。學生們都視組長爲榮譽，一國的學生中有人任此職，大家視爲國家之光。我在校任過一年副組長，兩年組長。

國家感，在我們學生中很濃。一國的學生，不願居於他國之後。節慶日懸國旗，遊藝中唱本國歌曲，大家都看作大事。在有些場合學校要派各國學生的代表時，蕞爾小國的學生，也不願被人遺忘。然而這種濃重的國家感，有博愛的精神以作調劑。全校的學生，大家受基督仁愛的薰陶，大家真是宜兄宜弟。學院裡從來沒有因著國籍而起爭端的，大家愛國，大家也知道尊重別人的愛國心。當中日戰爭時，我們中國同學，天天注意戰爭的消息，彼此在公共散心時，談論國事。但和日本同學，對於戰事一句不提。同樣，在第二次大戰時，澳洲同學和日本同學，也抱同一的態度。因此同學裡，從來沒有因著戰事發生口角。當時傳信部次長剛恆毅總主教屢次公開地說，傳信學院乃是一所名副其實的「國際聯盟」。使不同國籍，在傳大聯盟相安的，即是基督的仁愛。

和五十多國的同學，共同生活，不僅可以捐棄種族的偏見，養成實際的博愛精神；而且能夠增加許多知識。讀地理，讀歷史，可以認識世界上許多民族的文化；然而書本上的知識，總趕不上實際和這些民族的人共同生活，所得的認識。在共同生活時，不知不覺地就可以知道各種民族的心理和文化遺傳。雖然，當時我們年輕，不大注意這種知識，但是無形中，這種知識已經加入我們的生活經驗裡，後來在我們判斷事情時，我們的眼界自然而然就放寬放高了。

我常以這種不同國籍的同學共同安居的經驗，爲我在傳大讀書時，所得的一種最寶貴的知識。

另外還有一種書本以外所得的貴重知識，就是羅瑪環境所給予我們的知識。羅瑪城內外，幾乎每走百步，即有公教初期和中期的古蹟，聖伯鐸祿和聖保祿的陵墓，埋葬初期殉道聖人的隧道（墟墓），還有一千多年歷史的古聖堂，中世紀聖人的住室，這一切的古蹟不單單構成教會歷史的重要史料，而且特別顯示公教的精神。我們在讀書的青年時代，每天都去瞻拜這些古蹟，無形中就要吸收這種精神；再加以有意的反省和訓育導師的指點，我們的內心情緒慢慢就要融化在這種精神以內。這種精神，即稱爲「羅瑪精神」。

我們住在傳信學院裡，日夕和教宗的宮殿相對望。我們的讀書生活，真正如同羅瑪一句俗話所說：「住在聖伯鐸祿圓頂的蔭涼下」。在這種蔭涼下活著的人，而不養成敬愛教宗的習慣，則必是麻木不仁。中國古人教子，常擇鄰而居。孟母三遷，然後安心教養孟子。環境對於青年人的教育，具有極大的影響力。孔子曾說：「里仁爲美。擇不處仁，焉得知！」（論語 里仁）

註：

㈠致加拉太人書　第四章　第十九節。

㈡吳經熊譯　聖詠譯義初稿　第百三三首。

一九六〇年，夏。

教書生活

一、

八月十五日聖母升天節，傳信學院學生在別墅裡，有一項特別的習慣。午後五點，全校學生集合在運動場裡，傳信部部長和次長也都到場，場上排著兩條長桌。一桌上堆滿顆顆西瓜，一桌上列著成行的啤酒瓶。院長一聲號令，全校學生分瓜巡酒，慶祝聖母佳節。晚晌，天氣好，大家也在露天場上用晚餐。

一九三六年八月十五日，午後的西瓜啤酒節，過得很熱鬧。學院屠場的屠戶，身材粗胖，操著刀，在桌上劈瓜，一刀兩半。學院的靴匠，頭大軀矮，舉著長刀，拿半個瓜，分成兩半。學院各組組長，忙著開啤酒瓶。正在大家忙碌的時候，傳信部次長剛恆毅總主教走到我身旁，向我說：「部長樞機有句話告訴你。部長和我決定了委你在學校教中國文學和哲學。你同我見樞機去。」剛公引我到部長身邊，部長說：「總主教已經告訴你了。你一面教書，一面讀法律，繼續住在學院裡。」

剛總主教又吩咐把中國學生叫來，當面吩咐說：「部長樞機派了羅光神父作你們的中文教授，我常囑咐你們不要輕忽你們的國文，今後要繼續努力。」

在那一年我剛登了司鐸聖品，我在神學畢業考了碩士，預備下學年往拉得朗大學讀法律。傳大的中文教授張潤波神父在那一年陞了宣化主教，剛總主教有意叫趙文南神父來羅瑪任中文教授，趙神父因有老母在堂，不敢遠行。剛總主教乃委我繼任，以部長的名義正式發表。

二、

孔子曾說：「三人行，必有我師焉，擇其善者而從之，其不善者而改之。」（述而）我開始幾年所教的學生，原先都是我的同學，我自覺有些不敢當。授課時，心理也有些惶恐。另外是給外國學生講中國宗教思想史，須用拉丁文講授，當真感到困難。但是學生裡沒有人以受教於我爲恥的。韓愈說：「生乎吾前，其聞道也，固先乎吾，吾從而師之。生乎吾後，其聞道也，亦先乎吾，吾從而師之。吾師道也，夫庸知其年之先後生於吾乎。」（師說）

傳信大學之有中國文學教授，創於剛恆毅樞機。當剛公在中國任宗座代表時，曾催促中國各區主教派學生赴羅瑪傳信大學留學。主教們多有設難，所設的難題中，有謂中國修生留學羅瑪將忘記中國文。回國後，不中不西，對於傳教沒有補助。剛公乃向傳信部長王老松樞機建議，派一位中國神父，在傳大專門教中國學生的國文。傳信大學的第一位正式中文教授爲張智良神父，張智良神父陞集寧主教後，由于斌神父繼任。于斌神父回國任公教進行會總監督後，由張潤波神父繼任，以後便輪到了我。

我進傳大時，中文教授爲于斌神父，每星期他授課兩小時：一小時爲全體中國學生，講授中國文學，一小時爲神學院中國學生，講授中國哲學思想。我那時雖是哲學生，于斌神父吩咐我和神學生一同聽中國哲學一課。後來傳大成立了傳教學院，設有中國思想史講座，由于斌神父任教授，當我任傳大中文教授時，這一講座改爲中國宗教思想史，另外又增設中國民律講座，都由我講授。我在傳大的課程，每星期便是四小時，每一小時課目都不相同。

三、

教書就是讀書，而且逼著教書的人繼續研究。教書而不繼續研究，就要變成一架留聲機；教書而做一架留聲機，已經失去教書的意義。

我教了已經二十五年的書，我便讀了二十五年的書。教書的生活，在講壇上的時間很短，在寓所書案上的時間很長。

在講壇上向學生們講書，我沒有特別的經驗。所有的一點特別經驗，則是最初幾年操拉丁文講書，有時想不出適當的名詞，既不能停止說話，該說的話又不來到嘴上，於是只有繞彎，慢慢把意思說出來，這種經驗不是一種很愉快的經驗。教了這些年數的書，講拉丁文的困難當然減少了許多。但是我仍舊不習慣說拉丁話，三年前，我陪田樞機由臺灣回羅瑪，路經馬尼拉。馬城聖言會會士歡迎樞機，樞機命我操拉丁文替他致答詞，即席我講了十分鐘的話，看來很流利自然。田公回寓所後，向我說：「啊！你講拉丁話比講中國話還好？」張維篤主教在旁邊說：「樞機公，話不是這麼說！人家兩者都說的好。」田樞機聽我用中文演講，滿口湖南腔，聽不大懂，反而不如聽我說拉丁文，句句都懂，因此恭維我的拉丁文，他老人家大約想不到我在講壇授課時，對於拉丁文所遭遇的困難。

講書的樂處，是在發表自己的思想。無論說明或不說明某某點是自己的主張，大學教授讀書，總以自己的主張爲線索，在講壇上發表主張，學生們不會起來辯駁，他們常是樂於接受。發表自己的主張，而受人接受；這是一樁最足令人快樂的事。然而同時也是使人感到良心責任很重，聖金口若望曾說：「教員們好比塑像的藝術家，造下種種的模型，使青年人的

頭腦和心靈按照模型而鑄定。工作的價值很高，責任也很重。」㈠

我因此繼續讀書，溫故以知新。每天在彌撒聖祭中，也常求天主助我克盡教授的職責。第二次大戰時，我住在梵蒂岡城垣的德國寓所裡，冬天房內不能生火，吃的東西剛可滿腹，我伏在書案上，看書寫講義，身上擁著厚而重的大氅，不大覺冷，手指和足指，則凍得發痛。當手指凍硬時，便起身到陽臺上，一面邁大步，一面搓手掌，等到手腳發了熱，再回到桌上。夏天盛暑時，也不能出城避暑，我便關閉房間的窗子，使陽光不能進房，白天在燈光下讀書寫作，倒也感到清涼。

我教書生活的唯一苦楚，是冬季風雨之天，和夏季驕陽之日，徒步登山，進傳大校門，傳大位於一山坡上，山腳有帝白里河。公共車輛多停在河的對岸。過橋上山，逢著雨天打著傘，上身服常被淋濕。遇著冬季大風，手要按住頭上的帽子，讓風從袖口一直吹入胸中，夏天驕陽下，則是滿頭汗水。於今有幾位教授駕著自備汽車，登山授課。我仍舊是徒步上山，有時遇著一位八十歲的醫學教授，慢步在山坡上走，我便自告奮勇，讓他拉住我的手臂一同走。去年這位老教授已經去世；我雖再不能扶他登山坡。我卻忘記不了他的精神，至今我尚佩服他。有時我也想起我的畢業學生們，於今在大陸受盡共黨的磨難：有的被關在牢裡，有的被充到邊塞的勞動營裡，有的則藏在鄉下。還有沈士賢，侯之正兩位神父，已經在上海監牢殉難。想起來，我心中雖是非常沉痛，但也覺到非常有安慰。

註：

(一) S. Joannes Chrysost omus Hom. 60. In cap. 18 Math.

(新鐸聲)

一、寫作生活

一九二八年十月間蒲圻成和德主教溯湘江乘船來衡陽，參加衡陽柏長青主教的祝聖典禮。不幸在船上感冒風寒，一病不起，竟在衡陽逝世。出殯時，喪禮極爲隆重。那時我已經在衡陽小修院，院長命我寫一篇出殯記，說是要寄給上海一家報館。我寫的那篇記，後來發表了沒有，我始終不知道。內容，則至今尙隱約記在心裡。對於成主教臥病的情況，以秋風黃花，寒夜索風的各種詞句，大加渲染。那一次是我第一次寫文章。當時，我很喜歡梁啓超飲冰室的文章，作文，便有意仿效他。

第二次寫文章，是我到羅瑪後的第二年，即一九三一年。在那一年的四月二十四日，傳信母校舉行新校舍落成禮，教宗庇護第十一世御駕親臨。那一次是自庇護第九世失國以後，教宗第一次再出梵蒂岡城。因此事體的意義很重大，全球的報紙都載登這項新聞。于斌教授司鐸吩咐我寫一篇記，由他寄到天津的北辰雜誌發表。署名爲「哲學一年級生羅光」。文章的文筆，仍舊有撥弄文墨的氣味，不是一篇簡潔的記事文。

一九三三年剛恆毅總主教由中國來羅瑪，向傳大華生訓話。于斌教授吩咐我記錄下來，寄與天津益世主日報。一九三四年，于斌神父回國任公教進行會總監督，創辦公進月刊，新北辰雜誌，公進婦女雜誌，又接辦磐石雜誌，他囑咐我多爲這些刊物寫稿，同時福建同學，又催我替廈門的公教週刊寫通訊。我在那兩三年內，寫的稿子很多。文筆和思想，當然都是一些未成熟的作品。公教週刊上發表的二十封寄公教兒童通訊，頗引起一些讀者的稱譽。

一九三六年我被任爲傳大的教授，該預備四門功課的講義，同時我又攻讀法律，再沒有寫稿的時間；抗日軍與北平公教進行會的雜誌都停刊；第二次世界大戰既爆發，東西的郵件不通，中國國內的刊物寄不到羅瑪。於是我停止寫報稿，一停便是二十年。以後雖然我自己主編新鐸聲雜誌，臺灣和港澳的公教刊物又時常索稿，我總感不如青年時寫稿的興趣；一則因爲年歲已長，世故也深，不大願意在報上發表意見，二則因我的精力已貫在寫書上。新鐸聲雜誌上雖然登了我的許多文章，但是差不多都是從我正在預備出版的書上抽出來的稿子。

二、

我的第一冊書，是我神學博士論文，題爲《在中國外籍教士的民法法規》，這個問題屬於國際私法，再參照中國的民法施行條例和教會教律。這本書是用拉丁文寫的，出版於一九四四年年底，那時羅瑪剛由大戰中出來，各種事業都重新開始，一個書局正編纂傳教法規的叢書，乃接受出版我的論文。華棣崗市政府在戰前收藏一大批紙，戰後廉價出賣，我替書局購得印書的紙張，出版乃更容易。

第二冊書出版於一九四五年，爲用意文寫的《儒家思想概要》。次年，用意文寫的《道家思想概要》也出版。這兩冊書本是我在傳大教中國宗教思想史的講義。爲便於意大利的讀者，乃不用拉丁文而用意大利文寫，在付印以前，曾請我的已故訓育主任（神師）白肋達蒙席修改，對於修改他人的文稿，由我自己的經驗去說，較比自己寫文要更費事。白蒙席的事務本來很忙，他卻認真在短時間以內，把我的書稿詳加改訂。可惜在他去世以後，我再印意大利文書籍時，便請不到好心替我修改的人了。以後我出版的意文書，《孫中山的政治思想》、《中國宗教史綱要》，意文翻譯的《論語中庸大學》和一小本的《儒道的貧富觀念》。這幾冊書都是因著幾個編輯叢書的人，多次索求纔寫的。後來在意大利的文學和哲學大辭典上，也因編者的邀請，寫過一些簡單的東西。意大利近年的出版界，頗好翻譯中國的詩和小說，有的書局且願印中國諸子的譯本。他們多次有意催我把中國的詩歌、小說、或子書，選譯幾種。我也喜歡這種翻譯可以向意大利介紹中國的文化；然而因爲我已經把自己的注意力，轉到向中國知識界介紹公教思想的一點上，我的時間和精力，不能兩方兼顧，因此近來我再不出版意文書，僅只在前年把《儒家思想概要》印了第二版。

三、

我出版的第一冊中文書，是《羅瑪晨鐘》新詩集。當我出國時，我在上海買了些新文學書，其中有冰心女士和朱自清等人的白話詩。後來在傳大，我由學院的中文圖書館借抄了徐志摩，陳夢家和卞之琳一般新詩人的作品。胡適的嘗試集我也讀過，也選抄了九首。我自己在課餘飯後每每隨筆寫一兩首長短不齊，又不押韻的白話詩。

抗日戰爭快要結束時，我得到家鄉消息，祖母和父母都因戰事歸天去了。祖母是在日本人進攻衡陽時，全家離鄉逃難。祖母當時已八十歲，兩目失明，經不起途中的奔波，死於半途。父親母親在衡陽失陷，又回鄉。父親被日本人捕去，從此失蹤，永無消息，一定遭了日本人毒害，母親則因地方發生瘟疫，染疫而亡。惡耗傳來，使我心痛欲裂，寫成哭親和憶親詩多首。又收集以往所寫的新詩，輯成一冊，作爲紀念祖母和雙親的紀念品，用油印在羅瑪印出。日本投降後，于斌總主教回到南京，我托人把油印詩集呈送于總主教，請設法交一書局付印。總主教嫌詩集中的詩，文句不雅，又無韻腳。我乃把全集的詩，盡行修改一遍，決定每章中的字句按照詞曲的形式，每章相等。章中又用腳韻，韻則用國音韻。全集修改了之後，托在南京的陳哲敏神父照料出版的事宜。民國三十七年十月十日，這冊書在南京出版，由謝壽康公使題名爲《羅瑪晨鐘》。封面和排印，都很美觀。出版後，由沈士賢神父以三十冊交來傳大留學華生帶到羅瑪。於今沈神父死於上海獄中，陳神父被共黨判處徒刑二十年。回想起來，悲感交集。

我的第二冊中文書，《陸徵祥傳》。陸院長於一九四九年正月間去世，我代表駐教廷吳經熊公使，赴比參與喪禮。回羅瑪後，我翻看以往所收藏的陸院長史料，覺得勉強可以包括他一生的大事。二月中，吳公使因行政院長孫科電召，飛往南京，在國內住了兩個月。我便乘機動筆寫陸傳。每天午後，在寓所房中，閉門不出，一連四十餘天，沒有間斷，一口氣把陸傳寫完。等到吳公使回到羅瑪，陸傳已修改好了，由他題寫書名，交由香港真理學會付印。

我所以寫陸傳，第一是，我崇拜他的人格，相信他的思想和生活，可以影響中國的士大夫。第二，是我在一九三九年赴比拜訪陸興老時，曾請他給我述說一生從政的經過，以便筆錄付印。我筆錄了他的談話，寫成拜訪興老的日記；但是始終沒有在報上發表。（去年，為紀念他去世十週年，我纔把日記全文，在新鐸聲上公佈）。後來，陸院長又來信促我找一華生翻譯他的法文《回憶錄》。我懂得他的意思是要我自己翻譯這書。實際上我因南京益世報主編的要求，已經動筆選譯了這冊書中的一章，然而所譯的一章，總不見發表，編者謂譯稿已遺失，我因此就沒有再繼續翻譯的興趣。陸院長是因著這兩件事，在晚年對我有所不滿意。我因此決定在他去世後，為他宣傳，以補前兩次的缺禮。然而前兩次所以缺禮，實在是因為我不喜歡為活著的人寫他史事，避免阿諛諂媚。

我寫陸傳時，也想給中國文學界創一新的文學體裁。中國歷代文史中，只有一篇一篇的傳，或年表，沒有給一個人寫一冊傳的文體。我們公教人讀聖人傳記，知道西洋有為聖人所寫的詳細傳記。我到羅瑪後，讀這種西洋傳記很多，尤其喜歡讀當代用文藝作法所寫的聖人和名人傳。文學傳記的作法和歷史傳記的作法不同，歷史傳記重在事實史料，史料越多越好。文學傳記重在傳神，如梁啓超所說的，在代表個性，凡可以代表個性的事，雖小必敘，不足以代表個性的事，雖大必捨，㈠文學傳記對於史料，是要加以選擇的。

陸傳出版後，一般的讀者都贊成這種文學體裁，只有程滄波先生在《新聞天地》上加以指責，而且間接也責斥陸院長的人格。有幾個公教青年作者，不直程滄波之言，起而和他辯論。我是不喜歡在報上同人作辯論的，又認爲人家寫書評，可以自由發言，始終不願在報上答覆。和程滄波辯論的青年朋友，事先並沒有問過我，絕對不是在後面指揮；況且他們所辯護的，大都是陸院長的人格，而不是我寫的書；因爲他們也不注意傳記文學的新體裁。

陸傳出版後，香港真理學會主管人師人傑神父，約我寫一冊爲青年讀的文藝書，我乃寫成《人生的體味》，於一九五〇年出版，同年又由真理學會出版《海濱夕唱》新詩集。

這時大陸已變色了，共產黨統制了一切，公教書籍不能進入內地。我寫了一冊《徐光啓傳》寄到真理學會付印，師神父說最好稍等一下。師神父隨即離開香港，往美國服務，徐傳出版事便更沒有頭緒了。我索回原稿，再加修改，於一九五三年付印問世。

在徐傳沒有出版時，我寫完了我的《中國哲學大綱》上下兩冊。真理學會當時即不願印書，又沒有確實的負責人，我便把手稿寄與聖經學會雷永明神父，請他辦理付印一切事宜，出版費由我自己籌備。雷神父的聖經譯文素來在商務書局付印；他便把我的兩冊書，也交給商務書局，在一九五二年印出，印刷很好，錯字也很少。

一九五四年爲欽定聖母無染原罪信條的一百週年，全球教會舉行聖母年，我乃寫《聖母傳》一冊。當年教宗庇護第十世諡封爲聖人，我乃寫《聖庇護第十傳》一冊。兩書都在那一年由香港真理學會印出。

一九五五年，由真理學會印出了我的《公教教義》一冊。這冊教義我是爲大學生和知識階級而寫的，書裡的神學和哲學思想頗深，但是說理則力求明顯。臺灣的張體謙神父屢次向我說：這冊教義寫的很好，可惜有些地方太簡短。我知道他所說的簡短地方，是指這冊書最後的兩編，一編講公教倫理，一編講精神生活，我原來的計劃，是寫三冊，後面的兩編，每編自成一冊。因著時間和精力有限，我乃把兩冊縮爲兩編。將來有時間，我仍舊要寫這兩冊書。

以後我出版的，是編入國民基本知識叢書第四輯的《基督傳》和《儒家形上學》兩書，在第六輯中，本來計劃刊印我的《理論哲學》和《實踐哲學》。後來該叢書因經濟沒有來源停刊。我乃把兩書改由真理學會出版。今年年初，已出版《實踐哲學兩冊》。

四、

談到我編報的生活，在名義上說，應溯到羅瑪的油印《海外通訊》。《新鐸聲》第一卷第三期曾登載「趙鶴如」神父的一篇《海外通訊簡史》。這篇簡史，把海外通訊的出刊經過，述說得很明白。發起這種油印刊物的，是一九四九年路過羅瑪往西班牙求學的中國神父們。他們當時建議應設一個溝通消息的讀物，當日談話時，我並不在座；後來羅瑪的中國神父們把這種建議告訴我，我覺得這項建議很合於實情，乃召集留羅瑪的中國神父們商議實際的辦法，他們推舉我做主編，也要我去想辦法，這種溝通消息的讀物，既然在羅瑪出版，便只能用油印。印刷費所費很少，不成問題；然而每期的抄寫工作，卻要費許多精力。設辦讀物的最大問題，便是抄寫。幸而傳信學院的中國修生，當時有三十餘人，他們誠願擔負這門勞苦。我於是組織《海外通訊》編輯委員會，請施安神父任副編輯，負責一切編輯的事務，我有總編輯之名，不負編輯之責。次年，留羅瑪中國神職聯誼會成立，海外通訊成爲聯誼會之工作，我任聯誼會理事長兼《海外通訊》社長。我所作的事，不在編輯，是在聘請主編人和負責管理抄寫的抄寫股股長。這種油印的小刊物，看來很沒有價值；但是我很愛惜它，不但因爲它是流亡海外的中國聖職人員爲溝通消息的工具；而且也是我的學生們費了許多心血所抄寫的東西。後來，傳信學院的修生，一年比一年少，抄寫的辛苦，沒有別的人願意承擔；正在不易繼續維持《海外通訊》的存在時，王守禮主教計劃出一聖職員刊物，要求《海外通訊》併入他的新刊物以內。《海外通訊》便好好地結束了自己的使命。

王守禮主教計劃辦的聖職員刊物，首先請張維篤主教主編。張主教指定這刊物的名字爲「酵」，編輯所和發行所都設在香港。不幸張主教因事赴菲律賓，編輯和發行都沒有人在香港負責，王主教乃決計把編輯和發行都移在自己的新加坡辦事處，編輯由當時海星報主編沈載祺神父負責，發行由李之義神父負責。沈神父因海星報的工作太忙，不願任聖職刊物的編輯，乃向王主教建議請我負責主編，王主教來信問我意見若何，說明刊物的設計都聽我定奪。我先問傳信部首長有什麼指示，傳信部次長西奇夢總主教說聖部希望我能爲這刊物出點力。我於是回信與王主教，答應主編聖職刊物。同時建議數事：（一）這種刊物，定名爲《新鐸聲》，暫時爲兩月刊，每期一百頁。（二）刊物的性質，偏重學術，印刷須力求良好。（三）組織發行委員會，以田樞機，于斌總主教，郭若石總主教，王守禮主教任發行委員。（四）組織編輯委員會，聘請牛亦未，方豪，王昌祉，吳沚之，高思謙，李善修，蔡任漁，各位神父爲編輯委員。（五）《新鐸聲》應能登載反共文章。

王守禮主教立刻回信「欣然」接受我的建議。對於聘請編輯委員，則由我發信與牛，方，王，吳，高，李，蔡等司鐸，我併說明在創刊上，將刊登發行委員會與編輯委員會名單。王主教來信，說爲公佈兩委員會名單，請等候些時，在沒有取得各位的同意以前，不便公佈名單。但是創刊號的發行詞，則是田樞機寫的，其餘王主教和我都沒有加一句話，我的用意，在於避免各方的誤會。

《新鐸聲》的編輯，確實由我負責，而且由我一個人負責，但每期的消息，則由新加坡發行督印所編輯。同時每期的頁數預定爲一百頁的硬性數字，我在羅瑪沒有確定印編的稿子，字數符合一百頁否。新加坡督印所乃臨時對於編定的稿子多以加增或抽減。督印的人既負責印刷，因此對於編稿的處置，以及標題或小標題，以便引起讀者注意，也由督印所編者全權處理。

有些同道們嫌《新鐸聲》的學術性質太重，讀起來不足引人興趣，關於這一點，我也曾經細心計較。但是爲避免他方面更大的缺欠，我至今還認爲不宜改變的主張，因爲若偏重討論問題的文章，無論臺灣香港和國外的中國神父，都是年輕的人，沒有很多傳教的經驗。寫起討論問題的文章，不是偏於理想，便是家常的空話，而且年輕人不免有時要任義氣，說話開罪人，這一點是不適於聖職雜誌的。再者，《新鐸聲》的發行人和新加坡的准許發行人，都是傳教區主教。對於傳教問題，看法能夠和我們不一樣，便可以發生編輯和發刊的困難。至於說每期兼收文藝作品的標準，很難一定，在取捨上可以引起許多投稿者的不滿意。因此我對於《新鐸聲》的性質，至今是偏重學術。爲保持雜誌的性質，文藝稿不曾接受。

有些同道們，至今還是懷疑《新鐸聲》是「半官式的雜誌」，因爲發行者是南洋教務視察專員。又有人以爲中國聖職員的雜誌，更不宜在外國出版。從我主編者這一方面說，《新鐸聲》一點「官式」或「半官式」的性質也沒有，在雜誌上從來沒有出現過向中國聖職員發號施令的態度。若說發行人宜爲中國聖職員，我所有關於組織發行委員會的提議，已經看到這一點。假使臺灣聖教會首長決定發行《鐸聲》或接辦《新鐸聲》，在我個人一方面，絕對不想霸佔主編的位置。我向來把這椿事看爲我的暫時附帶任務。這些問題，都是實際上的小問題，解決的辦法，在於更適於時地，牽涉不到原則。

五、

各處的中國神父和中國朋友，都知道我愛讀書也愛寫書。最近在羅瑪新考了博士的蕭文元神父問：我一天究竟寫多少鐘點的文章，以至於寫的書那麼多。我笑著答說：每天午前，我要到使館辦公，午後，有兩天午後應往傳大授課，有一天午後爲習畫，餘下的每週有四個午後可以寫文章。但若遇有不能免的應酬，一出門便耽誤一個下午。因此羅瑪的中國神父很少見到我來訪問他們，就是他們有病時，我也只看望一次。原因就是沒有時間。晚飯後，我不寫東西，我只讀書，若要問我在這麼少的時間內，怎麼能夠寫出這樣多東西，我的唯一秘訣，就在於遵守預定時間表。

愛我的朋友們，怕我寫的東西太多，不能寫出一兩冊精心的作品；不同情我或不認識我的人，屢屢譏刺我亂寫，罵我名利心太重。假使我眞願成名謀利，我必不亂寫，我只專寫文藝作品，或中國哲學就夠了。我的寫作生活，乃是司鐸的傳道生活。我身爲獻身傳教的司鐸，無論在那裡服務，我也不能忘記我的使命。在我所處的環境中，我所能作的傳教工作，就是寫書。人家以爲我寫的書很多，似乎漫無目的，實際我也稍做計劃。用文藝的傳記，作宣傳公教思想的先導；以公教教義和哲學的書籍，將公教思想送入中國思想界；以研究中國哲學的作品，替中國公教文化奠鋪基石。計劃是常懸在我的眼前；工作也費去我每天的心血；成績則全係天主的恩賜。

司鐸生活

一、

一九三六年二月九日，我在傳信學院聖堂裡，領受司鐸聖品。次日清晨，在聖達義老墓上祭壇，舉行首祭。

晉鐸後，我在母校又住了七年。離開母校，我在羅瑪至今又住十七年。我的司鐸生活似乎常是和在母校一樣，每天行默想，獻彌撒，誦日課，讀聖書，拜聖體，念玫瑰經，行省察，每月小退省，每年大退省。

但是這種生活，乃是一個修士的生活，不能包括一傳教士的司鐸生活。

於是每天清晨我便往修女院獻彌撒聖祭。修女院名聖心侍女院，離我的寓所頗遠，乘電車要換一趟車，需時約半小時。下了電車，該走上一山坡。山坡的區域爲巴里阿里區，乃羅瑪的富豪區。在大戰以前，山坡上的房屋較目前的房屋少三分之二，下電車，登山時，從一菜園中過。一九四五年四月十四日我曾作一段記述說：

「每晨，往聖心侍女院行祭，下了電車，要走五六分鐘的路。路直穿一菜園，菜色青青，饒富鄉間風味。」

「這座菜園，是最近纔墾植的。原先是一山窪，窪中有五畝平地，平地中一小屋，屋很破舊，門窗空缺，寂然無人，一個清早，忽見門上塞著破板，窗口微冒黑煙。次早，看見門前坐著三個小孩。破衣赤足，第三天早晨，看見兩個男子漢，舉著鋤頭在門前墾土。以後每早看見鋤的土加多，列成了方方的菜圃，圃裡種了東西，圃外圍有鐵絲。再過幾時，小蔥發出了兩片綠葉，好似兩片薄紙，插在泥中；玉蜀黍嫩芽，則更粗大；扁豆一出土，兩片小圓臉，迎風微笑；胡羅蔔的嫩葉，有如少女的柔髮；山薯的細葉，有如小孩子的睡臉；黃白菜則欣欣地，嘻嘻地等待朝陽，面上帶著露滴。我雖腳不停步地走，眼睛卻左右顧盼，向每畦逗視。再過一個月，菜圃已是一片青色了。」

但是過了兩年，菜圃又荒廢了，我也不走過山窪，而另由山側小路上山，山側有一汽車大路登上山坡，但繞一大彎。繞彎處有一直徑小路。小路傍澗。雨時，山水由澗中奔流下山，泥濘塞路，冬天我登山時，天尚未明，常要小心放腳。於今小徑成了汽車路，水澗填平了，上面已蓋了高樓，可是我的年歲已長，兩鬢半白，步行登山，已覺氣喘，幸而有一公共汽車，直駛山頭，我乃乘公共汽車登山，再步行入院。這路公共汽車每一刻鐘開駛一次。若誤了班，我又只有乘電車到山腳，然後氣喘吁吁地爬上山坡。

別人都奇怪我為什麼每天跑這麼遠去行彌撒。在我的寓所附近，就有三座修院，修女都歡喜我到修院行祭。寓所的近處又有一座本堂聖堂，本堂神父好幾年前就勸我到他的堂裡行彌撒。我卻至今還是照舊往聖心侍女院去行彌撒，聽修女的告解。覺得要這樣纔有點傳教士的風味。聖心侍女院。每日自早到晚顯供聖體，修女們跪拜聖體時，常為我行祈禱。我去為她們行彌撒，也是想賺得她們的祈禱。

二、

主日和大聖節日，我不往聖心侍女修院，我往寓所近處的本堂行祭聽告解。星期日到這座本堂服務，年歲已久很多，當我還住在傳信母校時，已經就到這座本堂來。開始，我在主日，往城郊一本堂服務。每年換一本堂。過了幾年，羅瑪主教府給我派定了這座本堂。

當我來時，不單是本堂還沒有成立，連小聖堂也沒有，主日，假一修女院小聖堂給教友行彌撒。這座修女院的修女為盧森堡的修女，她們同會的修女在湖南零陵辦小學。對我一個湖南人，她們待得很好。

第二次大戰時，德國軍隊佔據羅瑪，有一隊德國兵駐紮在這座修女院裡。盧森堡那時遭德國人的侵略，修女和德國兵士，互為仇敵，但德國兵士不騷擾修女，修女更不咒罵德國兵士。德國兵士中的公教人士要入堂望彌撒，修女都予以方便。

德國人退出羅瑪時，羅瑪的橋樑，發電廠和交通工具都被毀壞，羅瑪的交通，大半靠步行，我那時在主日從梵蒂岡寓所往盧森堡修女小堂去，有幾次從朋友借得了腳踏車，我乃踏車前往。我騎腳踏車的經驗雖不多，但那時街上的汽車很少，不會有出事的危險。借不到腳踏車的時候，則只有步行。步行的習慣我是有的，年歲也正壯，一來一去雖要走四個鐘頭，我並不覺得太累。

大戰以後，意大利復興頗快，盧森堡修女院附近的房屋，年年加多，大街小巷隨即成立，儼然成了羅瑪城的富戶區域。本堂聖堂也修蓋了，名為耶穌聖心和聖母聖心堂，本堂區的教友約有三萬人，十一年以後，我就寓居在這本堂區以內。

在羅瑪我有福氣，為中國人受洗，如薛光前公使和夫人及小孩，已故高尚忠參事全家，已故朱英代辦，此外尚有幾位小姐。但是這些從我受洗的信友，不是我所勸化的，都是人家播了種，我去收穫。只有已故高先生和朱先生，在重病時，受洗進教，我稍有勸化之功。因此我於今常求他們兩位，在天堂助我克盡司鐸的職責。

一九六〇年，夏，（新鐸聲）。

使館生活

一、

一九四三年，正月二十六日早晨，我在羅瑪火車站歡迎中國駐教廷的第一任公使謝壽康先生到任。

那天早晨，霜寒逼人，天宇清明，羅瑪雖是大戰時期，車站人來人往，似乎很太平。到車站歡迎謝大使的，有十九個中國人，有教廷國務院的代表人。八點三刻，火車抵站，謝公使偕汪孝熙秘書下火車，和歡迎的人寒暄後，乘汽車逕赴梵蒂岡城。

當時和意大利爲交戰國的駐教廷使節，都不能住在羅瑪城裡。按照教廷和意大利所訂的「拉德朗條約」，駐教廷的使節無論在太平日子或是在和意大利交戰的時期，都可以在羅瑪城裡設館辦公，享受外交官的一切自由特權。但是教廷爲避免一切有可能的麻煩，在第二次世界大戰時，把凡是和意大利爲交戰國的駐使，都遷入梵蒂岡城內。梵蒂岡本來很小，沒有可供使節設館辦公的房子，臨時由市政府把地方法院的房子讓出來，謝公使的寓所和辦公所，就在地方法院的第一層，大小房間一共五間。

謝公使到任的第一天，我就在使館幫忙。過了幾天，謝公使呈請外交部給我以正式在使館幫忙的名義，按照各國駐教廷使館的慣例，館中多聘有神父一人，名稱或稱教務參事，或稱教務顧問，或稱教務諮議，外交部允予我以「教務諮議」的名義，謝使於是通知教廷國務院。國務院常務副卿孟棣義蒙席(現為樞機任意大利米蘭總主教)。召我往見，說明對於我往使館服務，附有兩個條件：第一，在戰時，不列名外交名單，因若列上名單，便不能出梵蒂岡城，也就不能往傳大授課；第二，傳信部限此種服務不應是長久的，本區主教或傳信部要調動時，立刻可以調動。我認爲這兩種條件，都是很合理的，當然表示接受。

因著在使館有任務，我從傳信母校搬出來，遷入梵蒂岡城門側的德國神父旅舍裡。梵蒂岡城門，在戰時管制很嚴，進城的人都要領執照，出城時，把執照退還。然而仍舊有幾個被德意軍隊所俘擄的聯軍兵士，逃入梵蒂岡城內。當意大利政府單獨停戰，德軍在羅瑪搜索意大利青年時，羅瑪青年都向梵蒂岡市政府報名，投身教宗宮廷禁衛軍，穿上禁衛軍制服；不要報名的青年，則躲藏在教廷各機關以內。我所住的德國神父旅舍，當時就藏著二十幾個羅瑪青年，和一家猶太人。旅舍裡的德國神父，誰也沒有去向德國軍部報密。

我住在德國神父旅舍裡，生活很平靜。旅舍離謝公使辦事處和傳信大學都很近，辦公教書以外，我在寓所房內讀書，草寫意大利文的儒家和道家思想大綱。每天傍晚，我到梵蒂岡城內教宗御苑中散步。御苑本不容他人出入，但當外交使節困居城內，沒處散心時，梵蒂岡市政府允許當教宗不在苑中散步時，外交人員可以出入御苑。苑中四時常綠，路上不見一根亂草或一片殘葉，處處收拾得很整潔。我在苑內，不分冬夏，每天常獨自步行三刻鐘，走遍了御苑的每個角落。

當謝公使困在城內時，不能越梵蒂岡境界一步，日常用品雖不缺少，但若想換換口味，菜蔬就不容易買。豬肉和豬腿，在羅瑪買不到。有時傳信學院的屠戶殺牛，我買兩三隻牛蹄，帶到使館。謝公使吩咐廚子燉牛蹄，作爲珍饈。廚子是一個山東人，嫌燉牛蹄費時間，嘰哩咕嚕，罵個不休，山東老脾氣雖壞，爲人很忠實。口裡嘰哩咕嚕，牛蹄總是燉好了，按時上桌。教宗御苑裡有一處種一叢竹子，春天竹叢生筍，謝大使的飯桌上，於是又加了一盤珍饈的筍炒肉。

一九四四年六月五日，聯軍入羅瑪，謝大使可以自由出入羅瑪了，便遷寓於「大使館」，使館辦公處則設於梵蒂岡附近一古樓裡。夜間，辦公處只有廚子睡在裡面。爲愼重起見，謝公使囑咐我在辦公室過夜。我於是便度了兩年流動的生活，早晨在使館寢室起床後，往一修女院行彌撒，再回使館辦公。中午，往梵蒂岡德國神父旅舍午餐，餐後留在旅舍房中休息，寫書、讀書、晚餐。夜間乃赴使館就寢。中間的距離，步行約二十分鐘，當時，我正年輕力強，不感覺流動生活的勞累，晚晌，沿著帝白里河走路，所得的詩意頗多。

二、

吳經熊公使於一九四七年正月十一日聖依搦斯節抵羅瑪，他一家十三個兒女，只有大兒子留在上海，其餘十二個都隨他來羅瑪任所，此外，還帶有二兒的未婚妻和一個親戚的兒子。全家共十六口，住在旅館，佔了七間房間，吃飯是一條特別的長桌。每天在旅館的花費非常之多。二月一日，新舊公使移交手續畢，吳公使全家臨時遷入使館辦公所。兩星期後，在聖依搦斯堂附近租得一座樓房，周圍有一個大園子。吳公使全家和使館辦公所，都遷入這座樓內。這座樓爲一個曾任意大利王國外交部長的貴族布朗男爵所建，稱爲「布朗別墅」（Villa Blanch），在羅瑪地圖上有標記。樓房的建築很精緻，廳堂也很大。三十年前，也曾租爲中國駐意大利使館。但是最後一位租客，爲美國駐意大利大使。他用白紙把牆面的金粉都黏糊起來，又將廳堂的華燈和地氈都捲入機房裡。而且第二次大戰時，他離開意大利，卻又不退租約。每月花租錢，房子沒人住，以致樓內電燈線都斷了，灰塵滿壁。吳公使雇人重加修理，添買一些木器，樓房便也幽雅可觀，不愧爲一使館館址。館址在聖依搦斯堂附近，每天上午吳公使到聖依搦斯堂望彌撒，他到羅瑪時正是聖依搦斯節，他相信這是天主的安排。

我上午到使館辦公，下午也到使館，替吳公使校閱新經譯本。吳公使對於譯經，很下了工夫。所帶來的譯本是第三次抄定本。我把他的譯本，同他種中文譯本，英法意德各種和拉丁文希臘文本互相對照，遇到有不妥的句子，便指出，和吳公使商酌，他再三思索，然後把句子改定。譯本對照完了，他又囑咐我寫註解。我起初便寫若望福音傳註，寫的頗詳細。後來他要乘回國的機會，把新經帶往香港真理學會付印；我的註釋，便寫的很簡單了。爲審定付印，我把整個譯本攜往比國聖安德隱院，請陸徵祥院長審閱，由陸院長和我共同簽名審定，後由南京于斌總主教准許付印。這種手續，是種非常的手續，是由傳信處置的。

吳公使一家的人口既然很多，家中雜物繁多，但我們兩人談話時，談家中雜務很少，談館務也不多；他把這一些事務都信托於我。我們談話所談的，除譯經外，便是精神修養。吳公使對於這一點，非常注意。

吳太太是一位最賢淑的夫人。她目不識字，口不會外國語；然而氣度文雅，舉止從容，待人接物，有禮有儀。在外交宴會上，終席不發一言，臉上則常掛著微笑，同席的人，沒有不敬重她的。她治理家務，井然有序，每天早晨，還間去望彌撒。吳公使天天能夠靜心讀書寫作，也全靠太太照顧衣食。去年吳太太在美國因癌疾去世，吳公使頓時覺得生活失去了安定，穿衣吃飯的小事，都要自經心，頓覺心煩意亂。

吳公使於一九四九年六月十四日離開羅瑪，攜家由拿波里登船，取道美國，赴檀香山大學任教授。

三、

外交和國勢的盛衰，連接很密切，弱國的外交官，不僅是在外交上，費力不討好，在普通的交際上，也受人冷淡。

吳公使離館後，使館由朱英先生代辦處理。一九五四年秋，謝壽康公使再來駐教廷，吳公使在職時，外交部正式聘我爲駐教廷使館顧問。從吳公使走後，銷聲匿跡，在使館只做顧問的事，除使館職務以外，我閉門讀書寫作。僅只二三友人，尙繼續來往。在以往國勢興盛時，在各種場合裡，是人來找我，而且很表示親切；政府遷臺以後，找我的人很少，遇著我的人，最多表示一點憐惜中國的同情。

一個教士在使館服務，在政府和教廷兩方面，都得不到正式的待遇。政府以教士爲教會的人，不承認教士爲正式外交官，開始以雇員身份待我，後來纔認爲正式的顧問，然而名不列外交部駐外使節名單中，一個小小的三等青年秘書，也可以駕而上之。教廷則視教務顧問爲政府官吏，把名字列在駐教廷的外交團名單裡，予以外交官待遇，因此絕對不許兼任教廷的職務。連教廷的樞機正式出使時，教務顧問也不能任正式隨員。剛樞機在傳信部任次長時，常多次吩咐我回國，並且明明說：「你回國傳教，我們好用你。教廷很難派外交官做教區主教。」

剛樞機待我，有如父親待兒子（這是他老人家自己說的）。父親總喜歡兒子升官成名。但是天主的上智，和人的思想不同。天主上智安排了一些環境，使我至今還留在使館裡，也使我因此在著作方面，收穫頗豐。我爲此常誠心感謝天主。

有人譏笑我既出世而又入世，貪想作官；知道底蘊的人，也知道這些話是無稽之談。

一九六〇年，夏。

寓所生活

一、寓所

一九四九年共匪盤據了大陸，歸國傳教已遙遙無期，幼弟羅濟到了香港，在類思中學讀書，我想將來叫他到羅瑪來，於是打算在羅瑪買一幢小房以作寓所，乃往見傳信部次長剛恆毅總主教，請准購房。剛公說：「你不要想常住在羅瑪，你買屋做什麼？」我答說：「於今誰知道什麼時候可以回去！房子買了隨時可以出賣。」剛公點頭說：「也對！你就買罷！」

寓所的地區，不能離駐教廷使館太遠，房價也不能太高，房子又不宜太壞。在這三種條件下，各方面打聽，終於承一位中國朋友的介紹找到了一幢適合上述條件的房子。房子一幢，共三間正房，附有廚房和兩間浴室。處在一座戰前新修的樓內，地區為住宅區，頗清靜。房子購定後牆壁稍加洗刷。十一月二十九日，我遂遷入。三間房子，一間為寢室兼作讀書所，一間為飯廳，一間為客廳兼藏書籍。客廳兩壁，置高大書架，由頂到地，遍佈書籍。我在一九四〇年，曾收拾行裝，準備回國，把書籍裝在木箱裡，後來再沒有拿出。置了寓所，纔把裝了九年的書取出，放在書架上。九年以來，新購的書又不少。客廳的大書架，頓時就滿了。

自己設寓所，便不能不有佣人。我從吳經熊公使原先所用的意大利老媽子中，選了一個最忠實可靠的，名叫愛理，叫她作我寓所的佣人。佣人爲意大利北方人，丈夫在第二次大戰時病死了，遺有一女一男。我吩咐她把女兒雅特里納和男兒伯鐸祿都從外祖母家叫到羅瑪。女兒在寓所附近一修女院作工，男兒送入一職業學校。假期他們都住在我寓所裡，便認我的寓所爲家。我又叫他們的一個小表妹，在我寓所住了兩年，替姑母愛理作陪，老媽子也視我的寓所作自己的家，事事勤快謹慎，而且還學會了煮中國菜。在羅瑪的中國和意大利朋友，都說我有福氣，雇到了一個好佣人。羅瑪人從這次大戰後，很不容易雇到忠實的老媽子。

在這座寓所裡住了九年半，一切都很安適，房子向後園，大街的車聲，不直刺耳鼓，老媽子睡在走廊過道隔成的小間裡，也還算安適。但是我的書籍，一天比一天多，客廳的兩支大書架，既沒有隙地，又加了兩支小書架，後來寢室也放了兩支小書架，最後在進門的走廊裡，安置了一支大書架。不久，各書架都放滿了，新到的書報，蹲在地上，等待安插。而且書籍分置各處，當我寫東西要參考書時，跑來跑去，耽擱許多時間，於是遷居的問題，就在我腦中，縈迴不已。

一九五八年夏，我看中了一幢新房，正房四間，附有浴室三間，廚房和老媽子房子，以及汽車所都完備。價錢講好了，我便去簽訂購房預約。房錢先付一半，另一半分期交付，一半於五年內交付，一半於二十年內交付。但是五年分期還款的利息，幾乎爲原價之一倍，我不願答應，乃暫緩簽約。過了幾個月，初冬，在往「雙聖心本堂」的路上，看到一座新建的樓，形式莊重而雅觀，頗具藝術性。樓外掛著招買的牌子，我就登樓參觀。後面一列的房子，每層都是四間正房，附有應有的廚房。房外有一很長的陽臺，陽臺下是人家的別墅花園。房子的房間既大，建築材料又佳。我問了價錢，乃決定購買。爲預防再蹈前次的覆轍，便先向兩位好心人，借定兩筆款。

一九五九年三月十八日，聖若瑟節前夕，我遷入新寓，聖若瑟節日第一次在新寓開伙造飯。

搬家的最大難處，是搬運我的書籍。用二十口大木箱，搬運兩次。書籍取出時，堆滿一地。爲安放在書架上，我費了整整兩天的工夫，一冊一冊按類集合起來，放入書架裡，書架都放在書齋裡，既雅觀又方便。

新寓的牆壁，潔白美麗，我不敢亂打釘孔，先細心把字畫的適宜地點，配置妥當，然後釘釘子。字畫掛好了，較比在舊寓裡光彩多了，因爲疏密合宜，不像在舊寓緊緊擠在一起。

朋友們來看新寓，都稱讚新寓很幽雅。謝壽康大使特贈竹一幅，畫上題詩云：

「焯炤蒙席學自怡，藏書萬卷意在斯。舊居窄少無旋地，更置高軒列玉池。」

謝大使畫竹，有元宋畫家之風，已爲中國畫界所推崇。至於題詩，謝大使這是第一次。

去年于斌總主教來羅瑪，適逢使館升格爲大使館，館中秘書新舊易人。一晚，于總主教到我新寓晚宴，宴畢題一詩云：

「華燈美酒寓嘉賓，慶升送往兼迎新。蒙席新居侖然煥，琳瑯滿目郁郁文。」

我所喜愛的，是新寓的陽臺。以往午後，我不赴傳大授課時，要下樓在街上散步半小時許，獨步誦日課經。於今我不要下樓了。在陽臺上踱來踱去，可以散步，可以誦日課，既無車響，也不撞行人，臺下且有花園的綠樹紅花，又有青青菜蔬。晚晌每當月圓之夜，在陽臺觀月頗有海上享月之感。初夜，圓月出東天，常夾在東方巷端一修女院的兩株柏樹中央，景緻極爲秀雅。夜漸深，明月高升，園中四處都是銀光，天上是碧空鑲著一個玉盤。佇立陽臺欄旁，我常起濃厚的鄉思。有時，靜臥躺椅上，清風曳衣，月光照髮，我不免撫今思昔，心生悵惘。我便起立，招呼老媽子，同立陽臺念玫瑰經。

在羅瑪雖住了三十年，我沒有改完我的湖南土腔，也沒有脫盡中國人的脾氣。我至今不吃麵包，喜歡吃大米飯。原先我身體瘦弱，在自己寓所裡可以燒中國飯吃，我不久就增加了體重。穿衣，在家裡喜歡穿中國長衫；今年夏天且穿長衫到使館辦公。寫字，喜歡用中國毛筆。寓所裝飾，喜用中國字畫和木器。連在陽臺上種花，也愛種中國的花草。近年，稍得閒時，又練習中國畫，畫馬兼畫竹。畫竹至今沒有成就，畫馬似頗可觀。惟一的恨事，就是所藏的中國書不如外國書之多。

二、種　花

我性喜花草，在花草間長大。少時在衡陽鄉間，綠竹野花，隨處可見。少年，進衡陽修院，院中有竹林，有梅、桂、茶花等樹。到了羅瑪，在傳信學院留住十三年，校園寬大，園中四季多花。離開學校，住在兩所德國旅舍裡，舍周有花園。後來，我自己購了寓所，馬上在陽臺上種養花草。

一位意大利朋友萊因夢老先生的太太，種有熱帶仙人掌一類的植物百餘盆，她送我十幾種。一種名叫「象耳」，葉小，肥厚而圓，有如象耳。一種莖長如蛇，滿莖長刺。一種幹粗如拳，四方凸凹直立而上，每兩年長一段。一種圓如頭，長刺叢生，一種綠葉肥厚，圓生如荷花。還有小鬚形的草，手掌葉的仙人掌等等。熱帶植物的美麗，不在色澤，而在形狀的奇特。

原先和使館作鄰居的達萊里太太，送我一盆玫瑰花，名「阿歡麗雅」，色粉紅，香幽雅，花瓣輕盈。不愧爲一名種。我又購玫瑰數株，色腥紅。

然而我所喜歡的花，是中國的名花，我乃寫信託香港的同學馬安義先生，購買中國水仙花和蘭花的花根。蘭花花根在香港購不到，水仙芋頭竟寄到羅瑪。我收到水仙種在盆裡，莖長得很茂；不幸總不含苞吐花。水仙芋頭又分裂成小芋頭。次年再種，葉莖細弱，因而便拋棄了。

牡丹薔薇，在羅瑪花店裡可以尋到。我購了兩盆，培養數年，只發葉，而不開花。

昔年在衡陽修院，習慣看見梅花，茶花和梔子花。梅花清香，梔子花潔白而濃香，茶花紅白色艷。我在羅瑪花店都各買了三盆，又買兩盆杜鵑，兩盆海棠，兩盆茉莉。

小小的陽臺上，花盆密密地排了一周。中飯和晚飯後，我常一盆一盆地觀看，天天澆。不幸陽臺的方向，夏天多太陽，冬天常陰。梔子花擋不住傲陽，首先落葉凋謝。海棠盛開了一次花，招得鄰居都很羨慕。次年，海棠枝枯了，只活著兩三小枝，我便把海棠連根拔了。茶花種了幾年，開始一年開花很多，後來每來結苞滿樹，苞不開而落，葉子則一年較一年少。最後一株茶花樹，在去年也枯了。杜鵑在意大利極多，我種的幾盆年年開花滿枝，過了三四年，太陽終於又把杜鵑曬萎了。我把花送給老媽子的女兒工作的修女院，杜鵑在修院裡有陰有太陽，又重新茂盛了。

於今我寓所陽臺上的花，以玫瑰爲最多最茂，今年花色花香都勝過往年。其次是茉莉。一種葉稍大，深綠，花純白，香濃，每年春秋盛開。一種葉細，花白而略粉紅，香清而雅，自夏到冬，續謝續開。秋海棠也有數盆，雖不鮮艷，花常不缺。梅花一盆，則只見葉生葉落，從未看見梅花。

我種花的興趣，已經不似往年了。秋季換盆換土，我常親自動手。每天澆水，則由老媽子澆，在陽臺上花盆裡種花，費力多而收效少；若能有一座小園子，我必要親自墾土植花。花色花香，當可滿園。

三、養　魚

在羅瑪街上走，多處可以見到賣金魚的店子。有時在廣場或街頭，又可遇到抱瓶叫賣金魚的小販。我從來沒有駐足問價。

一九五五年初春，一天晚晌，老媽子的女兒，從修女院散工後回家，帶來兩條小活魚，每條長約寸許，色灰黑。爲河裡所產，我不知道魚名，兩條魚放在插花的玻璃瓶裡，悠悠遊閒，頗洋洋得意。次日清晨，我起床燃燈一看，兩條魚都直僵僵地死在桌上。玻璃瓶開口很大，瓶又不高，魚兒從瓶裡跳出來，夜間沒有人理會。

當天下午，我就到金魚店買了兩條小金魚，也長約寸許，又買了養魚的玻璃缸，回家，魚入缸中，燈光下，金鱗燦爛。我以老媽子的女兒和男兒的名字，名兩金魚。

魚兒也真聰明，中午吃飯時，一聽盤叉聲，便爭著向人的方向浮來，張口作聲，聲音吱吱，或者嘴撞玻璃缸。我撒下魚餌，魚兒口口吞吃。

每次往金魚店買魚餌時，看見一條另外美麗的金魚，我便擋不住買魚的誘惑，要把另外美麗的金魚買回家。不久，缸中已經養著六條魚了。老媽子警戒我說：魚再多了，缸水就不夠魚呼吸了。我正是種花不如意的時候，便飯前飯後，常站在缸旁看金魚。客來了，我也以金魚自羨，邀客人來玩賞。

但是我養魚的折磨，隨著來了。金魚不能多吃，多吃就生病，可是魚兒看見，馬上游來，張口叫吃，我忍不住就撒餌，後來我定出了撒餌的時間，每天只撒一次。魚兒多吃的危險可避免，然而另一種更重的危險，無法可逃。羅瑪的自來水，消毒劑很重，水不流，消毒劑沉下來，魚兒呼吸了，過了一兩個月，腸胃受傷。金魚店的水是常流的，我所見兩三朋友家養魚的設備，是在缸裡裝置電噴水機。我養魚力求簡單，電噴水機過於複雜，不願安置；

所養的金魚，因此常只有兩三個月的壽命。金魚病時，開始是伏在缸底，不游來游去。撒下餌，金魚從缸底浮上吞食。過來兩天，伏在缸底的金魚，浮上來吃餌時，看來很費氣力，尾巴動的特別快。再過一兩天，沉著的金魚不知道浮上吃餌了，旁的金魚咬牠的尾，牠纔使勁浮上，隨即又沉下。後來幾天，則見那條魚已半側身浮在水中（不在水面），間而動尾翻身。把魚撈出來，向魚嘴吹一口氣，再放在清水裡，金魚正著身子在水內浮沉一兩小時，又復側身漂浮。不過一天半夜，魚就死了。

死了一條，我再買一條，缸中的金魚常不缺。但是後來越看魚病死，心中越不忍，魚一開始沉下不動，我的心也就開始難受。一時把游泳活動的魚都忘了，只看著那條有病的。一直到這條魚死了，我常想像病魚的痛苦。因此在一九五六年九月二十二日，缸中最後一條金魚死了，我便不再買了。明知道金魚養不長久，何必買來養呢！

四、養鳥

1. 慶慶，七巧

小時在家，我喜歡養鳥，我和耀弟常養八哥。我倆出門，八哥半飛半跳，常跟在後面，走在草地上，我倆捉蚱蜢餵八哥。但是因爲養鳥的設備太簡單，八哥很難過冬。

在羅瑪寓所，種花養魚的經驗，很使我失意，我的消遣對象，終於轉到養鳥。養鳥，較比種花養魚更麻煩，需要老媽子樂意幫忙。當金魚不斷地病死時，老媽子愛理一天向我說：「養魚不如養鳥，養鳥最少可以聽到鳥叫。」我把話記在心裡，外面一點不露形色。一九五六年八月三十日傍晚，我到一家鳥店裡，選購一只金黃色的黃鶯，又購了鳥籠，興高采烈地提回寓所，把鳥籠放在臥房裡，走進廚房去告訴老媽子。老媽子劈頭就說：「缸裡的大尾巴金魚沉著不動了。」我立轉身到飯廳去看魚，一面埋怨老媽子沒有換缸裡的水。老媽子一氣再不作聲，我便不提黃鶯了。第二天早晨，黃鶯引頸長鳴，歌調婉囀，老媽子一聽，樂了。我乃囑咐她給黃鶯換水換食，把鳥籠收拾乾淨。

金色黃鶯，爲德國Harz種，一身純黃，無雜色，善歌。我給牠取名叫「慶慶」。「慶慶」歌時，引頸昂首，嘴不張開，歌聲在喉裡轉升。開始很低，次漸高漸響，後忽換調，聲音高而顫動，有似弦琴的顫聲，忽而高亢直上，最後戛然而下，餘音滿屋。「慶慶」可以一氣轉換五調，聲音清而雅，不聒噪。隨心聽著鳥音，觀看鳥的金色，我很喜歡「慶慶」，因而我便憐惜牠整天單獨在籠裡跳來跳去，沒有伴侶。過了兩天，再到鳥店裡買了一只同種的雌鶯，色純白，我取名爲「七巧」。

「七巧」較「慶慶」稍肥，身體秀挺，但是脾氣很凶，大約先已和一雄鶯作配，便瞧不起「慶慶」。每天傍晚，黃鶯都喜棲在籠中最高一支的樹桿上過夜。「七巧」偏不願「慶慶」同棲一桿，張嘴把牠趕下。「慶慶」下到一低桿上，也張著嘴，憤憤作聲，重覆飛上高桿，把「七巧」趕走，「七巧」馬上又飛上來，把牠趕下低桿。經過了多次的爭執，「七巧」終於讓「慶慶」同在高桿，但一左一右，不相接近。有時，晚晌，兩鶯互相靠近熟睡。清晨，我一開燈，「七巧」眼見「慶慶」在身邊，把腳一伸，便把牠推往下桿。有特別的蔬菜餅干時，「慶慶」正吃得高興，「七巧」飛來，伸嘴在「慶慶」腿上一掃，「慶慶」就被趕跑。有時「慶慶」引頸高歌，歌聲正亮時，「七巧」飛來又用嘴掃腿，「慶慶」只得飛到另一木桿，暫時悄悄不作聲了。這樣的潑婦，我後悔當初選錯了。

在買了「七巧」的第二天清晨，即九月三日，清晨，開開陽臺的門，忽見一鶯棲在陽臺的鐵欄上。這是誰家逸逃的黃鶯呢?鶯出籠不知歸路,又不知道在自由天空間尋食。我把「慶慶」的籠子放在門前,鐵欄上的黃鶯,立刻飛到籠側,又飛進飯廳。飛來的黃鶯,爲意大利土種,毛色灰綠夾淺黃,鳴時,張口聲粗。我名牠爲「霏霏」。三鶯的名字,都借用前在羅瑪中國朋友的小兒女的名字。

過了兩個星期,一天中午,從使館歸寓,看見「霏霏」的籠子空空地放在地下,急問「霏霏」何在,老媽子說:「霏霏有了很慘的下場。」她述說:「霏霏」不知怎樣從籠中跳走了,飛到陽臺下小園的樹上,後又飛到小園鐵欄旁的葡萄幹上。不料,一隻惡貓,悄悄由鐵欄爬上葡萄幹,一口把「霏霏」咬住。「霏霏」哀聲而叫,老媽子飛跑下樓,趕到園裡,惡貓已經逃走無影了。我憐惜「霏霏」的命運,遂從鳥店買了一小黃鶯,又取名爲「霏霏」。

2. 霏 霏

小「霏霏」很可愛,又很聰明,淡淡黃色的毛,長的還不很豐滿;卻知道伸著頸子學叫。聲音當然不大,歌調更不齊整,只有一連串的吱吱聲。我知道牠尚不能高飛,便把籠子放在飯桌上，我吃中飯時，便把籠門拉開，桌上放些草子種。「霏霏」先在木桿上瞧瞧，便跳到籠門口，再望了一望，就跳出籠門，慢慢走來啄食草種。我輕聲呼喚老媽子來看新奇，老媽子看了，一笑，小霏霏膽怯，一溜煙跑回籠裡。過了幾分鐘，牠又出來啄食，稍爲一驚，又向籠裡逃。這樣過了幾天，小霏霏每當中飯以前，就在籠中急著跳，跳著要出來，只見籠門一開，箭直跳向盛著草種子的小盤，於是牠便作了我中餐的同桌客。

我買鳥，和買花買魚一樣，在店裡看見好的鳥，就要買。黃鶯到後來一共買了九隻，又買了五隻四種不同的小鳥，還買了兩隻日本夜鶯，老媽子的妹夫從山地捉了一隻意大利夜鶯，特地送給我。一時我設了十幾個鳥籠，老媽子每天早晨花費一個鐘頭，爲清理這些籠子。

中午時，我常放四五隻黃鶯出籠，小「霏霏」身體小，膽怯，常嚇得兩翅下垂，縮頸，出了籠又跑回籠裡，再又跑出來，忽又跑回去。我以爲牠會習慣和別的鶯同在桌上或地上爭食，漸漸可以不怕，誰知道，牠天天受驚，便種下了病根。因爲黃鶯不宜受驚過大，不然就可能中風。

有幾次，夜晚起來，拿著手電筒照照鳥籠，忽見「霏霏」不睡在木桿上而睡在籠底的紙上。我以爲牠太小，腳底抓不緊，以致跌下來了，把牠拿起，送到木桿上安睡。到後來我纔知道這是夜晚小而輕的中風。一九五七年夏，一天早晨，我發覺「霏霏」依著籠壁，閉著眼站著，「霏霏」的身體是左右搖動。原來牠這一次，中的風很重。拿棉絮和碎布把牠扶住，放在籠底。這一天正是老媽子的女兒，動身往瑞士一工廠作工的日子。我看見她們母女離別前的痛苦，又看見小「霏霏」的病況，上午，帶著鬱鬱不安的心情，到使館辦公。中午，回寓，「霏霏」還是閉著眼，左右搖擺不定。但是我叫了牠幾聲，牠竟搖擺地走出籠門，我把牠握在掌中。過了半頓飯的時間，「霏霏」開眼了，還知道啄食。午後，漸漸恢復原狀。我笑對老媽子的女兒說：「這是個好預兆，你到瑞士，必是先苦後樂。」

小「霏霏」病好了，但不如以往的乖了；中午不急著要出籠。以往，在籠裡常啄我的手指作戲，於今也不戲啄了。然而牠和我卻更親切。我在案上寫稿時，小「霏霏」在案上啄食，跳來跳去，時而飛到臂端，時而走到紙面。這樣，牠又成了我的伴讀良友。

不幸，到了這年秋天，小「霏霏」在一晚晌，又中了重風。次日，到了傍晚，還是半開著眼，在地上跳動，不食也不飲，便斷了氣。我和老媽子都覺得有點傷心。以前，家裡已經死了兩個小鳥，我心中不感覺什麼。小「霏霏」死了，我似乎失了一個小朋友。我找出一個美麗的小紙匣，把死「霏霏」裝在匣裡，匣外用白色紙包著，第二天早晨，帶到我行彌撒的聖心侍女修院，囑咐園丁，把紙匣好好埋在院內花園的草地裡。小「霏霏」是我所養的黃鶯裡最乖巧親切的一隻小鶯鳥。

3. 琳琳

在買了小「霏霏」後不久，我在鳥店裡，看見一只特別大的黃鶯，張著嘴大聲歌唱，頗有鶴立雞群的氣慨。我把牠買了，取名「琳琳」。

「琳琳」色白而淡黃，較比常鶯大一倍，爲英國種。初來時，和小霏霏同住在一個籠子。霏霏看見牠在小錫匣內啄食，立刻張嘴驅逐，大琳琳一聲不響，跳到另一錫匣啄食草種子。過了些時，大琳琳討厭小霏霏的無禮，牠也就張嘴趕霏霏，而且是不停地趕，小霏霏不能安心吃東西，又不能學唱，於是只好把牠們各置一籠。

「琳琳」高聲歌唱時，不單是引頸，頸下的毛都豎起，而且昂首搖頭，真是氣蓋一世。牠的聲音很洪亮，但不如「慶慶」的圓韻，更不如「慶慶」的高下疾徐，多換聲調。

「琳琳」在籠裡，我怕牠太孤單，又買了一隻雌鶯，取名「芳芳」，「芳芳」全身橙紅，極美麗。爲荷蘭種。可是「琳琳」對牠不感覺興趣，過了些時，我見「芳芳」引頸，試作歌聲，纔發覺牠原來是一雄鶯。於是便把牠和「琳琳」分居，替牠另購一只頭有黑點，身體兼有紅白黃的雌鶯，名爲「白芳」。替「琳琳」擇配一特種的雌鶯，取名「琳芳」。「琳芳」身材高而苗條，色白黃。牠這種類的特點，是捲毛。背上，毛向左右分開；胸前，牝向左右合抱。俗稱「巴黎婦」，表示這種鶯的時裝新奇。

「琳琳」立刻愛上了「巴黎婦」。在籠子裡從來不見牠們爭吵；而且「琳琳」常常往「琳芳」嘴著送食物。午飯時，我開籠讓牠們出來消遣，「琳琳」是「霏霏」以外，唯一知道出籠又進籠的，「琳芳」跟牠也學會出籠進籠。「巴黎婦」一出籠，「琳琳」就緊追著牠，寸步不離，又用嘴啄牠，趕牠進籠去。「琳芳」不理，安然在桌上或地上覓食，橙紅的「芳芳」忽然飛出來了，「琳琳」馬上飛迎上去，不讓「芳芳」落在「巴黎婦」身邊。「芳芳」那時尚是單身漢，「白芳」還沒有買來，牠便偏偏愛往「巴黎婦」身邊飛。有時「巴黎婦」沒有跟「琳琳」飛出來，「芳芳」飛到牠的籠子上，甚而飛進籠子裡。「琳琳」沒有片刻的安閒了，時時飛趕「芳芳」，時時在空中戰鬥，小「霏霏」因此常吃驚。老媽子和她的兒子，看著大聲作笑，笑「琳琳」的醋勁太大。後來我買了「白芳」，再不放「芳芳」出籠，「琳琳」纔能夠安然在籠子外面自由歌唱。

「琳琳」在籠子外面，不要牽掛「巴黎婦」時，在屋裡飛來飛去。飛到飯廳櫃臺上的大鏡子前面，對著自己的像，大聲喧叫。飛到櫃臺頂上，飛到窗簾桿上，飛到鳥籠的鐵柱上，引頸高歌。鼓起脖子，搖著頭顱，氣蓋一世。寓中沒有另一鶯可和牠相抗。老媽子的兒子替牠起個渾號叫「小將軍」。

「小將軍」愛老婆，可是婚姻的命運不好。「巴黎婦」的身體普通都不壯實，容易生病，第一隻「巴黎婦」，過了一年就病死了。死的一天，「小將軍」在籠裡成天叫喊，我立時買了另一隻「巴黎婦」。「琳琳」愛牠和愛第一隻「巴黎婦」一般。這第二隻「巴黎婦」也僅活了一年。我於是不再買捲毛的「巴黎婦」，乃購一頭上毛羽分披，號爲「帶帽子」的雌鶯。誰知道放進籠子裡，「琳琳」看牠如路人，不跟牠吵，但總不親近牠。晚晌，讓「帶帽子」的婦人，睡在高的木桿上，牠自己寧願悄悄地棲在下面的低桿上。「帶帽子」的婦人，似乎滿身是傲氣凌人，從不跟「琳琳」飛出籠子。老媽子的兒子便給牠取一個渾號，叫「女警」。我憐惜「小將軍」生活不安寧，乃把「女警」送還鳥店，另外買了一隻和「琳琳」同種的雌鶯，這隻雌鶯不僅和「琳琳」，種類相同，毛色也相同，身體大小也相同。老媽子的兒子給牠又起渾名叫「羅瑪婦」，因爲羅瑪婦人年近四十，都很肥胖。

「琳琳」對「羅瑪婦」，雖不像對「巴黎婦」那般親熱，但也算有情。不幸「羅瑪婦」是一老鶯，（鳥店騙了我），不久眼竟瞎了，不能不和「琳琳」分居，過了幾個月，也就老病而死。「琳琳」於今是單身。今秋或明春，我擬爲牠再擇一配偶。

4. 烏絲

一九五六年冬，一天到鳥店裡購餵鳥的草種子，鳥店主人說：「請看，日本的夜鶯。」我看見一個籠子裡，裝有四隻深綠色的鳥兒，嘴紅，頸脖橙黃，腹淺黃，兩翅而夾紅條，頭和背和尾，色深綠。體格較黃鶯大一倍，我喜歡鳥的毛色悅目，問店主鳥是否會歌唱，店主答說唱得很好。我便買了一只雄夜鶯回寓。

「日本夜鶯」，在中國北平和東北也產生。北平和東北的朋友到我的寓所來，看見這隻鶯，立刻叫出他們本地的土名。意大利人習慣把遠東的東西，都稱爲日本東西，看見遠東人也指爲日本人。中國雖較日本大，在意大利一般人的心目中，遠東就是日本。

「日本夜鶯」並不唱歌，只是啞啞地叫吵；(後來我知道單單叫吵的夜鶯是雌鶯。)過了幾天，我回到鳥店裡，告訴主人夜鶯不唱歌而只瞎吵。他說這裡有一個太太送回的一隻夜鶯。因爲夜鶯唱歌聲音太洪亮，鄰居抗議，那位太太只好送回來，換去一隻雌鶯。我便把所購的雌鶯換了這隻雄鶯。

雄鶯聲音果然洪亮，而且是受過訓練的，歌唱時有一定的歌調，我樂極了，把牠名爲「烏絲」。「烏絲」爲意大利語夜鶯一語的起頭兩聲。早晨和傍晚，「烏絲」在陽臺上，歌興極濃，四圍鄰舍沒有不聽到牠的歌聲的，「琳琳」當著牠也要失色。然而「烏絲」很有些孤癖。當「琳琳」「慶慶」和別的黃鶯都在陽臺時，牠閉口不作聲，讓牠們調弄歌喉。一見我們把黃鶯的籠子提進屋裡，牠就放喉高歌，一小時不休。

一九五七年五月間，一天，老媽子照常在陽臺上，把小磁盤盛滿水，放進鳥籠，備鳥兒們洗澡。鳥兒們洗過澡，老媽子或者我自己，把小磁盤取出來，再把鳥籠拭乾。五月間的一天，老媽子在陽臺取出磁盤時，忽然轉身喊我，說是「烏絲」跑走了。我到陽臺一看，「烏絲」正在兩口花盆間跳動，我一近前，牠從鐵欄孔中飛出，一去無蹤跡。我睜眼向樓下園中的樹枝，看了半天，老媽子又走上屋頂，向鄰居陽臺觀察很久；各處都不見「烏絲」的形影。我們只好忍耐失了「烏絲」。次早，天尚沒有大亮，我從夢中醒來，忽然聽見窗外有「烏絲」的聲音。跳下床，拖了鞋，跑去開了陽臺的門，「烏絲」真真在園裡樹上歌唱。進門喚醒老媽子，和她的女兒和男兒。「烏絲」先在鄰居園中的一株樹上叫，後來飛到我的廚房窗下的枇杷樹上叫。從一枝跳到一枝，時叫時息，我把鳥籠從窗口垂到枇杷樹枝裡，「烏絲」不飛走也不進籠。過了十分鐘「烏絲」飛上我們的陽臺，在兩旁的鐵欄上飛來飛去；後來又飛到花盆上，從一盆跳到另一盆。我和老媽子的兒子，躲在陽臺門的兩側，窺看「烏絲」的動靜。「烏絲」跳到陽臺門邊了，跳到了門限，跳進門來了。我倆把門一關，「烏絲」又在我們家裡了。走了後再回來，使我們更愛「烏絲」。我養的鳥逃走的和放走的：共有八隻，只有「烏絲」返回故宅。我乃作一畫，繪「烏絲」在枇杷樹上等著進門，畫上題字說：「逸去得自由，飢寒忽交迫，清晨門外叫，求復反舊宅。」

過了一年，我又購一隻兩歲的「日本夜鶯」。「烏絲」成了牠的音樂老師，把自己的歌調教給了牠。這隻年輕的夜鶯，取名叫「蔦蘿」。「蔦蘿」爲意大利文夜鶯一語的最後兩聲。

「烏絲」和「蔦蘿」成了我寓所的歌手。每逢宴客時，「烏絲」在飯廳中，「蔦蘿」在書房裡，行歌互答，歌調成韻。「烏絲」每逢聽見談話聲，歌唱越起勁，以致不能聽到彼此的話句；只好停止談話，聽牠的歌。

可惜今年七月，「烏絲」忽然得了病，也是中風。開始很輕，聲音嘶啞，後來重了，不能跳上木桿，在籠的底板上亂蹦，有時雙腿朝天，翻不轉身，我看了很難受，；中重風的第三天早晨「烏絲」死了。我裝以紙匣，包以白紙，埋在陽臺的花盆裡。「蔦蘿」於今缺了自己的朋友，歌時沒有應和者，便不大放喉了。我想初冬時，再買一隻年輕的夜鶯，從「蔦蘿」學唱，這樣，室中常能聞「烏絲」的歌調。

東方的夜鶯，毛色美，白日放歌，夜間睡眠，且是終年歌唱，意大利的夜鶯，全身是灰色，春季，清晨和傍晚或月夜歌唱，聲調稍多變換。但是畏人，不易畜養。老媽子的妹夫送我一隻，養了半年多已漸馴熟，遷居時，新寓在開始一兩星期，東西都沒有次序，夜鶯不能在一定的地方，頓變成很野，翅尾的毛羽，都碰斷了。我怕牠生病，乃開籠放牠走了。

5. 咕咕

新寓的房間較比舊寓雖多又大，陽臺也更長，然而沒有一處可以放鳥籠的地方。每天從廚房提到飯廳，提到陽臺，提到浴室。而且新寓的地板，是貴重的石和小木條，上面蓋著蠟油。老媽子不願意鳥把地板弄髒；因此反對我再買鳥。於今買草種子或餅干餵鳥，都歸她到鳥店去買。我既不往鳥店，也就不生買鳥的興趣。

「慶慶」、「七巧」和「白芳」也都病死了。別的鳥，死的死，逃的逃，於今我只有四隻鶯鳥了，有「琳琳」、「芳芳」和「芳芳」的外孫子「莉莉」，還有「蔦蘿」。四隻鶯佔四隻鳥籠。一隻不見，便互相叫喊，但若兩鶯置在一籠內，卻要終日爭鬥。

去年冬駐意大利使館秘書楊卓膺先生，被調往駐土耳其使館。楊先生的小女孩「莉莉」，養有一只斑鳩，很親熱，捨不得拋開，她曾經來我寓所看黃鶯，知道我愛鳥，便在行前，把斑鳩送給我。「莉莉」又多次通電話，問斑鳩怎樣；又在動身以前，再來看一次，知道斑鳩在我家裡比在她家裡，更待的好，於是心纔安了。

我給斑鳩起名「咕咕」，按牠的鳴聲而定名。

「咕咕」送到我寓所裡，我立刻給牠一個寬大的籠子。牠在籠子裡不動也不叫，也不大吃東西，我以爲牠素性是這樣，對牠不感興趣。過了兩天，我把牠放在籠外，牠從籠子頂上跳到書案旁的字紙簍上，又再跳到籠頂，來回跳動，從不往他處去。我認爲牠很安定，很從容處置。再過了些時，一天，老媽子的兒子，把「咕咕」拿到了手裡，又放牠在頭上。再把牠取下來放在籠頂時「咕咕」再不是安然不動了。

「咕咕」原來是常飛在「莉莉」的頭上，手上，肩上，常常讓「莉莉」抱在懷裡。初到我寓所，地方和人都是生的，牠不敢動；又失去了自己的女主人，一心很憂傷。於今老媽子的兒子，向牠一表示親熱，「咕咕」立時恢復舊態。

鳥籠放在我的書案邊，「咕咕」從籠門跳出，跳到字紙簍，馬上飛到我的頭頂。我把牠拿下來，牠在書案週遊一遭，走來藏在我的左袖筒裡，「咕」「咕」而鳴。再過幾天，牠捨了袖筒，跳到我的膝上，伏在雙膝間的長方襟裡，「咕」「咕」叫個不休。我厭牠打亂思索，抓牠拋在地上，牠在地毯上走了幾步，「格格」一聲，飛上書案，走到我正在寫的稿紙上，向我胸前細看，尋找可以跳落衣襟的路。於是先跳上我的右臂，再跳到腿上，然後走入雙膝衣襟摺成的渦裡。每跳到一處，必「格格」發聲。在衣襟裡，牠變乖了，「咕咕」了幾聲，便悄悄靜止。這樣伏在衣襟下，可以一兩小時不動。夏天，我厭熱，不讓牠伏在雙膝間的衣襟上，時常把牠拋開，「咕咕」便飛上肩，由一肩走到另一肩，用嘴揹我的耳朵和臉腮，然後飛到椅沿上，棲在沿上不動。

傍晚，我在陽臺上散步，誦日課經。「咕咕」棲在我左臂上，任憑我踱來踱去，用左手捧書，牠總不跳動。

晚晌「咕咕」睡在客廳或飯廳裡。清晨，我起床入浴室，浴室和客廳和飯廳，中間隔有三道門，「咕咕」立時聽到步履聲，立時就「咕咕」而鳴。普通我不理牠，有時把牠放出籠，讓牠站在鏡臺上，用嘴刷自己的毛羽。但是若老媽子先我而起，開門關門，甚至到廳裡掃地，「咕咕」一聲不響，動也不動。這時，牠聽不見我起床的腳步聲了，但當我出門行彌撒時，老媽子來關門，我吩咐一兩句，「咕咕」分辨我的語聲，於是就「咕咕」而鳴了。中午，聽見門鈴響，知道是我回家了，牠必「咕咕」叫幾聲。我走過去，不放牠出籠，牠又「咕咕」叫了。老媽子常說：「人家要送隻狗給您，要狗幹什麼？『咕咕』比狗更靈更親熱。」有時中午，當我放「咕咕」出籠時，「咕咕」從籠中木桿，跳到籠子底板上，頭向籠子的格子裡伸，嘴裡不斷地「格格」「格格」的叫。老媽子看到，就說：「咕咕」活像一個小孩子，伸手要人抱。

對於老媽子,「咕咕」很不禮貌,只要見她一伸手要動牠,馬上昂起頭,用嘴啄她,再又展開翅膀打她。另外是當「咕咕」伏在小籃裡下蛋時,更不能看見老媽子近前。一見她走近,「咕咕」站起來,立在籃沿伸嘴等著啄她的手。我舉手摸牠,「咕咕」卻「咕」「咕」地叫。老媽子因是心中很不平,罵「咕咕」不知恩,她每早替牠換吃換水,實在的原因,乃是老媽子一次因「咕咕」在她頭上下過糞,用手打了牠,「咕咕」從此見她的手就啄。一次,老媽子把「咕咕」關在她的房裡,關了一早晨,以後,「咕咕」再不飛進她的房裡去了,鳥的記性真強。

我於今在寓所的消遣,全在於養鳥,雖是於今也種花和習畫,但不是每天作的,鳥則是時時在身邊,而且稍爲可以懂事。看著鳥,觀看牠們的動作,聽牠們的歌唱,我的思索便打斷了,腦子可以離開書本。當老媽子回家放假時,鳥便是我唯一的伴侶。

6. 小霖霖

「我們所養的鳥,沒有一隻像小霖霖這麼聰明的!」老媽子愛倫常這樣向我說。

「小霖霖真聰明!不過,斑鳩咕咕比牠還聰明些。」我每次都這樣答覆。

小霖霖是我羅瑪寓所裡最「後生」的金絲雀。牠的媽媽叫七巧，是我寓居羅瑪最後一年買的，粉白帶紅，體態很美。買來時，本為配一隻名叫慶慶的公雀，不幸公雀生病死了。別的兩隻公鳥芳芳和霖霖又都老了，七巧便沒有配偶。在五三年夏，我在羅瑪參加了傳教委員會，回國時，臨行，囑咐老媽子把七巧送到附近的本堂神父家去，他家金絲雀很多。當年秋，我再到羅瑪開第三期大公會議。老媽告訴我說，七巧在本堂神父處生了一隻小雀，大約是公的，我便向本堂神父把牠們母子兩隻都要回來，因為芳芳和霖霖都老死了，寓所只有烏絲和蔦蘿；蔦蘿又瞎，烏絲孤單不大歌唱。七巧帶了兒子回來，兒子纔一個月，粉白帶黃，開始學唱。我為紀念已經老死的霖霖，便給小雀取名霖霖。因為牠身體較比前一霖霖小的多，便叫牠小霖霖。

小霖霖生下纔一個月，我想是可以訓練的。便把鳥籠上邊的小門打開，教牠飛出來。小霖霖立刻飛出來了，飛到烏絲的籠上，在室內飛繞幾遭，然後從烏絲的籠子，一翅飛進了自己的籠子。這使老媽子和我，都驚訝小霖霖的聰明。我們養了許多金絲雀，只有大霖霖知道飛出籠再跳進籠；但是如跳進籠，大霖霖要我把籠子拿到牠旁邊，把籠門對牠，牠纔跳進去。還有第一隻小霏霏，也知道出籠入籠；可是霏霏的籠門是靠籠底，籠子要放在桌上或地上，不是懸在架上。大霖霖、小霏霏都是跳進籠，不是飛進籠。

小霖霖飛出籠，獨自在桌上或地下，各處跳跑，玩了一陣，興趣消了，一翅便飛進籠。

七巧因爲在本堂神父家中，八月暑熱時孵了兩巢蛋，身弱傷風，便患了氣喘病。氣喘越來越重。我們只好把牠裝入另一籠裡。小霖霖出籠時，一看見七巧的籠門開著，馬上飛進籠去，和牠的媽媽在一起。於是我們在地上撒些麵包碎片，七巧最先飛到地下，小霖霖跟著飛來。兩隻吃了一陣，七巧一翅飛進自己籠裡喝水，然後坐在籠門口；小霖霖也飛進自己籠內去喝水，隨即飛了出來，攀在七巧的籠門邊。

七巧最喜歡麵包，小霖霖則喜歡生菜。七巧一看見老媽子拿麵包來，就飛到地下等候；小霖霖一見拿生菜來，便飛來相迎。吃了，喝了，玩了；小霖霖乃站在籠上，大聲唱歌。身體雖小，歌嗓可以比配大霖霖，音調也相似。

第四期大會時，七巧的病勢更重，夜間也氣喘不息，不能把頭插入翅內睡覺。我們便不讓小霖霖飛進牠的籠裡吃東西，免得受傳染。小霖霖懂事，看見我們在便不進去；我們不在，牠便跳進；看見我們來了，就趕快飛出來。

今年正月，我在臺南接到老媽子的信，說是七巧病死了。我就擔心小霖霖孤孤單單，必定叫喊不止。

二月初，我到羅瑪執行大公會議的傳教委員會，我發現小霖霖有了解悶的方法。籠門一開，小霖霖飛上烏絲鐵籠。烏絲跳上最高木桿，張口作聲。小霖霖半張兩翅，嘴向下啄。烏絲輕輕啄小霖霖指爪，小霖霖用勁啄烏絲頭顱；烏絲跳下木桿，小霖霖跟著飛攀籠側；烏絲再跳到上桿，小霖霖又飛到籠頂；烏絲低頭不動，小霖霖雙眼注視；烏絲伸嘴啄爪，小霖霖拉牠頭毛。烏絲有君子之風，自知身大力強，不願傷害小小朋友；小霖霖有青年氣態，事事自示不弱，常想佔居上風。

兩鳥玩了半小時，烏絲跳到下桿，不再理會小霖霖；小霖霖翅飛上櫃台，在台上慢步。台上裝有大鏡一面，臺中放一石像。石像爲聖女則濟利亞臥地垂死像，小霖霖走到石像前，伸嘴啄衣縫，隨即跳上石像，昂首看鏡內小鳥。看了一會，跳下石像，在鏡沿張嘴向鏡內小鳥親吻。吻不到，遂開口大叫，飛撲鏡面上狂呼。

老媽子愛倫說這樣不行，小霖霖神經太緊張，可能中風，以前小霖霖和第一隻慶慶和第一隻烏絲，都是中風死的，最好不放小霖霖出來。小霖霖在籠子裡跳上跳下，吃吃喝喝，不看見我們或不聽見我們，倒也安靜。一聽見門鈴響，一聽見說話，便吱吱叫個不休。把頭撞鐵籠，吵著要出來。我可憐牠太悶，把鳥籠拿到書房裡，開開房，小霖霖出來了，到我書桌上亂跑。

小霖霖真聰明，也真調皮；不過也真使我開心。牠跟著烏絲學唱。烏絲的歌調有好幾種；有大聲唱，有對話，有低音細詠。大聲唱和對話，不是小霖霖可學的，因爲金絲雀沒有夜鶯的嗓音；小霖霖便學會了烏絲的低音曲。不看見牠，只聽牠唱，我們都分不出是牠或是烏絲。

下週我要動身回臺灣了。我囑咐老媽子好好照顧小霖霖，有閒便要放小霖霖出籠散心；可是要注意關好窗戶，不要讓小霖霖飛出去了。飛出去，牠不一定有第一烏絲的聰明知道再回家。

愛鳥愛狗，我每天可以有一刻工夫，解開心襟的思慮，我的精神藉以安定。我因愛鳥愛狗，便爲牠們操心，生怕牠們受飢受餓。牠們雖然淘氣，我至多罵牠們一頓，或打狗幾下。牠們若表示親熱，我便更疼牠們。我在天主前，便不知道學鳥學狗嗎？天主愛我難道不及我愛鳥愛狗？對於人事，我又害怕什麼？雖然我犯罪，我也可學莉莉，乖乖地和天主更親近，天主必定忘了我的淘氣更加疼愛我！這樣一想我就心安神怡了。

民國五十五年四月九日羅瑪

戰時生活

一、羅瑪被炸

（記第二次大戰時羅瑪被炸）

剛自城市歸，
洗去汗滴換輕袍，
執筆鋪信紙，
免使友人發牢騷。
嗚嗚聲忽響，
羅瑪空襲嗚警報，
習聞飛機過，
繼續寫信心不躁，

驟而響隆隆，
好似飛機屋頂掃。
跳身窗口前，
羅瑪一遍煙光冒。
飛步奔下樓，
尋覓同學在地牢。
三五群相聚，
各談親見飛機到。
六機閃電下，
火車站房著火燒。
轟轟忽隆隆，
高射砲連珠怒號。
我手取念珠，
公誦玫瑰行祈禱。
旁坐眾修女，

面面慘白神色焦。
窗外略清靜，
潛步上樓看火燒。
煙柱衝天雲，
白日大火光熖熖。
俄見鳥形物，
人字雁行回城繞。
砲聲突起發，
彈花追逐雁行鳥。
鐵雁徐飛旋，
飛機場中煙旋冒。
車站連棧房，
火團又上千雲霄。
地震天昏沉，
辨不清炸彈大砲。
雙足立不定，

奔下樓梯藏地牢。
燈光白日棲，
人面鬱鬱絕言笑。
久待無聲響，
輕足上樓憑窗眺。
日色沉慘慘，
長街無人灰不飄。
黑煙蔽蒼天，
校園枯柏鳥不叫。
警報忽長鳴，
告我空襲已完了。
多些好家庭，
於今一片煙火焦。
父母妻兒女，
徒然流淚奔呼叫！

一九四三年七月，十九日（羅瑪晨鐘）。

二、倒　臺

（記法西斯黨魁墨索里尼倒台時，羅瑪情景。）

1.

看門少年來相告。
罕人大奇事，
墨索里尼驟倒臺。
法黨敗塗地，
敗塗地，
昨夜夢，

夢中聽人聲沸海，
高歌自由千萬載。

2.

趕開後門往報攤，
攤前大堆人，
立看攤主抹色彩，
刷寫新攤面，
新攤面，
免受打，
黨報扯碎遍地在，
大家渴待新報來。

3.

買菜婦女集巷隅，
喁喁交頭語，

清道夫怒把帚摔，
想笑又想氣，
又想氣，
遍地紙，
破碎玻璃滿巷街，
家家墨像齊打壞。

4.

吃畢早餐急出校，
下山渡短橋，
橋頭大人夾小孩，
敲碎法黨徽，
法黨徽，
刺眼目，
登屋爬樹怕不快，
壯夫運錘滿頭汗。

5.

搖旗結隊男雜女，
呵呵歌自由，
曳拉銅像腳腳踩，
缺耳目，
法黨魁，
昨天銅像坐高臺，
今晨被扯河中摔。

6.

威尼斯官兵層層，(一)
尊尊山野砲，
宮門緊閉縫不開，
遊人蟻聚看，
蟻聚看，

心情換，
想當日人山人海，
歡呼墨氏全國帥。

7.

長街樓房旗幟揚，
軍警夾道馳，
大路男女肩相挨，
錦鏽美衣裳，
美衣裳，
如慶辰，
二十年來全國帥，
一夜倒臺人人快。

一九四三年七月二十六日（羅瑪晨鐘）

註：

㈠ 墨索里尼公署。

三、教　室

（記第二次大戰時羅瑪的情景）

1\.

清晨冒寒風，
趕入大學門，
門旁麻袋雜亂堆，
袋邊立木櫃。

2.
照常登二樓，
往我授課室，
室外小孩似小鬼，
還見女人背。

3.
驚疑問女人，
言來自城郊，
家居傳大田產內，
砲火現如雷。

4.
英美軍登陸，
飛機日夜炸，

德軍戰車重砲隊，
田園滿土堆。

5.

攜牛帶木器，
進城找安所，
伯祿殿近數丈內，
可免性命危。

6.

課後步回寓，
街上多牛車，
木器衣服雜成堆，
婦孺掛眼淚。

一九四四年二月（羅瑪晨鐘）。

四、勝利

（八月十號，于斌主教適來羅瑪，謝次彭公使宴之於旅館。席間，日本投降消息傳來，大家喜極歡呼，次彭公使出法國酒以賀。）

1\.

午宴席上喜信來，
日本投降，
頓足立起，
酒杯相觸聲鏗鏘。

2\.

八年火燄今日滅，
天恩浩蕩，

砲火聲中，
中國老弱轉富強。

3.

若使明日有飛機，
歸國還鄉，
飛到衡陽，
往尋南鄉一草房。

4.

國內難民數千萬，
今都腳忙，
放腳尋路，
抱兒攜妻各還鄉。

5.

只恨海外沒爆竹，
放數萬響，
今日國內，
千里萬里爆碰磅。

一九四五年八月十日（羅瑪晨鐘）。

五、哭親

（耶穌聖誕日得訊，驚悉祖母家嚴家慈，均於去年因戰禍殞身。）

1.

蠟燭燦爛聖誕樹，
今宵家家團聚，
十五年，
遊子心自綴聖誕樹，
今年被陰風掃除！

2.

常想望他日歸去，
彌撒時家人聚，
豈料到，
砲火中家屋斷牆堵，
不知親人葬身處！

3.

曾夢想學博名著，
使親名簡楮，
今只求，
親死時瞑目把兒恕，
累他們多年依閭！

4.

親在時安心讀書，
不須親人伴侶。
親亡了，
舉目看天地都空虛，
纔哭叫親魂留住！

5.

三五次催我歸去，
我那時缺思慮，
今而後，
將終生搥胸常嘆吁，
悔不聽家親訓諭！

6.

抬淚眼苦求天主，
聊滿我孝心緒，
兩種願：
家親魂天鄉長安居，
家親墳祖塋團聚！

一九四五年，（羅瑪晨鐘）。

辭別羅瑪

在羅瑪住了三十年，按照目前的情形說，我想自己大約要在羅瑪白頭到老。

三月二十四日，傳信部長雅靜安樞機（Card. Aguianiam）召我到部，當面說明教宗委我任臺南教區主教。我何嘗不想堅辭。但是教宗的意旨就是天主的聖意，我不願違背；而且我堅辭，人家都要以爲我愛羅瑪生活的舒服，怕到臺灣吃苦。我所以雖是急得在部長前流淚，我還是接受了。我不是不知道臺南教區一切都該從頭建設，主教沒有地方可住，可是既不能辭，便只好預備自己的精神。當天傍晚我在聖堂內守了一小時聖體，把一切事都託付天主。

接連幾夜都不能安睡，而且消息還沒有正式發表，我的女僕看見我行坐不安，也很驚訝，我也不能說出原故，四月一日，消息公佈了，我的心反而平靜了。似乎有「事已如此，夫復何言」的氣概。

我愛我在羅瑪的房子；雖只有小房四間，然而很雅緻，很美麗。我愛房子外面涼臺上的花，我尤其愛我所養的小雀。我也愛惜十二年忠心服侍我的女僕愛里，她料理屋裡一切家務，不用我操心，我愛專心讀書。每天我的物質生活，完全仗恃她。我愛羅瑪城市，甚至也愛羅瑪的氣候。這一座純淨現代化的城市，充滿了古代的遺蹟。三十年來我已經以羅瑪爲家。

怎麼搬家呢？書房裡幾乎藏了一萬冊書，怎麼搬運？搬運到臺南，安放在那裡呢？腦子裡，我常常這樣想，也和女僕愛里多次討論。最後我決定什麼也不搬，羅瑪的房子保持原樣，等我下年來羅瑪參加大公會議時，纔收拾一切什物和書籍，運往臺南。到那時臺南的主教公署必定也成立了，書籍也有地方安置。也決定在這一年女僕愛里仍舊住在屋裡看家。

這樣我動身就簡單了。我只撿應用的衣服，和主教禮服放在隨身的兩口皮箱裡。又選了要緊參考的書籍，裝進兩口木箱，請坐船往臺南的神父帶去。

五月二十一日，我受祝聖爲主教，典禮由教宗親自在聖伯鐸祿殿中舉行。在典禮以前，我沒有日子可以休息。打算在典禮以後，休息幾天，恢復精力，預備長途旅行。不料越來越忙，不但不能休息，連睡眠的時間都要減少。於是我決定七月九日動身，辭別羅瑪，往女僕的本鄉，地處意大利北部的一個小山鎮裡去休息一週。然後由意大利北部赴瑞士，轉德國，路經荷蘭比國往美國，由美國到臺灣。

七月九日爲星期日。前一晚，謝次彭大使夫婦設宴餞行，我因整天疲乏，席間，幾乎不能說話。九日晨，赴羅瑪最小的一座聖母堂行祭。這座小堂號為「吾樂之緣」。堂中設有恭敬聖母之善會，我為會員之一。這天，我行彌撒時，會員都到堂與祭。彌撒中我講道，許下將來在臺南建造一座「吾樂之緣」聖母堂，以紀念我的羅瑪生活。午飯和晚飯，我在家中吃，女僕和她新自瑞士工廠趕回來的女兒，以及幾個鄰近的朋友給我作陪。

火車是在晚晌九點半離開羅瑪。羅瑪這時已是暑假期了，中國神父大多數都到別的國家去渡假了，留在羅瑪和住在附近的中國神父都趕來送行。意大利朋友也有許多人來到車站，謝大使和使館的同仁也到，我和王伯德蒙席乘車由家中出發赴站，女僕愛里她的女兒雅德麗則先上了火車。

月臺上的燈光，半暗半明，夏夜微風，暑熱消散。我和陸續到站的朋友，握手言笑，心頭頓覺輕鬆。九點半已差兩分了。我忙著向朋友們繞了一週，握手道別。和謝大使、王蒙席及中國神父等互相親面，心情很覺辛酸。今後再來羅瑪，只能算作客了。

從一九三〇年十一月十五日清晨一點抵羅瑪，到一九六一年七月九日，還不夠三十整年。但是所差已經很少了。謝大使的夫人恭喜我說：「衣錦還鄉」；我自己卻反而覺得是出外旅行。以往我每年都要到羅瑪以外去避暑，也曾經好幾個夏天到女僕的本鄉「芬佳郎」（Fingaran）山鎮住兩星期或十天。「芬佳郎」鎮位群山之中，高約海拔八百呎，夏季氣候涼爽。鎮中本堂司鐸住宅頗寬敞，能容客一兩人。司鐸住宅上層，為本地教區主教避暑房屋。我常住於第一層，作本堂司鐸的嘉賓。本年的本堂司鐸係新來上任，與我不相識，但招待頗週到。

從羅瑪到「芬佳郎」鎮，由女僕和她的女兒陪我到鎮中本堂。本堂裡住有前幾年常來避暑的修生，他今年已升神父。在本堂附近又有本地教區的四班小修生，也在那邊避暑。神父和修生每天輪流來陪我出外遠足，在山道上散步。鎮裡的人都是熟人，相逢時都打招呼。我在鄉下住了五天，很覺安靜，寫了我致臺南教區神父和教友的第一封牧函。我不覺得是長久地辭別了羅瑪，彷彿和往年一樣是在那裡避暑，不久又要回羅瑪。

七月十五日晨，我動身往瑞士。山鎮的本堂神父和我的女僕及她的女兒，同乘汽車，送我到五十公里以外的「委謙匝」城（Vicenza），從城內車站，搭國際車赴瑞士西部。在「委謙匝」車站看看女僕和她女兒的顆顆淚珠，我心中悽楚悲傷。車出了站，我獨自一人坐在車廂裡，頓覺自己是辭別了羅瑪，而且還辭別意大利了。以後要自己照顧自己，沒有旁人替我操心了。長眺窗外景物，離情滿了胸懷。

在瑞士住了一週，在德國住了十七天，身體實在支持不住了。飲食既不適合，尤其是睡眠失常。德國房屋的窗戶都沒有木製的百葉窗，只掛著布簾，中午陽光很強，不宜午眠，清晨天亮，屋內即有陽光。我在意大利素來是習於關著百葉窗在黑暗裡睡覺。因此在瑞士和德國常失眠。八月七日，結束了在德國旅行的行程，本來該赴比國。但計算由比到美，由美到臺灣，中間尚有一個月，而且到臺南後，一定不能休息。若繼續這樣失眠，再加每天有許多拜訪的節目，我一定要病倒，病在美國最不適宜，到了臺南馬上就病，也不爲佳。我便臨時取消赴比赴荷，決定休息一週。德國朋友勸我在德國休息，我認爲休息一定羅瑪爲最宜，乃於八月八日，乘飛機返羅瑪。飛機場裡有王尙德蒙席駕車等候，我逕往羅瑪寓所，女僕已在所內等候。我心頭一鬆，像是遠途旅行回了家，睡眠非常安穩，又延醫檢察身體。只是血壓過低，精神疲倦而已。羅瑪朋友沒有人知道我回來，我只和謝大使通通電話。從八月八日午後到八月十二日，我獨自在家，享了幾天清靜福。十二早晨，做了彌撒回家，在門前忽然遇到了于峻吉大使。我國駐意大利使館和我的寓所同一條街，于大使看見了我，把車子一停，下了車一看，似乎不大相信。他很驚訝地問：「你怎麼是在羅瑪呢！你不是已經到美國了嗎？」我把情形向他說明後，他說：「巧極了，上次你離開羅瑪時，我在瑞士開會，這次我可以送了。明天，我設宴爲杜寶縉主教餞行，正好也可以爲你餞行。」我堅辭，于大使堅請，無奈何只得去。別的朋友驟然看見了我，像是在作夢，于大使還對一位在座的小姐說：「昨天對你說今天有羅主教來吃飯，你說我糊塗，弄不清人名，只有杜主教，羅主教早就走了。你看，我纔不糊塗。在別的事上也是一樣。」因爲于大使不糊塗，反倒把我弄糊塗了。朋友知道我又在羅瑪，又有來拜訪和請宴了，卻之不能，應之又增疲累。

八月十七日午後一點由羅瑪動身赴美，抵紐約時是午後七點。動身前，囑咐女僕好好照顧小雀，明年夏天八月或九月，我將回羅瑪，參加大公議會。

在去美國以前，我心裡忐忑不安，想著第一次到那邊去，人地生疏，諸事摸不著門路，何況要為教區勸募。到了美國，紐約和芝加哥等城的各位中國神父，尤其是周幼偉神父，替我計劃了行程和訪問的節目，因此我在美國兩星期多，雖說很忙，但並不亂，夜間頗能安睡。九月三日，我離開「洛杉磯」，經過東京直飛臺灣，九月五日抵臺北，九月八日到臺南接任視事。起初兩個月，既沒有住處，又到教區各堂口巡視，又多次因事赴臺北，我沒覺到是在臺南定居。身邊所有的只有隨身的幾口行李箱子，總似乎是在外面旅行。

十月底，忽接傳信部長雅靜安樞機來信，以籌備大公議會傳教委員會將於十一月二十日舉行第二次之全體委員會議，邀往羅瑪出席。我係傳教委員會會員，從去年九月到今年五月，我常參加了傳教委員會分組會議，又在五月中參加了第一次全體委員會議。這第二次全體委員會議，對於傳教委員會為籌備大公議會所有提議案，將為有決定性的會議，我遂決定赴羅瑪。私心也想在羅瑪稍為休息，恢復精力。

十一月十八日午後兩點半，飛抵羅瑪。機場謝大使和王蒙席以及謝光迪先生已經在機場等候了好幾小時，因為我所乘的泛美機從香港起飛時，已經晚了四個鐘頭。謝大使一見了，很熱情的向我說「又回家了。」

我真覺是回家了！進了寓所，把行李交給了女僕，就倒在床上，一直睡到夜晚九點。女僕敲門請用晚飯，我纔起床。女僕說：「于大使和于總主教，在寓所等主教出去一同吃飯，等到八點半，見主教並不醒來，他們纔走了。」

我又拜託王蒙席轉告謝大使和朋友等，千萬不要請吃飯或來拜訪。我午前要開會，午後要預備開會的資料，還想休息休息。朋友們都很諒解我的情形，間而有二三中國學生打電話請約時間來訪，女僕則擋駕。委員會開會十天，十一月三十日閉會。我再住了二十天，十二月二十號動身回臺灣。但是所定的飛機誤期不到，改於十二月二十二日動身回臺灣。羅瑪寓所的東西仍舊沒有動，一切如同從前一樣，女僕常住在寓所裡。要等我明年再去羅瑪參加大公議會時，纔收拾書籍和傢俱。大公議會後我離開羅瑪回臺灣時，纔可以說是真正辭別羅瑪了，在羅瑪住了三十年的時間，辭別羅瑪真不容易。

一九六一年，臺南。

四、日記摘錄

有關中國教會的日記摘錄

教宗對中華朝聖團的訓言

羅光譯

可敬的諸神昆及親愛的神子們，救贖紀念特別聖年現今已完滿地進行到第三月了。在這個進行的時期內我們很愉快的接見了多少來自各方面的聖教會大家庭的神子，並且還有許多未來到而已經報告他們要來的，我們將來繼續接見他們。接見這些來自各不相同地域的神子們，我們看到一種最奇麗的情景，因爲在這種接見裡，繼續地重映第一次聖神降臨日的一幕，前幾天我們用非常莊嚴的禮儀慶祝聖神降臨瞻禮，特別又因這件大事的一千九百週紀念和聖福爾奈登聖品的光榮，更使慶祝的禮儀輝煌燦爛了。我們心靈上感覺到稱心的慰籍，幾時看見周繞身旁站著來自各方的神子，他們無論來自任何地域，無論談說何種語言，他們在我們的心靈內常是可愛的，特是因著他們代表我們神聖大家庭的普遍性。適在前幾天我們很慶幸，能夠慰問了一些來自各方的神子，即丹麥人、瑞典人、挪威人，也有幾個冰島人。他們自各人渺遠的生身地，齊會在這信德的中心點——羅瑪，這是一幕多麼慰心的情景！可是我們相信在我們直到于今所有過了的接見和在將來許多時間所能有的接見裡，這一次接見你們是最美滿的，最可愛的。你們代表全人類最重要最龐大的一部份。呵！神聖救世主爲著這全人類在十九世紀前的一日完成了犧牲祭禮，自身懸到十字架上，使全人類能自十字架下取得新生命，取得豐滿的生命。這類生命是什麼？你們都很了解，你們對于救贖的史蹟已是入門的了。基督信徒的生命是救世工程的效果。神聖救世主在十字架上咽了氣，從那十字架流出了人類的新生命，用他的聖寵營養著這新生命。所以新生命叫做基督信徒的生命，因爲基督親身自天上帶來人間，是基督用自身的聖血買來的。救贖工程全部的成績完全在作成這種生命，即我們用隆重禮儀所光榮的各種聖德的模範——聖人，也不過是基督信徒的生命發展到最完善點的表現，是一般慷慨的心靈響應了聖寵的各般詔示。

我們極高興，可敬的神昆們，得見你們——我們主教品職內的兄弟在我們周圍，你們奔走傳教事業，播散給全世界以救贖工程的效果，這種效果即是救世主聖血的代價。我們也極高興，能夠給你們中間的某位授了主教的尊位，不久又能賜主教的榮品與中華民族的幾個優秀子孫，並你們鄰近其他遠東民族的優秀子孫。我們也極欣慰，爲使你們同胞收受救贖工程的效果，我們建設了許多工作，而且將來還要繼續工作。在你們裡的各位主教，就是救贖工程的第一種效果，因爲他們是宗徒們的繼任人。宗徒們則是我主耶穌親身培植的工人，派遣他們向全世界作神聖法律的宣傳者。

我們真缺乏語言爲表現我們用怎樣的慈父愛情降福你們各人，同時也降福你們偉大的民族，也降福你們廣袤的祖國。你們應該使中華民族明瞭我們用怎樣的慈父的欣悅接見了你們，慰問了你們。我們看著這次朝聖團爲最親愛遠東神子們的代表。你們向全中華民族說：對於偉大的中華我們心靈上確實地懷有一種超等的愛，一種特別的慈情，因爲祂代表全人類的一個偉大部份，祂給我們開了一片爲天主光榮爲人靈魂福利的工作場。

對於中華公教進行會，我們與以我們的特愛與慈情的最珍貴的部份；公進（西文稱公教活動）是基督信徒生命的直接表現，因爲活動是生命的標記。所以對於基督信徒生命的全部表現，即公進的工作：公進的男子，公進的青年，公進的婦女，對於這一切發展基督信徒的活動，我們特別注意，特別降福，我們慈父的心靈完全關注這種活動的進展，因爲祂能夠收穫我們希望裡最優良的效果，即天主的光榮靈魂的聖化。

你們宣佈給一切同胞：我們給了你們一個豐滿的降福，豐滿的降福不僅滿足了你們的欲望，並且也豐盈地爲你們所代表的一切人，即或你們沒有立時想到的。你們於今在我們面前站著，事情的外部看似很簡單，可是精神上代表多少偉大的事體。在你們的身上，我們有了一種靈覺，看見眼望不盡的一片平原。在我們心靈上對你們所起的全部感觸，我們都願予以降福，而且願你們帶著我們的降福給與你們的親人，你們的祖國，叫你們的同胞知道普世的天父愛你們，替你們祈禱。

爲你們的傳教士，爲你們的主教，另外留給他們一個降福。他們在你們中間，雖然受多少的辛苦，受多少的磨折，有時還要受仇人的攻擊，受擄掠，受拘禁，甚至流血授命，他們仍在你們中間進行傳教工作，爲謀求靈魂的福利，爲救贖工程效果的宣播。我們相信特別爲他們留下一種降福，定必符合你們的願望，符合你們報恩的心情。

末後希望你們作宣傳，使中華全民族明瞭教宗，基督的代權，你們靈魂的神牧，愛中華，爲全中國，爲全中華民族祈禱。

羅瑪傳大別墅

中國朝聖團

「一九三三年六月十一日，聖伯多祿殿舉行祝聖遠東五位主教大典，受祝聖者有中華主教三位，雅州李主教，永年崔主教，集寧樊主教。」

「在聖伯多祿殿裡，中國人、安南人、印度人，都有特別位置。清晨七點，我們即進殿參禮，中國人到殿者，有留學羅瑪的全體華生，有二十三位中國朝聖團團員，有米朗和亞細亞的中國修士，有比國魯汶大學趕來的兩位，還有瑞士來的兩位；共約百餘人，排場已很可觀。」

「教宗於八點半入殿，儀仗隊很壯麗，祝聖禮在寶台祭台舉行，一直到十二點纔結束，我注視儀禮，心多感觸。當五位新主教升登座位，峨冠權杖，受全殿人的敬禮時，我喜極流淚，我不但慶祝中國人的光榮，我也慶祝聖教會大公無私的精神。」

「午後，六點，本校舉行遷葬聖亞敬多遺骸典禮，全體中華主教與中國朝聖團都來參加盛典，迎柩隊由舊校舍小堂出發，慢步登山，沿途唱歌誦經，迎柩隊繞校園足球場一週，到面對梵蒂岡宮殿的松林中止步，林中搭有一臨時祭台，遺骸移至台上，教宗庇護十一世，親身從梵蒂岡宮一窗戶，遙瞻典禮，從松林移柩入本校經堂，禮畢時，已鐘近八點了。」

「一九三三年六月十三日，中華第一次朝聖團，今天開始朝拜四大聖殿，早晨七點三刻，剛恆毅總主教在聖伯多祿宗徒墓上行祭；中華朝聖團與禮，公誦中國經文，聲韻很和諧。」

「彌撒後，中華主教，留羅中國聖職人員，陸續到齊，預備朝拜聖殿，九點，全體朝聖團員約一百人，在聖伯多祿殿前整齊隊伍，由大殿正門走向中央祭台，團長陸隱耕持十字爲前導，十字側有持燭者兩人，第二行爲三位執大旗者：一執教宗旗，一執中國國旗，一執中華公進會旗。執旗者之後爲男教友，男教友之後爲女教友，俱三人爲一行，教友後爲聖職人員，最後爲主教，主教共十位：宗座代表剛總主教，海門朱主教，順慶王主教，萬縣王主教，保定周主教，廣州楊主教，集寧樊主教，永年崔主教，雅州李主教，敘府唐主教，朝聖隊進大殿正門，起唱拉丁文聖詠，到正中祭台時，合誦預定經文，經文爲中國語，大家抑揚疾徐都合節奏，這是第一次，聖伯多祿大殿有中國朝聖團誦中國經文，也是第一次，中國教友在宗徒長之墓前，公開用中國話，表現自己的信德，自利瑪竇到今日已三百餘年，今日第一次，中國主教司鐸修士教友，結隊進殿。傳教士三百餘年的汗血，已見成效！」

「大殿外，聖年委員會派有電影攝製員，攝取中國朝聖團之動態，我們自己朝聖畢，已留影爲紀念。」

「一九三三年六月十四日，清早，七點半，乘電車往聖保祿大殿，八點三刻，中國朝聖團員都齊於殿前，朱主教、樊主教因事被阻，未能趕到，聖保祿殿處羅瑪城外，地極幽靜，殿內裝飾潔麗雅緻，朝聖團的經聲歌聲，嘹亮悅耳，聖保祿宗徒爲外教人之宗徒，今天見遠東一外教民族，第一次有朝聖團來朝他的墳墓，他在天也必喜極而歌！從聖保祿殿出來，朝聖團員往拜古墟墓，我們學生回校。」

「午後，兩點，乘汽車往聖母雪地殿，三點時，朝聖團員都到齊，我們開始整隊入殿，殿內已有旁的兩隊朝聖者，誦經聲與唱歌聲，彼此不免有些紛雜，可是在紛雜中，我們也覺得情形莊嚴熱烈，各國教友用各自的國語，在羅瑪的同一大殿內，齊聲讚美天主。」

「朝畢聖母雪地殿，中國主教們赴方濟各會總會的招待茶會。」

「五點三刻，朝聖團往朝拉德朗聖約翰大殿，正值殿內唱日課，我們朝殿時不敢放聲高歌，然而低聲誦經，大家似乎更覺經文的神秘，等到日課唱完時，我們朝殿已畢，正好合唱謝主聖詠。」

「四座聖殿，都已朝畢，中華朝聖團的任務已完畢了，在這次救贖百週年特別聖年裡，中華公教開了朝聖羅瑪的歷史，下次一九五〇年的聖年時，大約能有第二次朝羅瑪的朝聖團了。」

一九四六年中國聖統制與教廷駐華使館

五月二十二號

午前十點多鐘時，謝光迪先生到我辦公室說：請來接接電話，打電話者說意文。接談後，打電話者爲教廷國務院常務次長辦公室秘書，請通知謝公使，今日午前，常務次長願與公使會面。

過了十分鐘，傳信部次長辦公室來電話，請我午前到部，因爲次長剛總主教有話對我說。

兩方同時約使館人員見面，一定有重要事相談，謝公使與我猜想爲教廷第一位公使人選事，十二點一刻，我從傳信部出來，往Via Comdatfa，迎面駛來謝公使的汽車，汽車在路角停止，公使下車，同我在路旁立談，國務院常務次長所談，即是教廷換使事，教宗已決議，設立駐華公使館，擬派Riberi總主教任駐華第一任公使，請求中國政府同意，傳信部次長所談，爲中國通常神職統序事，教廷決議將中國傳教神職統序改爲通常神職統序，新立教省爲數二十，省會代牧主教陞爲總主教，七十九代牧區，改爲教區，代牧陞爲正式主教，其餘三十八監牧區，仍維持原狀。

兩椿事件，都是中國教會歷史的大事，謝公使與我，當時竟不知有何話可說，約定今天午後，訪察多方情形，俟明晨，教廷正式文書到達，即刻擬電報報部。

午飯前，我即刻打電話，招杜寶縉神父來談話，託他秘密問傳大非洲學生，他們對Riberi總主教印象若何。

傍晚出門，往照相館取照片，歸來時，在門房收一紙條，條上簽名爲衛青心者，他說聞我被選爲漢口主教，特來拜賀，我不禁失笑，將紙條擲入字紙簍。

二十三號

今天時間表無法擬定，晚間，略一回想，一切事都還就緒。

彌撒後，到傳大授課，但提前半小時下堂，爲到聖心侍女女校聽告解，同時，本應去參與加斯巳里恩利樞機的出殯彌撒，因抽不出身，只好缺禮，告解於正午完畢，我等謝公使派車來接，以便趕早回使館，商議電報稿子，但車子久不見來，我乃回梵城寓所，進飯廳時，公使來找我，遂約定午飯後，即刻到使館。

國務院次長今天午前又與謝公使聚談，正式通知設立中國通常神職統序事，自認此舉爲歷史上一椿大事，同時教廷爲換使事，也正式備函通知我國使館，公使第一便擬定報告教廷派使的電稿，在教廷新使的人選上，我們很加躊躇，雖對新使，不甚滿意；然沒有重大理由，不好拒絕，而且也怕教廷再選一人，更不合我們的期望，那時決無法再不同意，教廷第一次非正式提出蔡寧總主教，謝公使已非正式拒受了，結果我們請求政府同意接受。

午後三點三刻，我乘汽車往梵城羅瑪觀察報購報，今天午報登載了傳信部設立中國通常神職與調田樞機任北平總主教的部令；中國總主教二十、主教七十九、其餘監牧三十八，教區的數目很可觀，謝公使於是擬定報部的電報，中國外交部對這種改制的事情，當然不能明瞭其意義，所以報部的電報，尙須加詳細的說明，我們擬電稿，一直到五點半纔完稿，我趕緊辭出，因爲我已約定五點半往看意大利公教婦女協會，在婦協坐談一小時許，問問婦協對總選的宣傳工作。七時許，我往傳大，與杜寶縉、王尙德諸位司鐸討論舉行謝恩典禮，大致決定於卅號或卅一號，在傳大舉行一聖體降福，唱謝主經文，禮畢，備茶點招待，今晚，留傳大晚餐，大家爲中國神職統序事都很興奮。

廿九號

以往沒有「主卿」的名號時，我無論往參與任何典禮，不必拘執一種禮服，於今有了「主卿」的頭銜，逢著特別禮節時，就該注意主卿的服裝，我已製了一套主卿禮服；可是因爲我有兩個住處，一處爲午前，一處爲午後，若是禮服放在梵蒂岡寓所，禮節卻又是在午前，我必須前晚把禮服拿到使館寢室，或是當天午前趕回寓所換衣，若把禮服放在使館，而禮節又在午後，我就得在午飯前穿禮服往梵城寓所，然後纔能到時有禮服可穿。

今天午前十一點一刻，隨謝公使覲見教宗，昨晚忘記把禮服帶來使館，今早趕回寓所，換著禮服，卻把紅帶忘記了，又須回去取紅帶，路上遇著吉歐司鐸，他第一次見我穿紅扣禮服，取笑說：「爲甚麼戴上墨水鏡？別人仍舊認識是你。」

十一點，進梵蒂岡宮，大廳小廳，瑞士衛隊、貴族衛隊、袍劍侍衛，我都已熟識；但那種堂皇嚴肅的氣色，不知不覺地使我也嚴肅了，只是那兩位袍劍侍衛，似乎是新手，舉止不靈便，神氣也生硬，十一點二十分，殿內電鈴響，在我們前面的覲見者將出來了，謝使便立在教宗書室門外，門開處，美國駐教廷代辦黎代曼夫婦退出，謝使遂入書室，我在門外等候，宮廷侍卿莞義直陪我談話，十分鐘後，電鈴響了，侍卿開門，引我進書室，教宗、謝公使都坐著，教宗微笑注視我，我進門一屈膝，三步後再屈膝，到教宗椅前雙膝跪地，口親教宗手，我說話聲音忽然比平日低，但故意吐音遲慢，因不願說錯話，我謝教宗升我爲宮廷「額外侍卿」之殊恩，教宗手指謝使說：「我們做這事也爲你們公使的面子」，我又以留羅瑪中華司鐸們的名義謝教宗建立中華通常神職統序的盛舉，教宗笑說：「我們剛纔對你們公使說過，我們愛中華之心日益擴大，宗座與中國政府的交情，日加親善。」教宗遂接口問我的工作如何，有什麼著作，我謹答：「今天本望能呈獻一書，但尚未裝訂完好。」教宗說：「改日也好，這冊書講甚麼？」我說：「中國一種哲學，道教思想，去年曾呈獻一書，講儒家思想，這冊書便是繼續去年那冊書的。」教宗笑說：「我們記得去年那冊書，你願意有一個特別的降福！」教宗便舉手降福我，又伸手取一念珠賜我，轉首向謝使笑說：「如不嫌棄，公使也可有一副念珠。」，便賜贈謝使一念珠，我們便起立，我三屈膝而出書室。

卅一號

羅瑪相識的朋友，這幾天相遇時，沒有不向我道喜的，賀中國通常神職統序的成立，別人既都懂得這椿事件的重大，我們自己當然不能忽略這椿事，可是我們唯一的好表示，還是行一次謝恩典禮。

今天午後五點半，留羅瑪的中國神職班，假傳信大學經堂，舉行謝恩大典，祭台前兩旁，右有傳信部長畢翁蒂樞機，左有次長剛恆毅總主教，來賓座位上有中國駐教廷謝壽康公使，教宗第二胞姪馬爾各安多尼王爵，前教廷駐法大使瓦冷里總主教，方濟各微賤會總會長，各傳教修會代表，濟濟一堂，約一百五十餘人，大家誦完了玫瑰經；聖體降福典禮即開始，陳哲敏神父供聖體，侯之正神父五品，杜寶縉神父六品，我自己主體，獻過第一次香，我起唱謝主經詠，樂隊與參禮人一啓一應，歌聲滿堂，夕陽斜照堂壁窗戶，彩色玻璃上人物鮮明，仁慈聖母像高駐祭壇中心，電光強射，聖像似浮於光火中，我立在祭台下，自覺過於渺小；代表全中國教會，在羅瑪主禮祭恩大典，未免有些擅自尊大，但我們原想請傳信部長主禮，剛總主教卻以爲最好由中國人自己主持，上命既如此，我也是名正言順了。

來賓出了經堂，轉入飯廳，我們使館設有茶點香檳酒，款待來賓與傳大學生，我陪巴拉瓦諾太太和小姐，在中國客廳吃茶點，我因此得安靜坐半點鐘，聽見外面人聲複雜時，我知道來賓出飯廳了，我乃引巴太太和小姐在校園中看一看，還給她母女照了兩張像。

送走了來賓，我纔向吉歐司鐸借日課經本，他今天第二次見我穿紅扣禮服，笑說：「只是肚子還缺威風，肚子不胖，尙不夠『主卿』資格」。

晚飯後，傳信學校舉行聖母月露天閉幕禮，我已兩年沒參加這種傳統禮儀，今天乘機留校晚飯，以便身與閉幕禮，彩燈花燭雖不如戰前艷麗，學生精神或較往年更熱烈，禮畢，回使館，獨步河沿，回思謝恩禮經過，以爲剛總主教的評論必確實，剛公離傳大時，曾對我說：「恭賀你們的籌備週到，典禮一切都好！」

七月二號

午前，謝公使對我說：「今天來一電報，電文不長，大約是政府的覆電了。」

教廷任命駐華第一任公使，請求中國政府同意，等了一個多月，尙無消息，兩星期前，外部來一電，說使館報告請求同意的電報，沒有收得，我們只好重新發出原電，以爲一週後，回電必來，上星期五來一電，電文很長，謝公使有些懷疑，當天我因要去傳信部見部長賀主保瞻禮，未能等到電報譯完，已離使館，公使約定午後打電話通知我電報內容，午後一點半回寓所，門房說謝公使已打電話找我，我急與公使旅館通電話，然公使已外出未歸，第二天聖伯祿宗徒瞻禮，早晨八點三刻，我與謝公使通電話，得知前一天的電報，並不是關於教廷公使一事，於是只好靜心等著，今天正午公使招我看電報譯文：「Riberi使華我政府可予同意，望即轉達教廷。」，我胸口一張，氣息輕鬆了許多，教廷與中國互通使節一事，今日已成功了，感謝天主大恩。

謝公使打電話與教廷國務院常務次長孟棣義，通知我政府同意事，許以明天再正式行文教廷外部，覆其來函，我則往傳信部謁次長剛總主教，剛公一見面，急問有好消息否，我答以是，剛公說：「那麼是同意了。」，我答說：「今早得中國政府來電，予以同意。」，剛公欣然笑說：「我心很爲滿意，這次人選很好。」，隨後剛公與我談論教廷公使的中文秘書人選。

中飯後，黎百里主教與我通電話，我賀他榮膺公使要職，他說謝公使方纔去找他，可惜他在外未歸，故沒有與謝使相遇，傍晚，我往傳信公學，公學校長約我去拜會黎公使，到黎公使寓所時，他正在後園乘涼，見面後，他就問中國字寫法，他手中拿著中國文規，很上勁地談說中國文化的特長，然後問我究竟還是只學說中國話，還是也談中國書，我說暫時最好只學說話。

有關求學與聖職的日記摘錄

領聖品

「一九三三年十一月十二號，清晨六點半，往聖大亞爾伯公學小堂（聖衣會），領剪髮品，主禮者爲巴里加（Pallica）副代權主教，八點時，禮儀開始，十點一刻禮畢出堂返校，早餐畢，請王尙德君剃剪頭上圓頂，剪下的頭髮，保存做紀念，我看不見頭上戴了光亮的圓頂，自己後相有無變更，旁人看見了圓頂，知道我已屬神職班的人了。天主，我剪髮棄俗，全心皈依於你，求你成全我的志向。」

「一九三四年十二月廿二號，清晨六點半，乘電車到聖若望拉德朗大殿，領受第一第二神品，進殿門時，殿內尙朦朧不亮，我們在一側殿，穿著小白衣，等候行禮，領品的人數很多，約兩百餘，共分兩組，領大品者爲一組，在正祭台領品；領小品者爲一組，在一側殿領品，八點一刻，禮儀開始，十一點，授小品禮完畢，授大品禮，於午後一時始完。」

「天主的仁慈多方扶持我，使今日我正式登神品大路，心念家親等，若已知我今日領神品，心中當有怎樣的欣慰，又念到先伯父明山公，曾一意玉成我修道的志願。今天在天堂，定必含笑下看罷！」

「一九三五年四月二十號，清晨五點起床，漱洗畢，動身往拉德朗大殿，六點一刻到達，預備一切，七點起始望復活日典禮，聖火、聖水、祝聖神品，領品者大約百餘人，我們一班領三品四品者，就五十，禮節很長，午後兩點才回校用飯，感謝天主，在神品等級上，我又登了兩級，於今離鐸職更近了，自己該盡心預備，下午，大家散心時，同學等多有向我道喜者。」

「一九三五年九月廿一日，清晨四點起床，五點半，與領五品的同學四十八人，從別墅動身，搭電車進羅瑪，六點半，在聖斐里伯能里堂領五品，第一次穿長白衣，自覺另是一人，心中懍懍然有所戒懼。今早領品者頗多，晉司鐸者十四人，領六品者十八人，領五品者五十八人，領小品者八人，主禮者爲羅瑪副代理主教巴里加總主教(Palica)，我一生的生活目標，在今天正式決定了，主禮者向我們領五品者說，到今天你們尙是自由的，於今向前走一步，表示你們誓守獨身不娶，走了這一步，就不能反悔。我毅然決然走了這一步。」

「一九三五年十一月十號，五點半起床，六點半，神師講默想，八點，授品典禮開始，今天我領六品了。」

本校經堂，簡靜莊嚴，祭台上燭光高照，學生等入堂就位後，主禮Pallica巴里加主教進堂行禮，當唱列品禱文時，我伏地靜默，腦中思想千頭萬緒，深謝天主的宏恩，愧赧自己的德淺，領品時，主禮者按手我頭上，口誦聖神經，我切望天主聖神降臨我心，堅定我的志向，十點三刻，禮畢出堂，與主禮主教合影。

「正午十二點一刻，中餐時，學校慶祝新六品，兼慶傳信部次長撒羅蒂主教聖名瞻禮，席間演講奏樂，午後兩點一刻，新六品等往朝聖老楞佐堂，拜聖老楞佐與聖德望之遺髑，兩位致命聖人俱爲六品，故可認爲領六品者之主保。」

一九四〇年六月三號，決定不繞道回國。

「一九四〇年六月三號，意國輪船即不去遠東了，我打算繞道由美洲回去，今天早餐後，往傳信部謁見剛恆毅次長，請示辦法，剛公很爽快地贊成繞道美國事，我乃往見部內經濟司司長，商洽路費。他以爲須請示部長，我便登樓拜謁部長樞機，部長意以爲路費過多；而且繼任中文教授既不能來，暑期中華生爲研究國學，須要人指導，但最後部長說，午飯時，他將到傳信學校赴宴，席終他再答覆我。」

「今晨，本校有三位新司鐸行首祭，部長樞機乃來校午宴，慶祝新司鐸，入席以前，部長對我說，如實在願意走，也可以繞道美洲，然繼任教授既沒有從中國動身來，則更好暫時住下。」

「人事常不能如願，這才叫是鍛鍊意志，兩個月前，自己不願立即動身，有意與哥歡尼君多盤桓些時，多練些英國話，上峰們則促我早些動身，回國就新職，於今我急著打算回國去，上峰們又不讓我走了！午後心意頗亂。」

「一九四〇年六月十號，本校慶祝聖亞敬多瞻禮，剛恆毅總主教來校行大禮彌撒。我乘便告訴他沒有找得船，沒法動身，剛公乃說暫時打消回國的計劃，再住一年，繼續教書，就在今天接到家鄉來信，柏主教在來信裡慶幸我能回教區，給我一切的便利，家父來函談家中接我回國的消息後，親友等都預備送禮歡迎，從兄羅榮也述說家中人喜氣洋洋；而且他還告訴我該帶甚麼紀念品回去，我捧著這一疊信紙，心中茫然無主，我欺哄家人已多次，這一次他們信我真要東歸了，闔家計劃慶祝歡迎會，而不知恰在他們信到的一日，我歸國的事又成了泡影，我竟墮了幾顆清淚！」

「午後六點，墨索里尼在羅瑪威尼斯宮演講，我伴剛公在副校長房中聽無線電播音，大家形色都很緊張，預料演講裡將有關係意大利命運的話，等聽到墨索里尼聲明意大利宣戰書，已遞予英法大使，各人睜眼相對，如墜一冰坑中，剛公嘆息說：『多少青年的生命，要因此被斬斷。』，威尼斯宮前大場中的民眾，鼓掌歡呼。我心中預覺這種呼聲不吉祥，師出要有名，於今乘法國戰敗時，意大利取投井下石的手段，想去同德國人分贓。這大約討不著好，必不是爲子孫造福。」

「傍晚，校中提前行聖體降福，晚餐時學校熄燈，全廳昏昏暗暗，飯後，眺望羅瑪，全城暗黑如曠野，僅梵蒂岡城有藍燈數點而已，戰魔的殺氣，已包裹了羅瑪城，第一天就慘淡可怖！」

遷出傳大母校

「一九四三年十一月十三號，母校爲我行餞別禮兼賀我主保瞻禮，清晨，在學校經堂正祭台行祭，吉歐君與金銘君輔祭彌撒經文除聖達意老本日經言外，再加謝恩經，十三年長住母校，心身安適，學業有成，今日言別時，豈能不感謝天恩浩蕩。」

「早餐後，往梵蒂岡城內新寓所，寓所名『日爾曼旅舍』，校役把我的書籍都送到寓所房內，房內於是四處是書籍，既沒有適當的書架，我東轉西轉也想不出安置的辦法。」

「午前十一點三刻，回傳大，入房，草寫餞別禮答辭，然因時間短促，未克完稿，十二點一刻，進飯廳，大家鼓掌，席間樂歌班唱歌，中華學生會會長侯之正司鐸致賀辭，校長起立致餞別演說，我最後向大家答謝。」

「一九四三年十一月十四號——身體很疲乏，午前提起精神，到廣慈修女小堂做彌撒，聽告解，午飯後，中華同學會開餞別會，會長侯之正司鐸致開會辭，呂洪勳司鐸演講，以神學而談別情，很新穎，同學會贈一冊神修纂編爲紀念品，我答謝同學會會友，勉各位，注意神修生活，修超性愛德，培植專門學識，多讀中文多寫中文，多爲中國國籍司鐸祈禱。」

「離校在即，心中頗鬱悶，十三年久居母校，豈能漠然而離去。」

回國

一九四五年八月二十四號　天晴

于斌主教從拿波里給我一信，在所囑託的幾件事情中，有催我回國的一條，信上說可以在三、四月內，即預備回國，于主教在羅瑪時，我曾問過他，是不是更好即預備回國服務，主教說可以稍等幾個月，俟國內各方都大略有秩序後，即動身歸去。

今天我同謝公使就談起我回國的事，公使大約問一問國內有甚麼事件可做。

回國的問題，今天常在腦中盤旋，旅途一層，沒有甚麼特別可想的事，回國以後可以做甚麼事；這一點著實有點使我心中不安，在羅瑪身體舒適，精神清爽，閱讀寫作的時間很充足，金錢有餘裕，名聲也漸享。若繼續再住五、六年，大約可以出刊三、四種著作，而且戰後郵政迅速，在國內報紙上又能常寫稿子，或者也可印刷自己的傳集，這種計劃也未始不算一種理想的計劃，而且照人事一方面來看，這種計劃或許要算上策，但是這種計劃是不是天主的聖意呢？傳信部部長、次長等都願我早期歸國，國內神長也有希望我歸國的，按眼前的情形看來，歸國一層，似乎都是天主的聖意，我所怕的是神長們所希望於我的過奢，自覺無力滿足他們的奢望，結果必要露出自己的驢腳，或不然，自己拚命工作，學術研究一層就將被犧牲，按人事一方面說，回去是苦多樂少，但是我所該選擇的，不在乎樂事，而在乎天主的聖意。

這麼來回思想著，心中漸漸安定了。

博士試

一九四五年九月二十三號　天陰

傳信學校中國學生，多有在羅瑪已住的厭煩了，很想能回國，使館方面已進行接洽回國手續，因爲辦理華生回國，我便想起了華生的文憑問題，羅瑪各教會大學的文憑，尚沒有中國政府的承認，在國內社會上不發生效力，使館乃上呈文於外交部轉教育部，請求承認教廷國立大學的文憑。

講到文憑我便想起自己的博士試驗；想把當日的日記錄下，聊作紀念。

可是一九三二年七月中我考哲學博士試驗時，我尚沒有寫日記，所以沒有日記可錄，腦子裡面所記得的，則還有幾分頭緒，一九三二年，教廷改革大學章程的通諭已頒佈，然尚未即刻實行，所以我在第二年哲學畢業時，可以應哲學博士試，而且不必寫論文，不過在應博士試以前，先該應碩士試，碩士試驗的試材爲心理學與宇宙學，我進去考試時，跟宇宙學教授，討論的不接頭，他說我編中國神話，幸而心理學試驗，我對答的很好，才能剛剛把碩士考上，離博士試驗僅只十五天了，博士試材爲八種：論理學、批評學、宇宙學、心理學、本體學、倫理學、原神學、哲學史，每種試材都是幾百頁，我卻不灰心，埋頭苦讀，因舊校舍公共自修室與公共寢室，不便收心，我乃跑到新校舍，尋到一間空房間，一連十五天，每天從早到晚，坐在房裡不出門，也不管羅瑪天氣的燥熱，結果，博士試驗的成績，爲三十六分之三十四，超出我自己意料之外，試驗室外的同學們，都跑來賀喜，那時與我相好的關溫君，握我手良久，當我倆避開眾人，并步散心時，我從他的眼中，看出他驚喜之情。

考了哲學博士以後，無聲無臭地讀了四年神學，我沒有打定主意繼續神學第五年，預備神學博士論文；但很想攻讀兩年法律，衡陽教區柏主教則函電交加，催我在神學畢業後，回國服務。我乃轉請剛總主教，設法完成我的求學素願，如果我留在羅瑪讀法律，不意因時卻被任爲傳大中國文化史教授，險些兒把求學的計劃打破了，幸虧自己咬緊牙根，一面編講義，一面讀法律，不但兩年，而且三年，昔日最怕寫博士論文，後來每天坐在房裡，把論文一頁一頁地寫，不上一年，論文竟寫成了，論文的題目是「教律與中國法律的親權比較觀」，辯護論文的日記，在一九三九年六月十一號。

「一九三九年六月十一號，上午法律學院來電話，告以今天午後五時可應博士試，我乃忙將論文下半部念完，又把論文摘要溜讀一遍，午後四點，與學校經濟主任乘汽車往法律學院，一小時後，主考教授們始到齊，即入堂應試，講了論文摘要，教授們設難，六點鐘時，試畢，成績很好，感謝天主！辛苦一場，總見到成效，考試前，我沒有通知旁人，所以無人參禮，晚飯時，大家聽說了，便哄哄鼓掌一陣。」

一九四〇年，安靜讀書，預備早期回國，但在動身以前十五天，意大利宣戰了，我被困在羅瑪，於是異想天開，想考神學博士，既在大學任教授，當然不便再做學生，又進教室聽第五年神學課，學校當局乃只要求交博士論文，我於是又一面編講義，一面寫神學博士論文，這次的論文題爲「在華外籍教士法規」，自一九四〇年暑假時開始，到一九四一年四月底，論文便已抄寫清楚，交到大學秘書處，六月六號，我應神學博士試：

「一九四一年六月六號清晨，赴火車站，往送桂永清武官回柏林，進站，不見人影，打聽一下，便知因武官夫人發了病，改期動身。」

「因昨夜天熱，未能穩睡，今天頭痛，又該加緊預備博士試驗；心中稍慌，午後，稍事休息，往運動場玩籃球數十分鐘，沐浴後，身體輕爽，六點多鐘時，開始博士試驗，七點三刻，試畢，成績很好，神學博士成功，感謝天主大恩。」

遊記

一九三九年

「一九三九年七月十五日，清晨，同夏樹卿司鐸往車站，七點半，乘車往德國，沿途風光已熟識，且車廂中有修女三人，我不便攀窗多看，午後，五時許，車抵熱內亞，換車，六點一刻，離熱城。十點到凡蒂米那城，意法兩個警察檢查護照與行李，車開後，夜色已深，車外不見一物，侷促就臥車上，車行速，站數很少，通宵只有輪聲衝突夢境。」

「一九三九年七月十六日，清晨五點許，車抵馬賽，將行李寄在站內，自己進城行彌撒，早點後，立車站涼台遠眺，看不見海，九點零五分，搭車直趨露德。」

「離馬賽後，車常沿海行，一望平疇連綿，沒有寸土不帶綠色，樹林、莊稼、花草、菜蔬，席地而坐，下午四時，車抵杜龍。換車，沿途景物漸變，車出入山谷間，下午七點，抵露德，出車站，赴聖多瑪斯旅館，放下行李，用過晚飯，即往朝聖母洞，才入內，歌聲悅耳，洞前燭火夜遊隊已出發，今天爲聖母聖衣瞻禮，洞側上下兩大堂，萬燈齊明，大堂輪廓清晰如畫，數千人整隊自上堂遊到下堂，在堂前草坪繞行一週，我跟著遊行隊走了一陣，乃捨隊轉趨堂側，往朝聖洞。」

「這即是萬國信眾所繫念的聖洞！這即是千萬信徒遠道來朝的聖母像，我於今已到這洞前了，我見了聖母像，不期然即兩膝跪地，我沒有細心看聖洞的形勢，我沒有注視聖像的狀貌，我只知道到了顯靈的聖母像前，我跪地祈禱。」

「只一瞬裡，我默念了平生的一切事，眼前有我出生的農舍，有求學的小學校，有留住多年的修院，有羅瑪的傳信大學，我心頭的情緒，有似急瀉的瀑布，飛騰奔流，過了幾分鐘，心緒稍平，我見石洞巖石黯黑，藤草蔓繞其上，聖母像在一小洞中，像背略屈，顏色頗黯淡，洞前滿地跪著信眾，各自默念經文，我背後有流水潺潺，夜深已襲人。」

「夜間十一點始就寢，昨夜未睡今夜須補足，明晨，天大亮後才起床。」

「一九三九年七月十七號晨，七點起床，梳洗畢，往下面大堂行彌撒，大堂為圓形，周圍均有祭壇，堂壁與聖像，俱係彩石嵌畫，秀麗奪目，為羅瑪所罕見，大堂側，小山上有十四處苦路像，由上面大堂右側上山，山路成螺旋形，沿途置十四處銅像，紀念耶穌受難情景，像高大如活人，形色畢肖，第十二處適立山巔，第十四處在山側一小洞中，遊者有似身登加爾瓦略山，心神懍然，下山，往聖洞，跪地祈禱，此刻想到了流血的祖國，顛連的家鄉，久別親人，不安的母校，我把這一切都托給了聖母。」

「午後，到小鎮上買些紀念物：小帽一、小刀一、郵寄明片，問候友人，回到聖洞前時，朝聖的病人，已成行躺在洞前，洞左靈泉浴池，繼續有病人出入，四點半，聖體出巡，由下堂出發，巡行至聖洞前，再轉回大堂，繞行堂前草坪一週，坪中病人成行，或臥或跪，主禮者捧聖體降福每個病人，巡行時，歌聲連綿，禱聲徹天。」

「晚飯後，張可與張鎮遠司鐸亦到，四人一齊去參加晚上持燭遊行禮，今晚人數更多於昨晚，因新到有朝聖團。」

「一九三九年七月十八號，晨六點起床，到聖洞頂上一祭台行祭，彌撒後，往朝聖洞，一隊蘇克蘭朝聖團在洞前，靜聽一位主教講道。」

早餐後，偕三位中國司鐸，往觀上堂，上堂長方形，裝飾品盡屬謝恩紀念物，出堂，上山，拜十四處苦路像，午後，四點半，聖體出巡，病人較昨天加多數倍，出巡隊中之女青年約千餘人，均著白衣白紗，當出巡隊進堂時，大堂兩傍石梯上，一望白衣如雲，五點一刻，我回寓，預備往巴黎，六點，又到傳大同學六人，七點半，偕夏樹卿司鐸往巴黎，夜間十一點換車時，在車站候車一小時，氣候甚寒，衣服單薄，只有走進候車室。」

「十九號，晨八點，抵巴黎，乘車往訪比國公教農村合作社辦事處主任，早點後，往旅行社取車票，我對巴黎的第一個印象是人奔車流，汽車夾著人走，而且走的很快，巴黎似乎多雨，今天時雨時晴；這一點很與羅瑪不相同，巴黎街房，均不甚高大。」

「中飯後，往觀總統府國會，在尼里瑟大場，樹木、燈火、石像，合成一種偉大的幻象，上望凱旋門，汽車穿梭成行，有如隊隊兵士，形勢壯麗。」

「聖心大堂在高山之巔，堂勢雄壯，堂前一望，巴黎全城在眼，屋頂無垠。」

「把夏司鐸留在聖女瑪大肋納堂，我去找中國大使館，指南上所寫地址過舊，使館已早搬了家，找到了使館，請見謝東發先生，問能拜會顧大使否，謝先生往問，大使正在會客，明晨十點，再通電話。」

「一九三九年七月二十日，彌撒後，等張可與張鎮遠兩司鐸，不見到，乃留一字條，偕夏司鐸再往使館，到使館時，門房說：正四處打電話找我，謝東發先生出見，說大使請吃中飯，出館，往看聖母大殿，兩鐘樓高聳天際，有如雙峰并峙，白石俱黯黑，石上彫刻，直鉤心鬥角之妙，與羅瑪各殿之宏大偉壯，甚異其趣。」

「一點，到使館吃飯，進客廳，顧大使的小姐起立握手，不一時，大使出見，談蔡寧總主教訓令中國教士們守中立之函，政府很不以爲然，想向教廷有所表示，兩點半，我因行程匆促，即辭出。」

「四點一刻，偕夏司鐸乘車赴里許愛Lisieux，七點一刻抵里城車站，車近城時從車窗望見聖德肋撒大堂巍然立在山頭，我心神怡悅。」

「到旅舍卸下行李，往街上閒步，里城很小，街道清潔，路上少行人，我打算買一尊聖女德肋撒銅像，一冊靈心小史，小史今晚已購得，銅像則未找得。」

「二十一號，晨，計定在聖女德肋撒墳上行祭，心以爲聖女墳墓必在大堂中，走入大堂，寂靜無人，進地下小堂，問一司鐸才知聖女墳墓在聖夜會院小堂內。」

「從小堂更衣廳拿了麵餅領布，到聖女墳前，等著祭台空時，上台，行祭，聖女遺體平臥一玻璃棺中，棺居小堂右側一旁殿中，遺體稍偏右，面頰爲蠟製模形平鋪棺中，遺體則已朽腐了。」

出版意大利文本儒家思想與外籍傳教士在華法規

五月九號　天陰

昨天午後，往公教書籍代售處，找經理先生，問我印書的事件究竟若何，他說《外籍傳教士在華法規》一書已裝訂好了，明天可以送來幾冊，隨即從抽屜裡拿出文件，請我在印書的契約上簽字，我既不要版權，而且還購妥書一百冊，發行人總該滿意了，我明知自做交易的傻子，可是我意不在錢，只在能有人操心把書籍印出，我有書籍送人，即使白送給發行者兩萬百耳，我也甘心。

今天，午前在使館，真見人送來書籍兩包，心中一躍，急忙拉開紙包，不禁眉開眼笑道：「樣式與印刷很美觀！」看見自己的名字印在紙上，於今已不起甚麼另外的感覺，一九三一年第一次寫報稿，第一次見自己的名字印在北辰雜誌上，似乎有點不信那是我的名字，後來報稿一篇跟著一篇，中文之外，又加上意文、英文，看見自己的名字印在紙上，已覺無甚新奇，但是自己印書，這次尚是第一次，接到初次印稿時，倒有些稀奇，自己的文字，竟一頁一頁印出來了，接連校改了三次校稿，也就不再稀奇這一頁一頁。

五月三號　天晴

午前，講中國宗教史時，學生們都領到了我的書，他們羨美書的封面與印刷，一位中國學生說：「書名取的很妙。」，我便述說書名的來源，「當初，我想以儒家思想做書名，轉想這個名字在歐洲已用的爛熟，不足引人注意，後來作序的朋友，勸我以孔子做書名，我則以爲孔子不足包括全書的內容，一早，我行彌撒時，突然腦中來了『中華智慧』一辭，立時決用爲書名」，中國學生笑說：「這真是智慧，不想而得一個妙名。」

一九四五　出版儒家思想

六月二十三號　天晴

午前，趕到傳信部謁見剛總主教，總主教不在部，午後，又往剛公住宅請見。剛總主教半坐半臥地依在一張靠椅上，寒暄畢，笑道：「有事，應該午前來見，午後一談話就斷了寫書的思路」，總主教椅上一張書桌，桌上堆滿了寫定的文稿。

「你的書很受人的歡迎，我該向你道喜，前些日在一種報上，我記不清是那種報，念了一篇評論你的書的文字，作者稱讚你的話，不能說的再好了，我於是每晚都把你的儒家學術思想念幾頁。」

我反倒有些害怕了，人人都說好話，我自己於是心中愉快，這不是幾經受了我著書的代價了嗎？幾句讚美的話，隨說隨消；世上還有比語言更流動的東西嗎？我著書是爲永遠常生的天主，爲何於今要爲不留痕跡的稱譽呢！

聽稱讚聽多了，一句批評稍刻薄的話，就將聽不入耳，儒家學術思想出版以前，我自己知道這書所有的長處，也知道所有的短處，於今似乎把短處忘了，而且若是人家稱讚的話，說的不大充分，自己便要憤憤然，不必說，若使人家指出書的短處，我必會老羞成怒，可見虛榮心真如烏雲，一旦飛上天空，再分不出青天白日了，靜心養氣的工夫，確實不容易，要想修到聞譽不驕，聞毀不餒，非下一番苦工夫，絕對辦不到。

一九四五年六月二十八號

午後五點半，下樓到門房問公教書籍發售處送書來了否，接到了書包，我逕直走入經堂，這個書包裡，是我的儒家思想。今天正式出版了，書局送來第一批。

我跪在祭壇前，把紙包拆開，雙手捧書獻給天主耶穌，一年來，費了許多心力，但若非天恩浩蕩，今天一定不能見到書已印出，我承認這冊書是天主的禮物，我自己絕沒有可自誇的餘地，經堂裡因天雨不大光亮，看不清新書印刷的情形若何。

有關傳信生活的日記摘錄

賀副國務卿孟棣義蒙席晉鐸銀慶

一九四五年五月二十九號　天陰

早晨八點，往聖斐里伯能里堂，參與教廷國務院副國務卿孟棣義蒙席晉鐸銀慶彌撒，堂內來賓座位雖然預備的多，但是外交賓位就不夠用，後到的公使幾乎找不著位置，籌備人大約沒有預料到外交團來參禮者有這麼多。

我也有些驚罕：堂裡來與禮者竟在兩千人左右，公教進行會青年會的代表似乎佔來賓的三分之一，教廷各部院都有代表，意國政界名流也有不少人到堂，最使我驚罕的，是今早領聖體者，總在五百人左右，而且男子居大多數，法國、葡萄牙大使也都敬領聖體。

大家都預料常務次長孟蒂尼將升樞機，將做教廷國務卿，今天來堂的人這麼踴躍，大約不是無因的。

孟蒂尼身瘦面尖，前額稍突出，鼻峰頗高，濃眉小眼，今天穿著金花祭披，似有弱不勝衣之態，他的外貌性格，有些相似當個教宗；然較爲更樸素自然，外交團的人多說他有繼任教宗的希望，預料他將取名庇護，他爲人則溫和謙讓，從不露聲色，辦事謹慎，細微不忽略，有教廷老成練達外交家的風度。

一篇文章

一九五四年九月十二號　天晴

傍晚，乘電車回寓所時，在車上瞥見一位乘客手中，拿著「日日新聞報」（Hhnotidiano）報上社論的標題後半部是Chinese「中國的」，前半部卷在裡面不能看見，但我立時想到，那篇社論必是我所寫的「中國建設」一文，等到電車在中途一站，停留稍久時，我跳下車趕買日日新聞報八份，預備送送朋友。

謝公使已向我說了許多次，外交部情報處來信詢問，該處寄來的宣傳材料，使館方面怎樣應用，更好的用法，便是借用該處材料，在報上寫一篇文章，我便乘雙十節國慶的機會，作文一篇，雖說情報處的材料，少有適用者，但總算是同樣爲國宣傳。

十月九號，午後，我等著在報上念那篇文章，報上卻一字不見，十月十號午後，我又買報來看，報上也沒有那篇文字的蹤跡，我心中頗爲喪氣，自以爲又領了一次教訓，前日常想自己的意文教稿，每次受人歡迎，這次送去，竟不能登出，可見自己的東西，仍是不成爲作品，日日新聞的主編，是我自己的朋友，素好爲中國說話，這次不發表我的稿子，必是他認爲那篇稿子不足長我的面子，那麼以後還是少寫東西，正打主意要爲觀察報寫的稿子，更好不寫。

今晚，看見自己的稿子用大字登出，而且登在日報第一頁，主編者寫社論的地方，心中高興的很，又因爲已不希望看見稿子，竟又意外看見稿子冠冕堂皇地登載出了，心中似乎有些躊躇滿志的氣概，立時決定觀察報的稿子，還是執筆寫。

晚間，回使館時，我慢慢又想起平日常想的問題，自己究竟有那一門學術見長？旁雜不精，不是我的判斷嗎？日後究能專門那一種學術呢？僅僅空空泛泛寫一點東西，那不能算是留於後世的成績，回想的如果，還是像以前每次回想時一樣，腦子想痛了，也不能決定究能成那門學術的專家，最後的結論，則在把諸事託靠天主，我盡我的心力而已。

一九三七年冰心女士來參觀傳大

正月二十號，午前，打電話給使館朱秘書，探問吳文藻先生的寓所，他囑我向亞洲學會打聽，打電話給亞洲學會秘書，終而找到了吳先生寓所的電話號碼，我隨即與寓所通電話，答以吳先生出外未歸，午後一時，再通電話，得與吳先生對談，請他夫婦蒞傳大參觀，他猶豫不決，因明天該動身，今天午後還要參觀墨索里尼遊藝場，他恐夫人過累，今晚若有餘時，他本人將來傳大相見，我想還是親去邀請，冰心女士或許不好面卻，午後三點，在遊藝場我遇見他們夫婦，同行者尚有一美國太太，冰心女士身材不高不低，清秀文雅，和藹自然，我伴他們繞運動場一週，近看場沿白石彫像，我留心冰心女士，看她注意何事，她似乎很關心法黨青年童子軍，出運動場，驅車往傳大，路過聖伯祿殿圓場，冰心女士願看米開朗基羅所刻「痛苦之母」石像，下車，入殿，在彫像前久立，她忽同美國太太，往大殿盡頭的「宗徒座位」祭壇，看壇側教宗吳爾巴諾八世的陵墓。

墓上彫刻中有一小孩，肩荷一棒斧，冰心女士笑問，莫非那時已有棒喝黨嗎？我幸而已開始讀法律，知道棒斧在羅瑪社會的寓意，故能以墓上棒斧，象徵教宗善用了自己的權力。

到傳大，先看教室，後看宿舍，中國學生在大禮堂相候，匆促間，彼此相遇，無所謂歡迎會，我說了幾句歡迎話，吳先生答覆數言，冰心女士也乘興說了幾句，她自認黨平日不注意天主公教，自己在基督教裡長成，與公教沒有接觸，第一次相接觸，是她到北平天主堂聽耶穌聖誕音樂，第二次是前年她到西北旅行，過宣化，看北山主徒會，到綏遠，察看民間教會情形，她以爲公教協合民情的一點，很可佩服，主徒會院裡的耶穌像，耶穌穿中國衣服，這次在羅瑪，又見博物院裡，印度耶穌像，耶穌穿印度衣服，天主公教傳到一處，設法與該地的民情相協和中國從前天主教因外國教士干涉政治，引起惡感，今後她希望中國天主教會由中國人治理，中國天主教藝術，遵照中國藝術的遺風。

出大禮堂，入聖堂參觀，轉往學校圖書館，我抽出冰心全集，請她留名作紀念。

昔日以爲大名鼎鼎的女作家，總有甚麼異於常人之點，今天見了冰心女士，僅只見一位中年的清秀女人，服裝淡樸，首飾素靜；我幾乎不信她的大名，但有一點，文字恰如其人，即潔淨溫雅，在她的態度與文章中，都很容易看出。

傍晚六時，冰心女士夫婦離傳大。

抗戰勝利

一九四五年九月五號　天晴

為慶祝抗戰勝利，使館定於九月八號舉行酒會，今天使館國人忙著寫請帖，午後我持帖去請樞機主教。

我所見第一位樞機主教，為加斯巴里（恩利），走進大樓，我問加樞機位在那一層，門房說：「樞機位在第二層，可是今天午後不見客，有幾位來客上樓，都被辭回，不過，可以上樓去試一試。」我上樓後，按電鈴，一個老太婆來開門，進了門，我正想遞名片，忽見過道裡一位老神父，我以為他是樞機的秘書，便走去請他遞名片，通告樞機，走近一看，卻是加樞機本人，他忙笑著說：「請不要見怪，我連頸上白領條也沒有帶，你在過道把我抓住了。」本來是我該認錯，沒有通知，立即直衝禁門，使樞機沒有預備，夏天天熱，私人在家，誰不享受一點自由，鬆鬆頸硬領條。

我所找的第二位樞機，是蒂色朗，看門的給我說：「你與樞機有沒有約會？……沒有約會，樞機大約不見，我上去問一問。」，等待了兩分鐘，看門的回來向我說：「樞機十分抱歉，今天午後事情很忙，還有一客人在座，兩人須討論一樁事情，請你明天午前到部裡相見。」

第三位見面的樞機，是教育部長畢匝爾蒂，畢樞機見面後，問我身體若何？飲食怎樣，接著他說：「我教給你一種吃米飯的辦法，把洋柿子的頂皮切開，挖去裡面的種子，把米裝在柿子裡，然後把頂皮蓋上，放在爐子裡一煮，煮熟了，味道好極了，而且很經濟，在於今無法吃飯時這是一種最好的辦法。你坐一下，我去拿一顆給你看。」可是樞機回來後，他說：「可惜，現在已經沒有了。」，話便說到我所寫的書上，畢樞機邀我到意國的總修院裡去講幾次中國思想史，畢樞機不久或將出巡意國各總修院，他以爲最好是我跟著一齊坐汽車去，最後，畢樞機向我說：「我有一個很難的問題問你，有人說，中國修院應取消拉丁文，然而我們聖教會的學術遺產，都是用拉丁文寫的。」我連聲答道：「直到於今中國修院都很注意拉丁文，而且我們謝公使昔年出席倫敦國際教育會議時，尙主張各國國立大學都應設立拉丁文講座。」畢樞機一聽，頓足立起：「那麼請轉告謝公使，我一定來赴茶會。」樞機心中十分興奮。

天氣一黑了，我還趕去敲多米尼阿尼樞機的門，我已拜見多樞機好幾次了，所以見面時，常可自在說話，這次多樞機很難來赴茶會，因爲八號午後，已被請主禮聖體降福。回寓用晚飯時，同寓人已在吃飯後水果了。

六號　天晴

午前，到傳信部謁見部長畢翁蒂樞機，到東方禮儀部謁見蒂色朗樞機。

午後，謝公使忽來電話，說有椿事很痲煩，剛纔有人用電話問他，茶會請帖爲甚麼不見有一定的日期，大約有一些請帖沒有寫日期就發出了，糾正的辦法，只有向客人家裡打電話。

這真是椿痲煩事，這麼多的客人，怎麼能家家打電話呢？茶會的請帖，先期已寫好了大半，但因爲日期尚未決定，所以沒有寫日期，昨天我在一百餘張上添了日期，下餘三十張，聽差的人已早封上，我既出去見樞機，便沒有注意到這一點。

晚飯後，我在使館打了一點多鐘的電話，忙到十一點半，再晚，打電話就不太方便了。

七號　晴

謝公使問我，昨晚打電話的成績怎樣，我說，多半人都不在家，接電話的人既沒有看見請帖，不能說上面是否有日期，所請客人親自接電話的，都知道是那一天，我便扮爲勸駕，寒暄數語，只有華棣崗瑞士衛隊隊長，說自己的請帖上沒有日期。

午後，傳大學生都自避暑地回校，我去找他們，爲預備明天早晨的彌撒，他們以爲昨天我們所指定的經堂過於狹小，而且不大乾淨，他們要另外找一處，我何嘗不喜歡另外找一座較莊麗的堂宇，但是謝公使堅持不要距使館過遠。

晚飯後杜司鐸來電話說另外找到西班牙傳教會的聖路濟亞堂，這座堂也在使館的同一路上。

八號　天晴

昨晚未曾睡好，腦中常想著今早彌撒時的講道，清晨起床，做完了默想，念完了日課，便執筆寫講道稿，聽道的人既多半不信教，我便不能完全用普通經堂講道口氣，只好就上天助佑中國一點加以發揮。

使館大客廳，已安排成臨時禮堂，爲今晨舉行抗戰慶祝會之地，會場也排上一列長桌，供茶會杯盤之用，華僑送了些鮮花，各處花瓶都紅綠耀眼。

上午十點，我在聖路濟亞堂更衣所穿祭披，預備行祭，幾分鐘後，彌撒禮即開始，謝公使與使館人員均在堂，彌撒禮儀整齊有序，歌聲抑揚合調，中國神職班真可自行其事，不必仰求外人了，我自己的喉嚨今晨很清爽，發聲洪亮，講道唱經均能高下自如，第一次正式在彌撒裡用中國話講道，我卻在羅瑪舉行；而且舉行的時候，是在中國抗戰勝利的感恩彌撒裡，我就怎樣選擇也找不著比這個更好的一個日期，彌撒後大家唱謝恩聖詠。到了午前的十一點，謝恩典禮禮成，大家出堂往使館，謝公使主持慶祝抗戰勝利會，使館大客廳雖寬敞，然因人滿，太陽蒸曬，我覺得廳內熱氣逼人，呼吸不暢，慶祝典禮的情形，眞有如杜司鐸演講中所說，在舊日敵國裡，由我們使館引導華僑舉行慶祝的，僅僅有羅瑪一處，大家因此都有一種特別的興奮；因爲華僑中，有曾被德國人與意國人拘禁於集中營者。

午後，五點，我由梵蒂岡寓所，乘電車往謝公使旅館的車上，閱當天觀察報和日日新聞報，上面已登有華僑感恩彌撒的消息。

到了羅瑪大旅館裡，看見進門大廳一半留爲我們的酒會用，裡面的設備樣樣齊全，我們使館的人員，也想事事都齊全，大家依次並立廳門，向來賓笑面相見，但是東方部次長蒂色朗樞機來時，我們都按禮站好了，其餘各等級來賓，我們都如禮迎送，前天我打電話的結果，以爲被請客人有一半在羅瑪以外避暑；可是我們今天則見滿堂來賓，較前幾次茶會來賓都多，羅瑪「民報」主席哥能拉先生戲向我說：「你們的生命線地域越擴越大了，去年你們的酒會是在樓上兩間小廳內，今年一月的酒會在這半個大廳裡，來賓都能行動自如，今天來賓就覺擁擠不開了，下次你們酒會必定要佔一個整個大廳了。」

酒會後，逕自回使館，路上買梨子一枚桃子兩枚，作爲今晚的晚飯，今天吃的甜東西稍多，而且口很渴，晚飯已不能吃，到使館後，喝一杯熱茶，吃三枚水果；清清腸胃。

有關大戰的日記摘錄

羅瑪被炸

「一九四〇年六月十四號，半夜後，一點五十分，空襲警報將我自夢中鬧醒，披寢衣跑上新校舍，許多同學已下地下室了，樓梯上既無燈，路又不熟，幾經摸索繞到防空地室，大家在地室中，誦了幾段經，過後從容談笑。我走出地室，到大門前靜望天空，少頃聞飛機響，高射炮隨即隆隆作聲，我即奔回地室，身體很倦，依牆假寐，三點一刻，解除警報始發，同時梵蒂岡城來電話，說本校電燈透明，大家為這事抱歉，今晨七點半起床，尚頭痛不能工作。」

「午後，部長樞機來校，參看防空地室，言明晚他將來校內住宿。」

「一九四〇年六月十七號，朦朧睡了半夜，又遭空襲驚醒，幸而二十分鐘後，即結束了，晨七時起床，精神不振，午前，讀書寫作，因頭痛，時斷時續。」

「得表弟郭安義來函，言因父親棄世，心甚傷痛，七八月間，將繞道回衡陽。」

「午後，各處都傳說法蘭西內閣倒台，白膽老將出組政府，單獨與德國停戰，傍晚，閱報，停戰消息屬實。」

「法蘭西豈不是開玩笑，大鼓大擂向德國宣戰，還沒有正式打一個月，即戰敗求和，陸軍雖敗，海軍尚存，聯盟國英吉利實力未傷，美國援助每天加多，乃正在這時候，放下軍器，死心認輸，法國可真到了末日。」

「靜看世界局勢有何轉變！」

一九四五年三月一號　天晴

「去年今天，對著傳大母校聖堂由劉河北女士新畫的聖若瑟像，我行特別敬禮的彌撒，開始三月的聖若瑟敬禮，中學學生大家想聖若瑟像可以在正祭壇懸掛一月，他們在聖像前，每個都可舉行彌撒一次，不料傍晚一個炸彈，把他們的計劃都炸毀了。」

「當天晚間，七點半鐘許，我正伏案閱書，忽然樓房一震，霹靂一聲，我一瞬間失了知覺，下意識的從椅上跳起奔出房外，我知道是炸彈落在附近，我想跑下樓，門外過道裡已擠滿了人，大家瞠目相向，忽而轉眼相笑，炸彈既落了，第二次炸彈已不會再來，這是那架偷著炸梵蒂岡城的飛機，一次驚動了人，絕不會重新轉回，既不下地窟逃難，我們便下樓探問炸彈落在甚麼地方，炸彈沒有掉在梵蒂岡城內，掉在我的寓所附近五十丈的街上，外面已是戒嚴時間，誰也不能出去看，當夜不能知道被炸的詳細情形。」

「一九四四年三月十二號，雨陰，不僅清晨往修女小堂時，雨點注射，正午回寓時，傘尚不能遮蔽身體，驟雨淋身，中飯時，窗外不聞雨聲了，飯後，石路漸乾，窗前已可見陸續來聖伯祿圓場中的修士、修女。」

「午後三點，往使館，謝公使與汪秘書都留館不出，我持劵登圓場右側柱頂，迎面大風襲人，天色陰低，但無雨意，殿前平台，隊隊青衣修生，傳信母校學生的紅帶，遠看更鮮明，平台下，兩行宮廷禁衛綠冠金條，閃閃耀眼，禁衛背後擁著各色的城民，從上向下看，只見人頭相接，好似沸水衝起的水泡，分不清是男是女，是老是少，天色稍明了，陰雲尙厚，三點二十五分，鐘聲隨風振起。羅瑪全城鐘樓，都作聲慶賀，共鳴五分鐘，三點半，教宗坦步上正殿門上陽台。修長白袍，陰雲中唯一光亮物，更吸引人視線，場中鼓掌、揮帽、揚手巾、播傳單、呼萬歲，教宗靜立，揚手答謝。移時，無線電播音機發聲，教宗開始訓話了，距離稍遠，看不見御容的表情，只見手勢的指畫，風大氣寒，聽衆卻都脫帽恭聽，教宗的語聲嘹亮，講到誰敢冒全球人民之諱，而以羅瑪作戰場，將受千年後歷史的唾罵；語聲更沉鬱悲壯，全場掌聲哄哄衝天，最後，播音機說了一聲『阿門』，語靜聲絕，大家都屈膝跪地，領受教宗的降福。」

羅瑪人不會忘記這一篇訓話，因爲有這一篇訓話，羅瑪的街道，才沒有受炮火，今天的報紙，多有提到這一點。

德軍入羅瑪

「一九四三年九月九號，昨晚八點，聖體降福後出經堂，守門者迎面奔來，告我說，意國已求和停戰。我問消息從何而來。他說來自無線電，一刻鐘以前，無線電廣播意國首相巴多里阿將軍的宣言，八點半時，部長樞機等出飯廳登樓聽無線電，我隨去，因得聽見巴將軍的簡單宣言，他認爲意國已不能繼續作戰，故爲避免民族的無謂犧牲，意政府已向英美聯軍求和，雙方已簽休戰協定，意大利軍隊從此停止抵抗聯軍，但若從第三者方面有進攻意大利軍隊者（隱指德國），意大利必武裝自衛。」

十號　天雨

「一九四三年九月十號，一天像『風聲鶴唳，草木皆兵』，大家過了好幾點鐘的焦急生活。」

「早餐時，見報上載羅瑪昨夜被炸的消息，心中駭然，昨晚沒有聽見炸彈聲，羅瑪卻被炸，幸而所擲炸彈很少，而且被炸地也非人煙稠密之區，午後，警報又起，我在使館午飯畢，等待許久，警報不結束，乃離館回校，路過校園下地洞，見多人成群，我走近一位老太婆，問她警報究竟結束了否，她說還沒有，但是許多人傳說，德國大軍已進城，人群裡有喊的，哭的，地洞裡一片亂聲，許多人出洞歸家，我便往前行，一小孩說德軍已在附近山上，我聽炮聲，確實很近，入校，在園中遇兩個意國軍人，他倆說被德軍拉去了徽章軍服，且被揍擊，幸得逃出，願尋地避難。」

「砲聲雖越來越近越緊密，空襲警報終於結束了，我進房小憩，但剛一合眼，即被驚醒，我們學校處一小山巔，有被流彈射擊的危險，乃下樓，學校裡的傳聞很多，有說德軍已進城，有說德軍已拔去意國王宮的旗幟，有說德國鐵甲車各街橫衝，炮聲仍不斷，可以看見炮彈降落的地方，學生們都坐立不安，今天既沒有報紙，又沒有無線電消息，大家悶在葫蘆裡，我想回房寫演講稿，心緒亂，不能思索，乃在校園中散步閱書。」

「晚飯時，部長樞機的秘書竟買到兩份報，報上論調很強硬，言羅瑪必能自衛，我心稍安寧。」

十一號　天晴

「一九四三年九月十一號，據說羅瑪意國防城長官與德國軍官在昨天午後四點鐘，訂有暫約，德軍駐紮城外，城內只佔領德國大使館與羅瑪電台、電信局，昨夜炮聲倒是稀少了，今晨街上交通仍斷絕，午前往使館，談話少頃即出。」

「人心尚惶惶不安，有朝不保夕之慨，正午時，電車開始駛行，報紙也有印出者，大家心頭稍鬆，然而誰也明白，羅瑪城已落在德國人手中；而且法西斯黨又復活，且多出暴動，街上行人，都各自提心弔膽，我感覺到革命時期的恐怖日子了。」

「聯軍沒有趕入羅瑪，似稍失算，意國人望聯軍早到的心，時刻加甚，民眾都問聯軍已到何地，何時可到羅瑪，德軍越久住，越橫行，越引起意國人的怨恨，而意國人望聯軍來到之心，必同時加增，這是聯軍心理戰的勝利。」

德軍退出羅瑪

一九四四年

「一九四四年六月四號，昨晚，十點半，窗外車聲忽起，繼續到十一點，德軍退出羅瑪了，月白天淨，空中飛機作響，稍遠處，炮聲隆隆，午夜，車聲稍停，可聞街房窗口人語，後來，我矇矓睡去，然被吵醒數次，今晨醒來，頭痛身倦。」

「清晨，往廣慈修女院行彌撒，出梵城時，不見聖伯祿圓場與羅瑪城交界處的德國軍警，電車旁，沿途見德國軍車駛走，十點三刻，彌撒將畢，猛然轟炸一響，信友哄哄跑出經堂，午時回寓，在梵城剛下電車，稍駐足看步行的德國軍隊，過天神門時，狹巷中停著一輛鐵甲車，車週圍著一隊民眾，民眾不作聲，車上的德國軍士也頹然不作色，聖伯祿圓場外往北走的大路，絡繹不絕地過著德國軍隊，軍隊都步行，垢面褸衣，精神疲困。野炮由馬拉著，車身掛滿樹枝，我駐足看了幾分鐘，偶見隊伍中有兩個十三、四歲的孩子，軍裝如大人，但面上困苦的神氣，使我不忍久視，遂進梵城寓所。」

「午後，窗外仍是退兵的隊伍，連續不斷，今日是星期日，羅瑪民眾都出來看退兵，我就案閱書，最後實在耐不住心了，乃出梵城，雜在民眾隊中，企看隊隊德國軍車、大炮、鐵甲車、步兵、車身、炮身和軍士身上都滿是污泥，頗令人發笑，前些日子，行伍整齊，氣宇軒昂的常勝軍，在今天退出時也就走不成行，人不抬頭了。」

「羅瑪人今天立在街上，看退走的德國軍隊，明天又立著看進城的英美聯軍。他們把佔據羅瑪軍隊的勝敗，做爲看熱鬧，自己僅是旁觀者，這也是天下少見的事，今天街上民眾都寧靜不喧嘩，眉宇間則都有喜色，彼此交頭互語道：終竟是到了這一天！」

「我遇著觀察報編輯室的一位朋友，問他說：『一個威風凜凜的軍隊，今天弄到了這種地步，也怪可憐。』他正色道：『專門侵略人的軍隊，有今天的這一天，這是活該的報應。』」

「傳說，傍晚時，聯軍將入城，但是晚間只有電燈時燃時熄，水缺乏，別的失常的事，則尚不曾見到。」

五號　天晴

「一九四四年六月五日，清晨，窗外很清靜，彌撒畢，出梵城登聖伯祿殿前平台，圓場中最打眼的，是一群人擁著一幅美國旗，場裡停著幾輛灰色軍車，男女小孩簇著軍士說話，作手勢，一輛軍車直駛到梵蒂岡城門，但叫瑞士巡警攔住了，我回寓用早點。八點半鐘，攜照相機出門。聖伯祿圓場裡人民和軍車，聲音嘈雜，我攝影數張，過帝伯里河，沿厄馬奴大街走去，家家掛旗幟，行人也各舉小旗，聯軍軍車駛過，行人鼓掌歡呼，民眾越走越密。軍車逐漸加多，到威尼斯圓場無名英雄墓前，人頭擁擠，軍隊成行，折入翁伯爾多街，再轉或里多能路，我不能大放腳步，行人真是摩肩接踵，街中心留一條空隙，讓軍車馳走，翠黃色的軍服，栗紅色的頭髮，醬血色的臉面，英美軍人較意國人，另一分神氣。」

「十一點，謝公使、汪、朱、張三秘書同我，共坐一汽車入羅瑪，看看沿途情形，謝汪兩位在梵城困住了一年餘，今天第一次出城。正午，大家到一飯館用飯，館中今天情形很熱鬧，許多意國人今天恢復了自由，能出門見天日，都上街喝酒慶祝。」

「午後回梵城時，遇著許多人從聖伯祿圓場出來，聽他們談話，才知教宗剛才在陽台上降福民眾，羅瑪人見德國人安然退走，羅瑪城市一點不受損失，他們知道其中必有教宗的中保力，所以今天午後大家到教宗宮殿時，歡呼致謝。」

聯軍入羅瑪與勝利後謝恩彌撒

「一九四四年六月十一日，清晨，趕往廣慈修女院，爲能早行彌撒，早回梵蒂岡，因爲午前我要去參與聯軍入羅瑪後的謝恩彌撒，在修女院彌撒畢，笑對依撒伯爾修女說：『你如今滿意了罷！』

「星期一我們真嚇壞了。」她笑答說：「德國人在機場聚齊了千餘人，死勁抵抗，英美軍從城外高處開炮轟飛機場陣地，我們房子的窗戶都被彈打穿。星期四，聖體瞻禮，你沒有來，大家都怕你遇了禍。」

「午前十點，我們使館全體往天神母后堂參與美國第五集團軍的感恩彌撒，全堂擠滿了軍士，秩序井然，彌撒中，或跪或立或坐，都一律依次而行，絲毫不苟且，我相信這是第一次，在羅瑪看見全堂信眾有條不亂，誦完聖經，行獻酒麵禮時，軍士都獻錢，每行軍士互遞一軍帽，各人投紙幣於帽中，第五集團軍軍長克拉克將軍（Clark），在一特位中與禮。克將軍衣簡便軍服，態度從容，面色微顯瘦黃，兩眉互聚，靜默有憂思，彌撒後，外交團員近前與克將軍握手，法國蒂色朗樞機（Tissorant）也在堂，他為聯盟國在羅瑪之唯一樞機，很受人尊重。」

「天微雨，天神母后堂外，車輛魚貫相接，閒立的現象，結成兩翼，謝公使約全體館員到一飯館用中飯。」

「傍晚，因事來母校，乘便在校園中散步誦日課。」

抗戰勝利

一九四五年八月二十一號　天晴

剛總主教前日從家裡回羅瑪，今早我到傳信部拜謁他，為報告于斌主教來羅瑪的經過，總主教一見了我，拉住手道喜說：「賀你們的勝利！賀你們的勝利！」總主教剪了頭髮，形色顯似年輕了十幾歲，滿臉笑容，他心中的喜悅，真出乎衷情，總主教又說：「怎樣的一個勝利！怎樣的一個勝利！往年人家常說日本要拿中國的一半江山，我總說那是不可能，中國爲抗戰，有的是人數，有的是土域。」

我報告于斌主教在羅瑪的經過，總主教只問：見了教宗以後，于主教的印象若何，我說于主教從梵蒂岡出來，心中很滿意，總主教說那就好了。

總主教又說在報紙上見到一些批評我的儒家思想一書之文字，都很恭維欽譽，我笑答希望這書能有一點用處。

德國集中營苦況

一九四五年六月三十日　天晴

午後，剛靠在沙發上合眼休息，門房忽報謝公使打電話找我，謝公使沒有特別要事，只遣我今天往比國大使館聽演講，因爲他有約會，不能去。

比國使館的演講會，在一客廳舉行，廳雖大，然人多擁擠，熱氣逼人，坐了一小時後，我不敢身靠椅背，怕汗衣黏身。

比國大使介紹一位比國司鐸登台演講，司鐸名叫肋羅亞（Leloir），新自德國集中營布根瓦爾（Buchenwald）出來，今天即講在根瓦爾的慘劇。

「人間地獄」一個名詞，用在別處，或許可說濫用，用在布根瓦爾集中營，名實相符，諸凡文明人所能想到的窮兇極惡，殘酷暴虐的行爲，在集中營都有過，被集中的人，已沒有人格可言，被德軍以畜牲相待，而最苦人的，是德國人的組織，凡事都按已定的程序，就是死了人，已定的程序也得守，早晚點名，一站就是三小時，大風冰雪，酷雨盛暑，不能阻止點名，老弱疾病，也不能避免點名，即使人嚥了氣，也要被背到場，由同伴代爲答應。

肋羅亞司鐸卻說，在這人間地獄裡，精神生活很清高，不能閱書，便背誦昔日的書籍。腦中打詩稿，打好了，便記在腦子裡，既然身邊沒有一件私有物，性命又天天懸在一條線上，對於現世的一切，心頭都無所牽掛了。

在「人間地獄」中尚能做彌撒，真非人所能意料，做彌撒的奇妙方法，較比羅瑪古時的致命者還更天想妙開。早晨點名時，大家站立很久，肋羅亞司鐸解開胸前兩個鈕扣，拿出一極小的聖爵，一手捧著，爵內幾滴酒，一滴水。一手拿麵餅小塊。再把胸前衣襟稍合，藏蓋一切，然後他漸漸背誦追思亡者彌撒，成聖體聖血，有願領聖體者，肋司鐸將聖餅夾在指間，借故來到願領人身邊，用手撫其嘴，作一友情表示，而聖體已到那人口中，如此「人間地獄」已又不是地獄了。那裡有耶穌，那裡已是天堂，肋司鐸所以說：「想起集中營的生活，似乎我竟有些繫戀了。」

演講長至一小時半，天氣熱，所講的事又驚心動魄。我出大使館時，頭腦作暈，巨哥斯拉夫教務諮議向我說：「聽了這些慘無人道的惡事，我真愧爲歐洲人！」

聖誕日　接家親噩耗

一九四五年

一年裡僅一次，早晨睡到八點半才起床，昨夜在聖心侍女院行子時彌撒，一連行祭三台，最後念經時，真有點喘氣了，然而燈燭輝煌，花香清馥，我心中有聖誕的喜氣，彌撒後，修女院院長姆姆，教務主任姆姆，又苦留我吃點心，賀佳節，我進使館時已深夜兩點半了，今早就睡到八點半，精神並不清爽，因實際僅睡了六點鐘。

天氣很不適人，昨夜兩點半，尚是星光燦爛，今早卻黃灰天色，一絲太陽光也沒有，而且漸漸下著淅瀝的寒雨，我回梵蒂岡寓所時，聖伯祿殿前進出的人，屈指可數，假使天氣晴明，大殿平台上人們將摩肩接踵，午前十一點，我往傳信大學參與大禮彌撒，聖誕日午前而不參與彌撒典禮，雖昨夜我已行祭三次，總覺得有些虧缺，傳信學校校長既請我午宴，則提前一小時去校，就可以滿我與祭之願了。

傳信母校飯廳，聖誕日裝綴雅觀，柏枝纏門限，聖誕樹雍容地立於廳中央，昨夜晚餐時，樹上燭光閃閃，樹下琴聲幽揚，今天則樹枝上金銀絲條，爍爍有光，大家入席後，學校第一級級長送來一封信給我，信面是中國郵票，字跡是郭藩司鐸手筆，我的心裡不安，知道信裡該有家的消息，大家念了經，聽了兩分鐘的聖書，已自由談笑，我急忙撕開信封，第一句話即「衡陽此次遭禍最慘，人民死去三分之一。」，接著便是「吾兄之祖母、父親、母親也在內，現僅餘兩小弟，生活困難，已函于主教請求救濟。」我把信放下了，腦筋已痲木，一分鐘後，似乎恢復知覺，我又繼續念信，後面竟沒有一句關於家親的話了，機械地把信摺好，裝入信封，心中很想痛哭，但口裡尚沒有說出這種消息，眼淚并不來，我的喉嚨作癢，想即刻把死耗告訴校長，但是大家的笑語，使我想起聖誕節，我在人家做客，決不可以噩耗破壞人家的喜氣，咬緊牙關，裝出笑臉，我竟也能開懷吃飯，而且食量、酒量均不少於平日。

飯畢出廳，我不能再忍而不言了，才向校長開口，眼淚滂沱，語不成聲，校長邀我進客廳，我只有眼淚，語音哽塞，及到眼淚止住，胸口稍鬆時，才能繼續地把事情說出，我乃走進經堂；然而眼望祭台，淚光朦朦，又說不出該誦的經文，但在這一望之中，我已說盡我所想的事，我可以流淚，我可以嘆氣，我可以憂傷，我卻決不會怨恨。

暫時最好不回寓所，個人在房裡將使腦袋漲痛，而且又何必使寓所同人，在聖誕節日聽著死耗，傳信校長給我預備了房間，請我安息，中國學生已有聽到消息者，他們來房致弔，吉歐司鐸知我在房，叩門入賀聖誕，他笑臉進房，見我冷面無情，他也頓收了笑容，他疑惑我又有甚麼怨他的事，著實我真有些不滿意他，數月不來見我，決不是深於友情的表示，但是今天已不是抱怨朋友的時候，可是雖然在滿心痛苦中，對他的反感依然存於心底，假使在我倆感情圓滿時，我必定向他傾心懷，淚流頰面，今天我向他報告家中凶信，乾枯地說了幾句，他倒很誠心表示哀傷，留在我房裡頗久，我接見了兩位中國學生後，又同他討論安置兩位弟弟的辦法，郭藩司鐸的來信，說話那麼簡短，真算缺乏寫信心理智識。

辭謝了福斯基尼女士家的茶會，用電話通知了聖心侍女院修女，請她們爲亡者祈禱，我已擾亂了兩處友朋，使人家聖誕日聽凶耗。

解衣上床，想安息半點鐘，腦子無法靜息，起來，進經堂祈禱，心亂如麻，不知從何說起，勉強念完了每天日課，想立即寫信與郭藩司鐸，詢問家中詳細情形。

一個午後，朦朦糊糊過了，中國司鐸圍著我談天，他們願分散我的心，我談話只是有意無意，話都聽不入耳，學校聖誕晚儀禮鐘響時，我單身一個人了。我也入經堂，在顯供聖體前，我流了淚。

晚飯後，學校放映電影，我今天絕沒有看電影的意味。辭別學校友朋，獨自回使館，步履沉重千斤，心緒茫茫，路燈昏沉，河水陰暗，萬家都團聚過聖誕時，我悽清步入使館，空樓無人，四壁冷靜，我對案飲泣，乃抽筆爲詩。

深夜登床，覺今生已成漂蓬，無家可歸，昔日作客，念慮尙有歸點，自知有一家庭，自知有親人在念我。今後鄉念不可起，作客而無家可思，人世痛楚，尙有甚於這一點的嗎？

我於今最怕的念慮，是疑惑家親死無葬身之所；日後回國，我連家親的墳墓也不可找見，這一個念頭，最使我心痛，我寫了一首哭親詩，用石印印出，分贈友朋。我在詩的結尾，便祈禱天主，賜「家親墳祖塋團聚」。

哭親詩越寫越多了，一連寫了二十餘首，我回想了一些童年的家庭趣事，發爲詩歌，我與家親相聚，便只是童年，十三歲時我已離家入城讀書，然而到如今，童年家庭趣事，仍鮮明地存於腦中。我有意印一冊哭親詩集，後來轉想不印單行本，而與往年之詩篇，合刊一冊，二月間，當我因病入醫院時，把這冊詩集編定了，題爲羅瑪鐘聲，且用蠟紙寫出，油印爲一百五十冊，分贈友朋。

當田樞機到羅瑪第二天，我陪他往見教務院常務秘書長孟蒂義氏，乘便送與他一張哭親詩與意文譯文，過了一星期，我忽接孟氏一信，他代表教宗弔念我，他已將哭親詩呈閱教宗了。前既得傳信部部長、次長的正式弔念書，今乃蒙教宗的弔念，而又有過使館的公祭，家親喪後之哀榮，已可稍減了未報親恩之痛。

墨索里尼被殺

一九四五年五月一號

羅瑪報紙今天登有墨索里尼的遺照，一個斗大的光頭，橫放在一個女屍的胸前，女屍是他的小妾，當日同他一齊被殺，這張照片，是暴屍示衆時所攝。

我整天心中不舒服，素來不高興看死屍，也不耐煩看死屍的遺照，何況這種兇慘的照片，更使我肚腸都不清爽。

早晨，在一種日報上，念到墨索里尼被殺的經過，各報前日所載的，都互有出入。今早日報上所載的述說，是執行槍決墨氏的小軍官，親口在無線電廣播的，大約有幾分可靠。

所謂民眾法庭，等之於沒有法庭，僅由司令寫一紙訓令，罪案就判決了，上月二十八號墨索里尼同他的小妾，由拘禁的農舍裡被騙上車，到一小路轉角處，又被騙下車，騙他的小軍官乃抽出一紙，宣讀民軍司令判決死刑的判詞，墨索里尼即就地被槍決。

不能說蓋世英雄，墨氏也曾做過一時的英雄，亞彼細尼的戰事後，墨氏一露面，就有幾千幾萬的民眾，歡呼踴躍，可惜他那時沒有死，不然，早成了民族英雄。

墨氏自己好弄紙老虎，意國人又善於變卦，去年墨氏倒台後，第二天羅瑪人把他的像，寫咀咒他的標語，於是民族英雄的紙老虎被撕的粉碎。

若使他在去年事變時被殺了，必定尙有許多意國人替他叫冤，而不幸，他竟被德國人救出，更不幸他又出來組織政府，自稱意國總統，於是一身糞污，無法可洗了，竟至遭刑戮。

走上政台時，由平民躍爲首相，仗著暴動而得勢，得之於盜政權，在政台時，以威力壓倒一切，鏟除異己，窮兵黷武，掠取別國土地，行強盜政治，所以他下台時，走了強盜的末路，鄉下被擒，就地正法。

在生時，傲氣凌人，二十年，在意國稱孤道寡，眼目中，看不起教會，鄙視羅瑪教宗，死後，屍暴廣場，受平民唾罵，薄棺淺墳，雜於無名塚，天下盛衰之理，善惡之報，國家民族不可逃避，政治負責者，也身受其咎。

一九四五年希特勒自殺

五月二號　天晴

羅瑪各報轉載希特勒的死耗，羅瑪人大家都問希特勒究竟死了沒有。死了呢？也可能，希特勒自知戰敗無路可走，與其落於敵手，不如死於戰場，若真死於柏林砲火之下，希特勒尙不愧爲一世梟雄。

但誰敢保死耗不成一種假面目呢？改裝換姓，逃於深山，隱於異國。希特勒早已不拘於國際信用，於今爲保一命，難道還以撒謊爲違反良心嗎？

德國無線電說，希氏抗戰陣亡，在甚麼地方受了傷，甚麼時候受了傷，無線電不提一句，大家想抗戰陣亡的消息一定不可靠。

前五天，德國內地反國社黨的秘密電台，廣播說柏林對希特勒死的消息，都預備好了，希氏最後的幾句話也擬好了，於死耗眞的正式傳出，與所擬定很相符合，死耗而有了事前的擬定，很令人疑惑死耗的確實性。

柏林也可以擬定希特勒的死耗；但不能擬定他抗戰的死耗，有時在砲火衝天之中，尋死也有不妥的，大約希特勒是走了大家早已預料的路，他是自殺了，項羽在烏江渡頭，無面再見江東父老，自刎而死，有面目沒面目見德國父老，希特勒大約從未想到這一點；但是他必無面目見俄國將軍，他曾自以爲一氣可踏平莫斯科，於今竟被俄國踏平了柏林，若自己兵敗被擒，俄國人必不與他好面目，希特勒大約自己斷了生命。

一個月裡，世界上去了三巨頭，羅斯福暴病而逝，墨索里尼遭了槍決，希特勒尋了自盡，觀察報曾兩天登載長篇論文追悼羅斯福的逝世，對墨索里尼的凶信，僅一句消息，對希特勒的死耗，則轉載德國的電訊，這三種死耗登載的態度，可代表全球人類對三個巨頭的評論。

一個急病而逝，全球痛悼；一個被槍決，大家輕蔑；一個死了，人人都懷疑。死了，而人家竟不相信，可見人格的墮落，已到極地，道德信用，掃地無餘。很希罕的是人們都問，史達林怎樣死呢？